高等院校旅游专业系列教材

旅游美学

第三版

主编 乔修业

撰文 王柯平 乔修业
郑 奇 俞 斌
徐秉皓

南开大学出版社
天 津

图书在版编目(CIP)数据

旅游美学/乔修业主编. —3版. —天津：南开大学出版社，2010.12（2017.12重印）

ISBN 978-7-310-03597-7

Ⅰ.①旅… Ⅱ.①乔…Ⅲ.①旅游-美学 Ⅳ.①F590

中国版本图书馆 CIP 数据核字(2010)第238139号

南开大学出版社出版发行

出版人:刘立松

地址：天津市南开区卫津路94号 邮政编码：300071

营销部电话：（022）23508339 23500755

营销部传真：（022）23508542 邮购部电话：（022）23502200

*

天津市蓟县宏图印务有限公司印刷

全国各地新华书店经销

*

2010 年 12 月第 3 版 2017 年 12 月第 37 次印刷

230×170毫米 16开本 19.625印张 357千字

定价:42.00元

如遇图书印装质量问题，请与本社营销部联系调换，电话:(022)23507125

第三版前言

“旅游美学”这门新学科，是在我国改革开放以后，旅游业迅速发展中产生的。由于旅游业不断发展的需要，《旅游美学》的印数逐年增多，于是我们在初版10年后，即2000年推出了《旅游美学》的修订本，至今又过去了整整10年，本书重印已达28次。

十年来，随着我国改革开放的继续深化，旅游业已进入大发展、大繁荣时期。海峡两岸定期直航的启动、海峡两岸观光旅游协会的成立，为两岸彼此观光旅游打开了大门，出现了从未有过的旅游大潮。千载难逢的中国2010年上海世博会，既推动了国内旅游的大发展，又掀起了境外来华旅游的热潮。此外，自《旅游美学》出版以来，又相继出版了不同形式的《旅游美学》，这不仅促进了旅游美学的研究，而且推动了旅游美学的教育。在此时机，《旅游美学》作为全国统编教材，作为“2000年第十三批全国优秀畅销书奖”的获得者，理所应当再作进一步的修订，以使其更加符合旅游业蓬勃发展的需要。基于这种想法，我们对《旅游美学》第二版又作了诸多修改和增补。

近年来，随着《大宅门》、《乔家大院》等电视连续剧的热播，“大宅院”成了旅游的热点，故在“中国古建筑与观赏”一章中，从旅游审美的角度增补了“大宅院建筑”的一些材料；在“风景美与欣赏”一章中增补了“桂林山水之秀色”、黄河“壶口瀑布之壮观”、雁荡山“显圣门之险峻”、四川兴文县“大漏斗之神奇”，等等；在“陵墓建筑”部分，增补了华夏民族之“文明始祖”尧帝陵墓建筑；在“社会审美型”一题中，增补了弘扬“尊老爱幼”、“舍己为人”等良好的社会美德的一些材料，等等。这就使《旅游美学》的内容更为丰富、充实和完善。

在《旅游美学》的本次修订中，我们参考了近年来出版的各种版本的《旅游美学》、《旅游心理学》、《中国旅游文化》等书，以及与其相关的诸多论述和资料。在《旅游美学》第三版即将面世之前，我对旅游界的同仁和朋友们，谨表深切谢意，并恳切希望对本书尚存不足之处，乃至错误，予以指正和赐教，以进一步完善之。

2010年6月

再版前言

旅游美学是一个新学科，随着旅游事业的蓬勃发展，越来越引起人们的重视。南开大学旅游学系教授乔修业编写了《旅游美学》讲授提纲，得到旅游院校不少教师的支持，建议编写成正式教材，供全国旅游院校使用。1986 年，国家旅游局教育司正式把《旅游美学》列入全国统编教材的计划。1987 年 2 月初，在国家旅游局教育司教材处处长于连亭同志的主持下，在济南召开了《旅游美学》教材编写会议。会上就编写《旅游美学》的原则、分工、各个章节的具体内容、教材的规模及使用对象等问题，进行了详细讨论，并确定乔修业为主编（执笔绪论和第一、二、四、五章）。本书编者还有：北京第二外语学院旅游系教授王柯平（执笔第八、九、十章），上海旅游专科学校副教授徐秉皓（执笔第六、十一、十二章及附录），讲师俞斌（执笔第七章），江苏商业专科学校副教授郑奇（执笔第三、十三章）。

《旅游美学》出版 10 年以来，重印 10 次，印数逐年增加，对我国的旅游教育工作作出了一定的贡献。10 年来，我国的旅游教育事业有了很大的发展，为适应形势的发展和变化，由该书的主编乔修业教授执笔对本书作了修订，增补了一些新的材料，充实了一些新的论点，而且对一些过时材料也作了删改。

鉴于我们对旅游美学这个学科研究得还不够，认识还不深，尽管作了修订，书中的缺点和错误在所难免，希望广大专家和读者予以批评和指正。

2000 年元月

目　录

第二编　旅游者与旅游工作者的审美关系

第三编　旅游者与旅游饭店

附录 旅游者及旅游从业人员须知

绪 论

近年来，随着旅游事业的蓬勃发展，随着对旅游学的深入研究，开展旅游美学的研究和教学已成为旅游教育发展的需要。

开展旅游美学的教育，首先要开展旅游美学的研究，探讨旅游美学的内容、特征及其现实意义。只有认识到旅游美学的现实意义，才能确定旅游美学和旅游美学教育在旅游事业及旅游教育中的作用和地位。

一、什么是旅游美学

我们在探讨什么是旅游美学之前，首先要研究一下什么是旅游，以及旅游的内容、特征和目的。有些学者从社会学和经济学的角度来研究旅游，把旅游看成是一种社会经济现象，这是无可非议的。旅游业的兴起正是旅游这种活动引起的。旅游的出现，尤其是现代大规模旅游的出现，必然要出现为之服务的各种机构和行业，需要交通工具、旅游设施、旅游饭店，以及为旅游服务的大量从业人员，等等。这样，也就带来了经济收益，于是出现了旅游业。所以，人们自然把旅游业看成是一种社会经济现象。但旅游本身并不是一种经济现象，只是它的活动带来了经济的繁荣而已，这是不言而喻的。旅游活动能带来巨大的经济效益，这是它所具有的一个显著的特征。

那么，什么是旅游？旅游的特征、目的是什么？

关于什么是旅游的说法很多，定义种种，但都是从一定的角度来讲的。于光远先生认为："旅游是现代社会中居民的一种短期的特殊的生活方式。这种生活方式的特点是：异地性、业余性和享受性。"他又说，旅游的基本内容是"观光旅游"。王朝闻先生认为旅游是"为了丰富自己的精神生活"。于光远和王朝闻的看法与我们要探讨的"旅游"比较接近。我们不是从经济学和社会学的角度而是从审美的角度来研究旅游，这样才能认识它的审美特征和美学价值。

1966年，法国学者让·梅特森说："旅游是一种消遣活动……其目的在于消遣、休息或为了丰富他的经历和文化教养。"梅特森的话指出了旅游的特征——"消遣活动"。因为娱乐和消遣正是旅游的审美特性。我们还是从人类本能的欲求讲起。作为高级动物的人，有三个本能的欲求：(1)希望物质生活的改善；(2)要求生理欲求（包括食欲、性欲、睡眠、休息等）的满足；(3)要求精神生活（如文化娱乐、消遣等）的满足。然而作为一般的动物，则没有精神生活的要求。它们为了生存和传宗接代，只有食欲、性欲、睡眠和休息的要求。而人类的本能的欲求中还有对精神生活的要求，即审美的欲求。当人类处于原始状态或低级发展阶段时，最迫切的要求是物质生活，而对精神生活的要求则处于次要地位。当人类进入文明社会，随着人们物质生活条件的不断改善，衣食住行不断得到满足时，人们对精神生活的要求必然越来越迫切，越来越高。而且随着社会的不断发展，将会创造出越来越丰富的精神生活方式，以满足人们对精神生活不断增长的要求。而旅游正是人们现代生活中的一种特殊的高层次的消遣活动。著名美学家朱光潜教授说："人为什么要追求刺激和消遣呢？都是让生命力畅通无阻，要从不断的活动中得到乐趣……消遣的不是时光，而是过剩的精力。"

旅游的目的和活动内容是极其丰富的，诸如崇拜异国或异地的名山大川，通过游览和观赏开阔眼界，增长见识；向往异国的历史文化，抒发访古探奇之幽思；向往异国或异地阳光灿烂的海滨；领略异地或异族的风土民俗，品尝具有民族特色的美味佳肴，等等。但不论是哪一种形式和目的的旅游，都会在不断活动中寻求娱乐和消遣，得到美的享受，陶冶性情，愉悦身心，增添生活的乐趣。由此可见，旅游是人们精神生活的一部分，是一种游览、观赏性的审美活动。叶朗教授说："旅游，从本质上说，就是一种审美活动。离开审美，还谈什么旅游？……旅游活动就是审美活动。"①为什么说"旅游"是审美活动呢？因为在旅游活动中，旅游的对象，不论是自然景观还是人文景观，不论是风土民情还是美味佳肴，都是作为审美对象被审美主体——旅游者所欣赏、领悟、感知的，从而使审美主体得到性情陶冶、身心愉悦、精神振奋。审美主体对审美客体的欣赏、领悟、感知的过程，就是一种审美活动的过程，所以，旅游者进行的这种活动，就是旅游的审美活动。而旅游美学则是一门研究旅游的审美活动和审美价值的学科。旅游美学同绘画美学、音乐美学、舞蹈美学、建筑美学等一样，是美学的一个分支。由于它主要是研究旅游这种具体的活动，所以它的实用性很强。这种实用性主要表现为：旅游美学所研究的对象和范围非常具体，都是旅游和旅游工作中的实际问题。通过对这些问题的研究，直接为旅游经济和旅游事业服务。旅游美学的另一个特征是：其研究的对象和范围极为广泛，内容丰富多彩，乃至衣、食、住、行、游、观、购，都在旅游美学研究的范围内。

① 叶朗：《旅游离不开美学》，见1988年1月20日《中国旅游报》。

二、旅游美学研究的对象和范围

旅游事业的发展以及对旅游工作的研究，必然要涉及美与旅游，即游览观赏的对象、旅游工作者与游客的审美关系，旅游工作者的自身修养以及旅游者与旅游饭店等问题。于是我们就必须回答旅游美学研究的对象和范围是什么这一问题。概括地说，旅游美学研究的对象和范围有三个基本方面，即旅游的审美对象、旅游者的审美心理和旅游者与旅游工作者的审美关系。这三个方面都是从审美的角度讲的。

第一方面主要阐述旅游的审美对象。

美，是迷人的，是令人神往、令人探求的。美丽的桂林山水、优美的西湖景色、雄伟的泰山、清秀的峨眉，以及黄山云海的滚滚烟波、庐山仙人洞内的涓涓流泉……不知吸引着多少中外游客，大自然无私地向旅游者展示着它的美。我们中华民族历史悠久，具有几千年的文化传统，在文学、绘画、音乐、雕塑、建筑、舞蹈等文化艺术遗产中，蕴藏着极其丰富的美，放射出灿烂夺目的光辉，为中外游客所赞叹，所向往。中华民族丰富多彩的美，富饶的美学宝藏，是吸引旅游者的客观因素。引起旅游的另一个原因是人的主观因素。爱美，追求美，追求美好的生活、美好的社会和美好的未来，是人类所独有的本能，所以，人们总是离不开美，离不开对美的追求。人如果离开美，离开对美的追求，他的生活也就没有意义了。我国改良主义政治家梁启超比较早地接受了西方的美学思想，他认为人是不能没有美的。他说："我确信：美，是人类生活一要素，或者还是各种要素中最要者，倘若在生活中把美的成分抽出，恐怕便活得不自在，甚至活不成。"有史以来，人们就热爱大自然的美、艺术中的美和生活中的美。可见，美的客观存在和人的主观审美欲求相结合是引起旅游的最根本的原因。有人说，旅游的起因是人们物质生活条件的改善和生活水平的提高。可事实上，中外著名旅行家到异地或异国旅游，并不是优越的物质生活条件引起的。我国明代大旅行家徐霞客骑着毛驴，穿着草鞋，北至燕鲁，南达云贵的游历，是出于对祖国名山大川、美丽的自然风景的向往。13 世纪初，意大利著名旅游家马可·波罗旅居中国长达 17 年，对中国古老的文化艺术进行考察，难道不是为中国古老的文化艺术所吸引吗？罗马帝国旅游的极盛时期，旅游者也是被古希腊、罗马瑰丽的文化艺术所吸引。有人说，西班牙没有特殊的自然风景，名胜古迹也不如中国、希腊、意大利那样多，但它的旅游收入居欧洲第一位。这是为什么？这是因为西班牙在地中海沿岸气候宜人的地区，开辟了大量的阳光明媚的海滨浴场，而欧洲大多数国家阴雨天较多，人们有强烈的晒太阳、洗海水浴的要求，因而西班牙的海滨就构成了一种吸引旅游者的特殊的美，正是这种美吸引着旅游者。这说明美是旅游的动力，美是引起旅游的主要因素。但是人们物质生活水平的提高，毕竟为旅游创造了物质条件，是旅游业发展和兴旺的基础，尤其是现代大规模的旅游，是以蓬勃发展的社会经济和人们较高的物质生活条件为基础的。

既然客观存在的美在吸引着人们，人们就必然要通过游览来观赏它。而旅游美学就是要阐述游览、观赏的对象，向旅游者介绍这些对象的审美特征，以便让他们更好地游览、观赏，更好地感受旅游客体给予他们的审美享受，更好地体验旅游生活的愉快、旅游活动的惬意。

旅游者游览、观赏的主要对象有自然风景、古典园林、绘画、书法、建筑、雕塑等。这里既有自然景观，又有人文景观；既有自然美，又有人工美。它们是丰富之美的宝藏。阐述这些美的内容，揭示这些美的特征，对于中外旅游者认识中国古老的文化艺术，了解具有五千年文明史的中国是大有裨益的；对于提高旅游者的审美修养和文化教养，也是大有裨益的。明代大画家董其昌说过："读万卷书、行万里路，方知天下事。"中外旅游者对中国的古典园林十分感兴趣。旅游美学的内容之一就是要揭示中国古典园林的审美特征，阐述中国古典园林造园之丰富的美学思想。旅游者通过认识游览、观赏对象的审美特征，得到更深的美感享受和审美教育。旅游的审美教育是不同于一般说教的，它是通过游览、观赏，通过对客观对象之美的认识、理解，在欣赏的过程中得到愉悦，得到美感，在愉悦和美感中受到教育，得到启迪和鼓舞。例如，当旅游者登临万里长城，放眼神州大地时，心情就会顿时激动起来，感到心旷神怡，情不自禁，从而焕发出对祖国锦绣山河的热爱之情，亲身感受到中华文明古国之伟大，受到激励，受到鼓舞，在愉悦和美的感受中受到教育，这就是审美教育。莲花峰和天都峰是黄山最高的山峰，当徐霞客登上莲花峰，看到黄山奇绝迷人的景色时，心情非常激动。他记述当时的心情是"狂叫欲舞"。这就是徐霞客登上莲花峰所产生的一种强烈美感。这种美感给人的教育是非常深刻的，是令人难以忘怀的。俄国教育家乌申斯基说："……美丽的城郭、馥郁的山谷、凹凸起伏的原野、蔷薇色的春天和金黄色的秋天，难道不是我们的教师吗？……我深信美丽的风景在青年气质的发展上所具有的那种巨大的教育作用，对于教师的影响来说，是很难和它竞争的。"可见，"美丽的风景"是教育人的好教材。许多外国的旅游者来中国旅游，主要就是为欣赏中国优美的自然风景，观赏中国的名胜古迹，考察中国古老的文化艺术，了解中国的古老习俗，从而真正了解中国这个文明古国。所以，阐述旅游者所游览、观赏的对象的美学特征，对于中外旅游者、翻译、导游以及旅游工作者深刻了解中国的古老文化艺术具有极其深刻的现实意义。

第二方面主要阐述旅游者的审美心理。

心理是指旅游者在旅游生活中（旅游活动中）的一种心态。这种心态是十分复杂的。这是由审美主体的独特个性决定的。而审美主体的个性又是千差万别的，他们来自不同的国度、不同的区域、不同的阶层，有不同的文化修养、不同的社会地位、不同的职业，这就造成了不同的风俗习惯，不同的思维方式，因而出现了不同的志趣爱好，不同的审美需求。在旅游活动中，旅游者的审美心理是不同的。我们这里所说的旅游者的审美心理，实际上指的是审美主体个性的差异。旅游者的审美心理，概括起来有以下几个方面：旅游的审美动机，旅游的审美需求，旅游的审美意识，旅游的审美志趣。旅游美学对旅游审美主体的这种心理状态的研究是十分必要的，它对了解旅游者和搞好旅游工作极具重要性。

第三方面主要是探讨旅游的审美关系。

所谓旅游的审美关系，是指旅游工作人员与旅游者的一种审美的关系。这是旅游业中的一种极其重要的关系。它直接影响到我国旅游业的发展和我们国家的声誉。

什么是审美关系？

旅游工作者与旅游者在各方面的接触中，自然而然地要产生各种各样的关系，但是不论在哪种关系中都存在着一种审美关系。例如，旅游者乘车游览、吃饭住宿，旅游工作者要为他们联系车辆、准备客房、准备饭菜，这就同他们发生了接待服务关系；旅游工作者又要向他们收费，于是又发生了经济关系。在发生这些关系的过程中，旅游工作者语言优美、举止文雅、仪表从容、态度亲切、风度翩翩，始终面带微笑，如同接待亲朋好友，旅游者就会感到心情舒畅，感到亲切温暖，他们在同旅游工作者接触中不断地得到美的感受，即审美享受，这就是审美关系的实现。这种审美关系的实现，会给旅游者留下极其深刻的印象，使之难以忘怀，津津乐道。这种审美关系对于旅游者具有极大的吸引力。桂林隐山饭店的服务人员在言谈、举止、态度、作风等方面无不给旅游者以美的享受。有的旅游者写信赞扬他们的服务质量说："……桂林的风景固然美，而给我们留下美好记忆的是他们(指服务员)的工作态度、工作作风和他们那可亲可敬的音容笑貌……"

据中国国际旅行社北京分社翻译导游张俊英先生介绍，有一次他们接待一个外国旅游团，其中有几个残疾人，根本不能走路。有一天，这个旅游团游览八达岭，他们分头把几个残疾人抬上长城的烽火台。他们对这些残疾旅游者的态度自始至终是热情友好、诚恳耐心，像对待亲人一样。这些残疾人激动地说："你们中国人太好了。世界上没有比你们更好的人了！你们对我们的友情将终身难忘。"

从这些例子中不难看出，这种审美关系能给旅游事业带来良好的影响，对旅游者有很大的吸引力。

为了实现与旅游者的这种良好的关系，我们的旅游从业人员不仅要精通业务，而且在言谈、举止、态度、仪表、风度等方面也要有很高的修养，也要加强自身的审美修养和提高文化素质。对我们的旅游工作人员不仅要进行思想、业务教育，而且要进行审美教育。提高旅游工作者本身的文化素质和审美修养，是我们的旅游发展和对外开放的需要。

旅游工作者要做到心灵美、语言美、行为美、仪表美、风度美，学会识别美与丑，能鉴别和欣赏美，这样才能把工作做得更出色，才能胜任现代旅游的各个方面的工作。

另一方面还要阐述旅游者与饮食、住宿和娱乐的关系，也就是要研究旅游者与旅游饭店的关系。

旅游者与饭店的关系，核心问题还是一个审美关系。这种审美关系主要表现为四个方面：第一，饭店为游客提供良好的服务，也就是优质服务；第二，饭店为游客提供舒适的住宿；第三，饭店为游客提供美味佳肴；第四，饭店为游客提供丰富多彩的文化娱乐活动。简言之，研究和阐述这种审美关系的目的，主要是让游客吃得好，玩得痛快，休息得舒服。这是对旅游饭店经营的总的要求，只有达到这个总的要求，旅游饭店才有可能获得良好的经济效益。

三、旅游美学的现实意义与《旅游美学》教材

上面我们已经说过，旅游美学是一门实用性很强的新兴学科。旅游美学的现实意义就在于它具有直接为旅游经济服务的实用性。旅游美学不仅直接为旅游经济服务，而且同时又是旅游经济的先导。为什么呢？我们知道，旅游经济是通过旅游活动中的消费来实现旅游的经济效益和旅游的经济价值的，而旅游美学则是通过对旅游的审美活动的研究，促使获得更高的经济效益，促使旅游事业的繁荣。如果不注意研究客观的美，不注意研究美的开发和创造，不注意研究旅游者与旅游工作者的审美关系，没有客观的美供旅游者游览和观赏，在吃、住、娱乐、休息等方面又得不到温暖和审美享受，人家就不会再来旅游。人家不来“游”，哪里还谈得上经济效益？而旅游美学就是要研究“游”和解决“游”的问题。旅游者都来“游”，不就有了消费，有了经济效益吗？旅游美学教育正是起着旅游经济的先导作用。

1984 年 8 月在北京召开的全国旅游工作会议提出，要加速开创旅游工作的新局面，要大力开发“文物古迹较多或自然景色优美，具有较好的游览、观赏价值”的地区，要建设海滨，开发名山名水，建设旅游城、度假村等，以吸引更多的中外游客。虽然会议并没有直接提出对旅游美学的研究，但实际上是把旅游美学提到极其重要的地位。所以，旅游美学的现实意义还表现在，它不但要研究客观存在的美，而且也要研究如何开发美、创造美。我国改革开放以来，开发创造了许多大型游乐观赏、饮食购物等项目，像深圳的锦绣中华、昆明的世界园艺博览

园、天津的古文化街、食品街，近年来，又重建了鼓楼和鼓楼文化街等。这些项目吸引着大量的中外旅游者来观光旅游，这无疑是开发美、创造美的成果。

旅游美学的现实意义还表现在它具有审美教育功能。在我国旅游事业蓬勃发展的今天，开展旅游的审美教育是十分必要的，而旅游美学正是承担着这样一个艰巨的任务。当前，从我们旅游行业的许多工作中反映出，审美教育还是一个薄弱环节。我们有些翻译、导游和旅游从业人员的文化素质、审美素质和道德情操的修养还不能满足我国旅游事业发展的需要。对他们进行审美教育，提高他们的道德情操的修养，杜绝有失国格、有损民族尊严的言行；在接待工作中，要讲文明礼貌，态度要谦虚、亲切、和气，举止要落落大方……这些都是旅游美学教育的任务。

作为一门独立课程的《旅游美学》教材，它的使用对象是旅游院系、旅游专科学校的学生以及广大的旅游从业人员。《旅游美学》同时也是广大旅游者进行旅游审美活动的参考书。上面我们讲过，旅游美学的内容是非常丰富的，它涉及知识和艺术领域的许多方面。从《旅游美学》的审美教育功能出发，我们对《旅游美学》所涉及的诸多知识和艺术现象的审美特征及其规律，只能作一般性阐述，而不是进行学术探讨，更不是把所涉及的某专业写成专著。基于这种观点，我们尽量回避一些有争议的问题，做到知识性要强，材料要丰富，理论的阐述要有一定的深度。我们的编写原则是，以马克思主义的美学思想为指导，遵循中华民族传统的审美习惯，做到理论联系实际，努力编写成一部能够反映我国现代旅游的审美特征、为我国旅游事业和旅游教育服务的教科书。

本教材主要考虑到旅游这个活动的特点，并从教学的角度出发，分为三大部分阐述，即“第一编　旅游与美”、“第二编　旅游者与旅游工作者的审美关系”、“第三编　旅游者与旅游饭店”。

第一编所阐述的审美对象，主要是从纯视觉的审美角度讲的。第二编中作为审美关系的导游工作者和饭店工作人员之所以分为两章讲，主要是考虑到这两种工作的性质差别太大的缘故(尽管某些审美侧面似乎相同)。第三编的中国菜点之美，作为审美对象也可放在第一编讲，但中国菜点之美还涉及嗅觉美和味觉美，又与饭店联系较密切，所以，我们放在第三编讲。现代旅游饭店虽然具有极大的观赏价值，它主要是供旅游者吃、住、休闲、娱乐的，具有综合的审美特征，所以我们作为一个独立部分来讲。

编写《旅游美学》教材，对于我们是一个有益的尝试。在编写中，我们既无外国的蓝本可借鉴，又无国内定型的资料作参考，因此难免有疏漏。但我们认为，开展旅游审美教育是我国旅游事业蓬勃发展的需要，我们要尽最大的努力做好这项工作。

第一编　旅游与美

现实世界中的美，包括自然美和艺术美，都是万象纷呈、丰富多彩的。正是这些客观存在的美，构成了丰富的审美对象；正是这些审美对象吸引着人们去旅游，所以，形成了大规模的、以游览和观赏为主的审美活动，而正是这种独特的审美活动，推动了旅游业的蓬勃发展。本编主要阐述这些丰富的审美对象的产生、构成及其审美特征，以启迪广大的旅游者、旅游工作者，尤其是翻译、导游如何欣赏和认识这些客观存在的美，以丰富他们的美学知识，提高他们的审美修养。

第一章　风景美与观赏

学习目的

了解风景美的形态，认识其特征是如何表现出来的，进而掌握观赏风景美的要领。

基本内容

● 风景美的特征

形象美　色彩美　动态美　朦胧美

● 观赏要领

方法　距离　角度　时间

我国幅员辽阔，群山耸立，江河如网，湖泊棋布。优美、壮观的自然景色，辉煌灿烂的名胜古迹，遍布祖国各地。

我国风景区分布极广，众多的旅游胜地吸引着广大的中外旅游者。研究风景美不仅对我国旅游事业的发展具有重要意义，而且对新兴学科——旅游美学的研究也具有现实意义。

把风景作为审美对象加以欣赏，在我国是由来已久的。孔子曾说过："知者乐水，仁者乐山。"①南朝陶弘景说："山川之美，古来共谈。"②李白在《庐山谣寄卢侍御虚舟》一诗中有"五岳寻仙不辞远，一生好入名山游"的诗句。我国对风景美的欣赏古已有之，说明风景给人以美的享受早已被重视起来。在旅游事业空前发展的今天，旅游者对风景美的欣赏更加普遍感兴趣了。我国历代的文人墨客都喜欢游山玩水，欣赏绮丽的风景，为之感慨吟咏，给我们留下了大量的描绘风景美的游记、山水诗和山水画，生动地描绘出祖国名山佳水、自然风景千姿百态的美。"千里莺啼绿映红，水村山郭酒旗风"(《江南春》)，杜牧这两句诗把江南村邑描绘得春意盎然，真是一派鸟语花香，山水相依的旖旎风光。"山重水复疑无路，柳暗花明又一村"(《游山西村》)，陆游把深山村落描绘得山回路转，景色复生，境界多么优美！

我国现存最早的一幅山水画《游春图》(隋代展子虔作)，把风和日丽、万木吐绿、桃李盛开、秀丽明媚的春天景象描绘得十分动人。可见，风景美不分时代，不分阶级，世世代代为广大游人所欣赏，所赞美。美丽的风景同旅游早就结下不解之缘。旅游者通过对风景的欣赏增加见识，陶冶性情，丰富精神生活，培养热爱大自然、热爱祖国山河的爱国主义情感。而且，通过对风景美的欣赏，引起我们的审美遐想，唤起我们热爱生活，认识和理解生活，从而追求美好的生活，并为建造美好的生活而努力、而奋斗。

第一节　风景美的形态

我国风景区遍布祖国各地，数不胜数。例如烟云变幻的黄山、妩媚多姿的西湖、优雅秀丽的漓江、雄伟壮观的泰山、巍峨险峻的华山、飞瀑磅礴的庐山、变幻莫测的雁荡山夜景、日光灿烂的青岛海滨、典雅华贵的故宫建筑、神奇的峨眉佛

---

① 《论语译注》，中华书局 1980 年版，第 62 页。

② 《历代文选》上册，中国青年出版社 1962 年版，第 372 页。

光、迷人的蓬莱海市……正是这数不胜数的名山胜水及有关它们的丰富的神话故事和民间传说，构成了风景美的各种形态。如果分类叙述，我们可以把风景美的形态概括为两大类：自然美（或叫自然风景的美）和人工美。

一、自然美

我们这里所说的“自然美”，主要是从旅游者在旅游时游览观赏的角度讲的，也就是自然景色之美。

我们随时都可以看到一些自然物和自然现象，这些自然物和自然现象，在不同的条件下呈现不同的审美状态。宋代大画家郭熙说过：“春山艳冶而如笑，夏山苍翠而如滴，秋山明静而如妆，冬山惨淡而如睡。”山之景色美，随着季节的变化而变化，随着时间的变化而呈现不同的审美状态。这些审美状态符合形式美的法则，符合人们的审美习惯，为广大旅游者所欣赏。这些自然物和自然现象所呈现的审美状态就是自然美，或叫自然景色之美。说得具体一些，像山川湖泊、日月星辰、烟岚云霞、树木花草……在一定的条件下（比如，在天气的变化、四季的更替等条件下）呈现出一定形式的审美状态，引起旅游者的兴趣，为旅游者所观赏，这就是自然美。“千里澄江似练，翠峰如簇”（王安石），“南高峰，北高峰，一片湖光烟霞中”（康兴之），从这几句诗词中我们不难看到自然风景所呈现的审美状态。“乱石穿空，惊涛拍岸，卷起千堆雪”（苏轼），我们从中可以看到长江掀起的惊涛骇浪，像“千堆雪”一样的壮观，这是自然界所呈现的一种壮美，即崇高美。日出的景象是十分壮观的，对旅游者有极大的吸引力。尤其是海上看日出、泰山看日出、黄山清凉台看日出，就更令人神往和振奋。云雾是非常美的，黄山以云海著称，奇峰林立、劈地摩天、峥嵘崔巍。当云雾升起时，千峰万壑，变幻莫测，人称“自古黄山云成海，一切均在烟雾中”。黄山美就美在烟云中。而庐山则以云雾闻名，据统计，庐山全年有雾日 192 天，平均不到两天就有一天雾。庐山的云雾也是千姿百态，变幻异常。郭沫若 1965 年 7 月登庐山时，在《雾中游含鄱口》一诗中写道：“人到含鄱口，望波新月亭。湖山云是锁，天籁雾中鸣。”

人们把泰山美称为“泰山之雄”，称华山美为“华山之险”，称嵩山美为“嵩山之峻”，称黄山美为“黄山之奇”，称峨眉山美为“峨眉之秀”，称青城山美为“青城之幽”。从我国不同的地域看，“西北之山多浑厚”，“东南之山多奇秀”。这些名山所呈现的审美状态是极其丰富的，都属于自然美之列，是构成风景美不可缺少的要素。正是这丰富的自然美使广大旅游者神往、陶醉。

二、人工美

这里所说的“人工美”指的是，在自然风景中，增加一些人造景物，如亭、台、楼、榭、桥等。它们与自然景物形成一个统一的整体,构成绚丽多姿的风景美。

这些人造景物(人工美)本来是为了实用,如半山建亭,是为了游人途中休息,水上架桥是为了方便游览,但建造者按照美的规律,精心设计建造、精心装饰,有的还请著名书画家题上匾额楹联,这不仅具有实用性,而且具有审美意义。这就与自然风景构成了一个完整的风景美,对游人具有更大的吸引力,从而使旅游者更加神往,激发起更大规模的旅游,振兴旅游事业。

我国的人造景物数目繁多,造型各异,技艺精湛,是中华民族古代文明的重要标志之一。风景区的人造景物为风景美增添丰富的色彩,具有极高的美学价值和观赏价值。凡是能吸引旅游者的风景区,那里的人造景物往往起着主导的作用。例如,我们在游览观赏北京西山八大处的风景时,主要是观赏八个景点的人造景物,即八座寺庙:长安寺、灵光寺、三山寺、大悲寺、龙王寺、香界寺、宝珠洞、证果寺等。如果没有这八个寺庙的点缀,那里的风景就显得平淡无奇了。像西湖的白堤、苏堤、湖心亭等人造景物,为西湖的美景大大增加了魅力。可见,风景中的人造景物不仅具有实用价值,还可以点缀和烘托自然风景的美,使之更具有审美观赏价值。

另外,我们从人造景物中不仅看到我国建筑艺术的独特性,即独特的艺术美,而且可以体验到我国劳动人民丰富的智慧,也就是领略到人的美。有了建筑,也就联想到人。有了人也就有了"情"。山水花木是物,物中有了"情",就是情景交融,这样就更富有诗情画意。我国风景区大都是自然风景与绚丽的人工美交融在一起的,这就使自然风景增添了审美色彩和审美层次,有了令人遐想的空间和层次,也就丰富了旅游者的想象力。

除了自然景色的美和人工美之外,许多风景区往往流传着一些神话故事和民间传说。这就给这些风景区笼罩上了一种神秘的传奇情趣和丰富的审美色彩。

我国有些风景区往往因流传的一些神话而出名。所谓"山不在高,有仙则名;水不在深,有龙则灵"。桂林七星岩本身的自然风貌当然是美的,但更令人神往的是,它与一个美丽的神话故事相联系着。洞中有一歌仙台,相传是刘三姐唱歌的地方。这个传说的神秘色彩,丰富了七星岩的自然美。

大连著名的风景点老虎滩公园被誉为"渤海明珠"。这里的山水景物中充满了神话。传说古代有一只猛虎闯进海滩,伤害渔民,青年人石槽与虎搏斗,打下虎牙,砍下虎头,但石槽却因受伤过重而献身海滩。老虎滩东南有一座山,远看像一个巨人躺卧在大海里,昂着头。老虎滩西南的海里也有一座山,远看像是被砍掉半拉脑袋的老虎。这座巨人山传说就是青年勇士石槽的化身,故称"石槽山"。石槽的妻子海英,历尽艰辛寻来青铜剑,想送给丈夫杀虎,但等她赶到时,丈夫已竭尽全力，伤累而死。海英痛不欲生，望着石槽哭了三天三夜，最后自己也变成了一块礁石，这就是距离老虎滩不远海上的“望夫礁”。

风景区的神话故事和民间传说是十分丰富的，作为一个完整的风景区，自然景色的美和人工美都是不可缺少的，是一个统一的整体，而神话故事和民间传说则是协调自然美和人工美的一条彩链，将风景区各景点有机地联系起来，进而丰富风景区的审美色彩，使风景区更富有神奇之美，以满足游览者的好奇心。

第二节　风景美的特征

自然风景中蕴藏着各种各样的美，这些美是通过极其丰富的形式表现出来的。法国19世纪著名的现实主义画家库尔贝说过：“美的东西是在自然中，而它以最多种多样的现实形式呈现出来。”①所以，风景美都是以具体形象展现出来的。我们在欣赏自然风景时，大都是这些美的形式引起我们的审美感受。比如关于水的美，车尔尼雪夫斯基曾写道：“水，由于它们的形状而显出美。辽阔的、一平如镜的、宁静的水在我们心里产生宏伟的形象。奔腾的瀑布，它的气势是令人震惊的，它的奇怪突出的形象也是令人神往的。水，还由于它的灿烂的透明，它的淡青色光辉而令人迷恋，水把周围的一切如画地反映出来，把这一切屈曲地摇曳着，我们看到水是第一流的写生画家。”②平静如镜的水，动如泉涌的水，晶莹明澈的水，素淡清辉的水……这些形形色色的水之美，都是由它们的形状、色彩、质料等形式决定的。我国的旅游胜地大都表现山、水、云、林，自然风景与人文景观的综合之美。中外许多游客都认为桂林山水、云南石林、杭州西湖、无锡太湖，南京雨花台、安徽黄山、山东泰山、长江三峡、苏州园林以及雁荡山、富春江、千岛湖等风景点是美的，这是因为这些风景点的构成符合形式美的法则，能够寄寓人的气质、情感和理想，游览后使人身心愉悦、流连忘返，能给人留下深刻的印象和美好的回忆。自古以来，游客大都是从形式美的角度游览、观赏风景的，我们可以从一些描绘风景的古诗中得到证明。“日照香炉生紫烟，遥看瀑布挂前川；飞流直下三千尺，疑是银河落九天”（李白）描绘了瀑布飞泻的壮观景象。“两个黄鹂鸣翠柳，一行白鹭上青天；窗含西岭千秋雪，门泊东吴万里船”（杜甫）描绘了绿柳鸟鸣、青天白鹭飞的初春景色。“湖光秋月两相和，潭西无风镜未磨；

---

① 《西方美学家论美和美感》，商务印书馆1980年版，第241页。

② 《车尔尼雪夫斯基论文学》中卷，上海译文出版社1979年版，第103页。

遥望洞庭山水色，白银盘见一青螺”（刘禹锡）描绘了洞庭秋月的意境。这些优美的诗句都是从形式美的角度勾画出风景的形象美。自然风景中美的形式主要有：形象美、色彩美、动态美、朦胧美……这些美的形式构成了风景美，而且是风景美的主要特征。

总之，风景美属于形式美的范畴，是引起旅游的重要因素。

一、形象美

风景中最显著的特征是形象美，而且形象是万象纷呈，千姿百态的。正是这各种各样的形象吸引着旅游者，使他们获得美的享受。黑格尔说过：“美是形象的显现。”自然风景只有以其形象显现出来，审美主体才能感受到它的美。例如，烟波浩渺、渔帆点点、瀑布斜飞、清泉潺潺、奇峰壁立、峰峦叠起、一轮红日喷薄而出、奇松破石而生、烟云似锦如缎、怪石星罗棋布……这些自然风景都是以形象的美显出来的。风景形象美的特征也是极其丰富的，主要表现为：雄、秀、奇、险、幽。

（一）雄（伟）

雄伟是一种壮观、壮美、崇高的现象。在自然风景中是广泛存在的。我国许多名山高峻壮观，显出一种雄伟、崇高的形象。泰山为五岳之首，素来以雄伟著称，被誉为“泰山天下雄”。泰山位于辽阔的齐鲁腹地，以磅礴之势凌驾于山东的丘陵之上，故显得特别高大雄伟。汉武帝游泰山，赞曰：“高矣，极矣，大矣，特矣，壮矣。”杜甫《望岳》一诗说：“会当凌绝顶，一览众山小。”泰山雄伟的形象在五岳中是首屈一指的。英国著名美学家荷迦兹指出：“宏大的形状，纵使样子难看，然而由于它们的巨大，无论如何会引起我们的注意，激起我们的赞美。”①泰山之美正是由于它的“宏大”、“雄伟”的形象而显示出来。

贵州省黄果树大瀑布的雄伟形象，中外旅游者无不为之赞叹。黄果树大瀑布位于贵州镇宁县的白水河上。瀑布落差 74 米，宽 81 米。白水河上的水流从 70 多米高的悬崖上陡然跌落，形成气势磅礴、雄伟壮观的景象，使广大游人无不为之所倾倒。

钱塘江大潮也是典型的雄伟形象。大潮来时，惊涛巨澜，汹涌澎湃，以排山倒海之势、雷霆万钧之力滚滚而来，气势磅礴，景象壮观，令人震惊，生动地显现出崇高之美。据说，农历八月十八日钱塘江的涌潮最大。旅游者都喜欢在这天到海宁去观看钱塘江大潮。“八月十八潮，壮观天下无。”（苏轼）钱塘江是浙江省最大的河流，它的入海口呈喇叭形，江口大而江身小，每当大潮起时，海水自宽达 100 公里的江口涌入，受两旁渐狭的口岸约束，海水倒灌，形成涌潮，涨成壁立江面的一道水

① 《美的分析》，《古典文艺理论译丛》第 5 期，第 33 页。

岭。潮水来时，“远若素练横江，声如金鼓；近则亘如山岳，奋如雷霆”。瞬间，漫江沸腾，波涛汹涌，气势雄伟，潮头高达3.5米，潮差可达8.9米，如万马奔腾，势不可当。每年有来自国内外数以万计的旅游者观赏这一天下奇观。

苏轼在《念奴娇·赤壁怀古》一词中把长江那种浊浪排空的壮美景象描绘得淋漓尽致：“乱石穿空，惊涛拍岸，卷起千堆雪。”

壶口瀑布，位于山西省吉县县城西南25公里黄河之中。此地两岸崇山峻岭，黄河水在岩石上冲刷成一道巨沟，宽达30米，深约50米，其形如巨壶倾泻，“壶口”由此得名。滚滚之黄河咆哮如雷，似万马奔腾，以排山倒海之势，倒挂倾注，惊涛怒吼，翻滚而下；泡沫飞溅，如云腾雾罩，凉气扑面而来，好不雄伟壮观，真可谓神仙境地也。每日数万观者为之震撼倾倒，赞叹不已。而春秋季节水清时，阳光直射，彩虹随波飞舞，景色奇丽之极。明代陈维藩《壶口秋风》诗云：“秋风卷起千层浪，晚日迎来万丈红。”多么生动之写照！

自然风景中这些雄伟、壮观的形象引起人们的审美感受的特征是：激奋、震惊、赞叹、崇敬、愉悦。

（二）秀（美）

秀美是自然风景中最常见的一种审美形态。秀美的主要特征是柔和、秀丽、优美。它同阴柔美是同一审美范畴。如山明水秀的江南春色，弯弯的小河、潺潺的流水，岸边长长的垂柳似少女的长发在微风中飘洒摇动。青罗带般的秀丽的漓江、“淡妆浓抹总相宜”的西湖、轻盈少女般的桂林山水，都是呈现出一种秀美的形态。

四川峨眉山是我国佛教四大名山之一，是著名的旅游胜地。峨眉山山林葱茏，色彩碧翠，山石很少裸露，线条柔和流畅，山明水秀，是我国风景区中典型的秀美形象。自古以来峨眉山就被誉为“峨眉天下秀”。“峨眉山月半轮秋，影入平羌江水流”，这是李白歌颂峨眉秀色的诗句。

杭州西湖秀美的形象是人人皆知的，它符合我国人民传统的审美习惯。人们把苏杭的美比作天堂。苏轼《饮湖上初晴后雨》一诗写道：“水光潋滟晴方好，山色空濛雨亦奇。欲把西湖比西子，淡妆浓抹总相宜。”把西湖比作春秋时代越国美女西施，使游人从美女形象上想象西湖的美，将西湖秀美的形象通过美女显现出来。千百年来，古今中外的游客对杭州西湖无不赞叹。意大利旅行家马可·波罗把杭州誉为“世界上最美丽、最华贵的城市”。明正德年间，有一日本使者游西湖后曾题诗：“昔年曾见此湖图，不信人间有此湖；今日打从湖上过，画工犹自欠功夫。”①西湖三面环山，千峰凝翠，洞壑深幽，中涵碧水，水平如镜。南北高

---

①　《西湖诗词·前言》，上海古籍出版社1982年版，第6页。

峰遥相对峙。独居湖中的孤山，在碧波萦绕中显得舒缓精巧。苏堤、白堤，仿佛是两条绿色缎带，飘逸在湛湛碧水之上。在湖的四周，繁花似锦，绿树成荫，把整个西湖打扮得花团锦簇；在绿荫丛中，则隐现着数不清的亭台轩榭，呈现出一片秀美的景色。温州永嘉楠溪江秀美的风景颇有名气。两岸青山簇簇，江水弯曲，水面如镜，清澈见底，真可与桂林漓江相媲美。凡到过楠溪江的人无不为它的秀美而赞叹。

桂林山水之秀色是世人皆知的，其审美形态丰富多彩、魅力无穷，吸引着无数中外游客。唐代大诗人韩愈曾用“水作青罗带，山如碧玉簪”(《送桂林严大夫》)的诗句，形象地比喻桂林山水之秀美。元代文人马宗成在《碧霞洞庆真阁之碑记》中说：“予观夫桂林胜状，南北东西绕皆山也。山皆平地拔起，而成碧玉簪之秀者，看来亦未足为胜，有山岩空洞，中间更有古迹可验，此为胜尔。”现代作家杨朔说：“桂林山水那种清奇峭拔的神态，自然是绝世少有的”(见杨朔《画山绣水》)。通过这些古今文人墨客对桂林山水如诗似画之美的描绘，不仅给桂林山水增姿添色，而且还揭示了桂林山水的审美特征和美学价值。

风景中秀美的形象给人一种甜美、安逸、舒适的审美享受。游览观赏这样的风景，总是使人感到幸福愉快，使人性情得到陶冶，情绪得到安慰。

(三)奇(特)

我国风景中奇特的形象莫过于黄山了，因而素有“黄山天下奇”之谓。黄山有“四奇”，即石、松、云、泉。黄山奇峰怪石星罗棋布，竞相崛起。像“喜鹊登梅”、“梦笔生花”、“花鼠跳天都”、“蓬莱三岛”、“丞相观棋”、“金龟探海”、“猴子观海”等形象惟妙惟肖。这些怪石千姿百态，各有奇趣，无不为中外游客称绝。黄山的松，有的盘结在危岩上，有的在峭壁上破石而出，苍郁挺拔，故有“无石不松，无松不奇”之说；有迎客松、陪客松、送客松、黑虎松、蒲团松，绮丽多姿，妙趣横生。始信峰的松更是出奇，有“不到始信峰，不见黄山松”之说。黄山烟云似锦如缎，飘荡千山万壑，变幻无穷，素有“黄山云海”之称。玉屏峰有前海，清凉台有后海，白鹅峰有东海，排云亭有西海，光明顶有天海，五海相连，烟云翻飞缥缈，波澜起伏，为中外游人称奇叫绝。黄山的瀑、泉、溪、潭应有尽有。黄山的温泉终年喷涌，是游人洗温泉浴之佳地。黄山的人字瀑、百丈泉、九龙瀑都是形象奇特的典型风景。

雁荡山水之奇也是尽人皆知的。康有为于 1924 年游雁荡山后，称“雁荡山水雄伟奇特，甲于全球”。徐霞客在《雁荡山日记》中写道：“锐峰叠嶂……真天下奇观！”尤其是在星月交辉的朦胧夜色之下，从不同角度观赏，便显出各种神奇的意象，真是妙趣横生，为游人赏心悦目。最富有代表性的要数灵峰了，白天望去，形似手掌相合，喻称“合掌峰”；当夜幕降临后，在远处眺望之，变成一对正在亲吻的情人，喻称“夫妻峰”；当移步至灵峰寺旁，观看之，就像维纳斯的双乳了，又称

“双乳峰”……还有“双剪峰”、“观音峰”、“犀牛望月”，等等。雁荡山的“鹰石”也是如此，白天像石头的鹰，晚上像个活的鹰。郭沫若先生的一首诗写得极妙：“雄鹰踞奇峰，清晨化为石。待到黄昏下，雄鹰看又活。”

峨眉的“佛光”，蓬莱的“神仙海市”也是我国风景中最神奇的现象。

峨眉的“佛光”在下午三四点钟，前有浓云密雾，后有强烈的阳光时，才能看到。在这种情况下，游人站在舍身岩前，在太阳相反的方向的雾幕上可看到自己的身影，影处还罩有巨大的彩色光环。光环好似画中佛头上的光圈，故称佛光。有人把佛光宣扬得十分神秘，似乎是神(佛)在“显灵”。其实从科学的角度讲，这是一种自然现象，是日光在传播过程中，光波经过障碍物的边缘或空隙间时产生的衍射现象，即衍射作用而形成的。

蓬莱的“神仙海市”自古有名。北宋著名科学家沈括在《梦溪笔谈》中曾作过这样的描述：“登州海中，时有云气，如宫室台楼、城堞、人物、车马、冠盖，历历可见，谓之海市。”对这种因光的折射而在海面上出现的幻景，古人认为是蜃吐气而成的，故称“海市蜃楼”。这种奇景在蓬莱春夏之交的季节可以看到。当雨过天晴，海上还有云雾水气，又微微刮起东北风时，就有可能出现远处的景物被折射在海面上的幻影。

峨眉的“佛光”和蓬莱的“神仙海市”是我国风景中极为神奇的现象，许多旅游者无不为之神往。

四川省兴文县石海洞乡有一神奇的大漏斗，举世罕见，堪称“世界一绝”。大漏斗的直径为540米，深200米，无论怎样暴雨倾盆，山水聚至，底部都不积水。据考证，是因斗底通一阴河，把地下水汇入长江之故。这一奇观吸引着越来越多的游人，许多游客看后赞不绝口。张爱萍将军也曾到此一游，并题写了“神奇绝世”四个大字。

(四)险(峻)

险峻也是自然风景中一种形象特征，对旅游者极富吸引力。游人都有一种好奇心，越是险的地方越想攀登，越是奇的风景越想观赏。华山素有“华山天下险”之称。常言说，“自古华山一条路”，就是说华山的险峻。鸟瞰华山，犹如天柱拔起，在秦岭山前诸峰之中，四壁陡起，几乎与地面成90度角。主峰高约2100米，游人攀登必须手扶铁索，须经“千尺幢”、“百尺峡”、“擦耳崖”、“上天梯”、“苍龙岭”等险径，才能达到最佳风景点华山顶。由于路太艰险，游人上下山时都得脚手并用，可谓真正的“爬”山。

庐山的仙人洞、黄山的天都峰、九华山的天台、峨眉山的金顶都是我国极其险峻的风景。比如，从南路登黄山的天都峰，一路艰险至极。有的路段要从狭窄陡峭的石缝间通过，石缝窄得只能通过一个人，只好上一批，下一批，有的路段简直是垂直的石梯，须要手扶着石栏杆向上爬。从西路爬天都峰，需要经过鲫鱼背。走在不到一米宽的鲫鱼背上，两侧是万丈深渊，真是惊险至极，令人惊心动魄。但是，"无限风光在险峰"，越是险的地方，越有美的风光。登上天都峰，黄山各方云海尽收眼底，黄山诸峰真似飘浮在云海中，为旅游者惊叹叫绝。

恒山面对的悬空寺也是以神奇惊险而闻名。当地流传着这样一首民谣："悬空寺，半天高，三根马尾空中吊。"一座寺院"吊"在三根"马尾"上，其惊险程度可想而知。悬空寺以栈道为基，其荷载分别由每层插入崖石的木梁承担，木梁又与层间立柱及斜撑物连成一体。飞阁相通，楼殿叠架，远远望去，犹如琼楼悬挂在峭壁上，游人盘旋而上，真令人魂飞魄散。

温州市文成县铜铃山森林公园的"壶穴景观"也是一处极其险峻的自然风景。"壶穴景观"是一个比较原始的山峡，一个穴一个水潭一级瀑布，共九穴九潭九瀑，是经过万年水的冲刷而形成的像壶状的山峡，"壶穴"由此得名。其壮观险峻的程度，可谓天下独一无二。一级级飞瀑高悬，穴潭似万丈深渊，一层层栈道(固定在悬崖峭壁上)半空腾起，像一条飞舞的巨龙。从下向上眺望之，在隐约的雾霭中，游人似乎在空中飘动，真叫人惊心动魄。自上而下俯瞰之，更叫人胆战心惊。许多登上栈道的游人心悸万分，不断地发出惊叫声。越是惊险越要攀登，这是人们的好奇心理所致。由于人们普遍存在一种好奇心，所以，险峻对旅游者同样具有一种强烈的吸引力。

雁荡山显圣门之景，险峻、惊险，令游人叹为观止，惊讶不已。显圣门在雁荡山仙人坦 3 公里处，有两峭壁垂天相对而立，各高 200 米许，下广上敛，中豁为门。门上峰顶复合，门间有溪流入深潭，溪中有巨石，上刻有"天下第一门"。入门可达礼佛坛，绝壁四合，清幽奇险。佛坛旁石隙间深藏一瀑布，名飞湫瀑。雁荡山显圣门一景，其险峻之美，非雁荡山莫属。

不畏艰险，勇于登攀的人才能领略到自然风景的险峻之美，真是"无限风光在险峰"。

(五)幽(静)

幽，是自然风景中一种独特的审美形态。幽与静的审美特征是接近的。幽者必静，静则幽。幽具有极其广泛的内涵，是通过具体的形象展现出来的。

当我们沿着迂回曲折的小路游山时，就会体验到有一种"曲径通幽"之感。北京颐和园后山景色清雅，幽静得令人难舍难离。深深的竹林、静静的山谷、密林中弯弯的山路、深山中小小的茅舍……这些景象是何等幽静啊！

青城山的风景可以说是我国风景中最幽美的了。青城山山林之美的最大特点就体现在一个"幽"字上。所以，它素有"青城天下幽"之美誉。宏观青城，就像是一个天然陶铸成的大青瓷瓶，幽雅古朴。当游人沿山间小路上山，两侧苍松翠竹，碧绿成阴，溪泉清澈见底，潺潺入耳，偶而传来鸟鸣声。“蝉噪林愈静，鸟鸣山更幽”，真有一种幽深莫测的神秘感。这种幽深的意境美，使旅游者感到无限的安逸、舒适，悠闲自得：幽美在于深藏，景藏得越深，越富于情趣，越显得幽美。像天津蓟县盘山天成寺、盘古寺等古迹都是掩映在深深的幽静处，凡到盘山的旅游者无不感到盘山景深、境幽之美。

二、色彩美

风景中的色彩美是万象纷呈，极其丰富的。这些色彩主要是由树木花草、江河湖海、烟岚云霞及阳光构成的。五彩缤纷的自然色彩会给旅游者带来欢乐和幸福，带来赏心悦目的美感，乃至令人振奋和神往。

自然界中最引人注目的色彩莫过于鲜花。像云南的茶花、峨眉山的杜鹃花、盘山的梨花和杏花、天台山华顶峰的云锦杜鹃花，都是以其色彩美而闻名于世的。华顶云锦杜鹃林300余亩，树2万多株，其中500年以上的珍贵古树有百余株。云锦杜鹃是杜鹃家族中之神品，在千载难逢的千年之交——1999年的春天，浙江省台州市举办了“99天台山云锦杜鹃节”，但见漫山遍野，色彩缤纷，艳胜锦缎云霞。海内外游人云集华顶，真是“车如水马如龙，花月正春风”。

据智朴①和尚所著《盘山志》记载，盘古寺（智朴和尚创建）杏花甚盛。智朴曾绘有《红杏图》，并题诗云：“杏花万树开，映日光皎洁，东风过岭来，满地翻晴雪。”

当阳光穿过大气层的时候，受天气和时辰的影响，就会出现色彩缤纷的朝霞、晚霞、彩云、雾霭，使天空呈现出紫、蓝、灰、绿、黄、橙、红等色彩的变化。这些由阳光带来的色彩美是令人神往和陶醉的。不少诗人把晨曦、晚霞描绘得非常美。“朝辞白帝彩云间，千里江陵一日还。”清晨的白帝城沐浴在晨曦中，因白帝城地势较高，像是在彩云间一样，这是李白游三峡的亲身感受。短短的两句诗把晨曦的美描绘得多么令人神往。白居易在《忆江南》词中说：“日出江花红胜火，春来江水绿如蓝，能不忆江南！”这些赞美自然界中色彩美的诗句已成为千古绝唱。贵州黄果树大瀑布，在阳光照射下，化作一道长虹，五彩缤纷，绚丽夺目，好一派迷人景象。

自然界中的色彩随着季节的变化而变化。俄国风景画大家列维坦的一幅著名风景画《金黄色的秋天》把俄罗斯的秋天描绘成一片金黄色。可见，画家是如何被俄罗斯秋天美丽的色彩所陶醉。到深秋，大自然给我们带来以红、橙、黄为主调的色彩美。“西山红叶好，霜重色愈浓”（陈毅《西山红叶》）。自然界中深红

① 智朴原是明末的将领，清兵入关后，明廷覆亡，他披发为僧。

的色彩确实非常迷人。深秋季节许多游人到北京西山观赏红叶，为深红的、金黄的色彩叫绝。1984 年到西山看红叶的人数更是空前，一天竟达到十万余人次。还有盘山的红叶，也是令人陶醉的。

人们欣赏红叶的美，主要是欣赏红的色彩，为红的色彩所吸引。因为秋末冬初，日照已短，气温下降，树叶的叶绿素更新的力量已减退，因而树的叶子发红，呈现出红色的美。北京西山和天津盘山枫树和柿子树较多，往往一株树红成一丛，多棵树便红成一片。在天气晴朗的日子里，在灿烂的阳光照耀下，色彩鲜艳夺目，令人心旷神怡。这种红叶之美在于它特殊的红色美。"霜叶红于二月花"正是对秋天红叶的赞美。

庐山云海变化多姿，绚丽多彩，深受旅游者的赞赏。清代作家张维屏在《天池看云记》中就曾说，庐山云"瞬息之间，弥漫四合，其白如雪，其软如绵，其光如银……反照倒映，倏而紫翠，倏而青红，滔滔滚滚，蓊蓊蓬蓬"。自然风景中的色彩变幻莫测，很是迷人。

总之，自然风景中的色彩美是属于形式美的范畴，是最易被人直观感受的，对旅游者极富吸引力。

三、动态美

自然风景中的动态美，是由波涛、飞瀑、溪泉以及烟岚、云雾的飘动引起的。

"飞流直下三千尺，疑是银河落九天"，"无边落木萧萧下，不尽长江滚滚来"，这是江河、瀑布流动的动态美。贵州白水河上的黄果树大瀑布，因河床断落，形成九级瀑布，黄果树瀑布是最大的一级，宽 40 余米，落差 60 多米。云垂烟接，万练倒悬，细若珠帘，粗如冰柱，倾入犀牛潭中。正面观赏之，飞流奔腾喷薄之状，令人倾倒，可谓一种天然的动态美。

风虽然是无形的，但它是形成动态美的动力。风能驱散浮云，掀起波涛，吹拂柳枝，传送花香。人们常把垂柳描绘得婀娜多姿，像美女的长发一样，随风飘动，显出一种柔和的动态美。

行云飘烟，从深谷里冉冉升起，峰峦似乎是在虚无缥缈的轻纱帷幔之中。烟云飘动，山峰似乎也在移动。林木仿佛在飘荡，游人若行至峭壁陡岩，有腾云驾雾、身入仙境之感。烟云迷蒙游黄山，步入云山似飘仙。游过黄山和庐山的人都有这种神奇奥妙的感受。

旅游者对黄山的云极感兴趣。明清游人把云、松、石称为黄山"三奇"。奇是一种美的特征，无奇不美。黄山的云，美就美在变化多端，像流水一样荡漾在万壑深谷，成为历代游人观赏的对象。黄山的云素有"云海"之称。每当烟云升腾，犹如大海波涛翻滚，向游人迎面扑来的时候，使人感受到一种飘动的美、荡漾的美。许多游过黄山的诗人、画家认为黄山妙就妙在烟云中，黄山云海妙就妙在似海非海的飘动中，即动态美。

“醉墨黄山韵独清，䌷云升腾山欲行”、“云中层岭画中山，黄山飘若白云间”、“石猴飘然欲过海，欲见石猴云里看”、“瀑布斜飞落碧涛，云气横流断山腰”[①]。这些诗句都是描绘黄山里的云、泉的动荡所造成的动态美。由于烟云的流动，山峰似乎也在动，黄山似乎飘在云层间。永不动的石猴，也像是飘然过海一样，瀑布、流泉也在“斜飞落碧涛”，好一派云飘飘，山荡荡，泉滚滚，雾茫茫之动态美的景象！

当我们观赏太湖风景时，那烟波浩渺、渔帆竞流的景象令人流连忘返，这也是一种动态美。

“青山缭绕疑无路，忽见千帆隐映来”（王安石《江上》）、“天苍苍，野茫茫，风吹草低见牛羊”（《乐府诗集·敕勒歌》）。江河之上，千帆隐约而来；大草原上，在风吹野草的飘动中，牛羊时隐时现，这是何等迷人的美，真叫人心醉神迷！这就是动态美的魅力所致。

山海关地区的燕塞湖有“小桂林”之称。当我们乘游艇在湖上游览，观赏沿岸风光时，看到四周群峰环抱，怪石林立，白云飘飘欲动，碧水如镜，清澈见底。青峰壁嶂似乎在水中飘荡，船似乎在青山顶上游动。有诗云：“列嶂参差烟雾霭，一川环绕水云间”；“南瞻大海波涛涌，北顾群峰苍翠浮”[②]。

四、朦胧美

朦胧是相对于清晰而言的。例如透过云雾看风景时，云雾中的景物若隐若现，模模糊糊，虚虚实实，令观者捉摸不定，于是产生幽邃、神秘、玄妙之感，引起观者许多遐想，这就是朦胧美所致。如果眼前的景物十分清晰，一览无余，观者就会感到没有看头。景妙在模糊，美在朦胧。若景物清晰可见，则其丑处也尽露之，而云遮雾障则能弥补其不足，显出神奇的风景。

当大海朦胧时，水天一色，茫茫一片，那些在海里飘荡着的游船，不知是在水里游，还是在云里行。当群山朦胧时，层层烟云掩其真面目，股股白云从深谷里徐徐升起，云雾与山峦连成一片，近山显得格外高峻、神奇，远山显得格外深远莫测，于是有一种特殊的魅力吸引着游人。烟雨迷蒙的西湖，淫雨霏霏的漓江，美得就像一幅幅水墨画。

在我国古代诗词中也不难找到对这种朦胧美的描写，如王维的诗句：“江流

---

① 《乔修业作品集·乔修业诗书画》，天津人民美术出版社 2009 年版，第 2、6、22、30 页。

② 《中国名胜词典》，上海辞书出版社 1981 年版，第 118 页。

天地外，山色有无中。”这“山色有无中”就是一种朦胧的美态。苏轼描写烟雨迷蒙的西湖之佳句有“山色空濛雨亦奇”：在细雨迷蒙中，西湖像美女穿上一层薄纱，隐隐约约显露出婀娜多姿的体态，具有特殊的魅力。这正是一种朦胧美。

宋代著名画家郭熙在《林泉高致》里说：“山欲高，尽出之则不高，烟霞锁其腰则高矣；水欲远，尽出之则不远，掩映断其脉则远矣。”画家强调不能“尽出之”，而要“烟霞锁其腰”，“掩映断其脉”，用“烟霞”遮掩，模糊人们的视线，使之产生一种朦胧之感，使人感到神奇、玄妙、虚幻。

第三节　怎样观赏风景

旅游者在游览风景时，都有一个怎样观赏风景，怎样才能观赏到风景之美的问题。这个问题不解决，就很可能游而无感，游而无悦，不能真正领略风景之美。

怎样观赏风景呢？简言之，离不开方法、角度、时间、距离等条件。眺望山峦，我们可以从烟岚、朝暮、阴晴、四季的变化等方面观赏风景的美。“春融怡，夏蓊郁，秋疏薄，冬黯淡”，这是四季不同的云气之审美特征。“春山艳冶而如笑，夏山苍翠而如滴，秋山明净而如洗，冬山惨淡而如睡”（韩拙《山水纯全集》）。这是四季不同的山景之审美特征。“春英夏荫，秋毛冬骨”，这是四季不同的树木之审美特征。池塘的水也是随着四时不同而现出不同的审美特征的：春绿、夏碧、秋青、冬黑。

自然风景的分布组合是受时间的变化和空间的差异所制约的，不同的季节变化对风景的变化影响很大，而不同的气候也会形成不同的风景区。

到北京旅游最好是在秋天。秋高气爽，天高云淡，风和日丽。此时的北京地区因受向南移动的副热带高压气团控制，大气层比较稳定，凉爽湿润，是旅游的好时光。我们要想欣赏峨眉山的佛光最好在夏秋之交，看钱塘江大潮要在农历八月十八日。“燕京八景”中的“卢沟晓月”，只能在清晨观赏，才能见其美。

一、观赏的方法

（一）动态观赏

动态观赏实际上是指游人在游览中，沿着一定的风景线，或步行，或乘车，或乘船观赏风景的一种方法。观赏者身临其境，全部身心都置于风景之中，使人感到美就在你周围，美在包围着你，在拥抱着你。因为这种身临其境，目睹实物的观赏所产生的美感是一种立体的感受，是非常强烈的。所以，动态观赏本身就富有极大的魅力。在青岛、大连、北戴河等海滨旅游地都开展了这种动态观赏风景的游览形式。我国著名的海滨城市青岛依山临海，景色秀丽，气候宜人，素有“东方的瑞士，亚洲的日内瓦”之称。这里开辟了近海和远海的海上游览，乘游览船可以从栈桥到崂山，沿海岸游览，观赏到数十里旖旎多姿的海岸风景。这种游览式地观赏风景越来越引起旅游者的兴趣。

李白曾乘船游览过长江三峡，他在《早发白帝城》一诗中作了生动的描绘，写下了他动态观赏的感受：“朝辞白帝彩云间，千里江陵一日还。两岸猿声啼不住，轻舟已过万重山。”

漓江美，游人醉。许多中外游人被“江作青罗带，山如碧玉簪”的桂林山水所吸引，所迷醉。从桂林到阳朔有 80 公里的水路，乘游船从桂林到阳朔旅游，可以欣赏两岸步移景异、变幻无穷、奇妙多姿的自然景色。天晴时，青峰倒影，白鹭低飞，船似行在山顶，人如游在画中。有诗曰：“江到兴安水最清，青山簇簇水中生。分明看见青山顶，船在青山顶上行。”这是清代袁枚描写漓江两岸风景的一首诗。从这首诗中我们可以看到漓江的山水与倒影形成何等迷人的景色。雨天，云雾缭绕，烟雨迷蒙，群山若隐若现，像是披上一层薄纱，现出一种朦胧的美，好像是一幅幅水墨山水画。若逢阵雨放晴，彩虹映照，云雾拂面而过，游人仿佛置身于神山仙境之中。

目前，我国风景区普遍建造了索道，游人乘缆车观赏风景更富独特的情趣。由于在缆车上视点较高，周围的风景一览无余、美不胜收，更使人感到心旷神怡。

（二）静态观赏

静态观赏是旅游者在一定的位置上，面对风景的一种欣赏活动；或缓慢地移动视线，仔细地玩味其中之奥妙。如果视线移动过快，就不易感受其中的美。像颐和园中的谐趣园（园中园）、北海中的静心斋、苏州的网师园，其特点是小巧精美，以小观大，以少胜多，都适合静态观赏，仔细玩味。

静态观赏是与动态观赏相对而言的。有时需要动中求静、静中求动、动静结合的观赏方法。这要以风景的特征和旅游者审美活动的需要而定。风景区和园林，在设计上也充分考虑到这种审美活动的特点，于是在主要风景点上建造亭、台、楼、阁、榭、廊等，一方面供游人憩息，另一方面供其在停留休息时仔细玩味风景的美。在烟台小蓬莱的一座石砌的门楣上，有“观海听涛”四个醒目的大字。这里“观”与“听”二字都含有“静”的意境，就是说，欣赏大海，只有静下来细听大海波涛的喧嚣，领略大海喧嚣的韵味，进入“静”的审美状态，才能真正感受到大海之美。

黄山云海又可分五海，即东海、西海、南海、北海、天海。要想观赏黄山云海的美，必须选择适当的位置，仔细玩味。东海位于白鹅岭以东，在白鹅岭观东海最好；西海位于丹霞峰、飞来峰西侧，在排云亭看西海最好；南海位于天都、莲花两峰以南，在玉屏楼观南海最佳；北海位于丹霞峰、狮子峰、始信峰以北，在清凉台观北海最好；天海位于光明顶前，在光明顶看天海最好。

黄山有许多山石引起旅游者的兴趣。这些山石也必须在一定的位置上仔细玩味才能体会到其中妙处。例如，在散花坞中可看到“梦笔生花”、“笔架峰”、“骆驼石”、“飞来钟”、“老翁钓鱼”；在曙光亭可以看到“仙人下棋”、“仙人背包”、“丞相观棋”；在清凉台可以观“猴子石”；在排云亭可以看到西海的天然巧石：“仙人晒鞋”、“天女绣花”、“天女弹琴”、“武松打虎”、“仙人踩高跷”，等等。

最后，强调一下，动态与静态是相辅相成、互为补充的。前者是寻求天趣与动态美，后者是注重情趣与静态美。“动”与“静”相互结合，才能感受风景美的全貌，获得整体的美感。

二、观赏的距离

观赏风景时，选择距离是很重要的。距离不适当，往往看不到美。山水“远望之，以取其势”、“近看之，以取其质”（宋代大画家郭熙语），意思是说，我们看远处的山水，要取其大势，即观山水（风景）宏观之美；看近处的山水（风景）时，要欣赏其局部之美，即山水、树木、亭、台、楼、阁具体事物之美。有一女子终年生活在优美的景色中，与家乡美丽的风景朝夕相处，习以为常，所以，感觉不到它的美。有一次，她在离开家乡，乘船行在江上，回首极目远眺家乡时，她才发现家乡的景色非常美。薄雾、帆影、夕阳、落霞，好一派令人心驰神往的湖光山色。于是这位女子即兴作了一首诗：“侬家住在两湖东，十二珠帘夕照红。今日忽从江上望，始知家在画图中。”[①]常言道，“不识庐山真面目，只缘身在此山中”，“入芝兰室，久而不闻其香”，都是因为距离太近，习以为常，而不觉其美。

在审美活动中，审美主体需要与审美对象保持一定的距离，审美对象才能显出美，这是人们的心理习惯造成的。我们观赏美丽的风景时，有两种原因看不到其中的美，即距离太远和习以为常。在美学史上叫“距离说”或“心理距离”，这是瑞士心理学家、美学家布洛（1880—1934）在 1912 年出版的《心理距离》一书中提出来的。例如，一个到黄山旅游的木匠，对那些盘在岩石上，挂在山崖间的古松不会感兴趣（从实用的角度）。因为这些弯弯曲曲、歪歪扭扭的古松，在木匠眼里不是做家具的“好”料。可是，这些弯弯曲曲、歪歪扭扭的特征，在画家眼里，是坚韧、苍劲、雄奇、古老的美，是一种生气勃勃的美，从艺术的角度看，是一种天然的艺术品。这截然不同的两种观赏态度与经验，正是“心理距离”所致。

朱光潜教授讲过一个例子，海上航行遇雾时，不但令人不愉快，而且很危险。

---

① 转引自樊莘森、高若海：《美与审美》。

但他又说，你把海雾摆在实用世界以外去看，使它和你的实际生活之间有一种适当的距离（心理距离），这时你就会感到“海雾却是一种绝美的景致”了。一切美景都要在适度的距离中，才能看到。距离可以增加审美的魅力。“马上看壮士”、“月下看美人”，因为有距离，所以格外显得壮，格外显得美。又如枯藤、老树，这些在生活中都是极其平凡的东西，不能唤起人们的美感，但在离开一定的距离看它们时，就会给人以各种意象，引起人们丰富的想象，于是感到美。

黄山的“猴子观海”、“仙人指路”、“仙人踩高跷”、“仙人下棋”等景物，近观之，只不过是一些普普通通的石头，但离开一定的距离来看这些顽石，使人感到像是一只猴子在望海，像是仙人指路、仙人踩高跷、仙人下棋。这就是心理距离的作用。因为审美主体离开审美客体一定距离后，再看审美客体就会模糊不清，由于模糊不清，就会给人以各种意象，造成这些奇特的意象美。总之，观赏距离，不论是空间距离，还是心理距离，在旅游审美活动中，都具有十分重要的意义，对于提高旅游者的观赏水平或审美层次有着不可估量的作用。

三、观赏的角度

观赏风景的角度不同也会产生不同的审美效果，角度不对，有可能看不到美。例如，我们在玉泉山眺望万寿山，万寿山只不过是一个单调的小山头，感觉不到什么美。而在颐和园昆明湖的东岸看万寿山，便觉得它林木苍翠，高峻雄伟，在山上建筑物的衬托下，万寿山更显得美丽壮观。玉泉山和西山的群峰，似乎也成了颐和园的景物了。这样，远景朦胧，近景澄清，构成一幅层次分明而完整的画图。正如苏轼的《题西林壁》一诗所写：“横看成岭侧成峰，远近高低各不同。”这两句诗的意思是说，从远处、近处、高处、低处不同的位置上来看庐山，庐山的形象就各放异彩，变幻莫测。所以，旅游者在观赏风景时，要选择角度。例如，可正面观赏，也可侧面观赏；对观赏的对象可以平视，也可以仰视或俯视。

平视：看视线前方延伸较远的景物叫平视。平视可以看远处的景色，欣赏开阔的旷景，极目天际，使人心胸开阔，心旷神怡。

宋代山水画大师郭熙在讲中国山水画的透视时，曾提到平视具有“平远”的效果，他说“自近山而望远山谓之平远”，又说“平远之色有明有晦”，“平远之意冲融而缥缥缈缈”。

观赏“山色空濛雨亦奇”的西湖景色应以平视的角度为最佳。观赏黄山的云海也应取平视，才能看到“冲融而缥缥缈缈”的效果。

仰视：从低处往高处看叫仰视。郭熙把仰视观景称为“高远”，他说，“自山下而仰山巅谓之高远”，又说“高远之色清明”，“高远之势突兀”。在万寿山前仰视万寿山，便可看到层层殿堂，辉煌夺目，分外壮观，具有“山外青山楼外楼”之感。

万寿山后的景色也十分壮观。若从宫北门前的台阶上仰望万寿山后山上那些宗教建筑，便可看到层层红绿殿堂极为壮丽秀美，两侧不同姿态的塔楼，与殿堂相互辉映，游人似步入仙境一般。在黄山的汤岭关仰望云门峰，云门蜂那种雄伟险峻的景色简直令人惊叹。峰顶高耸入云，好像就要倾倒似的，游人到此仰望之，无不感到惊心动魄。

俯视：从高处往下看叫俯视。在泰山顶上看下面的群山，便有“登泰山而小天下”的感觉。登上天津水上公园的“眺园亭”，水上公园的全景便尽收眼底。在北京景山万春亭上看故宫，宏伟的宫殿建筑群便一览无余，壮美至极，令人叹为观止。前人总结观景经验，叫做“仰望峭壁，俯视水波”——仰望峭壁显得层层叠嶂，十分雄伟；俯视湖面，水平如镜，游船飘荡，颇有诗意。

在云南石林观看“阿诗玛的天然石像”，也同样有一个观赏角度的问题。通常，从正前方十步开外望去，那尊“石像”，犹如一位穿裙戴帽、亭亭玉立的妙龄少女。但从左边八步开外看去，这“石像”似乎变成了一位骨瘦如柴、风烛残年的老太婆。同一景物从不同的位置、不同角度观赏，就会呈现截然不同的景象。这显然是观赏的角度（位置）不同所致。

总之，观赏风景的角度很重要，游览的人对此是不可忽视的。不然就不易看到美，就会感到平淡无奇。

四、观赏的时间

观赏风景有一定的时间性，时间选择不当，会影响审美效果，甚至看不到风景的美。如果不是在农历八月十八日去看钱塘江大潮，就有可能看不到大潮的壮观景象，感受不到大潮的崇高美。

西湖渺渺八千亩秀水，层次丰富，风神飘洒。“欲把西湖比西子，淡妆浓抹总相宜。”我们要想看到西湖的浓妆，最好在风和日丽、春暖花开的季节，那时是“花点胭脂水泼黛，西湖今日也浓妆”[①]的美景。若想欣赏西湖的淡妆，最好选择烟雨苍茫、细雨迷蒙的日子。“漠漠云阴敛晓光，平波才欲倒垂杨。诸峰尽在微濛里，今日西湖是淡妆。”[②]西湖“葛岭朝暾”、“苏堤春晓”、“雷峰夕照”、“三潭印月”四个著名景点，随着朝暮时光而变幻，不把握好观赏时间，难以体味到其独特的审美内涵。

当游人置身于巍巍的泰山之顶，在不同的时间会看到不同的形形色色的美。从观日石望去，红日喷薄欲出，呈现绚丽神奇的晨曦之美；从观月峰上远眺，黄昏

① 杨次也：《西湖竹枝词》，见《随园诗话》。

② ［清］郑苏堪：《湖上》，见《近代诗抄》。

时夕阳余辉洒落黄河上,"黄河金带"呈现出线条之美。

季节不同,景色也有变化。清代著名画家恽南田写道:"春山如笑,夏山如怒,秋山如妆,冬山如睡。"你作为一个旅游者,就应当了解自然风景这种季节性变化的特点。

现在黄山水较少,平常人字瀑、百丈泉、九龙瀑、三叠泉几乎没有水。要想看瀑布的壮观景象,就得冒雨或在大雨后去观赏。

有人几次登黄山想看"仙人踩高跷",都不能如愿。这是因小小的巧石位于深壑群峰之中,在晴朗天气里为其背景的山峦所淹没,所以,旅游者在晴天时不易看到"仙人踩高跷"。只有当巧石的背后升起云雾时,才能衬托出它那娇娆的体态,显露出奇异的动人景色。

可见,观赏风景的时间必须恰到好处,才能欣赏到风景的美。

总之,通过对风景的游览和观赏,不仅能获得审美享受,还可以开阔眼界,增长见识。我国古代哲学家荀子说过:"不登高山,不知天之高也;不临深谷,不知地之厚也。"明代大书法家董其昌也说过类似的话:"读万卷书,行万里路,方知天下事。"

风景美是旅游者游览、观赏的重要对象,研究、开发和创造优美的风景,对于发展旅游事业具有极大的现实意义。另外,由于旅游事业的蓬勃发展,风景区的保护愈加显得重要。为了保持风景区自然美与人工美的协调,风景区的建筑一定要与自然景观协调和谐。风景区的建筑要有规划,要从景观和美学的角度考虑,不要破坏自然景观。湖宜平视,不宜俯视。建筑物越高,湖显得越小。为什么叫"平湖秋月"?这里包含着很重要的审美经验,就是说,平视才更显得美。西泠饭店的出现,葛岭小了一半。另外,高层建筑与西湖的风景极不协调,因此西湖周围建高层建筑要取慎重态度。总之,风景区的建筑"宜隐不宜显,宜散不宜紧,宜低不宜高,宜麓不宜顶"。

思考题

1. 如何理解风景美的形态?
2. 用具体的风景区说明风景美的某种特征。
3. 为什么角度不对就观赏不到风景美?用实例说明。

第二章 中国园林与观赏

学习目的

了解中国造园艺术的特点，皇家园林与私家园林的区别，掌握中国园林构成要素，认识中国园林观赏的审美特征。

基本内容

- **造园特点**

  讲究"五要"、"五避"

  山　水　建筑　花木

- **景观审美**

  景观线　景观点　特写景　引景　点景　借景　藏景

中国园林艺术具有悠久的历史，独特的民族风格。在世界园林艺术中颇享盛名，并被誉为“世界园林之母”。中国园林艺术包含着深刻而丰富的美学思想，具有很高的游览和观赏价值，吸引着广大的中外旅游者。尤其是在我国旅游事业蓬勃发展的今天，不少国家掀起了中国园林旅游热，尤其对小巧玲珑的苏州园林极感兴趣，每年都要有数以万计的外国游客游览观赏苏州园林。我国著名园林建筑家陈从周教授在美国纽约建了一处中国古典小园林——明轩，类似苏州网师园的殿春簃，引起美国人的极大兴趣和对中国园林艺术的向往。1999 年在昆明创建的“世界园艺博览园”，是一处集世界园林和中国各地园林特点之大成，熔自然美、艺术美、生活美于一炉，世界罕见的、中国仅有的、具有丰富的审美价值和观赏价值的人造风景园。这是中国园林史上的一大奇迹，不仅为昆明带来了巨大的经济效益，而且为我国精神文明建设开创了一条新路。可见，研究中国园林艺术及其观赏价值，对发展我国旅游事业是颇有裨益的。

第一节　中国园林艺术

一、中国造园艺术的特点

我国园林之美是大自然之美的概括，是我国锦绣山河的缩影。体现山林景色的自然美是我国历代造园艺术家传统的美学观。园林虽然是人工所造，但具有真山真水之妙，以达到身居闹市而享受山林风景的自然美和天然野趣。

园林景色体现中国山水诗和山水画的意境和情调，追求诗情画意是我国造园艺术的基本美学思想。中国有一句古话，叫“私订终身后花园，落难公子中状元”。为什么非要在后花园里私订终身大事呢？这是因为那里幽静，富有诗情画意，容易唤起情人的情感，唤起他们的爱情。所以，他们喜欢在花园里幽会。园林的诗情画意主要在实际景物中体现出来，统称境界。景露则境界小，景隐则境界深。“几个楼台游不尽，一条流水乱相缠。”境能夺人，园林意境的美对旅游者具有极大的吸引力。许多外国旅游者在游园时，我们的翻译导游讲不出园林的意境美，讲不出园以景胜，景中有意境，因而使旅游者减低对中国园林的审美趣味，感受不到中国园林之美。

我国古典园林造园艺术的特点主要体现在“五要”和“五避”上。

(1)在有限的空间里，要再现自然山水的美，寓意曲折含蓄，引人探求和回味；避免全盘托出，一览无余，一目了然。

(2)造山挖池,要“宛自天开”、“巧夺天工”;避免牵强附会,矫揉造作。

(3)各类建筑的设置,要与周围的环境有机地结合;避免多此一举地画蛇添足,乃至狗尾续貂。

(4)园内景物的安排,要有构图层次,突出重点;避免喧宾夺主,主次不分。

(5)景物的组织,要统一,有连续性;避免杂乱无章,断径绝路。

因造园的主景不同,我国园林各见风姿。有的园林以水面取胜,例如北京的颐和园、济南的大明湖公园,大面积的湖水显得水色潋滟,视野开阔,使游人感到心旷神怡。有的园林以山石取胜,山姿雄峻,峭壁幽谷,洞涧深邃。像苏州的狮子林因奇峰阴洞而闻名,留园的冠云峰曾轰动一时。环秀山庄的湖石假山峥嵘峭拔,兀立其间,气势雄伟,山上有60余米的山径,盘旋起伏,曲折蜿蜒,有洞壑、涧谷、危道、悬崖等境界,真可谓“山形面面看,景色步步移”,玲珑剔透,变化无穷,其湖石假山当推苏州园林第一。有的园林则以花木取胜,林木苍翠,茂林修竹,奇花异草,浓香馥郁。有的园林则处处有亭台楼阁点缀园林的空间,使园中的风景绚丽多姿。人们称我国的园林是:处处有美景,不负游园人。

二、中国古代苑囿及其发展

我国园林起源于商、周时期,那时叫“囿”。“囿”内有巍峨的殿阁,高大的楼台,并饲养奇禽怪兽,栽植名贵花木。“囿”主要是供奴隶主、帝王、后妃、大臣们游览、观赏和放牧游猎的。据记载,从商、周到秦代,帝王专用的“囿”占地面积宽广,其建筑工程浩大。《孟子》记载,“[周]文王有囿方圆七十里”,“楚庄王筑层台延石千重,延壤百里”①。到秦代,帝囿的规模更加宏大,以至秦始皇三十五年所营建的朝宫,全在帝囿“上林苑”之中。

从汉代起,“囿”演变为“苑”或“苑囿”。苑囿就是古代帝王的园林。这时期苑囿的规模仍然较大,但造园艺术家已开始注意到把自然景色引进苑囿,要求苑囿模仿自然,反映自然。这说明人们已注意到对优美自然景色的欣赏。

到魏晋南北朝时代,我国的山水画发展起来,山水画的构图理论、层次色彩,丰富了造园艺术。所以,造园的理论与山水画的理论是紧密相联系的,不少古代造园艺术家同时也是画家。另一方面,这时期佛教已传入中国,并盛行起来,士大夫阶层追求精神的解脱,陶醉于山林田园之中,以山居岩栖为高雅。于是造园叠石之风随之大盛。北魏杨衒之所著《洛阳伽蓝记》一书记载,当时大贵族中以北魏张伦的园林最为华美,重岩复岭,高林巨木,宛若真实山林一般。

唐代是我国的文化艺术发展的全盛时期,造园艺术也成熟起来,诗情画意进

① 见刘向《说苑》卷九,“正谏”。

入园林，从而使园林的意境更高雅。唐代王维是一位被称为“诗中有画，画中有诗”的杰出文人画家。他辞官后，到关中蓝田县的辋川，这是难得的具有江南之胜的地方。他在这里建造了一个写意山水园林，将自然界的岗岭、山谷、泉瀑、湖水及丰茂的林木重新加以整理布局，并饲养鹤鹿，使之既保存自然山水之趣，又富有诗情画意之美。尤其唐朝的建筑追求气势宏伟、装饰华丽的风格。各种建筑也逐渐定型。建筑艺术的发展促进了这一时期园林艺术的发展。例如，骊山华清宫是唐明皇和杨贵妃当年游乐之地，陈设布局极其富贵豪华。

宋代园林沿唐之风，迅速发展起来。宋徽宗所造“寿山艮岳”，规模宏大，构筑奇巧，掇山以石为主，对后来的造园风格有很大影响。

明代造园艺术达到了高峰，设计精湛，布局奥妙。明末吴江(今属江苏)人计成是我国杰出的造园艺术家，他著的《园冶》一书是我国最杰出的一部造园艺术专著，书中评述了造园艺术手法和经验。特别是在“借景”上作过详细的阐述，有重要的美学价值。这部园林艺术专著对明、清造园艺术有极大的影响。

明、清两代江南园林蔚然兴起，多数在南京、苏州、杭州、扬州一带，苏州为最多，扬州次之，故有“江南园林甲天下，苏州园林甲江南”之说。苏州的拙政园、狮子林、留园、环秀山庄、艺园、网师园、西园、怡园、可园等，大都是明清时代建造和重建的。

据《苏州府志》记载，明代苏州有园 271 个，清代有园 130 个，可见明、清苏州园林之盛。另外，像南京的瞻园，扬州的个园、何园和瘦西湖，无锡的梅园和寄畅园以及北京的颐和园、圆明园、北海的静心斋也都是明、清建造或重建的。

可见，我国造园艺术发展到清代，造园的美学思想更加丰富了。

三、中国园林分类

我国园林一般分为两大类，即皇家园林和私家园林①。

(一)皇家园林

中国的皇家园林最大的特点是规模宏大，豪华富贵，显示威严的皇权的至高无上。园内的假山、建筑都是非常宏伟、壮观的。封建帝王为了显示自己的权势，在园林建筑布局中，往往总有一组最显赫的建筑物，如颐和园中排云殿一组建筑即属此类。

排云殿是为慈禧祝寿朝贺用的宫殿建筑，占据万寿山南坡最显要的位置。

---

① 有人认为中国古典园林除了皇家园林和私家园林之外，还有寺观园林。中国的寺庙大都坐落在山上，例如我国有四大佛教名山。那里的寺庙建筑都是同真山真水融为一体，借助自然风景构成寺观园林，以达到人工美同自然美有机地结合。寺观园林占地广、游程长，空间环境容量大、变化多，景观的深度、广度和层次都比较丰富。目前，中外旅游者对寺观园林越来越感兴趣。

建筑采用了宫殿的样式、华丽的装饰、浓艳的色彩，上下左右罗列了许多形象奇异的亭、阁、殿、宇，以显耀皇权的骄横，体现出封建帝王唯我独尊、至高无上的封建统治思想。实际上这也是封建帝王的审美观。

中国皇家园林以北京西郊的“三山五园”(即万寿山的颐和园、玉泉山的静明园、香山的静宜园、圆明园、畅春园)及河北承德的避暑山庄为代表。其中圆明园和畅春园已不存在了。

1.颐和园

万寿山最早叫瓮山，金代章宗即位(1190年)后，引玉泉山的水于瓮山之下，称瓮山泊。清乾隆十五年(1750年)瓮山改名为万寿山，改瓮山泊为昆明湖，并重新建造，统称清漪园，直到乾隆二十九年竣工，历时15年。光绪十四年(1888年)慈禧太后穷奢极欲，挪用海军军费，重新修建清漪园，并改名为“颐和园”，光绪二十一年(1895年)完工。光绪二十六年(1900年)遭到外国侵略者的破坏，第二年又重新修建，直到光绪二十九年(1903年)才完工，前后共花费150多年的时间。

颐和园在北京市的西北，离城20华里。园内建筑宏伟，占地面积4354亩。西面是西山和玉泉山的群峰，东面是圆明园的旧址。园内西北部是万寿山，南部是昆明湖。园内山环水抱，建筑绚丽多彩，风景极为优美壮观。颐和园是我国现存古代帝王苑囿建筑中最完整、最华美的一处。

2.圆明园

圆明园是清代建造的主要苑囿之一，是我国古典园林艺术之瑰宝。圆明园的建成标志着我国古典园林建筑艺术已发展到了一个新高峰。乾隆皇帝曾夸耀圆明园说:“天宝地灵之区，帝王游豫之地，无以逾比。”圆明园是京西“三山五园”中的佼佼者。

圆明园于清康熙四十八年(1709年)开始建造，直到道光元年(1821年)才建成，总共花费了112年的时间，历经康熙、雍正、乾隆、嘉庆、道光五代皇帝。乾隆在在位的60年中，对圆明园扩建成全盛风貌，下了很大功夫;同时，还花费了20年的时间建成同圆明园相毗邻的长春园和绮春园(同治年间改称万春园)，称“三园”。因为三园都是由圆明园总管大臣统辖，故后人把三园统称为圆明园。

圆明园建筑规模极其宏伟，“三园”占地面积五千多亩，是京城西郊最大的苑囿。园内有前湖、后湖和福海，占地面积近两千亩，有一百多个风景点，建筑总面积达15万平方米。

圆明园既吸收了江南园林的艺术成就，又仿造全国名山胜景，熔南北园林艺术于一炉。这里有西湖十景①的再现，既体现了中国园林艺术的特点，又吸收了西洋建筑的风格②，内容丰富，形式多样，充分满足了宫廷文化游乐生活的需要。

可惜，圆明园在1860年和1900年两次被外国侵略者劫掠、焚毁，只留下一片废墟。

3. 避暑山庄

康熙十六年(1677年)、二十年(1681年)清圣祖曾两次出塞，途经热河，见承德一带山川优美、暑夏清凉，是宫室北巡行猎的理想扎营地，因此，清代朝廷出于联系蒙古各部盟主、炫耀大清"振兴"的政治需要，巩固北部边防的军事目的以及避暑、行猎的生活奢望，于康熙四十二年(1703年)开始营建承德行宫，康熙四十七年(1708年)完工，定名为"避暑山庄"。避暑山庄共建成三十六景，同时在山庄外部山麓修建了外八庙③。避暑山庄的全部建造工程直到乾隆五十五年(1790年)才完成，前后历时87年之久。

避暑山庄规模极其宏伟，由宫殿区、湖区、平原区和山区四个部分组成。其主要名胜有：楠木殿、四知书屋、松鹤斋、畅远楼、云山胜地楼、万壑松风殿、万树园、金山阁、烟雨楼等。

(1)宫殿区

避暑山庄内的宫殿建筑分三组：正宫、松鹤斋和东宫。

正宫一组，是皇帝在山庄避暑时处理朝政和寝居的地方。

松鹤斋一组，是乾隆年间为供奉太后而扩建的。

东宫一组，是皇帝举行庆赍燕飨大典而建造的。

(2)湖区

这一区的湖水以热河泉为主源，又有山庄内渚峡峪山水汇成各处湖面。主要湖面大致可划为如意洲湖、上湖、下湖、镜湖、澄湖、银湖等，其中如意洲湖面积最大。

(3)平原区

平原区在湖区的北面。平原区东部一片旷野气氛，同湖区的秀丽景色成鲜明对照；西部青草平铺如毯，颇有蒙古草原的风光。该区原来胜景较多，现只剩下天津阁、永佑寿、卧碑等。

---

① "西湖十景"为：平湖秋月、三潭印月、苏堤春晓、断桥残雪、南屏晚钟、雷峰夕照、双峰插云、花港观鱼、曲院风荷及柳浪闻莺。

② 长春园的西洋楼是典型的西洋建筑，是由意大利著名画家和建筑家郎世宁(F. G. Castiglione)和法国建筑家蒋友仁(P. M. Benoist)设计监造的。

③ "外八庙"即普陀宗乘之庙、须弥福寿之庙、殊象寺、普宁寺、安远庙、普乐寺、溥仁寺、溥善寺。

(4)山区

山区绵亘在行宫西北,占全苑面积的80%以上。有山峪数道,自西北斜向东南。山间古松葱郁,峰回路转,主要景物有南山积雪、锤峰落照、殊原寺、秀起堂、梨花伴月、碧峰寺、广元宫等,现只剩下一些残迹了。

避暑山庄占地面积为8500亩,大大超过圆明园和颐和园的面积。苑内的山湖地势变化也较复杂,构成了广阔奇特的风景区,成为世界园林之伟观。避暑山庄融会了我国南北造园艺术的特色,从山庄的建造规模及造园艺术来看,山庄的建成表现出我国当时的文化艺术的高度发展。

以上我们概括地讲述了颐和园、圆明园和避暑山庄,从这三个皇家园林中,我们不难看出皇家园林具有宏伟、壮观、豪华、富贵的特征。这些特征充分体现了皇家的审美观,突出显示皇权的威严和至高无上的思想。

(二)私家园林

我们常说的江南园林,大都是民间的私家花园,主要分布在苏州、扬州、无锡、南京等地。生活在这些城市里的一些官僚贵族,不仅贪图城市优越的物质生活,而且极力寻求"山水泉林之乐",以满足他们穷奢极欲的精神享受,于是建造私家园林蔚然成风。江南的私家园林,明、清两代建造最多。从总体来看,我国私家园林不像皇家宫苑那样规模宏大、豪华富贵,而是追求一种精巧素雅、玲珑多姿的风格,讲求山林野趣的自然之美。私家园林最大的特点是,善于把有限的空间,巧妙地组合成千变万化的园林景色,利用咫尺山林,再现大自然的美景,把山水、花木、建筑融为一体,把自然美、人工美(艺术美)有机地统一起来。总之,以少胜多,以精取胜。园虽小,但建造之精细,构景之丰富,使游人在小园中看到广大的世界,看到丰富多彩的自然美和人工美。造园艺术家善于用长廊、粉墙、花窗(漏窗)来分隔园内的景物,但又隔而不断,相互掩映。当游人置身于园中,便产生了一种景多意深、步移景变、不可捉摸的感觉。

苏州现存的园林大都属私家园林,而且可以说是私家园林代表之作。"江南园林甲天下,苏州园林甲江南",苏州是江南园林群芳荟萃之名城。

杭州有西湖之美,苏州有园林之胜。西湖妙在天趣,而苏州园林则贵在人工美。苏州园林的基本布局方式是:以厅堂作为全园的活动中心,面对厅堂设置山池、花木等对景,厅堂周围和山池之间缀以亭、榭、楼、阁,或环以庭院和其他小景区,并用蹊径和回廊联系起来,组成一个可居、可观、可游的整体。

以少胜多、小中见大,这是苏州园林之美的主要特征。以少胜多主要体现在建造精细,景物小巧而丰富。清代戏曲理论家李渔认为:"山之小者易工,大者难好。"网师园是苏州最小的园林,仅占地8亩,但以精巧见长,以少胜多。例如,水总是不见其整体,弯弯曲曲,蜿蜒不尽,使人感到源远流长。

我国私家园林既有居住功能，又有游览、观赏价值，但随着旅游事业的发展，私家园林越来越为广大中外旅游者所喜爱，它的观赏价值和审美价值早已大大超过其居住价值，成为重要的游览观赏对象。

北京北海中的园中园“静心斋”虽然是清朝行宫的小园林，但它完全是按照苏州园林的格式建造的，约于乾隆二十年前后建成。静心斋是宏阔园林景观包围中的一个封闭幽奥的小院落。全园以建筑分隔成几个大小不同的院落，环环相套，层层进深，分隔中有贯通，循环往复，曲折迂回。大体上每个空间都是沿周边布置建筑，建筑数量虽多，但都是为山池主景作点染和烘托的。全园主景是一座最大的假山，横峰侧岭，主峰上建造一座枕峦亭，是全园最高点。

当游人从此院落行至彼院，从这一区走进另一区的时候，除了能欣赏到一些相对独立的景色以外，还能从总体上使人产生一种院外有院、山外有山、楼外有楼的延伸无尽的感觉。这种感觉正是以少胜多、小中见大、以精取胜的造园艺术的效果。

总之，我国私家园林充分体现了我国造园的民族风格，并广泛吸收了中国山水画的理论，在构思、布局、意境上，都与传统山水画有异曲同工之妙。

以上所介绍的这两种园林，都属于中国传统的园林，都具有中国古代园林艺术特色。近些年来还出现了一些与古典园林截然不同的现代园林，它们既有古典的特征，又有现代的特征，集自然美、人工美、生活美之大成，熔文化、艺术、民俗、娱乐、休闲、美食于一炉，构成一个大型的综合性的审美世界。在我国台湾，泰雅度假村、剑湖山世界、台湾民俗村等新型园林，除了以上那些特征外，还开设有历史博物馆、自然博物馆、美术馆、画廊、大舞台，等等；除了游乐、休闲、美食外，还经常举办书画展、书画大赛、笔会等书画类的审美活动。这些园林内都以活动极其丰富而著称，又都位于自然风光优美的山区，在这些地方举办文化、娱乐、休闲等活动更富有情趣，更富有审美趣味，而且还能领略到自然山水（山林）之美。

第二节　园林的要素及其审美特征

中国园林主要是由山、水、花木、建筑四种基本要素组合而成的一个综合艺术品。造园艺术家把大自然的美景浓缩到有限的空间内，成为大自然的缩影。园内花草树木，奇峰怪石，各有其法，亭台楼阁错落有致，使游人“不出城郭，而享山林之美”。

一、园林中的山和水

山水诗和山水画对我国造园艺术影响较大，园林中要求再现山水的自然美，便成为我国园林的一大特色。所以，我国古典园林被誉为“山水园”。可见，山水是我国造园不可缺少的要素。明代造园艺术大师计成说：“池上理山，园中第一胜也。”一语便道出园林中的山和水的审美价值。

(一)山

山(石叠假山)，由于它的体量高大，可以将园林分割成不同的空间，或不同的坡面，以布置适当的景物，构成不同特色的风景点，使园林的景色和气氛为之一新。例如，颐和园的万寿山南坡呈现一片华美、欢跃的气氛；而北坡则富有幽雅、宁静的意境。如果不借助山，要想达到这种艺术效果是很难的。

另外，山的形象比较高大雄伟，容易引起游人的注目。游人一进入园内，就想到登高远眺，舒襟坦怀，扩展视野，饱览全园和园外之景色。回转山周，各面的景色尽收眼底，攀登者登石阶、钻山洞，戏耍在隧道深洞之中，可使游人感到趣味无穷。

园林的山有真有假，真山园林如北京的香山公园、承德的皇家园林避暑山庄、大连的老虎滩公园等，都是借助于真山建造的园林。但我国大多数园林中的山是假山，即人造山。

造山叠石是中国造园的传统，其历史极其悠久，早已闻名于世。

假山创始于秦汉。秦、汉的苑囿，有“筑土为蓬莱山”的记载，这是中国园林最早的山，然而是用土筑成的。南北朝苑囿中的假山仍以土构筑为主。到北魏，园林中才出现了假山叠石。《魏书》记载了北魏张伦造景阳山的情况：“园林山池之美诸王莫及，伦造景阳山有若自然。”

唐宋时，园林造山叠石进入了兴盛阶段。园林中除保留了秦汉时规模巨大的土山外，又向精细发展。到宋徽宗，由于他非常喜爱山石，所以造山叠石空前兴盛起来。这时，私家园林造假山也蔚然成风。

假山精于明清。北京的景山和北海的琼华岛是明代建都时堆成的最大的土山。上海豫园的黄石假山、故宫御花园、南京瞻园等著名的假山都是明代建筑的。瞻园南、北、西三面为假山，山洞曲折深幽，山峰挺拔多姿。

计成在《园冶》一书中对造山叠石的艺术作了全面总结，提出“存真为假，做假为真”的理论。

清初扬州造园之风盛极一时。清代李斗所撰《扬州画舫录》说：“扬州以名园胜，名园以叠石胜。”扬州园林中的假山极富特色。例如，著名的个园以高超的假山堆叠而著称。据说个园的假山是清代大画家石涛设计的。利用石笋、太湖石、黄石、宣石，构筑四座假山，分别表现春、夏、秋、冬的景色。春山石呈灰绿色，夏山石呈灰白色，秋山石色微黄，冬山一抹白色宣石。正是“会心山水真如画，妙手丹青真如山”。假山立意清新，兼有南方之秀、北方之雄的风格。苏州环秀山庄的假山保留较完整，据说是清代造山名家戈裕良设计堆叠的。此园虽不大，但假山峥嵘峭拔，兀立其间，气势雄伟，成为苏州园林湖石假山第一。

明、清时期造山叠石的高超技术，反映出中国造山叠石艺术已发展到相当高的水平。

1.假山叠石的审美功能

假山叠石的审美功能主要是点缀空间，增添园林野趣的自然美。园内的假山叠石形貌奇特、体态多姿，经过造园艺术家匠心独运，装点布置在园林中，与周围的建筑和景物浑然一体，耐人寻味，富于诗情画意。

假山叠石有层峦叠嶂的巨作，也有精巧玲珑的小品。像北京北海公园濠濮间的青石假山，苏州环秀山庄的太湖石假山，上海豫园的黄石假山等，都是颇具规模的假山叠石。在大型园林中，造假山则要以土带石，创造“重岩复岭、深溪洞壑、高林巨木”的庞大景观。利用起伏的山脉围合空间，划分景区，使游人在不同空间、不同的高度观赏不同的景色。圆明园就是由数百个大小山冈组成百余个不同的风景点，成为驰名中外的“万园之园”。小品山石则主要点缀于门庭、小院、廊间、窗前，以增加庭院的层次和景的深度。僵直的墙壁下，如点缀山石数块、幽篁一丛，则构成一幅石竹图而显得别有情趣。

颐和园排云殿下面院内的奇石、故宫御花园内及静心斋内的假山叠石都是极富特色的，有了这些假山叠石的装点，更显得清幽典雅。

2.假山叠石的审美标准

我国园林中的假山叠石艺术非常讲究审美，其美学思想也很丰富，可概括为以下三个方面。

(1)做假为真

我国古代造园艺术家造假山叠石讲究“做假为真，以假乱真”，“自然之理，自然之趣”，注重模拟自然中真山之美，要有山林野趣之感。明代造园艺术家计成提出“虽由人作，宛若天成”的审美标准，造假山要达到“巧于因借，混假于真”的高超艺术。看一座假山美不美，首先看它是否有真山的形象。真山的形象主要表现在原始味和野味，没有人工雕凿的痕迹。例如，环秀山庄就是以假山取胜的园林。山庄的假山形象逼真，结构严密，主峰次峰十分分明，加上湖石纹理体势，给人以山脉奔注，如同真山的感觉。确实达到了“做假为真，以假乱真”的地步。清代李渔认为假山要“无补缀穿凿之痕，遥望与真山无异”才显得美。

(2)瘦、透、漏、皱

古人造山叠石讲究瘦、透、漏、皱，认为这是假山叠石的审美标准之一。瘦、透、漏、皱作为假山叠石的审美标准，是古人在长期造山实践中总结出来的。

何谓瘦、透、漏、皱？瘦者，指山石体态苗条，有迎风玉立之势；透者，指石的纹理贯通，所谓“纹理纵横，笼络起稳”；漏者，是指石上有大孔小孔，涡洞相套，上下贯穿，四面玲珑；皱者，指石的表面有凸凹之褶皱，山石有皱方能显出苍老，方有真山之气。

李渔在《闲情偶寄·居室部》中说：“言山石之美者，俱在透、漏、瘦三字。此通于彼，彼通于此，若有道路可行，所谓透也；石上有眼，四面玲珑，所谓漏也；壁立当空，孤峙无倚，所谓瘦也。”

(3)丑

古人造山叠石造型讲究丑，以丑为美。石之美在丑中见出，石之秀在丑中显现，即在丑中求美，丑中见秀。《艺概》的作者刘熙载说得好：“怪石之丑为美，丑到极处便是美到极处。”

清代著名画家郑燮以丑石自喻，他在画题中说：“燮画此石，丑石也。丑而雄，丑而秀。”

宋代著名画家米芾也是奇石的爱好者，据说他爱石成癖，人称“米癫”。中国有两个皇帝最爱好奇石：一个是宋徽宗，他把天下有名的美石、奇石都编入他的《花石纲》内；另一个是清乾隆，横卧在颐和园乐寿堂院内的“青芝岫”就是乾隆收集的。夏秋季节，“青芝岫”全身青苔斑驳，翠绿欲滴，使乐寿堂庭院大为增色。

据说，为了看最好的园林，选择最好的石头，乾隆皇帝几次下江南。有一天，乾隆在太湖边上游幸，身边只带了一个宠臣和坤，两人都是便衣打扮，谁也认不出他们。乾隆走进太湖边上的一个小花园，看到许多石头都很好看，心想把这些石头运回京城该多好。但他觉得都运回去，又怕人家说皇帝不懂石头。于是乾隆决定挑选一些最好的太湖石。可是摸摸这块，摸摸那块，都觉得不错。和坤以为皇上都看中了这些石头，于是连忙说：“好石，好石。万岁，以臣之见，都运回京城。”这时一个老人走过来问道：“太湖石乃湖中石骨，受水之孕。两位大爷说此石好，好在哪里？”乾隆随口说道：“好石就好在它怪！”大臣和坤也接上说：“怪就是好。”老人说：“怪就是好，乃俗人之见。吾观石，并非块块如此。”乾隆听老人说得在理，连忙请教。老人看他很恭敬，就说：“请大爷看看我的藏石！”乾隆同和坤跟老头走进一个小院，看见许多好石，看得眼花缭乱，分不清哪块石头好，连忙请教。老人看他确实爱石，就说：“石即我，我即石。”乾隆这才上下仔细地打量了一下老人：老人的衣裳是千疮百孔，人瘦得皮包骨，满脸皱纹，一副骨架也是歪歪扭扭，实在丑得厉害。乾隆笑了笑，说：“此话怎讲？请赐教。”老人被他的谦恭精神所感动，就指着太湖石说：“瘦、透、漏、皱、丑乃是观石法也。我观石，愈是瘦、透、漏、皱、丑者，愈是好石。”

(二)水

水，是组成园林的要素之一。中国园林重要的特征之一，是有山必有水，有水必有山，山水相映成趣。

水，是万物生长之本，它可以使周围空气湿润、清新，可以调节气温，有助于游人的健康。园林中之所以有茂盛、茁壮的花木，之所以有翻飞、啼啭的飞禽，之所以呈现一片生机勃勃的景象，其重要原因之一就是有水。古人称园林的水为园林中的血液。

有了水，就可以造成供游人观赏的许多景致，例如，芙蓉出水、鸳鸯戏水、垂柳拂水；再如，湖光倒影、小舟飘荡、水中桥舫亭廊。有了水，还可以养鱼。鱼在水里游来游去，跳跃、嬉戏，唤起游人的乐趣。园林中的水有大小之别。大者如颐和园的昆明湖，北京“三海”(北海、中海、南海)，杭州的西湖，圆明园的福海，这些湖海水面辽阔、荡人心怀；小者，或一泓碧水，或山溪独流，曲折蜿蜒，使人感到源流无尽，水曲溪长。

水与山、花木的关系更为密切。山是园林的骨架，水是园林的血液。“山无水泉则不活”，山水之间是相互依存和相得益彰的。青山碧水，园林方显得葱茏碧翠，生机盎然。水随山绕，山环水抱，水石交融，景色才能清幽雅逸。

宋代大画家郭熙说过：“山以水为血液，以草为毛发，以烟为神采。故山得水而活，得草木而华，得烟云而秀媚。”①单纯造山叠石而忽略水的因素，就会造成枯山，而缺乏自然的活力。

园林中的山与水还可以形成高低对比，这样才能显出山势的壮观，水色的秀丽。如果没有这种对比关系，山便显得孤独，水便显得平淡。颐和园的万寿山是全园的主体和中心。园中的制高点是万寿山上的佛香阁，有巨大的石台基把佛香阁托举出山顶，使它凌驾于其他建筑物之上，巍然屹立，高入云霄。登上佛香阁俯视，全园景色尽收眼底。而昆明湖水的平静、坦荡、浩渺，与万寿山形成明显的高低对比，湖光山色，上下辉映，对游人具有极大的吸引力。

园中大面积的水还可以消除游人的沉闷感，给人以空灵开阔、气舒胸展、神态清爽的感觉。若在水面上划船游览，观赏岸上的风光，更会感到心旷神怡，增加水上游乐的趣味。

二、园林的建筑

亭、台、楼、阁、桥、榭、厅、廊，是中国园林的主要建筑，也是中国园林建筑的主要形式。

---

① 《历代名家山水画要析》，天津人民美术出版社，第26页。

有人把建筑看做是园林的“眼睛”，像人一样，有了眼睛才能有神采。建筑又是人工所造，有了建筑也就有了艺术之美。自然美和艺术美相结合，就会形成绚丽多彩的美。另外，有了建筑，说明有了人，有了人才有情。“雁横南浦，人依西楼。”所以，园林中有了建筑的装点，就更富有诗情画意、情景交融的美。

园林中的建筑，非常注意创造艺术意境。园林的整体设计要有助于扩大空间，丰富游览者的审美感受。唐代诗人宋之问有一联诗云：“楼观沧海日，门对浙江潮。”从这一联诗的意思看，亭、台、楼、阁的审美价值还不只限于建筑本身，而是通过这些建筑的门、窗等，还可以欣赏到外界无限空间的优美自然景色，增加了意境之美。

计成在《园冶》中说：“轩楹高爽，窗户虚邻，纳千顷之汪洋，收四时之烂熳。”这段话说明建筑的审美价值在“纳千顷之汪洋，收四时之烂熳”，使游人在有限的空间内欣赏到无限空间的景色，扩大审美的想象和联想。例如，中国园林中建筑物的命名也说明这种审美特征。像“烟雨楼”、“听雨轩”、“飞泉亭”、“望海亭”等，都是说明把自然界的烟、日、月、山、水等自然景色引到游览者的面前来观赏。正是把自然景色引进来，才能构成无限广阔的意境。

桥、亭、廊是园林建筑中的佼佼者，也是园林中最常见的建筑。下面重点讲一下桥、亭、廊的审美特征。

（一）桥

园林中的桥除了实用（为游人跨溪越水）以外，更主要的是为了连接风景点，点缀风景，增加园林的情趣和意境美。所以，桥的审美功能是不可忽视的。

清水悠悠，小桥卧波，显得分外清幽。“小桥流水”是园林中的幽景之一。宋代文学家欧阳修有两句诗：“波光柳色碧滨蒙，曲渚斜桥画舸通。”从这两句诗中我们可以看到这样一幅美丽的画图：一条弯弯曲曲的小河波光闪烁、烟柳迷蒙、斜桥相接、游船飘荡。这里“斜桥相接”，为景色增加了意境美，增加了审美的活力。可见，园林中桥的审美功能是很重要的。

我国园林中常见的桥有平直桥、曲桥（三曲桥、五曲桥、九曲桥）和拱桥这三种形式。

平直桥无栏杆，无任何装饰，只放一块石板，显得自然质朴，极富野趣。

曲桥曲折宛转，造型优美，如上海豫园的九曲桥、杭州西湖的九曲桥等。曲桥蜿蜒水上，石栏低矮，简洁轻快，人走在桥上可俯视水中景物，尽得水趣。

拱桥有单拱式，也有多拱式。苏州网师园有三步拱桥，跨三步即过桥。北京颐和园中的十七孔桥形若长虹，十分壮观，是我国园林中大型拱桥的典型。拱形桥的拱洞在水面上形成一连串的倒影，呈现出珠链似的圆环，为水面增添无限的姿色。扬州瘦西湖中的五亭桥，桥上建有五个亭子，也颇有特色。

(二)亭

在园林风景中,亭是天然的图画,富有生机的点睛之笔,以独特的建筑美点画出园林风景的神采。例如,北京景山上若没有气势轩昂的“万春亭”的坐镇,没有两侧排开的、既有变化又有统一的“辑芳亭”、“观妙亭”、“富览亭”、“周赏亭”的烘托,景山就只不过是一个平庸的小山包。同样,我们站在北海“琼华岛”,远眺北海波光粼粼的水面,若没有“五龙亭”前后参差浮于水上,没有那变化多姿的亭顶的点缀,这一著名的风景形象就会黯然失色。

亭在园林风景中起着“左右游人,奴役风月”的作用,起着引导游览,点明主题的作用。园林中的亭子建筑在不同的位置,起的审美作用也不同,筑在山腰或掩映在绿荫丛中,时隐时现,为园中风景增加神秘色彩;显露在水旁则另有一番情趣:“小红桥外小红亭,小红亭畔高柳万蝉声。”

亭子筑在全园最高点(山顶上),一方面起引景作用,引导游人游览;另一方面取居高临下之势,以统率全园景色。登上高亭,全园景色可一览无余,而且可以眺望园外之景。

亭子筑在水中则景致别具。游人隔水望亭,心驰神往,但又无桥可通,使人起泛舟之兴。杭州西湖的湖心亭,对引起人们划船的欲望起着一定的作用。天津水上公园西湖中的岛上夏天林荫碧翠,一片生机盎然的景色,岛与岛之间拱形白桥相接,花亭伫立水边,饶有趣味,游人纷纷乘舟去领略岛上风光。依水筑半亭,与水中倒影相映为趣。回廊起伏间筑休憩亭,水中曲桥间筑多角亭,可增强整体布局的节奏感。

中国园林中亭的形态多样,极为丰富。常见的有方亭、圆亭、六角亭、八角亭、半亭(多筑在悬崖上)等;还有桥上筑亭,称桥亭,亭桥结合,自成佳趣。颐和园中的万字桥、泉州安平桥,都是桥上筑亭。扬州瘦西湖五亭桥上筑有五座彼此相连接的亭子,也别有风趣。我国苏州园林建亭最多,素以亭多著称,即“有园必有亭”。

(三)廊

廊,是我国园林中一种独特的建筑物,一般都叫长廊。长廊有直廊、曲廊、波形廊和复廊四种。廊,又因建造的位置不同而有不同的名称。苏州拙政园的廊架于水面,叫水廊;又有的筑在起伏的山坡上,叫爬山廊。例如,北京北海公园“琼华岛”北坡的廊为爬山廊。

《园冶》上说:“廊宜曲宜长则胜。”长廊随形而变,依势而曲,蜿蜒无尽,方引人入胜。颐和园的长廊是我国园林中最长的廊,全长 728 米,有留佳、寄澜、秋水、清遥四个亭子筑在廊里,象征着春、夏、秋、冬。颐和园的长廊以建筑精美、曲折多姿和丰富的彩画而称绝于世。

复廊，常见于江南的园林中。在长廊中间用一道同样曲折的花墙隔起来，形成内外两条长廊，这就是复廊。复廊的隔墙上常设有漏窗，既起着组织框景的作用，又使墙内外景色隔而不断，相互掩映。苏州怡园分东西两部分，中间隔一条复廊，廊壁有各种形式的漏窗。

对于游人来说，廊是一条导游线，引导游人渐入佳境，同时，也是游人很好的歇脚处。

三、园林的花木

上面我们讲过，园林中的山是园林中的骨架，水是园林中的血液，而树木花草则是园林中的毛发。园林中有骨架，方能显出园林的英俊；山水交融，血液贯通，方能显出园林的生气；树木葱茏，繁花似锦，方能显出园林的秀媚。

苏州拙政园多枫杨，留园多白皮松，网师园多古柏，怡园多松林，各呈一园之胜。正是这些树木花草使园林显得苍秀多姿，色彩绚丽。如果园林中没有树木花草，园林中的山就会变得没有生气、没有神采。

北方的园林面积较大，多植高柳。像颐和园昆明湖东、西、南三面沿岸均以高柳见胜。长条拂水，柔情万千，随风摇曳，婀娜妩媚，显出流畅多姿的曲线美。

园林的花木主要是为了绿化，增加生气。绿色是生命之色，绿色的草木能引起游人精神上的愉悦，使人精神焕发，游兴倍增。

花的色彩，林木的形姿及其造成的各种环境气氛，给人以清香、爽快的审美享受。松柏的苍劲、翠竹的潇洒、杨柳的多姿、海棠的富华、兰草的幽雅……给人以多种审美感受，引起游人许多美好的联想。花木最普遍的审美功能，是陪衬山水和建筑，使这些景物的画面更加生动，层次更加丰富，轮廓更加鲜明，花木的存在，还可以吸引飞禽，造成一种生机勃勃、鸟语花香的气氛，使游人精神振奋，心旷神怡。

总之，园林中的山水、建筑、花木是组成整体园林不可缺少的要素。这些要素的有机结合，是中国的传统园林成为吸引人们游览、观赏的基本审美因素。

第三节　园林景观审美

园林是一种立体的空间艺术，游园者可以自由自在地游览、观赏园内的景物，而且有很大的选择性。为了使游人更好地观赏园内的景色，造园艺术家在设计园林时还要注意巧妙地组织安排景观因素，如景观线、景物点、特写景、借景、引景等，做到使游人步移景变，以使游人有步骤、有目的地游览、观赏，越看越想看，越游越起兴，从而得到丰富的审美享受。

一、景观线

景观线就是观赏风景的路线，也就是公园里的路。公园里的路是不可缺少的，没有路就等于人体没有脉络，游人也就无法观赏风景。为了让游人按照一定的顺序将园内的景物摄入视觉，景物的组织就要有一定的连贯性，避免杂乱，要通过景观线把一个一个的风景点连接起来。

园林中的景观线要曲折迂回，有“曲径通幽”之感。要符合游人“入山唯恐不深，入林唯恐不密”的审美心理。观赏线上的风景点要步移景异，一个画面接着一个画面，每个画面都要有所变化，要内简外繁，步步引人入胜。一般园林都要设计一些不同特色的风景点，通过景观线把这些风景点连接起来，以引导游人有次序、有步骤地观赏园内的景物。

景观线上的空间要有大、有小，有开、有合，有高、有低。在进入较大的风景区之前，要有曲折、狭窄的小空间过渡，先收敛游人的视觉，然后转入较大的空间，使人豁然开朗。如颐和园，游人在进入辽阔的昆明湖风景区之前，要通过一段曲折迂回的过道、走廊、庭院等不同的空间。这样的设置有利于激发游人的游兴，焕发起旅游者的奇异感。

二、观赏点

游人在观赏园内的风景时，有动观和静观两种形式。沿着一定的路线观赏叫动观，在一定的位置上观赏叫静观。为了满足静观的需要，在一定的地点观赏某一处的风景，就要设立观赏点。有了最佳观赏点，才能观赏最美的景致。一般观赏点要看到风景点的近景、中景、远景，有的还可以看侧景和全景。在观赏点上看到的风景既要有层次感，又要有立体感。如果观赏点选择不当，就看不到园中的美景。

观赏点要因地势的高低、前后来设置，或依山，或临水，或深幽，总之要有变化。高视点利于俯视全园和园外的景色，低视点利于平视水上的景物。颐和园的佛香阁是全园的最高点，站在佛香阁，全园的景色便一览无遗，西山和玉泉山的风景也呈现在眼前。在颐和园的知春亭和八角亭，可以看到极为壮观的颐和园的全景及背景——西山和玉泉山。这是一幅有近景、中景和远景的完整的优美画图。登上北京景山的万春亭，北京全市的容貌便尽收眼底，尤其是故宫、劳动人民文化宫和中山公园的景色看得更加清晰。

中国园林中一般都要设适当的观赏点，以使游人真正观赏到园中的美景。

三、特写景

游人在游览园林时，除动观和静观园内大面积的风景以外，有时还要对一些小面积景物仔细玩味和欣赏。因而，在园林中除了布置大面积的风景以外，还要设置一些风格独特、别具一格、小巧玲珑、精雕细刻的景物，供人欣赏，或仔细玩味其细部及其奥妙的艺术境界，我们把这种特殊的景物叫特写景。一个园林只有大面积的景物而没有特写景，就显得空、单调，没有东西可寻味。若能将大面积的景物与特写景结合起来，会更有利于游人观赏，以丰富游人的视觉。

中国园林内的特写景是十分丰富的。像一些特殊的植物、花卉、盆景，精巧的叠石、水族馆(养各种鱼类)，精致的小建筑等，都可以构成特写景。例如，在我国园林内有一些造型优美的著名太湖石：颐和园的青芝岫、上海豫园的玉玲珑、杭州文澜阁的美人峰、苏州留园的冠云峰等，都是引人注目的特写景。在济南趵突泉公园水族馆，各种各样的龟引起游人极大的兴趣，成为趵突泉公园的特色之一。苏州园林的厅堂中陈列着一些古代的红木家具，这些家具造型奇特，精雕细刻，古拙典雅，游人无不仔细欣赏玩味。盆景是我国园林的艺术珍品，而且丰富多彩，流派纷呈。其中有以树木为主的盆景，有以山石为主的盆景。树木盆景，高不盈人而苍古奇秀，藏参天覆地之意；以山石为主的盆景，千里一瞬，百仞一拳，无论是桂林山水、三峡奇景、泰山雄姿都跃然于盆中。

这些特写景的特征是以小、精见长，在小的范围内看到广阔的艺术世界。这些特写景不仅丰富了园林的内容，而且使游人增加游览的兴趣。欣赏大面积的风景使人感到心旷神怡，情绪腾越，而仔细玩味特写景会使人感到妙趣无穷。

四、引景

引景是吸引游人继续游览的景物。通过引景引起游人的好奇，吸引游人继续向前游览。例如，山上筑一个亭子(引景)，游人就会登山而往。亭子筑在水中，就会引起游人乘舟渡水、到亭子上去看看的心理。

园林中的“漏窗”也起引景的作用。像颐和园靠近昆明湖的院落内都设有一些漏窗，通过漏窗可以看到昆明湖的景色：如龙王庙、十七孔桥，还有远处的烟柳、近处的游艇，无不一一映入游人的眼帘。有时通过漏窗看不到全园的景物，只看到其中的一部分，会引起游人的想象和不停游览的兴趣。

弯曲的长廊、曲折的小路，都可能起到引导游人继续游览的作用。所以，园林艺术家非常重视引景的作用。一个园林如果没有引景，就会显得呆板，不能使游人活跃起来。

五、点景

点景是中国园林艺术特色之一。点景主要是用一词一语点出景物的特征和意境，以增加风景的魅力和色彩。例如“南天一柱”，点出桂林独秀峰拔地擎天的特征，显现出险峻的形象，为独秀峰增添吸引力。

点景除抓住景色本身的特征之外，还要注意空间环境特征，进行高度的概括，指出景色的精华，点出景物的境界，使游人产生更深的审美感受，如西湖十景中的“平湖秋月”、“苏堤春晓”、“断桥残雪”、“雷峰夕照”、“三潭印月”等等。这样一点，景便随名而生，显出景物的特征、意境及其周围的环境气氛，从而为游人提供最佳观赏的时间和地点。

点景还可以起指导游览的作用，让游人在未接触到风景之前，从点景中产生想象。例如“双峰插云”一景，在未观赏之前，两座拔地而起的高峰形象就映入人们的想象中，从而引起游人的兴致。

总之，点景如点睛，它是高度概括的景色特征和意境。通过一点，景色便更富有文学美和意境美，使人感到“辞因景生，景因辞胜”。

六、借景

借景是我国造园艺术的重要环节。借景就是把园外的景物巧妙地组合到园内来，以充实园内的空间，丰富园内的景色，使园内外的景色融为一个整体。这样，游人就会感到园内景色层次丰富，造成极目心舒之效果。

无锡的寄畅园位于惠山东麓，园外惠山和锡山的绿嶂巍峙、龙光塔影（锡山顶上有龙光寺）等景色被纳入园内，构成了园外有园，景外有景的效果。承德避暑山庄园外的借景是天然的山色和“外八庙”，为映衬避暑山庄的气氛起着很大的作用。

《园冶》一书不仅阐述了借景的意义，而且阐述了借景的种类。书中说：“夫借景，园林之最要者也。如远借、邻借、仰借、俯借、应时而借，然物情所逗，目寄心期，似意在笔先。”[①]因借景的形式不同而产生的审美效果也是不同的。

（1）远借

远借，是把离园较远的景物借到园里来。远借多为自然景物，远处迷蒙的群山、浩渺的碧水、绿色的大地、层层的林海，这些气象万千的景象，都可以纳入园内，扩大园内的空间，增加审美的层次。

（2）邻借

---

① 《中国美学史资料选编》下册，第188页。

邻借，是把邻近的，即园林周围的景物纳入园内。这就要求在造园时，要考虑周围的气氛和环境。“外八庙”是避暑山庄的邻景，“外八庙”的建筑是喇嘛教建筑，极富宗教色彩，这样就增加了避暑山庄的神秘感。紫禁城内的景物成为景山的邻景，而在故宫的御花园内又觉得景山的万春亭像是故宫的景物，这样相互映衬，彼此借观，便增加了风景的层移感和深厚感。

(3)仰借和俯借

仰借的观赏点在低处，即观赏园外高处的景色时需要仰视。如在御花园看景山万春亭，就是仰借。俯借的观赏点在高处，即观赏园外低处的景色时需要俯视。如在景山的万春亭看故宫的建筑，就是俯借。仰借产生高远的美，俯借产生平远的美。

(4)应时而借

应时而借，主要是依靠大自然的变化和景的配合而构成。例如日出、日落时的景象，月光下形成的月光倒影，大地上的各种景物由于季节不同而出现不同色彩的变化，这些景况和由于季节不同造成的不同气氛，都会引起人们的审美感受。所以，也要把这些因时间不同造成的景况纳入园内的景观。

七、藏景

“景愈藏，景界愈大；景愈露，景界愈小”。①

藏景，一般都是藏在园中的僻静处，游人往往容易漏掉。例如，环秀山庄，只是位于宅后的一个小园，但由于藏在嶙峋山石与参天古木之后，就产生了幽静深邃之感。狮子林中的卧云室体量高大，但深藏于石林丛中，楼角在树隙中若隐若现，于是给人一种含蓄神秘之感。颐和园中的谐趣园就是藏在颐和园中东北角上的一个小园林，它是仿无锡寄畅园建造的，艺术手法精妙，园内清幽古朴，具有山林野趣。北海中的静心斋也是园中园，是一座非常优美精致的江南式小园林。

园中园的建造，可使园林取得大中见小、小中见大的对比效果。游人在宏大的园林中看到园中园，小巧精美，建造精细，同宏大的园林形成强烈的对比，为园林的美增添趣味。这就是大中见小。如果游人站在园中园里，观赏大园的主景、中景，则又能借主景为远景，借中景为邻景，这样景色就更加丰富，园林就显得更加浑厚多姿。这就是小中见大。

一般藏景更富有艺术特色，容易引起游人的神秘感，更能吸引游人。

中国自古以来高超的造园艺术、丰富的美学思想、独特的民族特色，为中外游人所赞叹，所敬佩。1984 年 5 月至 10 月，在英国利物浦举行第一届国际园林

① [明]唐志契：《绘事微言》，见俞剑华编：《中国画论类编》，第 741 页。

节上，我国的燕秀园（仿照北海静心斋建造）引起广大游人的极大兴趣和好评，获得金质奖，引起国际园林界的极大重视。研究园林的建造艺术，必然会促进旅游事业的发展；研究园林美的观赏是旅游美学的重大课题。

思考题

1. 如何理解中国造园艺术的美学特征？其在世界园林中的地位如何？

2. 中国园林的美学特征表现在哪里？

3. 为什么说“引景”、“点景”、“借景”、“藏景”也叫景观审美？

第三章　中国画与欣赏

学习目的

了解中国画的形成、发展及一般知识，如制作方法、种类等；认识和掌握中国画的一般艺术规律及在旅游中的意义。

基本内容

- 一般知识

  中国画概况　中国画分类方法　文人画　工笔和写意　山水画　花鸟画　人物画　动物画

- 艺术规律　审美特征

  意境　气韵　格调　品位：画分四品，即逸品、神品、妙品、能品。

中国画是比较引人注目的一种艺术形式，它历来为中外游客所欣赏。中国画装饰性很强，我们在旅馆、饭店、客厅、餐厅、车站以及文化娱乐场所，常常看到中国画，而且参观一些名胜古迹和博物馆时，也常常涉及一些中国画。所以，作为旅游者和旅游从业人员，对中国画应该有所了解。人们常常问起，中国画好在哪里？特点是什么？要回答这类问题，就要了解中国画的绘画特点及审美特征。

第一节　中国画概述

中国画是有其悠久历史和优良传统的中华民族的绘画，简称国画。中国绘画艺术，在世界绘画领域中不仅自成体系，而且具有极其重要的地位。

中国画的历史十分悠久。1921 年在河南仰韶村发现的彩色陶器上的纹样和装饰，是迄今为止发现的我们祖先最早的绘画艺术，被称为“仰韶文化”，距今约 6000 多年。到春秋战国时代(公元前 770 年—前 221 年)，我国绘画已经有了一定的水平，可以用彩色画在帛上。解放后，在湖南长沙楚墓和马王堆汉墓中先后发现了两幅战国时期的帛画(我国古代画在丝织物上的图画)，就很能说明这一点。

到了汉代，随着经济的繁荣，文化艺术得到了进一步的发展。这时人物画首先发展起来，并随着佛教的传入，印度佛教绘画也传入中国。

三国、两晋及南北朝时期，印度佛教艺术在我国广泛传播，出现了大量宣传佛教教义的壁画，其中最著名的是当时的敦煌石窟壁画艺术。这时期文人画也发展起来，出现了一批杰出的画家和绘画理论家。例如，东晋的顾恺之，南朝的宗炳、谢赫等。

隋唐时期，我国文化艺术出现了全面繁荣的局面。到了唐代，山水、花鸟开始作为独立的画科发展起来。尤其是山水画形成了各种不同的风格和流派，例如，以李思训为代表的“青绿山水”，以王维为代表的“水墨山水”，以王洽为代表的“泼墨山水”。李思训画山水精工细描，历称工笔山水；吴道子却大笔挥洒，称写意山水；王洽笔墨更为飘洒放纵，故称“泼墨山水”。

到了五代，山水画以荆浩、关仝、董源、巨然为代表；花鸟画以黄筌和徐熙为主要代表。

宋代是山水画和花鸟画蓬勃发展的时期。北宋著名山水画家有李成、范宽和郭熙，南宋有夏圭、马远、李唐和刘松年(马、夏、李、刘合称“南宋四家”)。宋代文人画以苏轼、米氏父子(米芾、米友仁)为代表。文人画比较强调神似和意趣。

宋代还出现了“界画”(绘亭、台、楼、阁时用界尺画线),最负盛名的画家是张择端,他创造了闻名中外的《清明上河图》长卷风俗画。

元代水墨山水画有很大的发展,最早以赵孟頫为代表,后来又出现了黄公望、王蒙、倪瓒、吴镇,称为“元四家”。

明、清两代画派较多。明代主要有“明四家”(沈周、文徵明、唐寅、仇英);“浙派”,即戴进及其学生吴伟、张路、蒋三松、谢时臣、蓝瑛等人;“吴门派”,即文徵明的学生文伯仁、文嘉、陈道复、王穀祥、陆治等人。他们都是苏州人,苏州别称吴门,因称吴门派。

清代的主要画派有“四王”(王时敏、王鉴、王翚、王原祁),或叫“四王吴恽”(除这四位姓王的画家外再加上吴历和恽寿平);“金陵八家”(清初龚贤、樊圻、高岑、邹喆、吴宏、叶欣、胡慥和谢荪),他们在风格上不尽相同,但由于都是生活在南京,故称金陵八家;“扬州八怪”(乾隆年间在扬州卖画的八个画家:汪士慎、黄慎、金农、高翔、李鱓、郑燮、李方膺、罗聘)。

清代杰出的画家还有很多,例如,朱耷(八大山人)、石涛(道济)、袁江、华喦(新罗山人)、高凤翰、赵之谦、任伯年等。

近代和现代画家比较杰出的也非常多,例如,吴昌硕、陈师曾(陈衡恪)、齐白石、黄宾虹、高剑父、徐悲鸿、潘天寿、丰子恺、傅抱石等。

第二节　中国画的种类

中国画的种类很多,从创作思想及审美情趣来分类,可分为文人画、宫廷画(又叫院体画)和民间画。其中文人画是中国画的主流。

文人画本是中国封建文人士大夫以自娱遣兴和自我表现为口号的创作思潮以及在此思潮下形成的绘画流派。它实际上反映了封建文人士大夫和统治阶级贵族之间的矛盾和斗争。它主要以老庄之道作为思想基础,次之为佛家和儒家的某些思想。魏晋时代的宗炳、王微是其远祖,唐代王维是其创始人。宋元两代形成了文人画擅长的表现形式——水墨写意和诗书画结合,从苏轼(东坡)到明代董其昌形成了完整的文人画理论体系。元代四大家(黄公望、王蒙、倪瓒、吴镇)标志着文人山水画的成熟。明代徐渭,清代石涛、朱耷及“扬州八怪”标志着文人花鸟画的成熟。人物画在文人画中始终没有占据重要地位。早期文人画追求淡泊平和、萧散简远的意趣,反对富艳气、雕琢气、霸悍气。明末清初文人画分成在野、在朝两派。在野派以石涛为首,主要继承了文人画创作思想,提倡创新。

在朝派以“四王”(王时敏、王鉴、王翚、王原祁)为首,主要继承了文人画的审美情趣和笔墨形式,提倡师古。两派经过斗争,最终以石涛一派的理论深入人心,开创了近现代文人画之新风貌。

院体画是反映统治阶级的思想立场和审美情趣,并为统治阶级服务的绘画,由宫廷专职画家制作,多尚富贵,风格工致。

民间画是劳动人民自己创作并用以表现自己审美理想的绘画,质朴无华,洋溢着浓烈的乡土气息和生活情趣。

按照表现对象即创作题材进行分类,一般又将中国画分为山水画、人物画、花鸟画(含草虫、鱼虾等在内)和动物画四个画科。因为山水画易于表现深远的境界,易于反映中国文人与大自然为伍的胸襟,因此,山水画始终居中国画之首;人物画居其次,多用于政教、宗教、肖像等题材;花鸟画又次之,长于表现情趣;动物画更次之。

按照表现手法进行分类,又可将中国画分为工笔画、写意画、半工半写(兼工带写)等。工笔画以工致的线条勾定轮廓,然后染成重彩或淡彩,不染色的叫做白描。写意画以放纵的笔法写自然物象以表达作者的情感意趣,有水墨写意、浅绛(着淡赭色)、重彩、泼墨、泼彩等。笔墨放纵者称大写意,不太放纵者称小写意,特别放纵者称泼墨、泼彩。界于工笔和写意之间者叫做半工半写。写意画是中国画的主流。

按照中国画的特定用途分类,可分为宗教的寺观壁画、用于观赏的卷轴画、用于民间装饰环境的年画等。卷轴画是主流。年画最著名者有苏州桃花坞木版年画、天津杨柳青木版年画和山东潍坊年画等。

按照绘画的特殊材料和特殊手法来分类,可分为漆画、屏障画、扇面画(团扇、折扇)、竹帘画、剪纸、铁画、贝壳画、玻璃画、羽毛画,还有近几年发展起来的丙烯画、蝴蝶画、火画(也叫烙画),等等。这类绘画具有很强的工艺性,可统称为工艺绘画,虽不是中国绘画的主流,但在中国工艺美术中占有一定的地位。

如果仅仅从旅游者对中国画的欣赏这一角度去分类,则可以简要地把中国画分为卷轴画、壁画和工艺绘画三大类。

一、卷轴画

卷轴画源于早期的帛(绢)画,至纸画产生后而盛。它泛指用纸、绢画成后,经装裱而成的中国画。其中有装裱后用于装镜框者叫“镜片”(或“镜心”,未经装裱的叫“画心”),有小幅多件成套装裱而不装镜框者叫“册页”,这两种其实并无“卷轴”。真正装卷轴的,大幅用于张挂在正厅中间者(或尺幅于此类似者)叫“中堂”,小轴随意张挂者叫“条山”,横式张挂者叫“横幅”,极长横幅以供展阅者叫

“手卷”，等等。卷轴画是中国画最典型的款式，一般来说，中国画基本上都是指卷轴画。中国的卷轴画既便于卷而收藏，又便于展而张挂，创作、携带皆比西洋油画方便得多。其装裱艺术也使中国画增添了独特的美感。中国画有“三分画，七分裱”之说，虽言过其实，但好画若不经装裱，则难以显出其美；不太理想的画一经装裱，效果也会好得多。卷轴画至今仍广泛用于环境装饰。如博物馆、美术馆所收藏的古代名画大多是卷轴画。

二、壁画

壁画即在墙壁上所作之画。中国现存优秀的古代壁画有寺观壁画、石窟壁画、墓室壁画等，现大多为重要的文物保护单位和旅游景点。其最著名者有甘肃敦煌壁画、山西永乐宫壁画、新疆克孜尔石窟壁画、西藏佛教壁画、北京法海寺明代壁画和大量的汉代墓室壁画等。这些壁画中，永乐宫壁画是道教题材，其他石窟、寺庙壁画为佛教题材。墓室壁画多为表现墓主人生前生活的题材以及升天图等。透过题材的宗教和迷信色彩，我们可以窥见壁画的双重价值，即文物史料价值和艺术审美价值。所谓文物史料价值系指壁画中直接或间接反映出来的古代人的社会生活状况；所谓艺术审美价值系指壁画所反映的古代艺人非凡的艺术创造才能。规模最大的敦煌壁画保留了从魏晋南北朝时代到元代的上千年的绘画资料，是一部活的绘画艺术发展史。它一经发现，便以夺目的光彩吸引了全世界的艺术家、学者、旅游者，甚至还遭受过帝国主义分子卑劣无耻的破坏和盗窃。在旅游事业迅猛发展的今天，我国灿烂的古代壁画艺术和现代壁画正日益真正成为人类的共同艺术。

三、工艺绘画

中国工艺绘画起源于新石器时代的彩陶纹饰，本是一种实用性工艺美术，后来逐渐发展为独立的纯欣赏性的艺术，即本书所说的工艺绘画，亦即我们前面所说的利用特殊材料和特殊手法创作的绘画。它不是正统意义上的中国画，具有自己的特点。首先，它注意利用材料的美。例如，清代安徽芜湖人汤天池发明的铁画是以铁打成线条，焊接成画，发挥了铁条凝重浑朴、坚实刚劲，乃至铁绣的古朴苍劲之美，成为闻名遐迩的特殊绘画形式；又如蝴蝶画，显示了蝴蝶本身五彩缤纷的美感效果；再如竹帘画，是利用竹帘固有的材料显示竹帘画之美，等等。其次是注重特种技术的艺术效果。例如，火画，体现了火烫木板所产生的焦色之美；漆画，显示了油漆工艺技术之美；剪纸，展现了剪刻技术之美；等等。再次，凡工艺绘画几乎都具有地方特色和民族、民间特色，在一定程度上体现了中国画的多种风姿和民族文化的丰富多彩，也常常使旅游者的猎奇心理得到极大的满足，觉得增加了识见，大开了眼界，从而得到一种奇妙的美感享受。

第三节　中国画的审美特征

一、意境

绘画作为艺术，其内涵构成皆为三大要素——画家思想情感的表现、自然形象的再现和绘画本身的形式。借用西方的术语来说，偏重于表现者，为表现主义绘画；偏重于再现者，为自然主义绘画；偏重于形式者，为形式主义绘画。中国画与西洋画相比，一个显著的不同点就在于：它不主张偏重于哪一方，而主张三大要素的有机结合、相辅相成，如中国哲学之“中庸”，主张不偏不倚，有机融合为一个艺术的整体。

在中国艺术理论中，通常把作者思想情感的表现叫做“意”（或“情”），把画面形象叫做“境”（或“景”、“象”），二者有机结合便形成“意境”。意境的表现落实到可视的物质形式上，便是用笔用墨（包括色）。中国画的笔墨技法规律可以叫做“格”，由技法的运用所形成的情趣韵致叫做“调”，二者又组成“格调”。意境统率格调，格调表现意境，二者亦相辅相成。对中国画的全面欣赏，具体而言，就是在对意境和格调的理解和体味过程中获得的审美享受。

（一）诗中有画，画中有诗

意，作为画家的思想情感的表现，它是主观的东西；境，作为画家对客观对象的描绘刻画，是客观的东西。主客观契合，产生意境。中国画在处理主客观之关系，即人与自然之关系时，始终以人为主导，借自然形象来表现人格思想，借境来显意，故有“意在笔先”之说。这和西方绘画借刻画人体来表现神（上帝）的创作思想和创作方法正好相反。古人云：“画乃心印”，又云：“诗中有画”，“画中有诗”。因为：“诗言志”，中国诗不像西方那样以叙事性的情节见长，而以抒情言志为目的。中国画也是如此，故曰“画中有诗”。比如李白的诗：“朝辞白帝彩云间，千里江陵一日还。两岸猿声啼不住，轻舟已过万重山。”通篇写境（景、象）：白帝城、彩云、大江、轻舟、山岭、群猿……然而，在这境象之外，使人领略到一种意志酣畅、轻松愉快的情感，这情感从诗的字面上看，只字未提，而在诗的形象之中得到了淋漓尽致的体现，由境表达了意，产生了意境。画也是如此。元代倪云林画的平远山水，寒荒萧疏，淡泊平和，体现了画家看破沧桑、超然物外的思想情绪；清代朱耷（八大山人）笔下的花鸟，冷隽怪诞，体现了画家对现实的蔑视和对统治者的反抗。因此，画中有诗，绝不仅仅是指画上题诗，更重要的是指画像诗一样表达了作者的思想感情。

（二）以形写神，得意忘形

中国画既然以写意（表现思想情感）为最高境界，自然就不主张拘泥于客观对象的形，而主张以形写神，得意忘形。

这里所谓神，是指客观物象的精神本质。例如：泰山之雄壮、漓江之秀丽、梅花之傲雪、牡丹之富贵、竹子之高风亮节、松树之苍劲挺拔……这些就是神，它显然比泰山、漓江、梅、牡丹、竹、松之外形重要得多。无神之形等于只有躯体而没有灵魂。中国画主张以形写神，以神达意，得其意则可遗其形。例如，文人画梅，主张画出凌霜傲雪之姿、孤芳自赏之趣，而不是拘泥于梅花的外形，这就算写神。这神，表达了文人的清高和不屈之意，而一旦得到了这个意，就算达到了目的，至于梅花究竟是什么样的外形，甚至是画的梅花还是画的别的什么，都已是无关紧要的事了，所以叫得意忘形。这些艺术思想大都来自老子、庄子的哲学思想，是中国艺术精神的精华所在。

在中国画中首先提出以形写神的是东晋画家顾恺之，原意是讲临摹别人的作品时要以原作之形为基础，画出原作中人物形象之神，后亦指画出现实生活中的人物之神，以至现实生活中山水、花鸟的精神本质。中国画讲"写生"即指写神，与西洋画专指对景写生意思不同，而指写物之生态、生趣，即神。中国肖像画又名"传神"，即谓画肖像并不以写形为指归，而以写神为目的。写形在中国画中只是手段。怎样的形才最能传神呢？中国画家认为不是自然主义的写实之形，而是经过人工提炼和概括，去粗取精、去伪存真以后，抓住了精神本质的、夸张了的形；不要求外表的酷似，而要求精神的酷似，此为"不似之似"。现代画家齐白石云："不似为欺世，太似为媚俗。""妙在似与不似之间。"黄宾虹论述更为具体："画有三：一，绝似物象者，此欺世盗名之画；二，绝不似物象者，往往托名写意，鱼目混珠，亦欺世盗名之画；三，惟绝似又绝不似于物象者，此乃真画也。"①

"得意忘形"一语源于《庄子》"得意忘言"，指当意思已经表达了，已经领会了，便可以不要再用啰嗦的语言去阐释。魏晋文人进而有"得意忘象"之说，即指艺术作品在表达了意之后，可以忽视形象。实际上并不是忽视形象的作用，而是指形象必须由意来统率，这样的形象又叫"意象"。意象是意境的可视形象，意境是意象的联想形象，是象外之象。

因此，旅游者欲欣赏中国画的意境，就必须善于联想，即顾恺之所谓"迁想妙得"。因为意境不在意象之中，而在意象之外。如上述李白《早发白帝城》诗，倘

---

① 《黄宾虹画语录》，上海人民美术出版社 1961 年版，第 1 页。

若我们只领会到诗中的景物，而不能联想到李白诗中所表达的轻松愉快的情趣，那就等于没有读过这首诗，当然也就毫无欣赏可言。一幅八大山人的花鸟画，假如我们只看到画中鸟画得不像或“不伦不类”，却联想不到这高超的“不伦不类”背后，表现了八大山人冷眼看待统治者的心境，同样也等于没有领略这幅画的高妙之处。一幅郑板桥的墨竹画，假如我们只看到枝叶，看不到郑板桥“衙斋卧听萧萧竹，疑是民间疾苦声”，“一枝一叶总关情”的思想情感，同样也谈不上欣赏郑板桥的墨竹。

欣赏过程中产生美感，这叫做“共鸣”。要产生共鸣也不是很容易的。马克思说过，对于不会欣赏音乐的耳朵，再好的音乐也没有意义。作为旅游者，在旅游之前要“读万卷书”，对自己所观赏的对象先有间接的认识；在旅游过程中，要多看、多想、多听、多问，导游更应做好引导和启发联想的工作，这样才能使旅游者真正欣赏到中国画之妙。一幅优秀的中国画，当我们看懂了它，领会了它的意境时，无疑会获得一种精神上的高度愉悦。反之，便会若有所失，意有所憾，甚至会产生一种更为无知的想法，“原来如此，也没有什么新鲜的”，那就更可惜了。俗云，会看的，看门道；不会看的，看热闹。对意境的欣赏是中国画审美的重要“门道”。

二、格调

中国画以意境的追求为指归，但意境必须依赖意象启发联想，引起共鸣，才能实现。而意象是画家对客观物象独特情意的形象表达，它必须依赖用笔、用墨、设色、造型、构图（章法）等形式技法才能完成，否则，便成为一句空话，也就不存在中国画。用笔、用墨、设色、构图这些形式技法的高低形成格调。我们通常所说一幅画格调高，主要是指形式技巧运用娴熟而又不落俗套，不显匠气。从某种意义上说，格调比意境更难求，因为意境有时可以做假。齐白石言：“不似为欺世，太似为媚俗。”黄宾虹说这两种情况都是欺世盗名。欺世盗名者，画格也绝对高不了，意境实际上也难高。因此，中国画艺术十分强调“画如其人”、“书如其人”、“诗如其人”、“文如其人”，其深意就在于此。

格调的形成与人格有密切关系，又具体体现在绘画的形式技巧当中。以下从用笔、用墨、设色、章法等方面简单介绍一下一般的欣赏规律即审美角度，供旅游工作者及旅游者参考。而要真正识得其中三昧，非真知画者不能。

（一）用笔——书画同源，以线造型

用笔是中国画全部技法中最基本的和最重要的技法，造型、构图、用墨、设色等所有的技法都要靠用笔去执行。故古人云：“夫象物必在于形似，形似须全其

骨气;骨气形似皆本于立意而归乎于用笔。”[①]

中国画用笔有别于西洋画的用笔。这不仅因为东西方笔的构造不同(尖圆、扁平之别),更因为东西方民族的绘画认识论之渊源不同。宗白华先生曾指出,中国画根植于诗词和书法,追求的是意境和用笔;西画根植于建筑和雕塑,追求的是空间感和立体感。[②] 但进一步深究,何以中国画重诗书,西画重形体,就不能不归结到东西方哲学思想之差别了。前已提及,中国艺术重人而不重神(上帝),由表现人格精神而重意(意象、意境)。意是主观的,因此,意象和意境都明显地有别于客观的自然形象而打上了人的意志的烙印,明显地带有人所独有、所擅长,而为自然形象本来所没有的东西。这种东西的物质显现就是线条。用线造型,体现了人对自然形象的加工和提炼以及理解能力,体现了人的特殊的本质力量,体现了人不拘泥于自然形象所固有的体、面,敢于创造,善于驾驭大自然的本领。西画则相反,它受着自然形象的体、面之束缚,相对于中国画,它所体现的人的主观能动性就小得多。

的确,中国画的“线”是多功能的,它可以造型,可以抒情,也可以写意。其所以如此,是因为中国画的姐妹艺术——书法的高度发达,对中国画产生着强烈的影响。中国画史有“书画同源”之说,“故工画者多善书”。书画的线是靠笔来表现的,用笔有粗、细、转、折、顿、挫、提、按、轻、重、疾、徐,这一切,不仅可以表现物象的坚硬、柔软、轻盈、重浊、挺拔、平缓、曲直、方圆之形质,而且可以表现人的喜、怒、哀、乐各种情感。当代著名美术教育家吕凤子说:“根据我的经验:凡属表示愉快感情的线条,无论其状是方、圆、粗、细,其迹是燥、湿、浓、淡,总是一往流利,不作顿挫,转折也是不露圭角的。凡属表示不愉快感情的线条,就一往停顿,呈现一种艰涩状态,停顿过甚的就显示焦灼和忧郁感。有时纵笔如‘风趋电疾’,如‘兔起鹘落’纵横挥斫,锋芒毕露,就构成表示某种激情或热爱、或绝忿的线条。”[③]

更重要的是,中国画的线条除了造型、抒情之外,还具有自身的美,它本身也具有独立的审美价值。线的出神入化形成音乐般的节奏和韵律。一幅画,如果用笔不好,即线条本身不美,则画面再美,也等于高楼大厦由破砖烂瓦砌成,是绝对经不起风吹雨打的。因此,中国画讲究笔笔见功力,用笔“写”出,而不是“画”出。这一点,完全来自书法。故元代大画家赵孟頫《题赵魏公画竹》云:“石如飞白木如籀,写竹还应八法通,若也有人能会此,方知书画本来同。”清代大画家石

① [唐]张彦远:《历代名画记》。

② 见《美学散步》,第 99～113 页。

③ 见《中国画法研究》。

涛把中国画的全部精神归结于“一画”；明代李日华认为中国画必须“以笔勾取”（点画为主，晕染为辅，晕染时也要注意用笔——笔者注）；王时敏云“字要写不要描，画亦如之”；如此等等，其深意皆在用笔。

(二)用墨——水墨为上，墨分五色

中国画用墨的观念本质上是用笔和用色的观念。首先，中国画主张以墨为主，以色为辅，这一点已包含在用笔之中。因为中国画以线造型，线条几乎都是墨线，即便不上色，墨线已构成十分完整的形象了。这时的色彩只起一点辅助作用，使画面效果更为丰富多彩罢了。可以毫不夸张地说，绝大部分中国画，去掉色彩，画面照样十分完整；而去掉墨线，便不成其为画。这是中国画的一大特点。

绘画虽然也讲“随类赋彩”，但画之意不在五彩，而在五色。因为，物象之色是不固定的，例如山之色，四季有别、早晚有别、晴雨有别、昼夜有别，相对不变者，形也。因此，要表现山的永恒之美，关键在以线造型，即用笔、用墨。艺术的欣赏，主要是依赖联想。美学上称欣赏时的联想为“再创造”，再创造可以补充一切色。如我们看到黑白照片，或黑白电视，从来不会认为松树不是绿的而是黑的，就是这个道理。这才是真正的艺术欣赏，它不受感官感知的局限，而是让再创造的想象纵横驰骋，在意象的启发下去获得画面以外的一切。沈括云：“书画之妙，难可与形器求也。世之观画者，能指谪其间形象位置，彩色瑕疵而已。至于奥理，冥造者罕见其人。”①此即所谓“应目会心”，“神超理得”。

再者，中国文人画力主质朴自然，平淡天真，“素朴而天下莫能与之争美”。“笔势峥嵘，文采绚烂，渐老渐熟，乃造平淡。实非平淡，绚烂之极也。”②因此水墨画便成为文人心目中最美的绘画形式，水墨的地位也大大超过了色彩的地位。

中国画在用墨方面积累了十分丰富的经验。梁元帝《山水松石格》已提出：“高墨尤绿，下墨尤赪。”唐代殷仲容以水墨画花鸟，“墨分五色，犹兼五彩”。五代大画家荆浩《笔法记》论用墨云：“高低晕淡，品物浅深，文采自然，似非因笔。”这些是说用墨表现色彩和物象的高低凸凹。郭熙《林泉高致》云：“或曰：墨之用何如？答曰：用焦墨、用宿墨、用退墨、用埃墨，不一而足，不一而得。”这里是讲墨的品种不同，效果也不同，应各得其所。所谓焦墨是极浓的墨；墨分五色，最浓曰焦，次曰浓，次曰重、淡、清，指由浓到淡的各种层次；宿墨是磨好以后隔宿之墨，这种墨少光泽，性温和，与新磨现用者效果不同；退墨谓脱胶之墨；埃墨是锅底灰。这些墨都可以用在特定的场合而恰到好处。

郭熙《林泉高致》又云：“……淡墨重叠，旋旋而取之，谓之斡淡；以锐笔横卧，

---

① 见《梦溪笔谈》。
② 董其昌：《容台集》。

惹惹而取之，谓之皴擦；以水墨再三而淋之，谓之渲；以水墨滚同而泽之，谓之刷……”古人又有破墨、泼墨、积墨诸法。破墨指以淡破浓，以浓破淡或以水破墨、以墨破水，使画面墨色浑然。虽一片墨水，但其中有浓淡变化，互相渗透。所谓积墨，是指一次又一次，都等干后再染，积之使其深厚。泼墨是指用墨如倾，随笔泼洒，再随机应变，加以整理。

笔和墨之关系，讲究笔中有墨(用笔时要注意墨色变化)、墨中有笔(用墨时要注意笔法)，反对有笔无墨，有墨无笔。这些，在画家来说，要千锤百炼，反复体悟，才能达到；在欣赏者来说，也最好能够画几笔，才会体会得更为深刻。

(三)设色——随类赋彩，色不碍墨

中国画以墨为主，是不是不要色彩了呢？不是的。

中国画的色彩观念与西洋画不同。西画重视固有色、环境色、光源色三者之间的关系，要求逼真。中国画重视“随类赋彩”，即大致与固有色相类似即可，目的不在于追求色彩的逼真，而是取意、取气。古人讲的“意足不求颜色似，前身相马九方皋”就是这个道理。

色与墨之间的关系，要求“以墨为主，以色为辅。色之不可夺墨，犹宾之不可夺主也。故善画者，青绿斑斓，而愈见墨彩之胜发”①。要求“色不碍墨，墨不碍色。又须色中有墨，墨中有色”②。“以色助墨光，以墨显色彩”，“一色之中更变一色”③。

色与色之间的关系要求以一种色为主，其他色为辅，形成多样统一的色彩调子，即我们常说的“万绿丛中一点红”的配色方法，否则，便杂乱无章。

还有一点极为重要，即中国画的色彩具有很强的独立性和主观性，在花鸟画中尤为突出。中国花鸟画设色十分讲究用笔，和用墨同样道理。古今常用的勾花点叶法、没骨法(不用细线勾轮廓，而用大笔涂写花卉或花叶)、泼彩法，都十分见笔，也十分注意色彩的浓淡干湿和色相的变化。有时一笔之中蘸多种颜色，一笔写出阴阳向背的色彩变化，十分精彩。设色时，敢于高度夸张，乃至随心所欲越出了“随类赋彩”的规范。例如，传说苏东坡常用朱色画竹，人问：竹子怎能是红色？苏东坡回答十分巧妙：竹子又怎能是黑色，为什么人们要画墨竹呢？这个故事告诉我们，设色目的是在立意，而不是在再现客观自然。墨竹清雅，立意固然高；朱竹光彩照人，立意也不低；绿色画竹，反而拘泥于现实的形似了。因此苏东坡云：“论画以形似，见与儿童邻。”现代花鸟画家、山水画家，设色更为大胆。

---

① ［清］盛大士：《溪山卧游录》。

② ［清］王昱：《东庄论画》。

③ ［清］唐岱：《绘事发微》。

刘海粟曾用大红画松，更用纯度很高的红色、白色、青色画黄山的山峰，五彩斑斓、热烈奔放。虽非自然色，但画出了黄山的神，表现了画家酷爱黄山的浓烈情感。在这种境界上，"色即是墨，墨即是色"。

（四）章法——虚实相生，置陈布势[①]

章法，即构图，又称"置陈布势"（顾恺之），或"经营位置"（谢赫）。古人讲："经营位置，为画之总要。"因为，它关系到一幅画的整体布局，往往是一幅画成败的关键。欣赏中国画章法，可从以下几个方面着眼。

1. 取势

绘画、书法都讲取势。或开阔平远，或险峻奇突，或稳如泰山，或虚幻飘渺……这都是势，都要靠章法来实现。例如，疏的章法，寥寥数笔，有淡逸之势；密的章法，千笔万笔，有峥嵘之势。横势旷远、竖势高峻、直势挺健、曲势深远等，全仗章法布局。因此，我们欣赏中国画的章法，首先应想一想，它形成了什么样的势。有势才能达意，生成意境。

千百年来，中国画不断总结出一些取势的程式，例如：

"三远"法。郭熙云："山有三远，自山下而仰山巅谓之高远；自山前而窥山后谓之深远；自近山而望远山谓之平远。高远之色清明；深远之色重晦；平远之色，有明有晦。高远之势突兀，深远之意重叠，平远之意冲融，而缥缥渺渺……"[②]。这里讲山水画的三种构图方法，高远相当于仰视构图，深远相当于俯视构图，平远相当于平视构图，它们都形成不同的"势"，反映出不同的"意"。

"以大观小"法。宋代沈括在《梦溪笔谈》中曾批评大画家李成"画山上亭馆及楼塔之类，皆仰画飞檐"，并指出，山水之法，以大观小，不必"掀屋角"。这段话道破了中国山水画的一个重要观念——以大观小，以高观低。因此，中国山水画中的亭台楼阁一般不作仰视画法（仰画飞檐），而作俯视画法，好像人站在更高的山上或空中进行写生一样，再大的山也尽收眼底，形成居高临下之势。沈括云，这种方法如"人观假山"，显出了人驾驭大自然，把握其本质的主观能动性。

散点透视法。中国画一般不讲焦点透视。散点，其实无点，故有人主张叫"游移透视"。举世闻名的宋代名画《清明上河图》，还有南宋夏圭《长江万里图》，北宋王希孟《千里江山图》，今人傅抱石（同关山月合作）《江山如此多娇》等作品，都采用了这种透视方法。这种方法不拘泥于定点写生。画家站在某一位置不动，画眼前所见到的景物，是西画的写生方法。中国画不这样，中国画家不受视域的拘限，可以从长江上游走到下游，可以从城里走到城外，可以从江南走到塞

① "置陈布势"一语是借用军事术语，"陈"即"阵"。

② 《林泉高致·三远》，见《中国山水画史》（修订本），天津人民美术出版社 2001 年版，第 128 页。

北，把东西南北、春夏秋冬，各种景象，绘于一幅，达到时间和空间的无限性，这在传统的西画那里是想也不敢想的。因此，西方人看到《清明上河图》后说，20 世纪西方空中摄影的水平，中国早在宋代就达到了。其实还不仅如此。空中摄影是没有什么取舍和组织的，中国画的章法却可以去粗取精，去伪存真，使自然景物处处符合美的规律，应当说高于空中摄影的水平。

西画透视法源于数学的几何学，十分科学，而中国对空间感的塑造不需要也不必要用几何学来检验近大远小的准确比例关系。因此，中国画更接近于艺术的真，西方更接近于科学的真。

2.虚实

中国画章法中最重要的规律是虚与实的对立统一规律。它表现在：

(1)虚实相生

虚和实是对立的统一，无虚即无所谓实，无实亦无所谓虚。任何一幅画，必既有虚处，又有实处。有虚无实不成其为画，有实无虚亦不成其为画。最实的构图中也有虚处，最虚的构图中也有实处。最实的画也应让人感到一片空灵，最虚的画也应让人感到十分充实。虚，可以是无笔无墨处，一片空白，亦可以是用笔最松动或用墨最清淡处或章法上最疏朗处；实，相对于虚而言，可以是指用笔之实，用墨之实，亦可指构图之繁密处。

(2)以简胜繁

中国画常常以简取胜，谓之笔简而意周。《历代名画记》记载：李思训画嘉陵江山水，三月之工；吴道子亦画嘉陵江山水，一日而成。皆极其妙。但吴道子毕竟以简胜繁。文人画更以简淡为上。郑板桥云："取云少少许，胜人多多许。"画繁难，画简更难，因为画一简，必须笔笔精到，不能露一点破绽，而且要照样出境界，甚至比繁的画境界更高。

(3)计白当黑，妙在无处

西画亦有虚实，但其虚处最多只能是色彩淡一些，或灰一些，或模糊一些，不可能没有色彩，只剩下画布。而中国画的虚处，常常就是一片白纸。书法亦然。所以中国书画的构图又称"布白"，反而不称"布黑"。因为中国画要求空白处不仅构成整体章法的一部分，而且常常是最生动的一部分。例如齐白石画虾，空白处就是水；山水画家画山川，空白处就是流动翻滚的云，就是晴空万里的天，就是白雪，就是大地……还可以是别的，任你去联想。宋代大画家梁楷画《太白行吟》，人物后没有背景，你可以想象是江边，是庭院，是荒郊等等，它十分符合李白放荡不羁的性格。这些白，比黑还重要。所以中国画强调计白当黑，而且认为妙在无处。无处不是真正的无，而是无限，可以发挥人无限的再创造去加以补充，无处具有含蓄的朦胧之美，无处空且静，"静故了群动，空故纳万境"(苏东坡诗句)。这正是中国画的独到和绝妙之处。

3.诗、书、画、印的有机结合和独特的装裱艺术

中国画的诗、书、画、印有机结合,也是独树一帜的。好的画,不题诗也有诗意。但也有不少画,题上诗、画跋,更是画龙点睛、意味深远。再钤上各种图章:姓名章、引首章、押角章等,每一部分都成为画面不可缺少的组成部分。每个部分又各自具有独特的个性和独立的审美价值,大大丰富了中国画的内涵。

此外,中国画的装裱也很讲究。高明的裱画师在裱画方面也力求高雅、脱俗,裱法也力求创新,既与画面协调和谐,又使画面增添光彩。裱画已成为一门独特的艺术。可以说,裱画是中国画的最后一道重要工序,这道工序不完成,画就没有最后完成;这道工序完成得不好,就会影响画的艺术效果。

(五)无法而法,乃为至法

以上从用笔、用墨、设色、章法四个方面简单介绍了一些中国画技法及其审美标准。这四个方面,再加上造型(已在上文"意境"中作过分析)在内,基本上包括了中国画的全部技法。造型要求以形写神,似与非似;用笔要求书画同源,以笔勾取;用墨要求墨分五色,如兼五彩;设色要求色不碍墨,以色助墨;章法要求虚实相生,妙在无画之处皆有画。在这些大的原则统率之下,中国画的技法千变万化,古往今来,积累了十分丰富的经验。后人学画没有不从临摹前人入手者,否则难能成大家。而临摹前人,又不能为陈法所拘,要敢于创新。创新时,又不可违背中国绘画美学精神的基本规律。这当中有一个十分难以把握的分寸。古今有成就的大画家,在这一方面皆是做得恰到好处的。用石涛的话说,这叫做"无法而法,乃为至法"。即学会了前人的方法以后,形成了自己的方法。自己的方法似乎无法——不因袭任何前人,但又处处符合中国绘画审美的规律,这就是最高的法——至法,也就是最高的格调。

三、气韵

意境和格调的总和形成中国画的整体艺术效果——气韵。这是欣赏中国画时最难领会、最难把握的东西。要理解这一点,须从绘画"六法"开始谈起。

(一)六法与气韵

"六法"由南齐谢赫在《古画品录》一书中提出。一千多年来,一直被认为是中国画创作和鉴赏的最高标准。"六法"的内容为:一、气韵,生动是也;二、骨法,用笔是也;三、应物,象形是也;四、随类,赋彩是也;五、经营,位置是也;六、传移,模写是也。①

---

① "六法""解析"详见何延喆著:《中国绘画史要》,天津人民美术出版社 1993 年版,第 64～67 页。

六法之间的关系可以看做是:通过临摹,掌握前人用笔、用色、造型和构图方法而达到气韵生动。图示为:

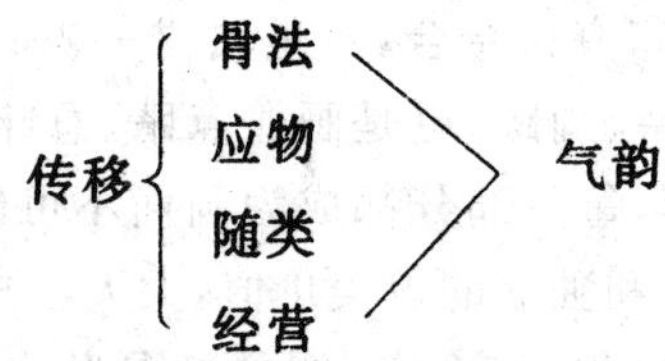

这里,传移就是模写;骨法就是用笔,应物就是象形,随类就是赋彩,经营就是位置;而气韵,就是生动。欣赏中国画的最高要求就看是否生动,即生生欲动,生生若动。它包括用笔的生动,用色的生动,造型的生动,章法的生动。生动即神,以形写神之神。中国画向来是以"神"为最高境界的。

"气",本是中国哲学中的概念,以是指构成万物的基本元素。有了"气",事物就存在了。

韵本是指和谐的声音,指音节的收音。

例如,拨动琴弦,这一拨为气,它决定了声音的有与无,而拨动之后,那连绵不绝的袅袅余音就是韵,只有这韵,才决定了这声音之美的程度。所以,有气就有了事物,但这事物未必高雅,而韵则决定了事物的雅与俗、高与低、美与丑。

气韵一说,本指相人,给人看相。气决定了人的基本存在形态,而从韵可以看出人的雅与俗、高与低。当谢赫提出"六法"时,气韵是用于鉴赏人物画的。后来由人物发展到山水、花鸟,发展到用笔、用墨,中国画中的一切都要求有气韵。到宋代,文人们明确指出,鉴赏书画,"以韵为主"(黄庭坚语),"韵者,美之极"(范温语)。

韵,实指中国画中体现出来的一种隽永之味道。韵的产生又必须依赖气,故黄宾虹云"由气生韵"。若以笔墨为例,气可以理解为下笔一气呵成的线条,而韵可以理解为这线条给人感受到的一种生生的律动之美,以及辅助这种线条而采取的晕染手法,即墨法。墨法使这种韵味更足了。因此,荆浩《笔法记》云:"气者,心随笔运,取象不惑;韵者,隐迹立形,备仪不欲。"①气偏于阳刚之美,韵偏于阴柔之美。中国文人画力主文雅、淡泊、宁静、平和,所以,以韵为主。那些下笔剑拔弩张的画,是以气为主的画,在古代被人们认为有霸悍之气、火气、纵横气息,像年轻人初生牛犊不畏虎,但比不上老年人的精深博大。不过在今天看来,阳刚之美和阴柔之美应是各得其所。

气韵居六法之首,统率着其他五法。古人大多认为唯生而知之的天才才能

① 《中国山水画史》(修订本),天津人民美术出版社 2001 年版,第 70 页。

掌握气韵之法，并认为气韵与人品密切相关。因此，气韵实际上是中国画意境与格调的总和，又是一种生生欲动和余味隽永的美感境界。

(二)四品

如果说“六法”主要是言法，那么，中国画之“四品”说，则主要是言品，即鉴赏中国画高与低的等第标准。“四品”说是我们判断气韵，并以此判别中国画高低的重要尺度。

唐以前，中国画以神品为最高，唐时，张彦远列自然之品在神品之上；五代黄休复在《益州名画录》中称自然之品为“逸品”，并定下了四品，分别为：逸品、神品、妙品、能品。

简单地解释一下：逸品就是无法而法，随心所欲而又处处符合规矩，是人格涵养的自然流露和写照，它无需苦心经营，而是天生而就，效果常常是出乎意外，而且无法临摹复制。神品是精心刻画，得到了自然对象的精神本质。例如，画松画出了苍劲挺拔之气，画梅画出了傲雪凌霜之姿，等等。妙品是指笔墨技巧以及绘画的一切形式技巧的高度纯熟、炉火纯青。能品是指描绘自然事物的形态栩栩如生。

中国画鉴赏是一门高深的学问，且千古以来标准也不完全统一。例如“四品”说之外，还有“三品”说（无“逸品”），而且人们对“艺术”的内涵之理解也不尽相同。作为旅游者和导游，应当首先掌握最一般的鉴赏标准，然后在有条件时多与画家接触、交谈，尤其要多与有见解的优秀画家交朋友，最好自己也能画上几笔，这样日积月累，把自己的眼睛培养成一双懂得绘画的眼睛。

思考题

1. 中国画的分类方法是什么？
2. 中国画的艺术规律是什么？
3. 为什么说文人画是中国画的主流？

第四章　中国书法与欣赏

学习目的

了解书法在旅游中的地位以及书体种类的特征和书法艺术的审美特征。

基本内容

- 书体种类

  甲骨文、金文、石鼓文　篆书、隶书　楷书、行书、草书

- 审美特征

  线条美　结构美　章法美　形与神的美　意境的美　情的美

中国的书法是中华民族特有的一种造型艺术。书法之美历来为广大群众所欣赏和喜爱。我们的祖先在漫长的生活和斗争中创造了极其丰富、灿烂的文化艺术，而中国的书法就是人类文化宝库中的一门具有独特形式的艺术。书法这门艺术，是在书写和应用汉字的过程中逐渐形成的，所以，古老的汉字本身就是这门艺术的造型基础。

因为书法是汉字的书写艺术，所以，决定了它具有普遍的群众性。事实也是这样，旅游每到一处，尤其是风景区、寺庙、园林、博物馆……那里的书法（包括楹联、匾额、题词、碑刻等）书体繁多、风格各异、功力深厚，游人无不为之赞叹，无不为书法之美所陶醉。这样，书法与旅游便结下了不解之缘。

第一节　书法与旅游

中国书法的形式（即书体）是十分丰富的，有篆书、隶书、楷书、行书和草书。我们在游览一些风景名胜时，看到一些古代的楹联、匾额、碑林、石刻等，这些都是古代书法家给我们留下的书法艺术作品。在我国，这些书法作品可以说是一笔极其丰富的艺术遗产。广大旅游者，尤其是许多来自日本和东南亚的旅游者，对中国这些丰富的书法艺术遗产是非常感兴趣的。

就拿我国古代碑林、石刻来说，其数量是相当浩大的。例如，仅杭州西湖岳庙的碑廊就有 125 方石碑，左廊是岳飞手迹碑刻；右廊是后人凭吊岳庙时的题咏和记述岳飞墓庙修建沿革的碑文。西安碑林是我国历代名碑荟萃之地。据记载，西安碑林始建于宋元祐五年（公元 1090 年），后来不断扩充，又搜集了周、秦以来的各种石刻，达到 1400 余方，成为名副其实的“碑林”。碑林共 6 个陈列室，6 个游廊和 1 个碑亭，各具特色，交相媲美。游人走进陈列室，首先看到的是“开成石经”。“开成石经”是刻于唐开成二年的《周易》、《尚书》等十三种经书，共 114 块石，计 65 万字，可谓洋洋大观。在这里，书法爱好者可以系统地欣赏、学习中国历代书法家王羲之、颜真卿、柳公权、欧阳询、褚遂良、智永、张旭等名家的楷、草、篆、隶等书法。东汉名碑“曹全碑”，如珠光宝气般秀丽多姿，烁烁照人。旅游者同时还可欣赏到唐玄宗李隆基、清康熙皇帝的真迹。特别是宋徽宗赵佶自书的《大观圣作之碑》。他的书法称为“瘦金体”，婀娜如兰、劲枝如竹。

山东曲阜孔庙的碑林也是旅游者极感兴趣的一处。著名的“孔林”是树林和碑林的组合体。在孔庙历代碑刻陈列室，还陈列着从西汉宣帝五凤二年（公元前 56 年）起的 40 余方汉、魏、隋、唐、宋、元碑刻，以及清乾隆年间搜集的 300 余方

“玉虹楼碑”,记载着历代统治阶级扶植孔庙的历史。

除西安碑林和孔庙碑林外,还有镇江焦山碑林。历代帝王陵园里的碑刻,数量也是可观的。我国的名山也有许多碑石,例如,泰山岱庙最早的刻石是秦李斯小篆碑,它是李斯亲笔所书。岱庙保存历代碑石共151方。这些碑刻堪称集我国书法艺术之大成,囊括从晋代书圣王羲之起,颜、柳、欧、赵四大家,宋代苏、黄、米、蔡四大家,真、草、篆、隶,体例俱全,风格各异,镌刻技艺也十分精湛。1979年又把朱德元帅、陈毅元帅和郭沫若先生等所书写的诗文石刻,立于岱庙东御座院内。

1993年4月13日正式对外开放的“中国翰园碑林”是被誉为“文化愚公”的全国劳动模范李公涛先生自筹资金,经过数十年的艰苦奋斗所创建的。碑林位于河南省开封市风景如画的龙亭湖西畔,占地面积百余亩,分园林、碑廊两大景区。碑刻3500余方,是目前中国规模最宏大的碑林,被誉为“精神文明的丰碑”,“世界之最”。3500余方书画碑刻瑰宝镶嵌在十大碑廊中。这座古朴典雅、雄伟壮观的碑林,以书法艺术为主,集诗、书、画、印之大成,集宋、元、明、清及近、现代大书画家之作品于一园,成为一座书画碑刻艺术与古典园林建筑艺术融为一体的大型艺术宝库。

今天,上述这些碑林已成为书画爱好者和旅游者游览观光的胜地。

我国的“摩崖碑”也深为旅游者所赞叹。位于泰山顶大观峰的摩崖碑,体积高大,雄伟壮观,为唐玄宗封禅泰山时亲笔撰写。碑高8.8米,文词雅驯、笔姿瑰丽,中外旅游者无不叹为观止。泰山顶上还有宋摩崖碑。历代诗人词客、名僧高道,在游览名山时,常常勒石抒怀,“慨然有感,摩崖记游”。例如,五岳、黄山、武夷山、崂山等名山的摩崖石刻,数量也很多,旅游者可以尽情饱览,增长知识,领略中国书法之大观。黄山清凉台的石刻有“灵幻奇秀”、“天然画图”、“清凉世界”、“群峰摩天”等,玉屏楼东侧的石壁上有朱德元帅的题词石刻“风景如画”。这些石刻无不为中外旅游者所品赏、所玩味,从中领略山水之情,山水之美。

我国南方的一些洞穴中,摩崖石刻的数量也十分惊人。像桂林的龙隐岩上,石刻遍布,摩崖成碑,碑密如林,被称为“桂海碑林”。岩中顶篷上的大幅天碑,游人仰观都感到费劲,可以想见当年镌刻是何等艰辛。据不完全统计,桂林有石刻近两千件,遍布全市的风景点中。其中李北海的《端州石室记》碑刻,被视为书法艺术之珍品,至今保存完好。

总之,我国的碑林、石刻不胜枚举,数量浩瀚,蔚然可观,是重要的书法旅游资源。有的旅游景区搞书法旅游,结果吸引了大量的旅游者,连日本和东南亚的许多书法爱好者都赶来参观。可见,发展书法旅游是大有潜力的。

第二节　书法艺术的产生和发展

中国书法是随着中国文字的产生而产生的。中国文字产生的时间是相当久远的，一般认为，大概已有六千年的历史。

中国文字来源于象形，即用图画来表示语言的文字，或称为象形字，这是中国文字的一大特点。而书法，不论用刀刻还是用笔写，都是把这些图画文字加工美化，提炼成美的书写形式，于是就产生了书法艺术。

中国的文字同其他国家的文字不同，它既有实用性，又有独立欣赏的价值。一般来说，作为记录人类语言的文字，主要是实用，而作为书法，则主要是供人们欣赏。文字学家主要是研究文字的实用价值，书法家主要是研究书法的形式美和书法特有的艺术规律。由于中国文字是由象形发展来的，其笔画和形体结构，接近于现实生活中的多种形象，因而形成了我国书法特有的艺术规律。

一、甲骨文、金文和石鼓文

甲骨文、金文和石鼓文是中国较早的书法，在商周战国时代就已经使用了。

甲骨文，是刻在龟甲兽骨上的文字，主要是用来记事。但从中国书法艺术的历史发展来看，它已具备了书法艺术的一些基本要素。甲骨文的笔画力求横平竖直，笔画的粗细也有变化，结构力求平衡，对称，疏密匀称，包含了美的因素。因而，我们可以说，甲骨文是我国奴隶社会早期的书法艺术。

金文，是铸刻在钟、鼎等铜器、兵器上或铸刻在金属钱币上的一种文字。它是中国文字书写自觉讲究艺术美的开始。古代的铜器是统治阶级生活和娱乐的用具，同时也是珍贵的工艺美术品。尤其是铸刻有铭文的铜器，更为珍贵。铭文既然铸刻在古人珍爱的用具上，就要求文字书写得美，以增加铜器之美。这样，中国文字书写的美就被自觉地重视起来。到了春秋中叶至战国末年，铭文书写之美更为明显，于是铭文的书写已被当做艺术来看待了。兵器上的铭文也是为了美化和装饰兵器的，像越王矛上的铭文，与矛的造型相适应，以细长体来书写，就说明它的装饰作用。钱币上铸刻文字，也常常组成为一个美丽的图案。

石鼓文，是刻在十个石鼓上的记事韵文，唐初在天兴县（今陕西省凤翔县）被发现。一般认为是东周初年到战国初年秦国的刻石。它的书写风格同后来秦李斯写的泰山诸刻石已经十分接近，有一种流畅宏伟的气魄。

总之，由于铜器铭文的书写，使中国文字书写之美被人们重视起来，书法开始被看成是一种艺术。一般认为书法形成一种独立的艺术是从秦代开始的。

二、篆书

秦始皇统一六国后，随着社会政治、经济、文化的发展，中国的书法艺术也有了一个较大的发展。国家统一后，政务繁多，文字的运用也就更广泛，书写的技巧也大为提高，于是人们对书法的美要求更高了。秦始皇为了给自己树碑立传，开始在名山刻石纪功。歌颂帝王的文词，不同于一般文字的使用，它要流传后世，给广大人民看，不但文字、内容要好，书写也要力求美观。这样，刻石纪功的风气便兴盛起来，这就有力地推动了书法艺术的发展。

当时，李斯负责统一全国文字，他主持了将大篆简化为小篆的工作。

李斯的书法艺术，风格简捷明快，整齐端庄，生动有力，而又气魄宏伟。古人说李斯的书法"画如铁石、字若飞动"[①]。李斯的书法艺术标志着秦代书法艺术的最高成就。

三、隶书

小篆出现之后，很快又出现了隶书。隶书是对篆书的一种大胆的简化。"隶书者，篆之捷也。"[②]从篆书到隶书，在我国文字发展史上是一个飞跃，这反映了社会的交往对简化文字的迫切要求。一般认为，隶书是程邈创造的，也有人认为是王次仲创造的。实际上，隶书的形成并非一朝一夕，它是在文字长期使用的过程中形成的，完全由一个人创造出来是不可能的。

隶书是在篆书之后产生的一种新的书体。篆书的特点是圆笔曲线之美，而隶书则是方笔直线之美。隶书比起篆书更强调结构的平衡、对称、整齐一致。

汉代隶书更广泛地使用起来。汉代的隶书是我国历代隶书的典型，也是隶书发展的高峰。汉隶最显著的特点是质朴自然、严稳精密、雄浑厚重。汉隶的广泛使用，推动了书法艺术的发展。

汉隶的定型化，成为方块汉字的基本形态。

四、楷书、行书、草书

隶书的产生、发展和成熟的过程孕育着楷书(又称真书)的形成。总起来说，楷书、行书、草书这三种书体是在魏晋二百年间定型的。一般认为魏代的钟繇是楷书的创始人。据记载，钟繇能写隶、真、行、草诸体。但他的书法的主要成就是

① [唐]张怀瓘:《十体书断》，见刘纲纪:《书法美学简论》，湖北教育出版社1985年版，第10页。
② [晋]卫恒:《四体书势》，见刘纲纪:《书法美学简论》，湖北教育出版社1985年版，第8页。

楷书。唐代书法理论家张怀瓘在《书断》中称赞他道："真书绝妙，乃过于师，刚柔备焉。点画之间，多有异趣，可谓幽深无际，古雅有余，秦汉以来，一人而已。"他的楷书以《宣示表》、《贺捷表》为最有名。《宣和书谱》称赞他的《贺捷表》"备尽法度，为正书之祖"。我们前面已说过，每一种书体都是在漫长的历史过程中形成的，不能绝对说是某人创造的。但钟繇在这种崭新的书体——楷书的完善和推广上，的确起了很大的作用。一千多年来，楷书仍然被我们广泛地使用。王羲之虽然学钟繇的书法，但他进一步发展了钟繇的楷书，然而王羲之最主要的创造表现在行书和草书上。的确，他在行、草的完善和定型上是有突出贡献的。

草书早在汉代就已出现，但完善和定型则是在魏晋。早期的草书是隶书的草写，广泛流行于两汉。据传，由于这种字体适于奏章，或因汉章帝爱好，亦云因史游用以写《急就章》而名为"章书"。草书的出现，在我国书法史上有重要的意义。同篆、隶相比，草书的用笔和结构更自由和多样化，这就使书法艺术突破了文字书写固定格式的限制，更易于表现书法家的思想感情。在所有的书体中，草书的艺术表现力最强。草书在社会上广泛使用，推动了书法艺术的发展，并出现了一些著名的书法家，像杜度、崔瑗、张芝等都是擅长草书的书法家。

崔瑗以杜度为师，书法史上常常崔、杜并称。据说，他著有《草书势》一书。

张芝也是古代著名的草书家。唐代张彦远所著的《历代名画记》中提到，张芝"学崔、杜之法，因而变之，以成今草书之体势，一笔而成，气脉通联，隔行不断，谓之'一笔书'"。看来张芝是汉代草书的集大成者，他的草书最接近于汉以后的草书。

五、碑、帖

秦篆汉隶，为中国书法艺术的发展打下了坚实雄厚的基础，在这基础上出现了魏晋南北朝时期书法艺术的空前繁荣。汉代 400 多年中以书法著名者只有 98 人，而晋代 150 年中就有 198 人。

从汉至魏，书法艺术主要是应用于碑的书写。汉以后的魏碑，就书体来说，明显地处在从隶书到楷书的转变过程中，用笔和结构都有新的创造。它打破了汉隶那种以整齐为主要特征的风格形式，并日趋生动活泼，追求着一种豪放奇伟之美。魏碑的书法对后代产生了极大的影响。到魏晋之际，由于当时统治阶级内部斗争的原因，国家明令禁止立碑，于是碑的书写暂时停止了。代之而起的，就是写在绢上或纸上的帖，于是书法家从为名山、庙堂、陵墓写碑，转入在书斋中写帖。从书写碑为主到以写帖为主，这是我国书法发展史上的一大转折，从而进一步推动了书法艺术的发展。写在绢上或纸上可以直接供人们观赏，这就要求讲究用笔、用墨。墨的浓淡干湿运用，大大丰富了书法艺术的表现力。所以，帖的盛行为书法艺术的发展开辟了新的途径，而且对以后的书法也有很大的影响。

六、以王羲之为代表的晋代书法艺术

我们前面讲过，魏晋南北朝时期的书法艺术空前繁荣。晋代的书法艺术可以说是我国书法艺术的鼎盛时期。这个时期最有影响的大书法家当推王羲之及其启蒙之师——我国最著名的女书法家卫夫人。此外，王羲之第七子王献之也是晋代有一定影响的大书法家。以王羲之为代表的晋代书法艺术，在我国书法史上产生了重大影响。古人在谈到晋代书法艺术时说："晋间人以风度相高，故其书如雅人胜士，潇洒蕴藉，折旋俯抑，容止姿态，自觉有出尘意。"[①]用我们现在的话来说，晋代书法达到了一种平和、自然、含蓄之美。

王羲之在我国书法史上有相当高的成就，是一位划时代的人物。王羲之的书法不仅仅是从卫夫人那里学来的，而且是广学秦汉以来诸家之长，加以熔铸而创造出来的。《兰亭序》是他最典型的代表作，不论是用笔或结构，堪称精典之作，具有一种浑然天成之美。这种美的艺术境界，是晋以前书法艺术所未能达到的。王羲之把书法的美推向了一个新的高度。正如我们前面所说的，他在书法艺术上最大的贡献是发展了钟繇的楷书，使行书和草书完善和定型化。

七、欧、张、颜、柳、释

到唐代，我国书法艺术又出现了新的繁荣。这同碑刻的复兴是有直接联系的。随着大唐帝国的兴盛，立碑、刻石纪功的风气又重新盛行起来。这就促进了书法艺术的发展，于是，名家辈出，各显身手。他们在继承秦汉以来的碑书和晋代书法的基础上，又创造了丰富多彩、独具特色的唐代书法艺术。

唐代出现的著名书法家很多，最有影响的有欧阳询、张旭、颜真卿、柳公权、释怀素五位大书法家。

欧阳询是唐代最有成就、最有代表性的一位书法家。他的书法，初学王羲之，后来经过自己的努力，创造出独具一格的书体，后人称欧体。他的代表作《九成宫醴泉铭》是我们所熟悉的。它虽然保留了王羲之楷书的特征，但不论是用笔还是结构，都不单追求秀婉柔和之美，更显出唐代书法力求刚健的趋势。欧书另一个特点，就是结构非常平整精密而富有变化，继承和吸收了汉隶和魏晋书法在结构上的成就，这在唐代书法中是很难得的。

张旭是唐代一位极富盛名的草书大家。他的草书"孤篷自振，惊沙坐飞"，达到雄强有力、奇伟飞动的境界。他的代表作是《古诗四帖》，此帖充分显示出这种

---

① [明]方孝孺：《逊志斋集》，见《佩文斋书画谱》卷七。

境界。张旭也擅正书，现存的有《郎官石记序》，但他最突出的成就不是正书而是草书。张旭还特别注意从生活中各种事物的形体和动态上寻求书法美的创造。《新唐书 · 张旭传》中有所描述：“自言，始见公主担夫争道，又闻鼓吹，而得笔法意，观倡公孙舞剑器，得其神。”

颜真卿最善正书，尤其喜欢作大字，是唐代富有独创精神的大书法家。从他的书法中，很难明显地看出同前代书法家的渊源关系，这正说明了他的独创精神。颜体是在前代书法的基础上创造的一种崭新的书体，但从颜书也能看出他广泛地吸收了汉隶、魏晋书法的特点。在唐代书法中，颜书最能代表唐书刚健有力、气势雄强的特点。总之，颜书在魏晋书法之后，又开辟了一种新的艺术境界，丰富了中国的书法艺术，对后世的书法艺术影响极大。

柳公权是唐代极富盛誉的一位楷书大家。他的书法曾得到唐穆宗的赏识。后来，柳公权成为朝中一位地位很高的文职官员。《旧唐书 · 柳公权传》说他“初学王书，遍阅近代笔法，体势劲媚，自成一家”。他的书法突出强调用笔强劲的骨力，又不流于干枯无肉，仍然有一种秀丽的韵味。柳书同颜书相比，柳书是秀中见雄，颜书是雄中见秀，都是刚劲有力，同为唐代书法艺术的代表。

释怀素是继张旭以后的草书大家。他潜心钻研张旭的草书，深得其笔法，并进一步创造出自己的风格。怀素的草书尽情挥写，变化多端，被称为“狂草”，充满激越的情感，有横扫千军之势。我们把他的代表作《自叙帖》和张旭的《古诗四帖》相比较，可看出在行笔的流畅飞扬和气势的开阔宏大方面，有超过张旭的地方。

八、蔡、苏、黄、米

蔡襄、苏轼、黄庭坚、米芾被称为宋代四大书法家。“四大家”对宋代及后世书法艺术的影响极为深远。

唐代书法很重视法度，强调整齐划一、明确大方。在写法上，讲求统一，程式化，人人都照一定的格式写，于是逐渐形成一种僵化的格式，成为书法艺术发展的障碍。宋代的书法艺术打破了这种僵化的格式，强调个人感情的自由抒发，重视表现个人的思想感情，不怕狂放怪诞，不怕超出前人的法度。蔡、苏、黄、米正是这种创新派的代表人物。他们无所顾忌地表现书法家自己的个性和情感，对我国书法艺术的新发展是一大贡献。

蔡襄是宋英宗、宋仁宗时的高级文职官员，仁宗最欣赏他的书法。他的书法功力很深，但在四大家中，他的书法缺乏独创精神和明显的个人风格，对后世书法的影响也比不上其他名家。

苏轼不但是宋代大书法家，而且也是大文学家和诗人。他自幼酷爱书法，老而不倦。苏轼特别推崇颜真卿的书法，并在前人成就的基础上创造了自己的风格。他的书法最大的特点是沉着、苍劲、豪放，形成一种既不同于魏晋、又不同于唐代书法的美，而是有一种新的美的境界。

黄庭坚不仅书法上有所贡献，而且还是宋代一位著名的诗人。他的书法不仅吸收了前代人的成就，而且也受到同时代人苏轼书法的影响，但在用笔和结构上比苏轼更加自由奔放，而且也注意沉着和有节制。《松风阁诗》是他具有代表性的作品。从这件书法作品上，我们可以看到，他以自己特有的个性发挥了苏轼那种苍劲之美。

米芾既是大书法家，也是大画家，而且是书画的鉴赏家。他曾任书画博士。他的书法比苏、黄更显得流畅、自由，很能表现宋代文人那种洒脱不拘的风度。而且，米芾的书法在恣意的挥洒中，显示出他特有的意趣，笔力雄健痛快，结构自由而不散乱。他的书法艺术对后世的书法影响也很大。

九、元、明、清的书法艺术

我国的书法在长期的发展过程中，形成了明显的三种风格：以晋代为代表的平和、含蓄的风格，以唐代为代表的刚健、雄强的风格和以宋代为代表的自由、豪放的风格。元、明、清三代的书法艺术基本上是这三种风格的延续和发展，除个别书法家有些独特的创造外，都超不出这三种风格的范围，也再没有产生出能代表一个时代的、不同于前人的风格。这同宋代以后中国封建社会一天天走向没落是分不开的。

元代影响较大的书法家主要有两个，即赵孟頫和鲜于枢。赵孟頫书法的功力很深，有一种秀媚的风格，但他专以古人为法，一生仿效王羲之、王献之，没有明显的独创。鲜于枢较有独创，吸取前人的成就较广，风格比赵孟頫雄强有力得多，但仍未形成超越前人的独特风格。

明代的书法，仿古的风气极盛。但祝允明、文徵明的草书较有特色，具有一定的欣赏价值。徐渭是一个思想进步、很有独创的书法家，但对前人的成就继承不够。明代后期董其昌的书法较有影响，他的风格类似赵孟頫，但在气势和格调上，比赵书更柔弱了。明清之交的傅山较重视独创，曾斥赵孟頫的书法是“奴书”。他的书法既有独创，又有传统功力，虽然还不是一代大家，但其成就是不可抹杀的。

清代书法家虽然不少，但多数保守复古，没有什么影响。有些书法家，如翁方纲、刘墉、邓石如、何绍基等人，在当时虽然也有一定的影响，但都没有建立超越前代的独特书体。

从我国的书法史上看，元、明、清三代的书法家，虽再无超越晋、唐、宋三代，但也应承认，元、明、清三代众多的书法家在个人风格上比前代更多样化了，也给我们留下了不少有艺术价值的作品。比如，郑板桥的书法就很有特色，也是值得我们学习的。

第三节　中国书法艺术的审美特征

中国书法作为一门独立的艺术，已有两千多年的悠久历史，在中华民族的文化史上占有重要的地位。两千多年来，中国的书法艺术世世代代为广大人民群众所欣赏、所喜爱。尤其是改革开放以来，我国书法艺术又出现了空前的繁荣局面，书法爱好者日益多起来，书法家相继而出，不同风格各显风采。

中国书法艺术世世代代为人民群众所欣赏，是同中国书法的审美特征分不开的。就是说书法艺术之美吸引着广大书法爱好者和广大旅游者。书法艺术美在哪里？书法艺术的美感从何而来？这是个非常复杂的问题。有人认为书法之美表现为形与神的美、结体与布局的美、情感与意境的美，等等。但不论哪种美，离开线条是无法表现出来的。所以，我们说，中国书法的美，首先是线条之美。

一、线条之美

中国的书法非常讲究用笔，即用笔书写的方法。书写的方法要有一定之规。例如，书写时要掌握轻重、快慢；书写的点、画（即线条）要有粗细、方圆、偏正、曲直、枯湿之分；不论书写何种字体，都要稳重而流畅，沉着而不板滞，有刚有柔；执笔、运腕都要合乎书写之法规。从审美的角度讲，这种笔画的力量感、韵味感、苍劲感、俊秀感、柔和感、平和感等等，正是书法线条的美学特征。也正是这种线条的美学特征，给人以刚健、苍劲、俊秀、柔和、清朗、平静的美感。因此说，书法给人的美感，首先来自线条的美，中国书法艺术是典型的线条的艺术。书法之美、字形之美，完全是用线表现出来的。中国的绘画虽然也是利用线条来造型，但它还要借助色、光、影（阴阳向背）、墨的渲染等手段来表现物象。古人虽然讲过许多“书画同源”的理论，但书法同绘画还是有很大区别的。中国书法的线条极其丰富，不同的线条可以表现出不同的美。平行的线条可以表现一种平静之感；垂直的线条具有一种庄严、高贵与向往之感；扭曲的线条表示冲突、激动和愤怒之情；弯曲的线条被认为具有柔和、优美的特质；粗线有丰满、风韵之气；细线有苗条、潇洒之姿；渴笔线条可以表现刚劲、骨气；湿笔线条可以表示秀丽、畅快，等等。王羲之书法的线条离而不绝，似断还连，无形处有神，无笔处有势。因而，喜爱王羲之书法的唐太宗，竟然写了一篇《王羲之传论》！唐太宗赞美说："烟霏露结，状若断而还连，凤翥龙蟠，势如斜而又直。玩之不觉为倦，览之莫识其端……"这就是中国书法线条美的最高境界。

二、结体和布局的美

中国书法的结体和布局（或叫布白、章法）是书法艺术造型的重要因素。也可以说，点画的书写、结体和布局是书法艺术造型的三大基本要素。离开这三种基本要素，就谈不上构成书法和书法之美。

字的结体，也叫间架结构，即一字之笔画的多少、疏密的关系和比例。"集点画而成字，研习其集成的方法，也叫结体，集合很多的字而成篇，研习其集成的方法，叫布白。普通讲布白就说到分行，故分行布白是一回事……结体为点画与点画之间的关系。布白则为字与字之间的关系。"①

字中有点画的地方叫"黑"，无点画的地方叫"白"。点画和空白都是字形结体不可忽视的因素，点画与空白安排得当，才能虚实相生，才能显出一个字的美。一个字要看笔画的多少来定它所占的空间的宽窄。笔画多的，占的空间多，笔画少的，占的空间少，要看具体情况，体现自然之趣为好，不可过于呆板。一字的结体，或以俊秀取胜，或以豪放取胜，但都不可过分。楷书和行书结体要端正、严谨、峻整、清秀；草书笔墨要酣畅、潇洒，若行云流水，似龙飞凤舞；篆、隶则应古朴苍劲。

中国书法十分讲究结体，书法家的每个字的大小、长短、疏密、宽窄都要精密地考虑。要做到意随心到，笔随势生，使之富有情趣。要让欣赏者从静止的字体中领略出活泼飞舞之动势，给人以凝神回味的艺术美的享受。

仅字的结体好，但通篇的布局不得法，看起来别扭，也不是一篇好的书法作品。一篇好的书法作品，要想气势夺人，神采焕发，充分表现书法之美，必须在布局上下功夫。

布局的妙处，在于有变化。字与字之间，行与行之间，都要有所变化，不能死板，一成不变。至于如何变化，全在书法家在书写前心中的设计。一般都要先设计好再下笔，古人叫"意在笔先"。但也有一些偶然现象，就是说，按照预先想好的章法书写，反倒不成章法，而随意书写，反偶而成章，且十分得意。但是，要书写出好的章法，还得多多研究古人名家的书法的布局。例如，王羲之的《兰亭序》，全篇的章法布局十分巧妙，前后相管领，相接应，而且又有变化。全篇共出现了 18 个"之"字，每个"之"字的结体不同，神态各异，又都贯穿和联系着全篇，

---

① 陈康：《书学概论》，第 89 页。

构成全幅的联络，使全篇一气贯注，风神潇洒，不黏不脱，显示出王羲之的精神风度。

中国书法的布局一般有三种形式。

第一种：既无纵行，又无横列。全篇高低错落，大小参差，不分纵行横列，以全幅为一整体，大有古拙天趣。先秦以前的书法多采用这种布局。这种布局也可以说是古代集团生活方式的反映。

第二种：有纵行，无横列。一篇书法从一行到多行，形式距离有定，而每行中的字数和字间距不定。全篇的字大大小小，有疏有密，"疏处可以走马，密处不使通风"（清代大书法家邓石如语），随意布白，变化无穷，显出一种不齐之齐，疏密有致之美。例如，王羲之的《兰亭序》28 行，行的疏密一样，而字的疏密不同，布局极妙。又如古代石刻的摩崖一般都采用这种布局。碑志重规矩，而摩崖重奇趣。另外，行书和草书也多采取这种布局形式。

第三种：纵有行，横有列。这种布局强调字与字之间，行与行之间都有一定的距离，看起来通篇非常整齐。这种布局主要是强调整齐，以整齐为美。从美学上看，整齐一律也是一种形式美。这种布局是非常普遍的，许多汉碑、魏碑及唐代的书法等，大都采取这种布局。例如，欧阳询的《九成宫醴泉铭》、柳公权的《玄秘塔碑铭》、颜真卿的《多宝塔感应碑》等，全篇行距、字距都非常严整。从这种严整的布局中，我们可体会到唐书刚健雄劲之美。

三、形之美与神之美

形之美与神之美也是书法之美的重要方面，在中国书法和绘画史上，不少书画理论家都谈到形与神的问题，看来，形与神是中国美学思想体系中重要的内容。而且，许多人提到两者的统一，即"神形兼备"之说，是书法和绘画的最高的艺术境界。

什么是中国书法的"形"之美呢？书法的形之美主要是运用点、画（线条）的轻重、粗细，行笔的缓急组成字的形象；以及布白的疏密得当、恰到好处，给人以结体的美、布局的美，唤起人们的审美感受。简单地说，书法的形之美，实际上就是字态的形象美和布局的章法美。

什么是"神"之美呢？关于书法的神之美，向来众说纷纭。像书法史上所说的风、骨、情、性、气、韵、灵、趣等，实际上说的都是"神"的意思，都可用"神"字概括起来。用现在的话来说，"神"实际上是指用点线所表现出来的一种气质、精神、内涵、意趣以及情感、理想、品格、情操等，简言之，"神"实际上是书法家用点线表现出来的一种内在的美。

总之，神形的统一，即客观表象外美的形与主观意象内美的神有机融合，才是书法最高的艺术境界。这种有机融合主要体现在：主题格调，即整篇书法的精神气质、风格、情调、品级的高低；气势变通，即体现为书法气势贯通而有变化；文采精华，即质朴、高华，纯净、典雅；情趣生动，即情景交融、回味无穷；肌理和顺，即井然有序、层次分明、血脉流畅、气韵通达、神情舒展、自然生动；个性典型，即匠心独具、个性鲜明。达到这种神形兼备的艺术境界的书法才能算是精品佳作。在我国书法史上，这种书法作品是不胜枚举的。

最后，我们还应强调一下，神之美必须以形之美做基础，因为字的形象、结体、布局是直观的，欣赏者首先是通过书法的形式美来得到审美感受，进而领悟书法美的丰富内涵和意趣。离开形之美，什么内涵和意趣，都是不存在的。另外，书法的形之美首先建筑在书写的深厚的基本功上，无基本功的书法，神之美很难显示出来，更谈不上书法的内涵和意趣。清代大书法家包世臣在《艺舟双楫》中指出："形质成，而性情见。"就是说，性情的显现，是建筑在形质，即形体之美的基础上的。不在用笔、点画及布局上下功夫，而盲目地追求内涵和意趣，很难产生成功的书法作品。

四、意境之美

书法意境之美也是书法美的一个方面，我们在欣赏书法之美的时候，不能忽略对意境的欣赏。但对意境的欣赏比起对点画、结体和布局的欣赏就更复杂了。就像欣赏音乐一样，若没有能听懂音乐的耳朵，是很难领略音乐之美的。对书法意境之美的欣赏就需要有一定的书法知识和对书法艺术的修养。没有这方面的修养和知识，就很难领会书法中所表现的意境之美。

什么是书法的意境之美呢？我们这里所讲的意境，是指一整幅书法作品所体现出来的一种境界。这里还不是单纯指书写的文字所表示的思想内容。书法所体现的境界比起直接描绘现实生活的绘画和诗歌所体现的境界要抽象得多。前面我们讲述了形之美和神之美。有人认为神之美就是意境之美，古人称为"神采"、"神气"、"精神"、"气质"、"神韵"、"意趣"等，这些方面是否都属于意境之美的范畴，是值得探讨的。现在我们讲的意境，是集中讲书法所体现的一种境界。由于不同的书体产生不同的形式美，所以体现出来的意境也是极为丰富的。元代陈绎曾说，书有"气"，如"清和肃壮"、"奇丽古澹"，这就是书法所表现出来的一种境界，也是一种意境之美。唐代李嗣真评论王羲之的书法时，用"同夫拨云睹日，芙蓉出水"、"阴阳寒暑，四时调畅"、"清风出袖，明月入怀"①加以形容和比喻，这正是王羲之书法所体现的一种境界，也就是一种意境之美。用"芙蓉出水"

① [唐]李嗣真：《书后品》，见刘纲纪：《书法美学简论》，湖北教育出版社 1985 年版，第 49 页。

来比喻王羲之书法的平和、自然、清丽。另一方面，我们又从平和、自然、清丽的风格中感受到王羲之的书法具有"芙蓉出水"的意境之美。宋代米芾评颜真卿的书法如"项羽挂甲"、"硬体欲张"、"铁柱特立"[①]，这是颜真卿书法所体现的意境。由于书法艺术风格不同，所体现的意境也不同，一个是"芙蓉出水"，一个是"铁柱特立"，是截然不同的两种形式之美。前面我们讲过，张旭的草书雄强有力，奇伟飞动，体现出一种"孤篷自振，惊沙坐飞"的境界。怀素的草书被称为"狂草"，尽情挥写，变化多端，体现出一种"横扫千军"的境界。这些能体现出丰富境界的书法才是书法艺术最高的美。另外，一篇完整的书法作品要想体现一种美的意境的，还必须有统一的艺术风格。当然，可以吸收诸家之长，取得不同书体的融合，这是可以的。但融合之后，必须形成一个统一的艺术风格。例如用笔，忽而秀媚，忽而苍老，忽而刚健，没有自己独特的、统一的艺术风格和个性，是不可能体现出美的意境。一幅完整的书法，用笔的形式可以有变化，例如，端庄中有流利，刚健中有柔和，这并不是不同风格的杂糅，一幅书法中必须有一条主线，以统率全幅。"刚中有柔"，还是以"刚"为主线，以"柔"为陪衬；或者说，柔中有刚，则以"柔"为主线，以"刚"为陪衬。只有在多样、变化中求得统一，才能形成鲜明的个性，体现出美的境界。

总之，书法家要体现出书法的意境之美，光靠字写得好还不行，还要具备各方面的修养，例如文化修养（包括文学修养）、艺术修养，尤其是美学修养，这些都是一个书法家所不可缺少的。像大书法家苏东坡、米芾、黄庭坚、赵孟頫、文徵明、董其昌等，他们不但是书法家，而且还是诗人、画家、文学家。由于他们各方面的修养都比较深，所以，他们的书法作品就能体现出深刻的艺术境界。

五、情之美

俄国大文学家列夫·托尔斯泰认为艺术的本质是美。而艺术的美首先就是情之美。科学是用数据、事实来说服人，而艺术则是用情感来打动人。没有情感的艺术，也就失去了它的生命。作为一门独立艺术的书法，同其他艺术一样，情之美也是书法的一个重要的审美特征。就是说，书法家用书法可以表现自己的思想感情，用书法来打动、感染观者。

明代大书法家祝允明说："情之喜怒哀乐，各有各数，喜则气和而字舒，怒则气粗而字险，哀则气郁而字敛，乐则气平而字丽。"这就明确地说明，不同形式的书法，可以表现不同的思想感情。王羲之的《兰亭序》表现出一种平和、自然的感

① 《宋·米芾续书评》，见刘纲纪：《书法美学简论》，湖北教育出版社1985年版，第50页。

情。古人说它给人们的感受是“志气平和，不激不历”[①]。这种思想感情同东晋时期一部分士大夫深感人生无常、主张顺从自然的道家思想感情是一致的。他们认为平和、自然为最高的美。《祭侄文稿》是颜真卿非常著名的一部行书书法作品，是在当时作者极其悲愤的情况下挥笔疾书的。尽管字体的浓淡、疏密、大小不同，甚至涂涂改改，然而，却把颜真卿当时那种悲愤的心情真实地表现出来了，而且书写的内容和形式也是有机地统一的，成为我国书法史上罕见的书法艺术珍品。

唐代大诗人韩愈说张旭的草书是“喜怒窘穷，忧悲愉快，怨恨思慕，酣醉，无聊，不平，有动于心，必于草书焉发之”[②]。这样复杂的思想情绪都能在张旭的草书中表现出来，可见张旭草书的情感表现力。

中国书法能表现思想感情，这种特征是大家公认的。但是，书法如何表现思想感情，却是一个相当复杂的问题。书法是不是像绘画、小说、诗歌等艺术作品那样形象、细腻地描绘人们的思想感情呢？不是的。书法在表现思想感情上同其他艺术作品相比，有很大的局限性。如果把书法与音乐相比，倒是有其共同之点。我们知道，音乐是通过特定的旋律、节奏表现思想感情的。它在表现思想感情上，比起其他艺术作品来，也是有很大的局限性的。它只能表现一种喜怒哀乐的情绪，而这种情绪也是非常概括的、抽象的。就说表现“高兴”吧。小说可以描绘一个人“高兴得跳起来”，而音乐却只能传达高兴的情绪，至于“跳起来”，音乐是无法表现的。书法同音乐一样，只能表现一种概括的喜怒哀乐的情绪。书法是用点画（线条）的长短、粗细，字体的大小、肥瘦（相当于音乐的旋律和节奏）来表现书法家的思想感情的。旋律和节奏是音乐的“语言”，点画（线条）与章法则是书法艺术的“语言”。只是这种“语言”，不像真正的语言那样明确、具体、复杂，而是极其概括和抽象的。

思考题

1. 如何认识书法在旅游中的意义？
2. 书法是如何形成的？
3. 文字与书法的区别在哪里？
4. 书法如何表现意境之美和情之美？

---

① [唐]孙过庭:《书谱》，见刘纲纪:《书法美学简论》，湖北教育出版社1985年版，第12页。
② 见《送高闲上人序》。

第五章　中国古建筑与观赏

学习目的

理解古建筑在旅游中的意义及其形式特征，了解古建筑的审美特征与形式特征的区别，进而掌握其审美价值。

基本内容

● 形式特征

城池建筑　宫廷建筑　陵园建筑　寺庙建筑
石窟建筑　佛塔建筑　桥梁建筑

● 审美特征

结构形式　群体组合　装饰色彩　人工美与自然美的结合

中国古建筑以其宏伟的规模、惊人的数量、绚丽多彩的风姿、独特的民族风格，屹立于世界建筑艺术之林。中国古建筑是中华民族历史文化极其珍贵的遗产，它凝结着我国劳动人民丰富的智慧，是我们文明古国的重要标志之一。中国古建筑构成了我国独特的旅游资源，具有极高的审美观赏价值，并以其特有的魅力吸引着广大的中外旅游者。

第一节　中国古建筑与旅游

我们在本书"绪论"中讲过，旅游是一种以游览、观赏为主的审美活动。旅游者除了游览、观赏自然风景之外，历史古迹也是其游览、观赏的重要内容，所以，旅游与古建筑便有着不解之缘。许多旅游者到某地旅游，往往是为寻古探奇，渴望能从所览历史遗迹中了解人类文明的创造和发展，以提高自己的修养，陶冶性情，丰富文化生活和精神生活。

我们伟大的祖国是一个文明古国，而古建筑则是我们中华民族优秀的古代文明的一部分。我国的古建筑千姿百态、丰富多彩，装点在祖国广袤富饶的大地上，长城内外，大江南北，比比皆是，数不胜数，是我国旅游事业得天独厚的珍贵资源。

北京的故宫，承德的避暑山庄和"外八庙"，以及山东的孔庙、孔府、孔林堪称我国三大古建筑群；甘肃敦煌的莫高窟、山西大同的云冈石窟、河南洛阳的龙门石窟是驰名中外的三大石窟；中国四大佛教名山（峨眉山、普陀山、五台山和九华山）的寺院、庙宇，尤其是富有宗教色彩的佛塔更为中外游客所神往。我国的万里长城是世界上独一无二的，所以万里长城被中外的人们誉为"人类文明的纪念碑"，被列为世界七大奇迹之一。著名的皇陵有北京的十三陵、陕西的黄帝陵、南京的明孝陵、河北遵化的清东陵、河北易县的清西陵等。

河北赵州安济桥（又称赵州桥）、广东潮州广济桥和福建泉州洛阳桥，被誉为我国古代三大名桥。赵州桥是我国古代桥梁中现存最精美、最古老的一座。

武昌蛇山黄鹄矶头的黄鹤楼是一座千古名楼，与湖南的岳阳楼、江西的滕王阁齐名，并称为"江南三大楼阁"。黄鹤楼历史之悠久，楼姿之雄伟，居于三楼之冠，素有"天下绝景"之盛誉。

黄鹤楼楼雄势险，风格独异，登楼俯视，可见浩浩长江与千里汉水在此合流，龟、蛇二山隔江矗然对峙，气势之磅礴令人惊心动魄，为古今中外许多游客所赞叹。历史上有许多文人墨客登楼观赏，仅唐代诗人就有王维、孟浩然、顾况、韩愈、刘禹锡、李白、白居易、贾岛、杜牧等，他们在此都留有名诗佳句，使黄鹤楼具有浓郁的文化气息。唐代诗人崔颢（？—754）的七律《黄鹤楼》意韵无穷："昔人已乘黄鹤去，此地空余黄鹤楼。黄鹤一去不复返，白云千载空悠悠。……"而李白的《黄鹤楼送孟浩然之广陵》则离情绵远："故人西辞黄鹤楼，烟花三月下扬州。孤帆远影碧空尽，唯见长江天际流。"这些名篇佳句为古建筑增添了诱人的魅力，激发着旅游者去观赏，去体味古建筑典雅的境界。

矗立在湖南岳阳市的西城楼——岳阳楼，为江南三大名楼之一，建于唐代开元盛世。登楼远眺，洞庭湖万顷碧波尽收眼底。李白、杜甫、白居易、刘禹锡等大诗人都曾登临此楼并饮酒赋诗，使岳阳楼成为千古名胜。北宋文学家范仲淹曾写过一篇浩气长存的《岳阳楼记》，描写了气象万千的洞庭风光而抒发了"先天下之忧而忧，后天下之乐而乐"的崇高情操。

苏州的寒山寺，位于城西十里的枫桥镇。唐代大诗人张继写下了"月落乌啼霜满天，江枫渔火对愁眠。姑苏城外寒山寺，夜半钟声到客船"（《枫桥夜泊》）的千古佳句。寒山寺以张继的诗而名噪千古，引起历代游客对寒山寺的神往。自我国旅游部门发起"午夜撞钟旅游"后，吸引了大量日本旅游者，除夕之前到寒山寺听钟声的日本游客络绎不绝。

可见，中国古建筑同旅游有着密切的关系。这些古建筑引起广大旅游者寻古探奇之幽情。尤其是古代文人墨客到过的地方，留下了诗词楹联、雄文华章，更为广大旅游者所神往。这是因为"一个人在目睹传说中名人所常到的地方以后，比听人谈论起这些名人的行为及其所著书籍更能产生强烈的情绪"①（[古罗马]西塞罗语）。

佛教在中国历史上发生过深远的影响。随着佛教的传入，佛教建筑也传入我国，并同中国建筑相融合。中国佛教建筑分布广，数量多，宗教色彩浓厚。像前面提到的我国三大石窟群，四大佛教名山上的佛教建筑群以及洛阳的白马寺，北京的碧云寺、卧佛寺、雍和宫，琼岛的白塔，北京怀柔县的红螺寺，承德的"外八庙"，西安的大雁塔、小雁塔……构成了我国佛教建筑艺术的宝库。这些旅游胜地不仅布满了壮丽的宗教建筑，而且还流传着许许多多奇异动人的神话故事和传说，更增加了其中的神秘色彩。这对于外国游客和佛教徒具有极大的吸引力。游览、观赏宗教建筑，不仅使旅游者得到寻古探奇的审美享受，而且是他们了解中国宗教文化艺术的一个途径。我国著名的宗教胜地还有武当山道院、庐山寺院、嵩山少林寺等，这些佛道名山寺观，不仅文物荟萃，而且为广大旅游者展现着丰富多彩的宗教艺术品。所以，游览、观赏中国宗教建筑还是了解和考察中国宗

---

① 转引自《学丛·旅游专刊》第39页，北京第二外国语学院1984年版。

教文化艺术的好机会。

近年来,安徽黄山市黟县开发出大量古代民居建筑,引起旅游者的极大兴趣。黟县境内峰峦叠嶂,溪水潺潺,风景宜人,文物胜迹众多。李白游览古黟时曾赋诗赞美:“黟县小桃源,烟霞百里间。地多灵草木,人尚古衣冠。”所以,这里素有“世外桃源”之称。古黟境内古桥、古塔、古碑、古牌楼(坊)、古楼阁比比皆是。此外,这里还保存着四千多幢明清古民居建筑和110多座古祠堂。其中最为典型的古民居建筑是保存最完整的西递村。它被誉为“东方文明之缩景”,“古民居建筑的艺术宝库”。古黟是历史上名士文人荟萃之地,李白的浔阳钓鱼台、宋枢密使汪勃的培筠园遗址、明荆藩首相胡文光牌楼、传奇名妓赛金花的故居、民国初期代总理汪大燮的故居、清华大学第一任校长金邦正的故居……

西递村位于黟县城东九公里处,黄山西南麓。西递村奠基于北宋皇佑年间,发展于明景泰中叶,兴盛于清初,距今已有950多年的历史。现存有明清古民居124幢,素有“桃花源里人家”之称。古朴典雅的西递村,1986年被定为安徽省重点文物保护单位。她古老文明的历史,独具一格的民居建筑,敦厚朴实的乡土民风,迎来了越来越多的中外游客。

综上所述,作为游览、观赏对象的古建筑在我国旅游事业中占有重要地位。我们不仅要重视古建筑旅游,而且要开发古建筑旅游,让广大旅游者真正享受到具有中国民族特色的古典美,真正认识我国古建筑的艺术特色和魅力。

第二节　中国古建筑的主要形式

中国古建筑的种类繁多,形式也极为多样,主要有城池、宫殿、陵墓、寺院、楼阁、桥、塔、亭、住宅等。我们这里所讲的古建筑,主要是指在历史上有一定的纪念意义、今天有一定的观赏价值的建筑物。这些建筑物,有的在当时主要服务于人的精神生活,是人们某种思想、意志、信仰的体现,例如,帝王的宫殿除了实用之外,还为了体现皇权至高无上的思想;而一般民用房则主要是为了防寒取暖,遮风避雨,为人类居住服务。

一、古城建筑

古代战争都是用刀、枪、剑、戟等兵器。巍然雄峙的古城墙,就是为了阻止敌人的侵犯。一旦发生战争,凭城拒敌,进可攻,退可守,居高临下,对保卫城池安全十分有利。

古城池对现代旅游者具有极大的吸引力。因为人类久远的历史对现代人具有特殊的魅力，它可以唤起人们寻奇访古之情，而古城可以激起旅游者的思古怀古的感情。

中国古城一般都筑有城墙，城墙外有护城河（或叫护城壕），有的城内还有皇城、宫城、内城，有的还有外城。

我国古代的城墙早在商朝初期就出现了。那时候的城墙，都是用夯土法筑成的。城墙上面窄，下面宽，成梯形的横断面。位于江苏武进县境内的"淹城"是我国目前保留最古老、最完整的城墙建筑，相传是商末周初的遗迹。唐代的都城是长安（今西安）。长安古城由三重城墙组成，即外城、皇城和宫城，布局完整。但该城已于唐末战争中付之一炬了。旅游者今天所见之西安城墙是明洪武三年至十一年（公元 1370 年至 1378 年）所建。该城墙是夯土筑成，底宽 18 米，顶宽 14 米，高 12 米，高大厚重，异常坚固。

我国现存规模最大的古城是南京城。城池的四周长，旧说 96 华里，实际上是 67 华里。城高平均 12 米，宽 10～18 米，是明太祖朱元璋在休宁人朱升的"高筑城、广积粮、缓称王"的建议下，逐步建起来的。古城墙是用特制巨型城砖筑成，朱元璋还亲自检查工程质量。六百多年来，南京古城墙一任风雨剥蚀，仍然安然无恙地保留下来。此外，在南京城外还筑有外城，周长 120 华里，有 18 座城门，称"外十八"。内设城门 13 座，称"内十三"。内城 13 座城门中以聚宝门（今中华门）最为雄伟、险要。南京古城是我国重要的名胜古迹，去南京旅游如不欣赏一下古城，尤其是不看一下重新修整开放的中华门，将是非常遗憾的。

今天的北京城是明成祖迁都北京后，在元代大都城的基础上改建的，有外城、内城和皇城。清代的北京城基本上保持了明城的原状。共 20 座城门，其中最高大、雄伟的是北京内城的正阳门（俗称"前门"）。正阳门城门楼是所有城门楼中工艺最精湛的一个，高 42 米，三重飞檐，两层楼阁，气势磅礴，具有独特的中国古城楼之美。

我国的万里长城早已引起中外旅游者的注目。它像一条看不见首尾的巨龙，爬越巍巍群山，穿过茫茫草原，越过浩瀚的沙漠，绵延逶迤，横贯天际。长城被中外游人誉为"人类的纪念碑"。长城是我国古城中最伟大的工程，每天都吸引着数以万计的旅游者"竞相攀登长城，一览世界奇迹"。一般认为，长城是秦始皇开始修筑的。其实我国古长城早在战国时代就开始建筑。秦始皇统一中国后，为了巩固边防，于公元前 221 年开始修筑长城，把战国时代燕、赵、秦等修筑的长城连接起来，又扩充了许多部分，西起临洮，东至辽东，形成万余里的庞大城墙建筑。秦代以后，西汉、东汉、北魏、北齐、北周、金、明各代，都对长城进行过大规模的修筑和增建。明代修筑长城，前后用了一百多年的时间，工本巨大，修筑坚固，东起山海关，西至嘉峪关，全长 12700 华里，大部分保留完好，这就是我们今天在八达岭、山海关、嘉峪关一带所看到的长城。

山海关，号称“天下第一关”。山海关城楼上高悬着的巨匾“天下第一关”，字形端庄，浑厚有力，每字高达 1.6 米。此匾相传为严嵩所题，但根据可靠文献记载，应是明朝进士山海关人萧显所书。长城西端的嘉峪关，位于河西走廊西部，号称“天下雄关”。城楼上“天下第一雄关”之匾已于 1928 年被军阀毁掉。

长城沿线还建有许多关城，最著名的关城是山海关、嘉峪关、平型关、雁门关、居庸关、白虎关、娘子关等。

古人建城一般不注意外观的审美，主要讲究高大、厚实，从实战出发，以利防御。但对于现代人来说，古城则完全成了审美对象，即成为现代人游览、观赏的对象。

二、宫廷建筑

宫廷建筑是皇帝为了巩固自己的统治，突出皇权的威严，满足精神生活和物质生活的享受而建造的规模巨大、气势雄伟的建筑物。几千年来，历代皇帝不惜人力、物力和财力，为自己建造宫廷。这些宫廷金玉交辉、巍峨壮观，充分显示了我国劳动人民的高度智慧和创造才能。

“宫”在我国出现得较早，原是指“圣人”的屋宇。从秦始皇开始，“宫”成为皇帝及其皇族居住的地方，宫殿是皇帝处理朝政的地方。我国宫廷建筑的规模越来越大。秦阿房宫，汉未央宫、建章宫、长乐宫，都是像小城一样的建筑，宫内有前殿、寝殿及其他殿宇台池。

宫殿建筑，最显要的特征是硕大的斗拱、金黄色的琉璃瓦铺顶，绚丽的彩画、高大的盘龙金柱、雕镂细腻的天花藻井、汉白玉台基、栏板、梁柱，以及周围的建筑小品，以显示宫殿的豪华富贵，像北京故宫的太和殿就是这样一座豪华的古建筑物。

汉朝长安城里的三组宫殿：长乐宫、未央宫、建章宫，合称“汉三宫”。①

长乐宫是由四组宫殿（长信、长秋、永寿、永宁）组成。当时，刘邦就在这里处理政务。长乐宫的宫城周围大约有一万米。

未央宫建筑在长乐宫以西半公里左右的地方，是汉高祖七年（公元前 200 年）由丞相萧何主持所筑的皇宫。当时未央宫建造极为豪华，它建在一个高台地上，由 40 多个殿宇和台阁组成，宫城周围约 8900 米。

建章宫是由一组庞大的、密密层层的宫殿群组成的。殿宇台阁林立，号称

---

① “汉三宫”，详见《中国古代建筑》，中国青年出版社 1985 年版，第 47～48 页。

“千门万户”。它平地崛起，殿比未央宫还高。东西有20多丈高的凤阙。由于建章宫建筑在建章门以西，所以整个建筑群同未央宫隔城相对，并建有跨越城垣的飞阁。

“汉三宫”距今已有两千多年的历史，当时的建筑早已无踪影了，但是，我们从现在的遗址看，还可以想象出整个建筑的规模和布局。

在西安城东南部，有一个兴庆宫公园，它的前身就是1270多年以前唐朝一处宫廷——兴庆宫的旧址。兴庆宫占地面积大约2106亩。它的最大特点是把宫廷与园林结合在一起。在唐朝的长安城里，有三大宫廷建筑：太极宫、大明宫、兴庆宫，而兴庆宫是规模最大、最豪华富丽的一处。兴庆宫东部偏南的地方是沉香亭，这是专供唐玄宗和他的贵妃杨玉环欣赏牡丹的处所。沉香亭的西南方向不远有一个椭圆形的大水池，面积约18300平方米，名叫龙池。池水很深，池面碧波荡漾，池边树木葱郁，风景十分优美。可以想见当年的兴庆宫就是这样一座殿宇和园林结合的大宫廷。

北京故宫又名紫禁城，是我国古代宫廷建筑中保存最完整的一处。故宫是明、清两朝皇帝的宫廷。明朝先后曾有14个皇帝在这里居住，清朝先后曾有10个皇帝在这里居住。故宫规模之大，风格之美，建筑之辉煌，陈设之豪华，是世界上宫殿所少见的。故宫占地面积约72万平方米，建筑面积约15万平方米，共有房屋9千多间。

故宫周围是10米高的红围墙，周长3400多米，城外是护城河。从整个建筑布局来看，故宫可分为前后两个部分：前部分称“外朝”，主要建筑有“三大殿”，即太和殿、中和殿、保和殿。三大殿两侧是文华殿和武英殿。“外朝”是皇帝举行重大典礼和发布御旨的地方。

“外朝”后面部分是“内廷”，也叫“后寝”。这一部分的主要建筑有乾清宫、交泰殿、坤宁宫和御花园。内廷的东西两侧是东六宫和西六宫，是皇帝处理政务和后妃们居住的地方。

故宫是一处豪华壮丽的殿宇之海，这处宏伟的古代宫廷建筑群，充分显示了我国宫殿建筑艺术的高超水平。

沈阳故宫在辽宁沈阳老城，是清军入关以前的清室宫廷。清朝的开国皇帝努尔哈赤和他的儿子皇太极，都在这里居住过。沈阳故宫占地面积6万多平方米，有70多处建筑物，300多间房子。现在整个建筑群保存完好。

三、陵墓建筑

我国古代的陵墓建筑，一般都是利用自然地形，靠山建坟。但是，也有少数陵墓是建造在平原上的。从布局来说，都是在陵墓的四周筑上陵墙，四面开门，四角建造角楼。陵前建有神道，神道上建有门阙，还有石人、石兽雕像，给人一种肃穆、宁静之感。

尧帝，被称为华夏民族的“文明始祖”。祭尧，历代被称为国祭。尧陵位于山西省临汾市尧都区大阳镇北郭村西。尧陵始建年代不祥。据金代碑载，唐太宗李世民征战于此地，曾祭扫尧帝陵墓。唐、宋、元、明、清历代均曾修葺。每到清明祭祀时节，游人如织，商贾云集，百艺献技，香火繁盛。尧帝陵墓高大巍峨，在已知的三皇五帝陵墓中，独占魁首。尧陵当之无愧代表着中华民族的发祥地、黄河文化的源头，是“三皇五帝”①中第一个得到考古证实的帝王。

黄帝陵在陕西黄陵县城北的桥山上。陵高 3.6 米，周围 48 米。墓前有碑亭，内有石碑一座，镌刻着“桥陵龙驭”四字，再向前有“古轩辕黄帝桥陵”石碑，系清乾隆四十一年(1776 年)由陕西巡抚毕沅立。黄帝陵在甘肃、河北、河南等地都有，但《史记·五帝本纪》及《黄帝本行记》均说：“黄帝崩，葬桥山。”②近年来，陕西每年都要举办大规模公祭黄帝的活动。郑州市黄河游览区耗巨资建造了巨型炎黄二帝塑像，表达了炎黄子孙对先祖的怀念之情。黄帝公祭活动早在春秋战国时期就开始了。唐、宋、元、明、清各代及辛亥革命前后，直至今日，都对黄帝陵庙进行过修葺和扩建。近年来，国共两党还曾同时祭拜黄帝陵。黄帝陵已当之无愧地成为中国最高规格、最大规模祭祖的圣地。

据文献记载，秦始皇即位后，便在骊山大规模修建陵墓，至他死时已修建 36 年；汉武帝的陵墓修建了半个世纪之久；明神宗(朱翊钧)10 岁做皇帝，22 岁时就忙着为自己修建陵墓。

西安附近是我国皇帝陵墓较为集中的地方，除了骊山秦始皇陵墓外，还有西汉 11 个皇帝的陵墓，唐代 18 个皇帝的陵墓。其中汉武帝(刘彻)的茂陵是 11 座西汉皇陵中规模最大的一座，随葬的宝物也是最多的。茂陵还有 5 个陪葬墓。据文献记载，当时茂陵设置了陵令、园长等官职管理陵园，仅浇树洒扫的就有 5 千多人。

昭陵是唐太宗(李世民)的陵墓，方圆 30 公里，园内还有 17 座功臣贵戚的陪葬墓。昭陵地上地下都是珍贵的文物。据记载，墓内“闳丽，不异人间”，说明昭陵地宫的豪华和富丽。

北宋皇陵在河南省巩县境内，整个陵区南北 15 公里，东西 10 公里。北宋 9 个皇帝中有 7 个皇帝葬埋在这里。其中最大的陵墓是宋太祖赵匡胤的永昌陵。

---

① 关于“三皇五帝”，说法颇多，本书取《现代汉语词典》提供的通常说法。三皇：伏羲、燧人、神农；五帝：黄帝、颛顼、帝喾、唐尧、虞舜。

② 见《中国名胜词典》，上海辞书出版社 1981 年版，第 1019 页。

我国皇帝的陵墓中，明、清两代的皇陵保存最为完整。明朝皇帝的陵墓主要在北京的昌平县天寿山下，即十三陵。明十三陵中，规模最大、最宏伟的是长陵（明成祖朱棣）和定陵（明神宗朱翊钧）。

定陵已于1956年发掘。定陵地宫距地面27米，总面积1195平方米，由前、中、后及左右5个殿联成，全部用砌石卷拱。地宫除放置神宗皇帝的棺椁外，还有他的两个皇后的棺椁。地宫石拱结构坚实，四周排水设备良好，很少积水，石拱无一块石头塌陷，充分说明我国建造地下建筑的高超技术。

清陵共分三处：辽宁省有老陵三座（永陵、福陵、昭陵）、河北省遵化市的马兰峪有清东陵、河北省易县境内有清西陵。

清东陵是我国现存陵墓建筑中规模最宏大、建筑体系最完整的皇家陵寝。这里埋葬着顺治（孝陵）、康熙（景陵）、乾隆（裕陵）、咸丰（定陵）、同治（慧陵）5个皇帝，14个皇后，136个嫔妃，共15座陵墓，占地2500平方公里。东陵宫殿及牌楼217座，建筑面积要比北京故宫大几十万平方米。陵区的北部是昌瑞山的主峰，主峰脚下是孝陵，其他诸陵分列两侧。正对孝陵是一条12米宽、6公里长的神道贯穿南北，两侧排列着石人、石兽等。

清东陵地上的建筑以定东陵（慈禧）和裕陵（乾隆）最为考究。定东陵和裕陵地宫全用汉白玉建造，处处是艺术高超的石雕，龙凤呈祥，彩云飞舞。地宫室内墙壁除石雕之外，全都贴金，金碧辉煌、光彩夺目。仅贴金一项，就消耗黄金4590两。建筑精美壮观，糜费空前。

清西陵位于河北省易县永宁山下。这里埋葬着雍正、嘉庆、道光、光绪四个皇帝及其后、妃等。陵区占地约800平方公里，建筑面积50万平方米，比清东陵规模小得多。

陵墓是我国古建筑中最宏伟、最庞大的建筑群。陵区内松柏苍翠，树木森森，已成为今天寻古探奇的旅游胜地。我国陵墓建筑对旅游者，尤其是对外国旅游者极有吸引力。每年夏天，仅到清东陵游览的人就多达数万人。

四、寺庙建筑

寺庙是我国佛教建筑之一。寺庙、佛塔、石窟被称为三大佛教建筑。这些建筑记载了中国封建社会文化的发展和宗教的兴衰，具有重要的历史价值和艺术价值。

寺庙建筑起源于印度。在我国南北朝时期，大规模兴建寺庙成风。据《洛阳伽蓝记》记载，北魏首都洛阳内外有一千多座寺庙。唐朝诗人杜牧在《江南春》诗中说“南朝四百八十寺，多少楼台烟雨中”，可见南朝寺庙之多。

我国古代寺院的布局大都是正中路前为山门，山门内左右为钟鼓楼，正面为天王殿,殿内有四大金刚塑像,后面是大雄宝殿,再后便是藏经楼。正中路左右布置有僧房、斋堂等建筑。

一般寺院都有大雄宝殿,是寺院内最主要、最庞大的建筑。大雄宝殿是供奉“大雄”的地方,“大雄”即佛教的始祖释迦牟尼。

白马寺是中国官方营建的最早的佛寺,是汉明帝刘庄在洛阳按照佛教的要求和传统式样建造的。白马寺建成后,佛教在中国的势力大大发展起来,对人们的思想和生活都产生了很大的影响。此后,佛教又从我国传播到越南、朝鲜和日本等国,对中外文化交流起了推动作用。所以,白马寺被称为佛教的“祖庭”。

白马寺位于洛阳市城东 9 公里的地方。北靠祁山,南望洛水,绿树红墙,苍松翠柏,显得十分肃穆。白马寺占地面积大约 4 万平方米,是一个长方形的院落,院内主要有天王殿、大雄殿、千佛殿、观音阁、毗卢阁等。其中最主要的殿堂是大雄殿。白马寺不仅为中外旅游者游览、观赏,而且也是许多国家的佛教徒朝拜之圣地。

山西省的五台山是我国著名的佛教圣地之一,它与四川峨眉山、安徽九华山、浙江普陀山并称为我国四大佛教名山。五台山上的佛教建筑非常多,保存至今的就有 58 处。其中南禅寺和佛光寺是比较著名的。南禅寺面积不大,南北长 60 米,东西宽 51.3 米。它建于唐代建中三年(公元 782 年),是我国目前保存下来的最早的木结构寺院建筑。佛光寺建于唐代大中十一年(公元 657 年),因为寺内有“四绝”——塑像、壁画、墨迹和建筑,所以被称为“世界瑰宝”。佛光寺在建筑上荟萃了我国各个时期的建筑形式。这座寺院建筑在半山腰,上下共三个院落,各个院落都有殿、堂、房、舍等各种建筑。佛光寺外形朴实,比如寺庙的柱子、斗拱、墙壁等没有什么花花绿绿的色彩,一律涂成土红色。

我国的喇嘛教是佛教的一派。喇嘛教建筑的特点是佛殿高、经堂大,建筑物多随山势而筑。例如,屹立在拉萨市红山上的布达拉宫,是我国最著名的喇嘛教建筑。布达拉宫整个建筑依山垒砌,形式多变,在阳光下显得金碧辉煌。

承德避暑山庄的“外八庙”也是大型喇嘛教建筑,依山傍水,峥嵘起伏,景色壮丽幽雅。

雍和宫是北京城内最大的喇嘛教寺庙,建筑规模十分宏大。前半部布局疏朗开阔,琉璃牌坊高耸于全宫的最南端,牌坊北为一条退道,直达昭泰门。昭泰门以北建筑密布,主要有天王殿、雍和宫(正殿)、永佑殿、万福阁等。万福阁为全宫最高大的建筑物,形体雄伟,造型独特,殿内供有 18 米高的大佛。

红螺寺位于北京怀柔县境内的红螺山南麓,始建于东晋永和四年(公元 348 年),扩建于盛唐。据史料记载,红螺寺曾数次扩建、重修,是北方佛教圣土,香火旺盛,经久不衰,素有“南有普陀,北有红螺”之说。红螺寺占地百亩,分五处庭院，中院以山门、天王殿、大雄宝殿、三圣殿为轴心，设东西四所配殿。红螺寺旅游区环境幽雅，古木参天，四季常青，人文景观与自然景观相互映衬，使游人感到一种古典美与自然美之融合美。

我国还有的寺院凌空架起，表现了古代工匠高超的智慧和技巧。像北岳恒山的悬空寺，上靠危岩，下临深谷，依山做基，就岩起屋，造型奇特，的确为建筑史上所罕见，到此游览的旅游者无不叫绝。

总之，我国寺庙建筑在全国各地比比皆是，不论是建筑规模，还是建筑艺术，都是被中外旅游者所称绝的。今天，这些古代寺庙建筑已成为游览、观赏的重要对象。

五、石窟建筑

石窟原是印度的一种佛教建筑，大都是僧侣们开凿的。石窟实际上是僧房，是教徒们集会、诵经、修行的地方。我国的石窟是仿照印度的石窟开凿的，主要用来供奉佛和菩萨。

我国最著名的石窟有敦煌的莫高窟、山西的云冈石窟、洛阳的龙门石窟、甘肃的麦积山石窟。

敦煌莫高窟（又称千佛洞）位于甘肃敦煌县城东南 25 公里的鸣沙山（即千佛山），是我国规模最大、内容最丰富的石窟群。据莫高窟唐代碑文记载，这里的第一个石窟，是前秦建元二年（公元 366 年）开凿的，以后各代均有所修建。

莫高窟南北长 1600 多米，保存完好的洞窟多达 492 处，洞里的壁画总面积为 4.5 万平方米，彩塑 2400 多尊，所以，被称为“中国古代的美术馆”。以壁画和泥塑著称的莫高窟，建筑工程是伟大的，艺术是灿烂的，是世界艺术史上的伟大奇迹。

山西云冈石窟是北魏文成帝和平初年（公元 5 世纪 60 年代）开凿的，历经 40 余年，这座巨大的艺术建筑工程才告竣工。云冈石窟以壮丽的石刻闻名于世，“雕饰奇伟，冠于一世”，这是古人对云冈石窟的赞美。云冈石窟现存洞窟 53 个，东西绵延约一公里，洞内大小佛像 51000 多个，是我国最大的石刻艺术宝库之一。

龙门石窟在洛阳南龙门山上，龙门山为石灰岩，为石窟大规模开凿创造了条件。龙门石窟是北魏孝文帝迁都洛阳后开凿的，现存窟龛 2100 多个，造像 97000 多尊。其中，宾阳中洞所刻的《帝后礼佛图》是一件精美绝妙的艺术珍品。

龙门石窟在建筑上同其他石窟不同，它多半是利用天然的溶洞，稍微作些扩展而成。龙门石窟从平面布局来看，大概可分为西山北部和西山南部两个部分。西山北部最著名的石窟建筑是“宾阳三洞”。这是三个连通的洞窟。洞窟内有

11 尊大佛像。其中释迦牟尼像高 8.4 米,是北魏中期的石雕杰作。

麦积山石窟在甘肃天水县东南 45 公里的麦积山上,开凿于北魏宣武帝景明年间(公元 6 世纪初)。麦积山石质松碎,不宜精凿,神像多为泥塑。在 190 多个洞窟中,保存有北魏以来的数以千计的精美塑像,风格清新秀丽,显示出人间的血肉气息。麦积山洞窟隐蔽在深僻的林区,避免了帝国主义者的盗窃,因此比较好地保存了下来。

以上概括介绍的四个石窟群,只是我国众多石窟中的一部分。这些石窟对我们研究古代社会生活,研究古代建筑艺术、雕塑、绘画、佛教历史以及对发展旅游事业都有重要的价值。

六、佛塔建筑

古塔大都属于宗教建筑,一般称佛塔。我国佛塔数量极大,分布极广,闻名的佛塔有:河南登封的嵩岳寺塔和少林寺的塔林、西安的大雁塔和小雁塔、银川北郊的海宝塔、山西五台山的佛光寺祖孝塔和应县的佛宫寺释迦塔(俗称应县木塔)、四川通江千佛崖浮雕佛塔、苏州的虎丘塔、杭州的六和塔、开封的祐国寺塔(俗称铁塔),等等。佛塔拔地突起,戟指蓝天,装点了祖国美好的山河。

佛塔起源于印度,公元 1 世纪前后,随佛教传入中国。但是,中国的佛塔在结构上和形式上同印度的佛塔已有很大的不同。它融入了民族的建筑艺术特点,主要是把中国原有的亭台楼阁建筑中的一些特点,用到塔的建筑中,从而创造了具有中国特色的塔。

我国的佛塔不仅能在塔内供奉佛像,有的还可以登临远眺。如西安的大雁塔,古今许多文人学士到那里登高赋诗,抒发情怀,留下了大量名言佳句。唐代诗人岑参游大雁塔后吟诗:“塔势如涌出,孤高耸天宫。登临出世界,蹬通盘虚空。突兀压神州,峥嵘如鬼工。”精辟地概括了大雁塔的雄姿。

自佛教传入中国后,佛塔的建筑随之兴起。到北魏时期,佛塔的建造已极为盛行,仅在洛阳就有上千座。目前,我国尚存三千多座佛塔。这些佛塔是我国古代建筑的重要组成部分。

我国的佛塔不同于诸如佛教的壁画、雕刻、佛曲等艺术形式,很少体现佛教象征主义、神秘主义的美学思想;佛塔比例合度、结构精密、宏伟壮观、静穆安闲,给人以崇高的美感。我国佛塔还巧妙地与自然的景色相融合,以自身的挺拔英姿,对于佛寺组群和城市轮廓面貌都起到一定的装点作用,达到了艺术美和自然美交相辉映的审美境界。佛塔与自然景色高度统一的美学特性,使遍布于全国各地的佛塔成为风景美的点睛之笔。

七、桥梁建筑

桥梁建筑也是我国古建筑中的重要内容。千百年来，我们的祖先为了战胜大自然设置的交通障碍，用自己的聪明才智和艰苦的劳动，在江河上架设了无数座千姿百态的桥，不仅便利了交通，而且装点了祖国的山河。

我国桥梁建筑的历史相当久远。有人认为，我国桥梁建筑的历史至少有三千多年。我国古代桥梁建筑中，有不少都是世界性的创举。其中有许多桥经历了千百年的考验，至今仍然坚固完好。这说明我国古代桥梁建筑技术已达到相当高的水平。

我国古代桥梁很多，最古老、最负盛名的要算是西安市东北十公里处灞水上的灞桥了。灞桥是汉朝时期建造的一座石桥，是我国石柱桥墩之首创。

位于河北省赵县的赵州桥，又叫安济桥，是用石头建造的拱桥。这种桥型结构又比灞桥进了一步。这是我国现存年代最早的一座单孔石拱桥。赵州桥建于隋朝大业初年，是杰出的工匠李春、李通设计建造的，距今已有 1380 多年的历史了。赵州桥之所以名扬中外，主要是它造型美观，设计和建造具有较高的科学性。从建造技术上说，最大的特点是跨度大、桥拱低。由于工匠的精心设计和独到的技术，这座桥至今坚固完好。这在世界桥梁建筑史上也是一个创举。赵州桥的建造成功，为我国古代文明赢得了荣誉。

苏州吴县境内的宝带桥，是苏州所有古桥中最宏伟的连拱石桥，桥长 400 多米，宽 4.1 米。宝带桥始建于唐元和年间，以后又经过多次整修。瑰丽多姿的宝带桥共有 53 个桥孔，与水中成半圈的倒影上下交映，别具佳趣。

福建省的洛阳桥建在泉州市和惠安县交界处的洛阳江上。洛阳桥始建于宋代仁宗皇祐五年(公元 1053 年)，花费 6 年的时间才建成。这座桥全长 1188 米，宽 5 米，有 31 个桥墩。洛阳桥建造规模巨大，素有泉州“石桥甲天下”之称，并被誉为“海内第一桥”。

最著名的安平桥，有五里之长，故又被称为“五里桥”，是我国现存最长的古桥，有“天下无桥长此桥”之赞语。这座桥横跨在福建省晋江县的安海镇和南安县的水头镇之间的海面上，建于南宋，距今已有八百多年的历史了。

横跨在广东省韩江上的广济桥是一座美丽宽阔的古桥，简称“湘桥”。它始建于宋代绍熙年间(12 世纪末叶)，共花费 16 年才建成。广济桥是一座梁桥和浮桥相结合的开合式桥梁。它有石墩、石梁的桥面，也有在木船上搭板的桥面。东西两头是石梁桥，中间是浮桥，这是广济桥的一大特色。广济桥的另一个特点是桥身长，桥面宽，整个桥身的长度为 517.95 米，宽约 5 米。广济桥作为一座多结构的开合桥，是我国桥梁建筑中独一无二的。

卢沟桥是一座中外闻名的古桥。意大利旅行家马可·波罗在他的《马可·波罗游记》中称赞卢沟桥是“世界上最好的、独一无二的桥”。卢沟桥位于北京广安门外13公里的永定河上，建成于金代明昌三年(公元1192年)，共11个桥孔，桥两边栏杆上雕刻有石狮子485个，生动活泼，精美动人。

总之，我们伟大的祖国，多山、多水，可谓“万水千山”。古人建造的桥梁遍布祖国江河。有的桥长若垂虹，有的桥环如半月，有的桥小巧玲珑，有的桥雄伟壮观；千百年来，我国的许多古桥仍然坚固如初，傲然静卧。很多古桥已成为游览、观赏的重要对象，吸引着众多的旅游者。

八、大宅院建筑

在有着悠久文明史的中国，人们对住宅的建筑是十分重视的，希望有一个舒适的住所。尤其是旧社会那些达官贵族、富商巨贾，认为有一套豪华富丽的大宅院是门第显赫，光宗耀祖的象征，自己也觉得更加尊贵威风，出人头地。因此，我国古代出现过许多秀丽的庄园、豪华精美的大宅院建筑群。但这些大院建筑，保存完整的却很少。宅院在中国的古建筑中，不能不说是一枝独特的艺术奇葩。

山西灵县的王家大院是一座规模巨大的、豪华型的大宅院建筑群，是我国建筑文化遗产的无价之宝。总体来看，王家大院依山就势、层楼叠院、错落有致，有一种磅礴的大气派。王家大院并不是一处，或一组院落，而是除已开放的高家崖建筑群、红门堡建筑群外，还有东院、西院、怀永阁院、义安院、拱极堡建筑群等，总面积达15万平方米，其中4.5万平方米为省级文物保护单位。王家大院按其功能可划分为88个面积不同、风格各异的小院落，有书院、花院、寝院、围院、厨院等，个个结构精细，回廊环绕，曲径通幽。王家大院的建筑理念是“贵精而不贵丽，贵新奇大雅而不贵纤巧烂漫”。不难看出，当时王家大院已由耕读之家转变为官、商、农综合的豪门望族。王家大院的建筑，不仅是物质和精神的统一家园，而且是中国古代建筑美学和社会伦理观念的集中体现。仔细观察，王家大院的布局严格遵循明清以来盛行的宗法礼制秩序，讲究尊祖敬宗、长幼有序、男女有别、尊卑有等、内外有异等，封建社会的伦理观念深深蕴藏其中。凡游览过王家大院的游客，无不有一同感:“王家归来不看院”。

山西有名的乔家大院是我国目前保存最完整、建筑艺术极为高超的独特的大宅院建筑群。被诸多建筑学家和学者誉为“清代北方民居建筑之明珠”。乔家大院坐落在山西省祁县的东观镇乔家堡村。始建于清乾隆年间，后在同治、光绪、民国初年多次修葺扩建，占地面积3724.8平方米，共有大院6个，小院19个，住房313间。乔家大院是一座楼阁耸峙、古色苍苍、威严高大、全封闭的城堡式建筑群。四周是十几米高的青砖围墙，四角有挺拔突起的角楼，在阳光照射下，棱角分明，呈现出壁垒森严之气派。

游人一来到乔家大院的大门口，便被迎面的影壁所吸引。影壁上是一幅砖雕百寿图。设计之妙，书法之精，雕刻之细，可谓书法雕刻之瑰宝。原来这是清代大书法家、乔家内侄、被誉为“华北一杆笔”的赵铁山之作。这是极难得的艺术珍品。百寿图两侧是左宗棠[①]的篆书对联：“损人欲以覆天理，蓄道德而能文章”。

游人在进大门之前，仰观大门上横置的一石刻“古风”二字（行书），笔力遒劲潇洒；再往上看，挂一蓝底金字的横匾：“福种琅环”。据说八国联军进犯北京时，慈禧太后逃往长安，途经乔家大院，并在乔家大院小住几日。乔家掌门人乔致庸捐赠太后十万两白银，并倾其美食，盛宴款待慈禧。当时的山西巡抚受太后面谕，为褒奖乔家，便把这块金字匾“福种琅环”赐予乔家，并悬挂在黑漆的大门上方。后来两侧又配以镶嵌在铜板上的对联“子孙贤，族将大；兄弟睦，家之旺”[②]。游人未进大门之前，便有气势磅礴、咄咄逼人之感。

一进大门，一条石铺的甬道像一条峡谷把巍峨的六个大院劈成两半，使之相对踞峙。北院正房都是两层楼阁，飞檐高挑，雕梁画栋，煞是巍峨壮观。甬道南面是四个小院，均为一进四合院。这六个院子的门楼造型各异，独具风采。甬道尽头是庙堂式的祖宗祠堂。大院最西端是一座花园，园内花木葱茏，假山叠嶂，其最高之巅突兀一观景亭。游人一进花园便突感景色一新，精神倍爽。

全院有主楼四座，门楼、更楼、眺阁六座，各院房顶有过桥相连，便于夜间巡更、护院。位于大院西南角的眺阁是全院的“制高点”。对外可看到十余里以外的官道上车来人往，对内可将整个大院一览无余。更使人称奇的是，整个大院的建筑，以一个双“喜”字形图案呈现在游人眼前。

乔家大院设计独特，建筑讲究。从大院形式上看，有四合院、穿心院、过厅院、偏正套院；从屋顶造型看，有悬山顶、顶山顶、歇山顶、硬山顶、卷山顶；宅院门、窗的结构变化多端、多形多姿，就连房顶上的 141 个烟囱，其造型亦无一雷同。难怪人们把乔家大院称为“艺术之宫”。

牟氏庄园在山东省栖霞县（市）城北 2.5 公里的古镇都，是山东境内规模较大、保存完整的大宅院建筑群。牟氏庄园始建于清雍正元年（1723 年），至解放前，历代修葺扩建，占地面积 20000 平方米，共有六个大院，房屋 400 余间。大院内有老爷楼、少爷楼、小姐楼、客厅、学堂、花园。牟氏庄园的建筑可谓精工细作，

① 左宗棠曾任陕甘总督。

② 当时的直隶总督兼北洋大臣李鸿章在组建北洋舰队时，国家资金严重短缺。乔家得知，便为组建北洋舰队捐献白银十万两。李鸿章为表彰乔家无私之壮举，便赠乔家此副铜板对联。

世人称绝。仅大门外的一对石鼓，就动用四个工匠，雕刻三年之久才完成，可真是精细至极。

以上除重点介绍的大宅院建筑外，还有四川大邑的地主庄园、天津市杨柳青的石家大院、浙江东阳的卢宅、蒲江的郑宅等，都是建筑豪华、规模较大的大宅院建筑群。天津的石家大院，院内还建造有富丽堂皇的戏楼，既供家人、来宾和朋友的娱乐消遣之用，又彰显石家的威风显赫、尊贵富有之气派。

中国的大宅院建筑艺术，除重视中国传统的审美习惯外，还要体现尊卑之礼、长幼之序、男女有别、内外有分等旧社会宗法伦理之规。总之，中国大宅院建筑具有极高的、独特的游览、观赏的审美价值。这些大宅院建筑群，目前已成为中外旅游者游览、观光的胜地。

第三节　古建筑的审美特征与欣赏

中国古建筑对于旅游者来说，已成为重要的审美对象。中国古建筑之所以为广大旅游者所欣赏，首先是因为它凝聚着我国古代劳动人民的丰富智慧和创造能力，成为人类自觉改造世界的直接成果。从我国规模浩大的古建筑中，我们看到了中国古代文明建设的成就。我们知道，建筑的美主要表现在，符合几何规律的整体形态，符合力学规律的构图形式，各类材料恰当的使用和配合，以及建筑物各部分的比例、色彩、布局及其各方面的协调统一。中国古建筑给旅游者的美感是：或雄伟宏大，或浑厚质朴，或挺拔刚健，或雍容华贵，或柔和纤秀，或端庄大方……而外形的形式美主要表现在序列组合、空间安排、比例尺度、造型式样、色彩装饰等方面。这些形式美的因素决定了中国古建筑的审美特征。另外，对我国古建筑的欣赏，还取决于欣赏者的文化素养、审美修养及其民族的审美习惯。当然，文化素养越高，对中国古建筑的审美特征理解就越深，越能体会其中的奥妙。

一、结构形式

早在远古的时候，我们的祖先就学会使用泥土和木材来建造房屋。他们发现用木材建造房屋便于加工，而且有取之不尽的建筑材料，于是，用木材造房便成了我国建筑上最早的传统。所以木结构便成为我国古建筑的最大特征之一。我国古建筑技艺精湛的木构架体系是经过长期营造实践创造的。

中国古建筑的木构架，主要是采用梁柱式结构。这种结构形式在古建筑中用得极为广泛。

所谓梁柱式结构，就是在地面上立柱，柱上架梁。这种木构架建筑屋顶的全部重量，是通过椽、檩、梁传到立柱而最后到达地面，而墙壁不承受房屋上部的重量，只起分割空间和保护作用。木构架建筑有许多优点，例如门窗的安排比较灵活，多开一些门窗或少开一些门窗都可以；门窗可以开得大些，也可以开得小些。这种结构可以充分满足人们使用房屋的不同要求。而且具有“墙倒屋不塌”的特点。木构架建筑屋顶的造型也十分丰富，有歇山顶（屋顶）、悬山顶、卷棚顶和硬山顶。

我国古建筑的木结构一般都是采用榫卯安装的办法，把各种不同形状的木构件组合在一起，这种用榫卯组合构件的建筑，是非常坚固的。我国古建筑中比较重大的建筑物一般都使用斗拱。这是我国古建筑所特有的建筑形式。斗拱是较大建筑物的柱与屋顶之间的过渡部分，其功用在承受上部伸出的屋檐，将其重量或直接传导到柱上，或间接先纳至檐上再传导到柱上。斗拱的外形有一种错综精巧的美，还可以起到建筑的装饰作用。

我国古建筑艺术的代表如北京天坛的祈年殿，覆盖着三层重檐，从第一层檐次第向上，层层缩小，殿的整体呈放射形，殿顶采用传统的攒尖式。这座圆形大殿由 28 根巨大的木柱支撑着殿身，内层四根巨柱代表春、夏、秋、冬，中层 12 根柱子象征着 12 个月，外层 12 根柱子表示 12 个时辰。祈年殿是我国独特的木结构框架式的典型建筑。

由于我国古建筑木构架的特点，使其造型多姿，情态各异，充分体现了中国古建筑的民族特色和艺术风格。

二、群体组合

我国的宫殿、庙宇、寺院等，基本上是采用群体组合的布局，从整体布局上看是多层次而又变化无穷的，显示出宏伟壮观的艺术效果。在布局的空间利用上都十分讲究，有主次，有层次，有深度，既注意宏观美，又注意小巧玲珑，秀丽多姿。

群体组合，是由一个一个的单体建筑合成一个大的群体建筑。像寺院、庙宇、宫殿、陵园等，从建筑的总体来说，是一个完整的组群布局。我国古建筑的一个共同特征是，在平面布局上以“间”为单位，再以“间”组成房屋，由房屋组成庭院，再由庭院组成各种形式的建筑群。北京的故宫就是这样的群体组合建筑。中国古建筑这种组群布局，在设计上，大都是采用对称和对比的手法。以故宫为例，它是一个规模巨大的建筑群，每个建筑都是在一条由南到北的中轴线上展开的。中轴线上的主要建筑是三大殿，即太和殿、中和殿、保和殿。这是故宫内最突出、最宏伟、最豪华的建筑物，而中轴线两侧的建筑保持了严格对称和均衡。在布局上显示出整齐和对称之美。太和殿两侧的建筑采用了低矮的连续的回廊，同太和殿形成高低、大小的对比，好像是一幅有主有次的画面一样。像寺院建筑、庭院建筑也大都采用这种手法。可以说对比、对称是中国古建筑群体组合的一大特色。

三、装饰色彩

我国古建筑十分讲究内部的装饰、陈设和外部空间的点缀。建筑物内部常用雕梁画栋、图案花纹、匾牌楹联以及壁画进行装饰，以此增加华丽和富贵的气氛。颐和园的长廊以彩画装饰著称。长廊的彩画不论是形式还是内容都是丰富多彩的，像是一个“画廊”。三大名楼之一的黄鹤楼的内部装饰也是十分精巧华丽的。其涂彩、雕塑、绘画、楹联、诗词及家具的陈设都不同一般，使整个建筑于雄伟中不失精巧秀丽。建筑物内部陈列名人字画、文物古玩、工艺美术品也是中国古建筑内部装饰的一大特色。这正体现了中国民族文化的特征和中华民族的审美习惯。古建筑物的外部空间，常常用假山叠石加以点缀，设屏风、香炉、华表，有的还要建九龙壁、石头狮子等。

有的建筑物屋顶上的垂脊，用有各种动物形象的特烧制的砖瓦进行装点，使之具有神秘和奇趣感，从而丰富人们的审美趣味。

我们在游览、观赏一些喇嘛教寺庙时，常常看到一些“金顶”建筑。这些所谓“金顶”，是用鎏金装饰的屋顶，一般称为“金瓦殿”。鎏金，近代叫“火镀金”。我国早在战国中期就已发明了这种技术。像北京天坛祈年殿的顶尖就是用鎏金装饰的。用鎏金装饰屋顶有富丽堂皇、豪华富贵之感。

色彩是构成建筑形式美的不可缺少的因素。红、黄、绿是我国古建筑的主色调。从中华民族传统的审美观点来看，红色表示喜庆、欢乐；黄色表示辉煌、富贵、庄重；绿色是生命色，它使人精神愉快和精力旺盛，给人一种生机勃发的感觉。从我国封建统治者的审美观点来讲，帝王的建筑是黄色琉璃瓦，王侯的建筑用绿色琉璃瓦，老百姓只能用灰色瓦盖房。我国宫殿的建筑一般都是“红墙黄瓦”（黄琉璃瓦），显得金碧辉煌，以显示皇权的威严、皇宫的豪华富贵。

天坛祈年殿的色彩处理表现出中国古代匠师的高超技艺。蓝色琉璃瓦顶上冠以巨大的鎏金顶，下面配以米红色柱子、门窗和白色台基，使这组建筑富丽堂皇，溢彩流金。尤其在广阔无垠的蓝天下举目望去其庄严雄伟之气势，显示出不可侵犯的神圣之态。这里，色彩的效果起着极其重要的作用。

四、建筑美与自然美的结合

我国古建筑的设计和布局非常注意与周围的自然风景的结合，使建筑美（人工美）同自然美和谐地融为一体。

把建筑的美，即人工的美（其中包括人的智慧、创造、志向）与自然美，即自然风景之美联系起来，将人的情感赋于自然中，再以自然美与艺术美来陶冶人的精神，以满足精神的审美，这是我国古建筑布局造景的重要审美特征。建筑与风景是相得益彰、相映生辉的。建筑得自然风景而立，而自然风景得建筑更富神趣。建筑若缺少林木荫盖之润饰，便显得孤立而单调，自然风景中若无建筑的装点，就没有神韵。另外，建筑周围若山水秀丽，林木茂密，就会造成禽兽出没、鸟语花香的世界，增加生趣之美。

我国古建筑十分注意同自然美的融合，像颐和园、避暑山庄的建筑，皇帝陵墓的建筑，孔庙的建筑，以及寺院、庙宇的建筑都是与自然风景结合的典范。有些寺院沿山势而筑，层层殿堂，倚山叠起，颇具特色。像五台山的佛光寺、北京的碧云寺、地处"山最幽胜处"的泰山灵岩寺、红螺寺，以及在武林闻名的少林寺……这些宏伟的古建筑群都是同自然景色融会在一起的。避暑山庄的"外八庙"、青海的塔尔寺、浙江省天台县的国清寺都是坐落在碧荫叠翠的山坡上，依山托势，高低错落，这都为旅游者大大增加了审美的层次和情趣。

我国寺院、庙宇建筑借取幽美的自然风景创造宗教的理想世界，既满足了宗教的审美要求，又促进了宗教文化的交往和宗教的旅游活动。我国古建筑的主要审美特征，集中表现在独特的民族结构形式完整、统一、和谐及园林式的组群布局等。正是这些形式美的因素引起中外旅游者的极大兴趣，成为游览、观赏的重要对象。同时，我们从这些优美的形式中，还看到我国古建筑艺术已发展到相当高的水平，看到我国劳动人民的丰富智慧和创造才能。

思考题

1. 为什么古建筑与旅游结下了不解之缘？
2. 试举一处古建筑，说明它符合哪些形式美的规律。
3. 中国古建筑的装饰色彩，除了审美作用，还有什么意义？
4. 古建筑为什么要建在自然风景优美的地方？

第六章　中国雕塑艺术与欣赏

学习目的

加深理解中国雕塑在旅游中的意义，了解中国雕塑的形式特征和社会功能性，领会和认识中国雕塑的美学特征。

基本内容

● 形式特征

圆雕　浮雕　透雕

● 社会功能性

陈列性雕塑　纪念性雕塑　园林雕塑　建筑雕塑　城市雕塑　环境雕塑

● 美学特征

象征性　装饰性　假定性　类型化

中国古代雕塑艺术和中国绘画一样，达到了很高的水平，在艺术上有鲜明的民族特点，在东方乃至世界上，自成体系，独树一帜。它是中国悠久而灿烂的古代文化的重要部分，也是极其珍贵的文化旅游资源。

第一节　中国雕塑与旅游

中国古代的雕塑艺术，是一笔巨大的、无比丰富的艺术遗产。在漫长的历史进程之中，各个时代无数默默无闻的艺术匠师们，以惊人的毅力、智慧和气魄，天才地创造了难以计数的精美动人的菩萨、佛像、陶俑及陵墓石雕等，这些都是历史和时代精神历程的形象记录，使我们惊叹不已，并从中获得美的享受。中国古代雕塑艺术像一颗颗璀璨夺目的明珠一样，散布在全国各著名的旅游风景名胜区，以古老的文化、宏大的魄力、精湛的技艺和无与伦比的艺术美感，吸引着成千上万的旅游者，构成风景名胜区的人文景观。如被世人赞叹不已的陕西临潼秦始皇陵兵马俑坑出土的数以千计的大型陶塑，向全世界展示了中国古代雕塑艺术悠久的历史和辉煌的成就，并被誉为“20 世纪最壮观的考古发现”、“世界第八大奇迹”。

举世闻名的佛教石窟甘肃敦煌莫高窟，以及天水麦积山，山西大同的云冈，河南洛阳的龙门，四川的大足，新疆的高昌、拜城等地的石窟雕塑，其规模之大，数量之多，气度之恢弘，艺术技巧之高超，影响之深远，都足以和世界任何国家的石窟艺术相媲美。

散见在南北各地的帝王和王公贵族的陵墓石雕，如著名的西汉名将霍去病墓前石雕、南朝帝王陵以及唐代“关中十八陵”的乾陵石雕和“昭陵六骏”雕刻，都是具有鲜明的时代特征和艺术风格的典范作品。

保存在全国各地的佛教寺庙中的佛、菩萨、罗汉像，不乏艺术精品。如云南的筇竹寺、北京的碧云寺、武汉的归元寺、四川的宝光寺、苏州的西园寺、吴县的紫金庵、角直的保圣寺的罗汉像，个个造型生动、神态迥异。这些都是东方佛教雕塑艺术的无价瑰宝。曾经使无数中外游人为之倾倒，叹为观止。

中国古代雕塑艺术，由于年代久远或列强侵略、国内战乱等社会原因，受到了很大的损失和破坏。其中一部分雕塑精品已流落到国外。目前，在国内保存下来的雕塑作品，从新石器时代晚期遗址中出土的兽形陶器至明清的佛像，均散见在各地的陵墓、石窟、寺庙，或收藏在博物馆中。随着岁月的流逝，它们身上的封建和宗教色彩逐渐淡去，日益显示出熠熠照人的、特有的东方艺术之美，成为中国人民和各国朋友喜闻乐见，易于理解和接受的审美对象。这些艺术生命永存的雕塑作品，同其他各种文物艺术一起，构成壮丽的艺术文化景观，吸引了无数中外旅游者前来观摩鉴赏。

中国古代雕塑艺术，是蕴藏着巨大的艺术魅力的文化旅游资源。我们必须非常珍惜这些古代劳动人民创造的伟大艺术遗产，让它们永远发出灿烂的光辉。

第二节 雕塑的一般特征及形式

一、雕塑的特征

雕塑是一种造型艺术。它是雕刻与塑造两种制作方法的统称。雕塑是使用体积的语言——占有一定空间的物质实体，是以可以观看、可以触摸的形体，作为艺术之形象。这是雕塑和绘画的最大区别。绘画只能在画面上用线条、明暗、色彩以及透视关系等造型手段来描绘形象，给观众造成错觉，产生立体感和空间感，而雕塑是以坚硬的物质材料，塑造可视、可触的艺术形象，在三度空间中展示形象，借以反映现实生活，表现艺术家的审美感受和审美理想。

不论是中国的雕塑还是外国的雕塑，都是利用可雕、可刻或可塑的物质材料，塑造出实实在在的、存在于一定空间环境中的物质实体，因此它具有极强烈的艺术感染力。这是雕塑艺术的特点，也是它的优越性。

雕塑语言的艺术特点，是通过对材料的处理，在形体变化的姿态和节奏表现中，把描绘和表现结合起来，融成一个既真实又艺术的密不可分的整体，充分展示对象的形体美和精神美。世界上一些优秀雕塑作品，如中国的龙门石窟奉先寺的大佛像，希腊的“米洛斯的维纳斯”，美国纽约的“自由女神像”铜像，法国加莱市的石雕“加莱义民”，前苏联列宁格勒(今俄罗斯圣彼得堡)十二月党人广场的“青铜骑士”等，都无不达到形体与精神完美结合的高度。正如黑格尔所说：“雕刻应该把心灵表现于它的身体形状，使心灵与身体形状直接统一起来。”[①]

雕塑的三度空间的实体性，使人直接了解形象处于空间中的具体性、可信性，而且随着欣赏者视角与距离的转换，常能带来极其多样的美的感受，达到单纯与丰富的对立统一。现代雕塑大师亨利·摩尔说过：“伟大的雕塑作品是从任

---

① 黑格尔：《美学》第1卷，第102页。

何距离都可被人们观赏的，因为在不同的距离会显示出不同的美的形象来。”

雕塑作为以物质材料构成的具体形体，不仅调动了人的视觉，而且还与人的触觉发生联系。这是其他一切种类的造型艺术所难以企及的。法国伟大雕塑家罗丹在谈到世界雕塑名作“米洛斯的维纳斯”时曾说过：“抚摸这座像的时候，几乎会觉得是温暖的。”雕塑家出神入化的艺术技巧，大理石洁白如玉的材质美，使得欣赏者从视觉中诱发联想，产生体温的触觉感。雕塑利用物质材料和肌理特点，使作品具有特殊的审美意味。

二、雕塑的形式

雕塑具有多种形式，一般可分为圆雕和浮雕两种。

（一）圆雕

圆雕的特征是完全立体的。它是独立地、实在地存在于一定的空间环境中，不附着在任何背景上的雕塑作品。观众可以从四面八方，每一个角度去观赏它。能够看到雕塑的各个侧面，获得丰富的感受，以形成艺术形象的整体感。著名的秦陵兵马俑、希腊雕刻拉奥孔等，都属于圆雕作品。圆雕作品最为常见。

（二）浮雕

浮雕是介于雕塑与绘画之间的类型，是在平面上雕出或深或浅的凸起之图像。它更适合于表现有情节性的群众场面，常用在大型建筑物的重要部位。它与圆雕有较大的形式区别。如北京天安门广场上的人民英雄纪念碑，在碑身下部设有须弥座，座的周围装饰着十面汉白玉雕刻，反映我国近代以来自鸦片战争至新民主主义革命时期重大的历史事件，这就是浮雕。著名的“昭陵六骏”是装饰在唐太宗墓前的浮雕像。河南巩县“皇后礼佛图”，也是一幅构图复杂、人物众多、富有装饰性的东魏时代的浮雕。浮雕的应用范围很广，主要用于建筑物的装饰。其表现方法和艺术处理手法也是非常多样的。它与圆雕最大的不同点就是观众不能从四周观看，只能从正面欣赏。浮雕是在平面的底板上塑造或刻制的形象，表现对象形体的长阔比例尺寸不变，形体的轮廓线近似绘画。但前后的体积（厚度）要压缩。它运用压缩后的形体起伏（凹凸）、不同转折面的方向、不同受光面所造成明暗对比的错觉，以及透视、层次关系等因素来表现形象的立体感和空间气氛。

浮雕以压缩程度、形体凹凸的高低厚薄程度的不同，又可分为高浮雕或浅浮雕（低浮雕、薄浮雕）。这也是相比较而言的。一般说来，压缩后形体凹凸在圆雕二分之一以上的可称为高浮雕，如江苏昆山县角直镇保圣寺现存的半堂唐塑罗汉像形体较为凸出，属于高浮雕。唐代“昭陵六骏”、北京天安门广场人民英雄纪念碑须弥座上的装饰雕刻，都属于浅浮雕。

中国寺庙中常见的一种半立体的壁塑,实际上也属于高浮雕一类的雕塑。

(三)其他分法

按照雕塑的社会功能来分,雕塑又可以分为下列几种类型。

(1)架上雕塑:一般陈列在室内,供作观赏。

(2)纪念碑雕塑:为了纪念英雄人物和重大历史事件而建立的雕塑。著名的西汉霍去病墓前石雕“马踏匈奴”像,可以说是纪念碑雕塑。前苏联女雕塑家穆希娜创作的“工人与集体农庄女庄员”大型群雕,是典型的纪念碑雕塑作品。

(3)园林雕塑:美化园林的雕塑作品,如南京莫愁湖公园中的“莫愁女”雕像。

(4)建筑雕塑:附着在建筑物表面或衬托主体建筑的雕塑作品,统称为建筑雕塑。如宫殿、陵墓的石狮等,即属于此类雕塑。

(5)城市雕塑及环境雕塑:为了美化城市环境形象而建立的雕塑作品,如杰出的雕塑家罗丹创作的“加莱义民”,既属于纪念性雕塑,又属于城市雕塑。它是城市文化的标志,是城市环境艺术的一部分。

按照艺术家创作思想和创作方法来分,雕塑则可以分为写实雕塑(具象雕塑)、抽象雕塑、活动雕塑和软雕塑,等等。

根据制作方法和材料的不同,雕塑可有石雕、木雕和泥塑等的分法。

第三节　中国古代雕塑的美学特征

中国古代雕塑艺术有它自己的发生与发展过程。如同其他国家雕塑艺术发展的历史一样,中国最早的雕塑也不是一个独立的艺术门类,而是附属于当时的实用工艺,如陶器、玉器、青铜器的制作。一直至秦汉时期,中国雕塑才作为一个独立的艺术门类大放异彩。汉代以及南北朝时期,佛教寺庙建筑、石窟造像盛极一时,佛教雕塑占了重要地位。同时,帝王贵族陵墓雕刻也极为繁荣。到了唐代,我国古代雕塑艺术更加成熟。不论陵墓雕刻、墓室俑像以及石窟寺庙造像,其数量之多,质量之精美,都是前所未有的,把中国雕塑艺术推向了高峰。唐代以后直至明清,由于佛教造像之风衰落,中国雕塑艺术走向低潮,已不可与秦汉魏唐同日而语了。

中国古代雕塑艺术,以其特有的东方艺术之美,足可与希腊、罗马雕塑艺术相鼎峙。中国雕塑艺术成就之所以如此辉煌,是因为它深刻地反映了中华民族的审美理想。在雕塑艺术作品中,寄托着对生活的美好憧憬。那些不朽杰作的创造者,大多是一些名不见经传的劳动人民出身的匠师,他们最能理解民族审美心理，最少保守，也最能接受、吸收外来艺术形式，因而能创造出为中国人民所理解、所喜闻乐见，适合表现自己民族心理的雕塑艺术作品。只有按照民族的审美理想、审美习惯创作的艺术品，才能立于世界民族艺术之林，永葆其艺术美的巨大魅力。

下面就中国古代雕塑艺术的美学特征，作简略的论述。

一、纪念性

综观中国古代雕塑艺术，不论是陶俑、陵墓雕刻，还是佛教造像，都不是单纯为了观赏需要而创作的。它首先是为适应统治阶级特定的政治需要，常被用来作为政治统治的工具。它总是体现特定的时代一定阶级的信仰、崇拜，或是为纪念某一历史人物和事件，纪念某种功绩和勋业的产物。所以说，中国古代雕塑常常是以内容和形式富有政治性和纪念性，成为具有独立鉴赏价值的艺术品。如著名的唐代雕刻“昭陵六骏”是现存的最有价值的纪念性雕塑之一。“六骏”是唐太宗历次作战时所乘的六匹骏马，在重大征战中起过作用。唐太宗在昭陵刻六骏作为纪念，实际上是赞美唐代武功勋业。即使像龙门奉先寺大佛像“方额广颐”，也带有明显的纪念性雕塑的特点。此像肖似武后，有论者认为它可能是“武则天的摹拟像”。

纪念性雕塑的情节，要求言简意赅、启人深思，要求一眼就可看到，鲜明而有意境。这个情节是作品与观众思想交流的桥梁，是形式与内容汇合的焦点。应该是最能代表一个时代，象征一个国家、一个事件的。例如为纪念大将霍去病而设计的一组大型石雕，不愧为纪念性雕塑的典范作品。其中以“马踏匈奴”最有代表性。

古代雕塑匠师们在他们的创作中，虽然不可避免地要体现一定的统治阶级的审美理想和审美情趣，但是在作品的艺术处理中，却总要表现自己在审美上的独特感受和对生活的理解，力图创作出不拘一格、内涵丰富的雕塑艺术作品。

二、象征性

如同我国民间艺术所常用的“托物言志”、“寓意于物”的象征手法一样，中国古代雕塑艺术继承了这一美学风格和传统。中国雕塑艺术中反复出现的那些庄严威武的石狮、辟邪、天禄以及矫健英骏的石马等，都不是仅仅为了表现这些神兽的形态和步姿，而是为了表现人，表现人的一定的意念，烘托一定的意境气氛。象征性可以说是中国古代雕塑艺术又一美学特征。西汉霍去病墓前群雕，是为了纪念青年将军霍去病英勇奋战，率师深入祁连山远征匈奴六战六捷的勋绩。

艺术家不是表现英雄本身，而是表现英雄的乘骑，表现英雄威名远震的祁连山。从战马使人们想到英勇善战的将军，想到浴血沙场的战士。祁连山永远使人们铭记着将士们的功勋。艺术家不是用巨大数量表现千军万马，而是以一当十，以少胜多，仅以三种不同姿态的战马象征青年英雄生前的仪仗甲兵，寓意了远征劲旅的艰辛与战绩，歌颂墓主人的赫赫战功。

三、装饰性

自然主义历来是被中国绘画和雕刻匠师所鄙弃的。这是很高的审美风格。中国古代雕塑，往往无意于复制人物或动物的自然形态，不以如实模仿自然形态为满足。而是采取装饰手法，把自己的生活实践中所形成的某种情感、趣味和审美理想，寄托在创造性的形象中。

"装饰和表现是同一的。"(马蒂斯语)为了表现狮子作为动物凶猛的本能，又是作为镇墓神兽的特征，我国古代雕刻匠师把狮子的外形加以装饰性的处理。石狮头上那阔大的嘴巴，鼓出来的眼睛，昂首、挺胸、张口，表现了既可怕又可爱的统一特征。它的视象特征是令人震惊的雄伟，而又给人以沉着稳定的形式美感。艺术家从客观对象的固有特征出发，经过变形、夸张，目的是为了强化作品的主题，美化作品的艺术形象。

为了表现"从西极，陟流沙"而来的"天马"，唐代乾陵的设计者，有意把马刻成有翅膀的翼马形象。唐代雕塑家对于菩萨的形象表现，是成功地运用了装饰手法的范例。那美丽圆熟的身躯，圆润丰满的胸背部和四肢，为飘洒精美的衣裙所覆盖，围绕着闪光的缨络，仪容端丽，气度华贵。敦煌第 158 窟(中唐)的涅槃卧佛像，释迦以僧伽黎(大衣)为枕，右侧身而卧，安静地死去。这是一个悲剧性题材，但天才的雕塑家并没有过多渲染死的恐怖色彩，不像意大利文艺复兴时期大雕塑家米开朗基罗表现的耶稣殉难作品"哀悼基督"那样悲痛欲绝的神态，而是在这尊佛像上，创造了一个丰腴端庄、聪慧慈蔼、安祥入睡的形象。把死亡表现得如此富有美感，在世界雕塑艺术中是罕见的。

和中国绘画一样，雕塑艺术同样强调对象精神和气韵的表现，要求形神兼备，脱形写神。著名的唐代雕刻龙门石窟中的"力士"和"天王"的形象，总是充满着力的表现，表面看来有些不合乎人体结构比例，但是夸张了的肌肉的紧张与壮健，恰好给人以强烈的力量感和咄咄逼人的气势，刻画了"天王"、"力士"勇猛神武的精神气质，表达了一定的意境和气氛。

成都天回镇出土的汉俑《说书俑》，若单从人物的比例和解剖关系上去要求，四肢比例是不正确的，但是艺术家抓住了"说书人"的特点，那击鼓的姿态，眉飞色舞的特有神气，十分传神地表现了古代民间艺人的精神风貌。

装饰也是为了表现，一切表现都是主观与客观的统一。为了更好地表现对象的精神状态、内在生命，决不能以如实描写为满足，装饰和表现的最终目的就是为了更美。

四、假定性

“戏剧的本质在于不同真的一样。”前苏联戏剧家梅耶荷德这句话颇能点明艺术的本质特征之所在。其实何止是戏剧。假定性原则不只体现在传统的中国戏曲里，也体现在传统的中国绘画和雕刻艺术里。任何称得上艺术的作品，几乎都是运用假定性原则，达到表现与再现统一的艺术效果。

戏曲舞台上，“三五步行遍天下，六七人雄会千军”。一支马鞭，代表走马千里；一条木桨，表示水上行舟。中国山水画，不过是画家用笔勾勒点染出来的形象，并不是真山水，但是它令人产生“可行”、“可游”、“可居”的真实感，靠的是联想和想象。

中国雕塑艺术，不管是佛教造像，还是陵墓雕刻，从超凡入圣、洞悉一切的本尊像，到大慈大悲、妙相庄严的观音菩萨，从南朝陵墓高视阔步的天禄，到唐代乾陵身生双翼的天马，无不具有假定性艺术特征。众所周知，艺术并不要求所有形象都和真的一样，艺术有权对自然形态固有特征，有所选择地掌握。不拘泥于对象的所有特征，而概括它的固有特征。观众完全可以从对象的固有特征中，凭借联想和想象认识它。中国古代雕塑常见的石狮、石天禄、石翼马之所以具有极大的艺术魅力与极高的审美价值，正因为它和真的不一样。它是一种假定性形象，可以说是一种在更广阔、更深远的意义上对客观事物的更真实的反映。

高度概括、重视传神的中国传统戏曲、中国水墨画和中国雕塑艺术，它们并不表示我国艺术的落后，而是代表艺术上的独特创造。既然艺术形象不应当是生活的简单再现，而且需要艺术家充分表现自己的审美感受和审美理想，形式和风格完全可以多种多样。这种以再现为基础的表现，既不失真，也不失其美。试把古罗马青铜母狼像与之比较，优劣顿见。中国古代雕塑的高明之处，就在于和真的不一样。可是那座母狼像太写实了。垂在腹下的两排显眼的乳房，很难使人引起美感。

五、类型化

如果说古希腊雕塑是以“艺术模仿自然”，追求理想化的人体美，古罗马雕塑以鲜明的人物个性的肖像为特征的话，那么，中国古代雕塑艺术则以类型化为自己的美学特征。

中国古代绘画与雕塑艺术，都不主张面对自然实物写生，而是凭视觉记忆，调动想象力进行创作。我国元代人物画家王绎(1333—?)往往在人们“叫啸谈话之间,默记情貌,然后落笔”。他自己总结出一条经验:“默记于心,闭目如在目前,下笔如在笔底。”中国画家和雕塑家的创作,依靠平日的观察积累丰富的记忆表象,经过强化提炼为艺术形象。

中国的造型艺术,具有凭记忆造形的特征。具体地说,就是类型化。往往不是拘泥于对象的某一形体比例和性格的真实刻画,而是综合了同类型对象的基本特征(形体和性格),创造出具有共性美的艺术形象。众所周知,中国古代雕塑艺术,一开始就是为一定的政治或宗教目的服务,表现一定的思想和理想的。雕塑家只能按照一定阶级的审美规范进行创作,在一定的审美理想制约下,把各种表现对象加以规范化、类型化。但也并非千人一面,缺乏个性的美。中国雕塑是通过类型来表现个性的。如佛的森严超脱、菩萨的温和与妩媚、迦叶的老成持重、阿难的聪慧潇洒、天王力士的雄健和威武,等等。罗汉是一种类型,既体现它法力广大,但还未修炼成佛的众僧之共性,又可以看出各自具有的鲜明的形象特征与个性特征,寓个性于共性之中。

六、与建筑、环境融为一体

我国古代雕塑,与建筑和环境的关系极为密切。雕塑作为美化建筑,烘托环境气氛的手段,是为一定的精神目的服务的。

中国古代宫殿、寺庙、陵墓等高级建筑,常用雕塑艺术来衬托建筑的艺术形象。例如宫殿正门前的“阙”、华表、牌坊、照壁、石狮等,都有精美的雕刻作为装饰。再如北京故宫天安门前布置着由白色大理石建成的七座拱桥,上面有装饰雕刻。两旁还有石狮和华表,在华表上刻着精彩的云龙浮雕。太和殿、中和殿及保和殿前,两侧都布置铜狮等动物雕刻。重檐屋顶上也有龙、风、鱼、神等装饰雕刻。这些雕刻非常谐调地与建筑融为一体,加强了故宫庄严富丽、神圣不可侵犯的气氛。

著名的唐代乾陵雕刻群,是建筑、雕塑与环境结合的杰作。设计者有意把石雕尺度、体量放大,当谒陵人在御道两侧庞大的雕刻群俯视下行进时,自然会感到自己的渺小,整个陵区的神圣、庄严和崇高,给人以精神上的震撼。这是古代环境艺术的典范。中国古代雕塑艺术与建筑环境的关系,常常表现得惊人地和谐与默契,体现了“天人合一”的古典美学思想。

第四节　中国著名旅游区雕塑艺术赏析

一、秦始皇陵兵马俑(陕西省临潼县)

1974 年 3 月,陕西临潼县晏寨公社西杨村的社员打井时,发现了伟大的地下宝藏,一时轰动中外。这就是 8000 余件秦代的陶制兵马俑。这是一支浩浩荡荡、气势宏伟的地下大军。那技艺精超的大宗兵马俑,可谓超出人们的想象,是我国及世界雕塑艺术的珍品,被国际友人誉为“20 世纪最壮观的考古发现”,“世界第八大奇迹”。

秦始皇陵兵马俑坑深 5 米,东西长 230 米,南北宽 62 米。在纵横面积 14260 平方米的深坑中,放满了排列成 38 路纵队与阵势的陶质武士和车马俑像。仅在试掘的 960 平方米面积中,竟出土武士俑 500 余件,战车六乘,每乘四马,计陶马 24 匹。俑像高 1.8 米左右,马身高 1.5 米,长 2 米。此外还有剑、弩、钩、矛等一大批实战武器。根据推算,仅一号坑可出土陶俑、陶马近 6000 件,二号坑可出土近 1000 件,并发现似指挥部的三号坑,均待以后再行发掘。

从已出土的俑像来看,真是形象生动,姿态各异,雄伟出奇,技艺惊人。八千余件陶制兵马俑,组成一个由战车、步兵、骑兵相间编列,“有锋有后,有侧翼,有后卫”的严整的方形军阵。这种模拟三军的宏大、磅礴阵势,在布局上独创一格,生动地再现了秦王“扫六合,虎视何雄哉”,及秦始皇“带甲百万,车千乘,骑万匹”的兵强马壮之威武场面。这就是这组群像所要表现的政治内容和时代特征。

秦俑雕塑艺术的作者选择了严阵以待的时机,数千名披坚执锐的武士肃然伫立,斗志昂扬,战车被四匹奋蹄欲行的战马拉着,牵马的武士紧握马缰,目视前方,凝神听令。骑兵的坐下马奋鬃扬尾,骑士牵缰提弓立于马前,跃跃欲战。这一切都能使人联想到,只要一声令下,武士们就会冲锋陷阵,势不可当,迅速歼灭敌人。作者选择这种一触即发的临战状态,是最能反映“战未尝不克,攻未尝不取,所当未尝不破”的勇敢善战的秦国军旅之精神风貌。像这样的静中有动、动静结合、寓动于静,统一中求变化的表现手法,其艺术魅力真是摄人心魄。

(一)秦俑的写实风格

秦俑的艺术特色,给人印象最强烈的是它的高度的写实性,是大、多,而真。所谓大,是陶俑、陶马的形体高大,和真人、真马大小相等;所谓多,是数量众多,显示了一种恢弘的气概和巨大的力量,使人感到震惊;所谓真,指数千兵马俑,不是一群毫无生气的偶像，而是许多具有鲜明个性的秦国战士形象的真实纪录。一列列、一行行的战车、骑兵和步兵，都极为逼真、生动。就连一些细枝末节，也达到了惊人的酷似。

严格地模拟实物，是秦俑艺术写实风格的主要特征。例如，在整体布局上，它模拟军阵的编列，创造了由左、中、右三军和一个指挥部组成军阵体系这样宏大的构图。长兵强弩在前，短兵弱弩在后，长短兵相杂。战车、车子的形制、结构和各部件的大小尺寸，各类武士俑身材的高矮、胖瘦，以及面型、须发的样式等，都刻画得十分逼真。有的大口、厚唇、宽额、润腮，纯朴憨厚，似乎是出身于关中地区的秦卒；而额头微向后缩、高颧骨、宽厚的耳轮、细细的眼睛、薄薄的眼皮，结实、强悍，则是出自陇东的战士；那圆圆的面庞、尖下巴、神情机敏的小个子，显然是巴蜀籍的士兵。秦俑将士服饰种类繁多，各不相同。甚至连战士甲衣的甲片编缀方法，身上装束的革带、带钩、发带以及发鬃、发辫，腿部扎的行滕、胫缴，以及靴履等细节，也都是严格写实，一丝不苟。

(二)秦俑的形象塑造

秦俑在形象塑造上，却又不是自然主义地摹拟真人。它是经过提炼后的艺术形象。手法洗练，不作繁琐的雕饰，而是力求表现人物的精神、气质，从整体上形成深沉雄大的艺术效果。为了使形象生动、传神，作了必要的艺术夸张和重点刻画，如表现须眉就非常精彩。作者不拘泥于刻画毛根出肉的真实，而是用夸张的手法，把须眉塑造得有角有棱，突出它的眉棱骨，表现了刚强的个性。特别是胡须，有些塑得飞动、竖起，或翻卷起来，有的在俑唇上贴两条长方形薄泥片。发型，有螺纹式、篦纹式、波浪式。发辫盘结的形式，有人字形、十字形、丁字形、卜字形，等等。这些形象塑造，有助于人物精神气质的表现，使个性十分鲜明。陶马的塑造，抓住了明确的大体面关系，概括战马的大形，细部刻画又很细致具体，马的胸部塑造得宽阔、厚丰、胸肌隆突，透皮见骨，臀部圆润，肌肉丰满。头部眼眶高隆，鼻翼翕张，眼珠突起，灼灼有神。

秦俑在技法上是把圆雕、浮雕、线刻有机结合。大的立体形象用堆、塑的方法作成圆雕。装饰、细节、细部则用堆、捏、贴等方法作成浮雕效果。立体形象的细部，特别是面部则往往用刻、画的线来表现，把外部形体与内在精神气质融为一体，体现了“形具而神生”的中国传统的审美要求。

(三)秦俑的神态刻画

秦俑在人物神态刻画上有突出成就，表现在它塑造了众多不同身份、不同年龄、不同个性的人物典型。不仅从服饰上着力，而且更从神态、气度上加以刻画。如在陈列室里陈列的二号坑出土的将军俑，其身材魁梧，高 1.96 米，头戴双龙尾长冠，身穿战袍，袍外套着甲片精细的鱼鳞铠甲，肩、胸和背上都有花纹装饰，身佩长剑，颏下飘须，神态刚毅沉静，给人足智多谋的印象。有的显得温文尔雅，有的则成熟老练而持重，各有其不同的个性特征。中下级军吏俑，不但在服饰上与将军俑不同，而且精神、气度也有差异，总的来说，着重表现其恭谨、勇武和干练。骑兵和鞍马群俑，其神态、服饰又不同于步兵，他们的战袍、铠甲皆很短，便于跨马和作战，胫着护腿，足登皮靴，执缰提弓，英姿勃勃。一般武士形象更是多彩多姿，往往通过一个特定的动势以传其神。蹲跪式的武士俑，左腿蹲曲，右膝作跪状，其身躯微向左侧，两手用力控弓，箭在弦上，神情紧张激动。立式弩兵俑，有的弓弩已张，将发未发。作者捕捉了持弩待发前的一瞬间，神情生动逼真。至于众多的步兵俑，细看起来，都有不同的个性。有的立眉圆眼，眉间的肌肉拧成疙瘩，显得久经沙场锻炼，沉着勇敢。一号坑东南角并列的两件武士俑，一个面孔圆润、年纪较小，是一个淳朴的小战士；一个是额有皱纹，神情严肃，是稳健英武的老战士。

总之，秦俑真实而艺术地塑造了秦军的典型形象，在我国古代雕塑史上是划时代的。它起了承前启后的作用。它那既写实又精于提炼和传神的艺术表现手法，为汉、唐雕塑艺术所效法。秦俑艺术可以说是我国古代雕塑史上第一个光辉典范。

二、霍去病墓石刻(陕西省兴平县)

陕西省兴平县境内著名古迹——汉武帝刘彻茂陵，东距西安市 40 公里。巨大的陵寝被十几座后妃、功臣陪葬墓簇拥着，东西绵亘十余里。

茂陵东面千米的地方有一座林木葱茏、怪石竖立的山形墓冢，这就是西汉名将霍去病之墓。墓前一组大型纪念性雕刻，安置在那模拟山形的墓冢林木之间。这些神奇的石刻包括“马踏匈奴”、“石人”、“卧马”、“跃马”、“卧牛”、“伏虎”、“卧象”、“蟾”、“鱼蛙”、“野猪”、“怪兽吃羊”、“巨人搏熊”等十多件。

霍去病(公元前 140 年—前 117 年)，西汉武帝时名将，曾以六战六捷的战绩，打败盘踞北方的匈奴军，攘除了异族的长期威胁和骚扰，为安定边防，发展农业生产，沟通西域交通提供了可靠的保障，建立了卓越的功勋。霍去病因之威名大振，被封为骠骑将军、大司马、冠军侯，死后即陪葬茂陵旁。为了纪念年轻的将军，其墓设计为山形，以象征祁连山大战的环境。墓的周围置纪念性石雕一组。

“马踏匈奴”是一个象征性的战马形象，高约 2 米，庄重肃立。马足踏赤脚散发的匈奴败将，象征大汉帝国的胜利。它是点题之作，概括着整个雕刻群的创作动机：纪念战功。它也是迄今所知我国最早的纪念碑式的石雕巨作。

“跃马”、“卧马”，两匹战马，一跃一卧。跃马长约 2.5 米，造型劲健。这是一匹休憩卧地，而闻警即将跃起的一瞬间的马的形象，象征战士警觉的性格。卧马引颈仰首，前腿一屈一伸，呈现即将腾身而起的神态。

霍去病墓石刻之所以引人注目，因为它是西汉纪念碑群雕，具有划时代的意义。它在塑造形象方面打破了旧的程式，是我国古代纪念碑雕刻艺术的里程碑。为了纪念这样一位英雄，艺术家不是直接表现英雄本身，而是表现英雄的乘骑，表现英雄一生奋战、威名远震的祁连山。从战马想到奔驰厮杀、保卫中华的青年将军，想到血染疆场的英勇战士。祁连山像一座历史的丰碑，永远铭刻着将士们的勋业。它不像秦始皇陵兵马俑，以庞大的阵容，表现严整的军威。而是以少胜多，以一当十。仅仅刻画三匹不同姿态的战马，以三件主要石刻“马踏匈奴”、“跃马”、“卧马”，歌颂了墓主人的赫赫功勋，寓意远征劲旅的艰辛与战绩，也是对无数浴血疆场的无名英雄的怀念。

“伏虎”、“野猪”、“怪兽吃羊”等各种石兽，体现着战斗在边陲的英雄所处的特定的地理环境，烘托出将士远征祁连山的艰险。

霍去病石刻的艺术特点，是因石而得形，因形而造意，因意而施工。艺术家充分利用石块的自然形态，根据精巧的意匠稍事雕凿，融合圆雕、浮雕和线刻等手法，完美地体现了创作意图。这种稳定的整体的造型，显得其内在力量特别雄厚，正如鲁迅先生所评价的：“惟汉人石刻，气魄深沉雄大。”它不愧是最能代表中华民族气质的石刻艺术的珍贵遗产。

三、云冈石窟大佛(山西省大同云冈)

中国的佛教是在公元1世纪从印度传入的。石窟艺术是佛教在我国传播的必然产物。佛教雕塑艺术和壁画一样，是通过佛像雕塑，形象地宣传佛教教义。它可以起到“观者听，听者悟”，“进可以击心，退可以招劝”的作用，较之艰涩的佛经通俗易懂得多，便于群众接受，因而得到统治阶级的大力提倡。随着佛教在中国的广泛传播，我国从南北朝起，佛教壁画和雕塑大量产生，其中特别是石窟艺术更是规模宏大，流布甚广。石窟寺就是利用悬崖峭壁凿成洞窟，是佛教徒虔修之地。我国石窟是模仿印度石窟开凿的，但融合进中国传统的建筑艺术，多用仿木结构的方形塔柱支撑窟顶，有窟檐。根据教义，在洞窟里有主次地布满圆雕、浮雕及壁画。

云冈第20窟大佛，为昙曜和尚最早营造的“五窟”(第16～20窟)中的大佛像之一，主像形体高大。据传昙曜“五窟”的所有主像都是按照北魏皇帝的样子雕造的，甚至大佛脸及脚上所镶黑石，也据皇帝模样和身体上的黑痣而制。佛身即帝身，事君如事佛。

第20窟大佛是云冈石窟的代表作。此窟前壁已崩塌，造像露天。大佛高约14米，为20窟所雕三世佛中的正中一座大坐佛(释迦佛)，作入定坐式。整个雕像的造型，具有北魏早期佛像的典型风格。它是中国传统雕刻同印度佛教雕刻相结合，表现北方拓跋氏游牧民族气质的杰作。

大佛面相方圆，两肩齐亭，深目高鼻，宽肩细腰。上身内着僧祇支，外着袒右肩或通肩大衣。衣纹厚重，作平行线排列，显然是受到犍陀罗艺术（希腊化雕刻与印度本土雕刻相融合的样式）的影响，大佛身体前倾，目光下视，沉思着。在它嘴角边凝固了一个令人莫测高深的微笑。它似乎了解世间一切悲苦烦恼，纷乱争夺，但又漠然置之，对人世似乎并不关怀或动心。相反，它以对人世现实的轻视，以洞察一切的睿智的微笑为特征，并且就在那惊恐、阴冷、血肉淋漓的四周壁画的悲惨世界中，显示出他的宁静、飘逸和睿智。被压迫的渺小生灵在它身上寄托着美好希望和理想，统治者从它身上看到自己的理想人格的表现。“他要作为神的化身来永远统治人间。”云冈大佛集中地显现了那个苦难时代的一种精神折光。内容宽泛而形象概括力极大。随着时代的发展，作为欺骗性的宗教色彩正在消失，但它的艺术美的魅力，至今仍是不可企及之典范。

四、龙门石窟大佛（河南省洛阳）

龙门石窟位于河南省洛阳市南郊 12 公里的地方。“龙门”之称始自东汉，它东为香山，西为龙门山，中间是伊水。两山屹立，形成一座天然门阙，所以又称“伊阙”。这里风景清丽、寺院林立，历来是诗人游客流连忘返之地。

公元 5 世纪末，北魏迁都洛阳。开山凿石造像之风颇为盛行。继云冈之后，在伊山两岸崖壁上又动了工程。历经东魏、西魏、北齐、北周一直到隋唐，乃至五代宋初，延续了大约五百年，龙门石窟迄今保存着历代大小石窟龛 2102 个，大小造像 97000 余尊。它与甘肃敦煌莫高窟、山西大同云冈石窟齐名，合称我国三大石窟。

龙门是历代帝王发愿造像最集中的地方。古阳洞为北魏孝文帝所开，宾阳洞是宣武帝为其父母做功德所开，奉先寺大卢舍那佛是唐高宗、武则天所造，都属带有纪念性雕刻的特征。

龙门石窟在雕刻艺术上的最大特点，是民族风格。随着佛教在中国的传播，佛教艺术也逐渐中国化了。早期佛像面型、发式、衣冠甚至姿态神情，所表现的浓厚的印度风味，特别是印度佛教艺术那种强调女性形体特征、性的刺激、过大动作与姿态等，都被排除出去，而演化为雍容超然、宽衣博带的“秀骨清相”，反映了南北朝时代士大夫的审美标准。到了唐代，佛教艺术基本上摆脱了魏、晋、南北朝以来那种宗教的神秘色彩，明显地呈现出世俗化的趋势。造像以丰满健壮、雍容华贵为美。龙门大卢舍那佛则集中地反映了在我国封建社会鼎盛时期那种特定历史条件发展起来的审美观点和美学思想。

卢舍那佛是释迦的报身像。“卢舍那”意译作净满,又译作光明遍照。“就智为报身”是说佛的智慧光照一切。据记载,大像龛开凿于公元 655 年,历时 20 年,到上元二年(公元 675 年)完工。当时执政的武则天曾资助脂粉钱二万贯。由于政治上的需要,破天荒地把大卢舍那佛像塑造成女性形象。“方额广颐”,和武则天的面貌很相像。可以说是“武则天的模拟像”。

主像大卢舍那坐佛,螺形发髻,身披袈裟,结跏趺坐于束腰须弥座上,既刻画了男性的雄伟庄严,又略带女性的慈祥温和。像高 17.44 米,头高 4 米,耳长 1.90 米;丰颐秀目,仪容庄严典雅;嘴角微翘,略带微笑;头部稍低,略作俯视态。它比之超凡脱俗、充满不可言说的智慧和精神的北魏佛像,具有更多的人情味和亲切感。它不再是超然自得,高不可攀的神灵,而是被高度美化了的至高无上的大唐帝国天后武则天的形象化身。为了突出表现主像,匠师们运用对比、夸张的艺术手法,全力进行烘托、渲染。

大佛面部的雕刻精湛,以形写神。以简洁的衣纹、富于装饰性的螺发以及华丽的火焰纹背光加以衬托,使大佛面部光彩焕发,栩栩如生。“以十余米高大的形象,表现如此亲切动人的美丽神情——是中国古代雕塑作品中的最高代表。”①

五、石浮雕“昭陵六骏”(陕西省礼泉县)

陕西省礼泉县境内的九嵕(zōng)山,是唐太宗李世民的陵墓——昭陵的所在地。

昭陵原有辉煌的地面建筑,祭坛两庑置六匹石雕战马,即举世闻名的“昭陵六骏”石浮雕,以纪念唐太宗南征北战的开国功业。它是征战的丰碑。

“六骏”都是太宗生前征战时的坐骑,名为“特勒骠”、“飒露紫”、“什伐赤”、“拳毛䯄”、“青骓”、“白蹄乌”,遵照唐太宗生前的意愿,令名匠刻成浮雕,分置墓前。其中,三匹作立状,三匹作奔跑状,体型较真马略小,虽是浮雕,造型却极为生动,手法简练,极富真实感,因而使观赏者产生一种亲近感。那匹名为“飒露紫”的战马是李世民在争夺洛阳战争时的乘骑,它身负箭伤时,不屈不退。该浮雕即是大将邱行恭为它拔除箭镞的细节描写。匠师以高超的手法,刻画了战马忍住剧痛,马身本能地微向后缩,坚毅地忍痛屹立的一瞬间神态,突出表现了英勇战马的性格特征。再如名为“青骓”的那匹骏马,浮雕表现它在战场上冲锋陷阵,向前奔驰的姿态:腾空的四足几乎与胸腹齐平,飘拂着的背鬃,高翘的马尾,犹似凌空飞翔。那电掣风驰的矫健姿态,表现得气韵生动,十分传神。

---

① 李泽厚:《美的历程》,第 117 页。

“昭陵六骏”是我国美术史上最负盛名的浮雕珍品之一。可惜其中的“飒露紫”、“拳毛骃”二骏浮雕，于1914年被帝国主义分子勾结奸商，盗运国外，现存美国费城宾夕法尼亚大学博物馆。其他四块现藏陕西省博物馆。有的在第二次盗运时，被锯成四块，破坏严重。

六、乾陵石雕(陕西省乾县)

距西安80公里的陕西省乾县西北的梁山，是唐高宗李治和女皇武则天的合葬墓——乾陵。它是关中十八陵中最有代表性和迄今保存最好的一座陵墓。

乾陵沿袭唐太宗李世民确立的“因山为陵”的体制，利用自然环境，体现了建筑与雕刻艺术严谨结合的总体设计构思。

乾陵前依次列置华表一对、翼马一对、驼鸟(浮雕)一对、石马及驭手五对、石人十对，述圣纪碑与无字碑、五宾像六十尊，还有高大雄伟的石狮一对。

这些堂皇的石雕阵容，除象征守卫和仪仗之外，共同表达的主题是扬威与怀远，以显示封建皇权巩固、天下归心的思想，体现一定的政治概念。成百件大型雕刻排列有序，造成十分庄重的气势。同时它们又以高低不同的比例，大小不一的体积，以及数量的不同，构成一种节奏。乾陵石刻造像的形象特点是由作为陵墓雕刻这一根本要求所决定的。它是纪念碑性质的雕刻。那些石人石马不是表现某一个具体人物或动物，而是表达一种理念、一种思想，它是封建礼仪制度的化身。雕刻群中出现了以前帝王陵墓所没有的内容，如翼马、驼鸟。这两件动物雕刻都是作为异国远方的象征而设置的。翼马即传说“从西极，陟流沙”而来的“天马”，驼鸟则是唐高宗刚即位时，西域的古国大夏所赠。这些被神化了的动物雕刻，反映了大唐帝国封建盛世的时代精神。

综观乾陵石雕，给人印象最深的莫过于石狮了。狮子，在古人心目中被视为能“食虎豹”、“拉虎吞貔，裂犀分象”的神兽，作为英伟与神力的象征。古代雕刻匠师都不是完全写实地去表现狮子，而是富于艺术想象，运用装饰、夸张手法，突出它威猛的特点。乾陵石狮，体态高大，整个石狮呈金字塔形，两足前伸，身躯后蹲，巨大的体积，赫赫然居高临下的态势，令人望而生畏，充满威慑力。这样将“兽中之王”作为人间之王陵墓的守护者，使整个陵区笼罩一层神圣不可侵犯、威武、庄严的气氛。

唐代关中十八陵之石狮雕刻，形态各异，均极精美。如永康陵石狮挺拔、严峻，乾陵石狮雄浑、威武，顺陵石狮雄健、硕大，如此等等，无不具有一种气吞山河的气概。这种崇高感来自形象的内在力量，是封建社会上升时期统治阶级勃勃雄心的形象写照。

七、敦煌彩塑(甘肃敦煌)

敦煌位于甘肃省河西走廊的西端，是古代著名的“丝绸之路”上的一个重镇。

敦煌石窟，包括莫高窟、西千佛洞和安西榆林窟，其中以莫高窟为主。莫高窟，俗称千佛洞，开凿在敦煌城东南鸣沙山东麓的崖壁上，南北长达 1600 米。据唐代碑文记载，创建于前秦建元二年（公元 366 年），历经北魏、西魏、北周、隋、唐、五代、宋、西夏、元等朝代，历时千年。至今保存洞窟 492 个，塑像 2000 余尊，壁画 45000 余平方米，是世界上最大的美术史画廊。

莫高窟开掘在砾岩悬崖上，因砾岩粗粝松脆不能雕刻，古代匠师便采用泥塑制作佛像，再施彩绘，创造出动人心弦的艺术形象。

敦煌彩塑是宗教雕塑，为的是宣扬佛法，供人们礼拜，为宗教服务。但优秀的匠师们敢于突破宗教的藩篱，不断地从现实生活中汲取养料，在宗教所允许的范围内，提炼艺术形象，在作品中表达自己对生活的理解和感受，使得这些塑像富有人性美。这是敦煌彩塑美的灵魂。

综观洞窟塑像，可以说是仪态万方，精美绝伦。最有意味的是第 259 窟（北魏）佛像，头、手、身段比例匀称，面部生动，眉目开朗，嘴角上翘，显示出一种会心的微笑，被喻为“东方的蒙娜丽莎”。这是比欧洲早一千多年的东方的微笑，意味着在神权威迫下人的意识的朦胧觉醒。

至于第 290 窟（北周）的那尊菩萨像，那简直就是一尊活泼、聪慧的少女形象了。她那大大的眼角到鼻头的距离特别短，只有“人中”那么长。前额宽大，面颊圆润，嘴角露出微笑，好像在倾听着人们的祈求。古代匠师借用稚气少女的脸丰富了这尊“觉而有情”的菩萨形象，令人可敬可亲，和谐自然，逗人喜欢。如果说“秀骨清相”、婉雅俊逸为魏晋以来雕塑艺术追求的最高审美标准，那么，唐代雕塑则更具有丰满健康、圆润端丽、形体匀称和谐、表情生动细腻的特点，富有更多的人情味和亲切感。佛教艺术进一步中国化了。

唐代塑像注意个性的刻画和对比。佛像严肃祥和，阿难天真聪慧，迦叶老成持重，菩萨温柔文静，天王勇猛威武，力士强壮暴烈。唐人说“宫娃如菩萨”，其实是菩萨如宫娃。第 45 窟盛唐菩萨像，分明是唐代贵族妇女的形象。她身体作 S 形倾斜，优美地站立着。头部斜而微仰，弯长的柳叶眉下，凤眼半闭，眼神恍惚蒙胧，抿紧的樱唇两角微微翘起，似乎正从梦中醒来，漾起一丝笑意，是那么的优娴静美，高贵矜持，表达出难以形容却动人心魄的情感和韵味，反映了四海富足、国力强盛的盛唐时代的审美情趣。第 45 窟菩萨像之所以动人耐看，还在于它既具有为中国人民所喜闻乐见的中国气派和民族风格，又融合了外来艺术的优点，从肌肤丰满、晶莹、温润和裙裾袈裟的纹褶圆柔适体等表现特色，都能看到吸收印度笈多艺术的精华，以至达到敦煌彩塑的高峰。

敦煌唐塑的艺术特色，可以说是它融会了外来艺术以润泽人物形象的肌肤，又继承了传统艺术的骨力，具有“丰肌秀骨”、外柔内刚的特点。这就从形式美上增添了含蓄耐看的程度，赋予作品以很高的审美价值。

八、麦积山泥塑观音像、供养人像(甘肃天水)

在甘肃省天水县东南 45 公里处，有一座状如农村麦秸堆的山峰，这就是著名的麦积山石窟所在地。它始凿于公元 4 世纪，历经北魏、西魏、北周、隋、唐、宋、元乃至明、清十几个朝代，至今尚留窟龛 194 处，大小泥塑与石雕像 7800 余件，壁画 900 多平方米，是我国佛教艺术的宝库。

宗教艺术的世俗化，在唐代的佛像中已日益明显。到了宋代，中国社会由中古进入近古(封建社会后期)，经济基础和社会关系发生着重要变动，佛教中禅宗盛行，不必出家也可成佛，不要那烦琐的宗教教仪和形式，也并不需要一种什么特殊对象的宗教信仰和特殊形体的偶像崇拜，使得宗教的迷狂在中国逐渐衰落。宗教艺术逐步为世俗艺术所替代。神的形象已完全人间化、世俗化。著名的麦积山宋塑为我们创造了与魏、唐迥异的雕塑美的典范。如第 165 窟宋塑观音像，完全是世俗之神，人间妇女之形象。她与同一石窟的宋代女供养人像相比，除衣着稍有不同外，已经完全是优美俊丽的世俗妇女形象了。她比唐代更为写实，更逼真，更有人情味。第 165 窟女供养人(出资开窟造像供养的信徒)像，她亭亭玉立，长眉秀目，樱唇紧闭。神情端庄娴静，凝思谛听佛的说法，陶醉于美好的遐想之中。她肌肤丰润，神采飞扬，现实美代替了理想之美。麦积山宋塑那些优雅娴丽的形象，正是有血有肉的真实的人间妇女。它们实际上已没有多少宗教艺术的意味了。世俗之美已经战胜天国的信仰。

九、晋祠彩塑侍女像(山西省太原市)

中国的寺庙建筑，大都属于宗教性质的神庙。山西太原晋祠是唐时为纪念周代武王后妃邑姜建立的。宋时毁于火，另行修建，并增塑了邑姜像和四十多个宫廷女官侍女像，同置殿中。

卓越的宋代雕塑匠师，用泥土塑造了四十多个面貌不同、动作各异的当朝妇女。有的老成持重、手捧印玺，有的手执花朵、眉目传情。这些神像，既非佛也非菩萨，而是现实世界中楚楚动人的妇女形象。这些盛装侍女，个个容貌娟秀、风度典雅，令人呼之欲出，俨然是宋代宫苑中人的生动写照。表明人们的审美趣味的转变，对现实生活中美的追求与日俱增，宗教及其虔诚，正悄悄地在艺术领域里退却。

十、大足石刻(四川省大足县)

大足县位于四川东南。大足石窟保存了晚唐至南宋以佛教为主的宗教石窟群四十余处,石刻造像五万多尊。

石窟艺术到了宋代已接近尾声,大足石窟的雕刻艺术是宋代石窟的代表。雕刻艺术的技巧水平,达到炉火纯青的地步。北宋雕刻匠师创造了众多衣着华丽,体态优雅,形象俊美,为群众所喜爱的菩萨像。第 125 号龛数珠手观音像是北宋菩萨像中最富女性魅力的典范。因为她实在太迷人了,当地群众给她起了个雅号"媚态观音"。像高只有 97 厘米,却享有"北山石刻之冠"的美名。她面容丰润、体态婀娜,赤着脚,从容自在地站着。若有所思的神情,似乎沉浸在幸福的遐想之中。宋代的菩萨像更接近普通民间女性,显得格外生动活泼,标致美丽。

大足宝顶山佛湾摩崖石雕的养鸡女和吹笛少女像,更是农村风情的写照,洋溢着劳动人民的生活情趣。中国的佛教艺术,到了大足石窟,犹似回光返照。虽然是无限美丽,但却走入盛极而衰的历史进程。从世俗生活中去追求审美理想,已成为一代文学艺术的美学风尚。

十一、华严寺彩塑菩萨像(山西省大同)

山西大同华严寺建于辽代前期。寺中泥彩塑像,继承了唐代传统,也是中国古代雕塑艺术的优秀遗产。主殿中合掌露齿的胁侍菩萨,雍容华贵,温柔娴雅,体态袅娜,合掌微笑,秀丽妩媚,完全像是贵胄名媛一般尊贵娇艳,表明佛教艺术在中国进一步世俗化了。

十二、保圣寺泥塑罗汉像(江苏省昆山县甪直镇)

在江南水乡江苏省昆山县甪直镇,有一座唐代建造的佛寺——保圣寺。寺内十八罗汉像,相传为唐代塑圣杨惠之所作。但就塑像风格来看,应是宋代作品。现宋代重修佛寺也已毁失,尚残存半堂罗汉。九位尊者,有的怒目而视,有的凝神静思,有的清癯虔诚,有的文雅温厚……个个性格分明,神情毕肖,不失为宋塑中佳作。

所谓罗汉像,实际上也是现实生活中苦修的高僧之写照,应该说也是佛教艺术世俗化的产物。到了明清时期,中国佛教造像世俗化倾向,又有进一步的发展。现存山西平遥双林寺的十八尊罗汉像和云南昆明筇竹寺的五百罗汉彩塑像,不但有人世间活人的性格特征,而且有现实生活中普通人的动作表情,神态生动,呼之欲出,世俗气息特别浓厚。这充分说明中国佛教造像艺术至此已完全世俗化了。

以上仅仅是对中国各旅游景点一些著名雕塑作品,作一浮光掠影般的浏览,远远不能概括丰富多姿的我国古代雕塑艺术之全貌。许多有名的石窟艺术,如天龙山石窟、石钟山石窟、巩县石窟、炳灵寺石窟、响堂山石窟等,不可能一一加以介绍。但仅就上述的陶俑、陵墓雕刻和佛教造像来看,它们的美学价值、艺术水平,已称得上是中国雕塑艺术的瑰宝,是当地文化景观美的灵魂。我们应该十分珍视这份历史文化遗产,加以切实地重视和保护。要继承和发扬我国古代雕塑艺术的优秀传统,更好地为日益发展的中国旅游事业服务。

思考题

1. 如何理解雕塑的功能性与审美性?

2. 如何理解雕塑的审美特征与旅游的关系?

第七章　中国旅游纪念品

学习目的

熟悉旅游纪念品的特色，认识旅游纪念品的审美特征及在旅游中的意义。

基本内容

- 旅游纪念品的特色

  纪念性　艺术性　实用性　民族风格　地方特色

- 审美特征

  功能美　形式(造型)美　质美

随着旅游事业的蓬勃发展，旅游纪念品也在不断地得到开发。继1984年4月“中国旅游纪念品开发成果展览”在北京军事博物馆展出之后，中华旅游纪念品联合开发总公司筹建的“中国旅游纪念品陈列馆”于1984年7月12日正式向社会开放，引起中外旅游者的极大兴趣，许多外国旅客把陈列馆誉为“东方艺术宫”。

中国旅游纪念品名目繁多，各具特色，有的具有浓厚的民间色彩和地方色彩，深受广大中外旅游者的欢迎。

第一节　中国旅游纪念品分类

从制作的工艺水平来看，中国的旅游纪念品大致可分为两大类，即特种工艺美术品和民间工艺美术品。

一、特种工艺美术品

特种工艺美术品所采用的原料比较珍贵，工艺过程也比较精细，主要有水晶和玉石器件，象牙雕刻、铜铸、景泰蓝器皿，高级的漆器件，精致的刺绣，特制的陶瓷等。这些特种工艺制品，在我国旅游事业蓬勃发展的今天，已成为旅游者非常喜爱的高档旅游纪念品。例如，象牙雕刻不仅是珍贵的旅游纪念品，而且是我国工艺美术之瑰宝。艺术工艺精湛者，不仅具有审美观赏价值，而且具有收藏价值。广东的牙雕擅长镂空和透雕，具有纵深透彻、精巧玲珑的特点。北京的牙雕素以圆雕人物，特别是以古装仕女著称，又以花卉见长。上海、南京、天津等地的牙雕产品，技法各异，各有千秋。

扇子是我国特有的一种工艺品，特别是苏州工艺扇中的檀香扇，声名尤著。檀香扇系用檀香木制作，为我国首创，它芬芳馥郁，纤巧玲珑，制作精良，尤其为中外女性游客所喜爱。如今，苏州的工艺扇已成为旅游纪念佳品。

景泰蓝制品也是我国极其珍贵的旅游纪念品。景泰蓝是北京特有的传统工艺美术品。传说因此制作在明景泰年间广为流行，且当时的制品以蓝釉为最出色，故名“景泰蓝”。景泰蓝制品制作工艺复杂、精细、用料昂贵，成本较高，主要制品有瓶、盘、罐、盒等，以陈列装饰为主。

陶器也是以陈列、装饰、欣赏为主的工艺品。我国江苏宜兴盛产陶瓷，素有“陶都”之称。陶瓷的种类也很多，有日用陶、细陶、精陶、青瓷等几十大类。宜兴陶瓷中最佳者为紫砂陶，主要品种有壶、杯、瓶、鼎、盆、盘、碟等，造型丰富多姿，尤以紫砂茶壶最为出色。紫砂壶有肉眼看不见的小气孔，透气性良好。用紫砂壶泡茶没有化学变化，茶特别清醇。另外用紫砂盆栽种花木、盆景，成活率高，不易烂根。

我国江西景德镇以盛产瓷器著名，有"瓷都"之称。景德镇的瓷器已有一千三百多年的历史，经过长期发展，瓷的质量精良。人们常用"声如磬、白如玉、薄如纸、明如镜"来赞誉景德镇的瓷器。景德镇的名牌瓷器，造型美观，色彩柔和雅致，如花青瓷色调淡雅清丽，是景德镇瓷器之佼佼者。

我国湖南醴陵、河北唐山、福建德化等地也盛产瓷器，并各具特色。

洛阳唐三彩是我国独有的特种工艺美术陶瓷。因为它是用红、绿、黄三色釉彩组合涂贴，又创始于唐代洛阳，故称洛阳唐三彩，俗称唐三彩，已有一千三百多年的历史。唐三彩吸收了我国的绘画、石刻、雕塑等工艺美术品的优点，并采用印花、堆贴、刻画等形式的装饰图案，造型浑厚丰满，工整细腻，刀法简朴，线条流畅，显示了盛唐时代的精神面貌。唐三彩的工艺随着时代的发展，不断充实和提高。目前，唐三彩的主要制品有粉彩文武俑、唐代仕女、六骏马、三彩马等，以及表现新体裁的制品，约三百余种。

刺绣是我国著名的传统手工艺品。我国有四大名绣最负盛誉，它们是苏绣、湘绣、粤绣、蜀绣。

苏州的刺绣，有四十多种针法，素以针法活泼、图案秀丽、色彩雅洁之风格见长。

湘绣起源于湖南长沙近郊的民间，以国画为基础，擅绣飞鸟走兽、山水花卉。

粤绣是广东地区的传统工艺，色彩浓郁鲜艳，装饰性强。

蜀绣分布于四川平原，针法严谨，针脚平齐，图案色泽光亮。

有人把中国四大刺绣的艺术特征总结为："苏绣工艺精细，丝缕分明；湘绣情调豪放，明媚秀丽；蜀绣针法严谨，光亮平齐；粤绣色彩艳丽，风格特异。"

像水晶、玉石器件，高级漆器件等，都是我国珍贵的特种工艺美术品，也是为广大旅游者所喜爱的高档旅游纪念品。

二、民间工艺美术品

民间工艺美术品所用原料较廉价，制作工艺过程较简单，但具有浓郁的民间特色。民间工艺美术品的作者主要是各民族的民间艺人。他们的作品，是按照自己的生活方式、自己的审美习惯，利用自己的经济条件，使用自己的生产方法创造、生产出来的。所以，他们的作品具有鲜明的民族性、地方性、装饰性和趣味性。

民间工艺美术品种类繁多，数不胜数，常见的有剪纸、泥塑、面塑、风筝、花灯、竹编器件等。下面我们简单介绍几种。

剪纸，是广大旅游者所喜爱的民间工艺美术品，它广泛应用于民俗生活中，大体有窗花、门笺、墙花、顶棚花、灯花、喜花等。剪纸的作者多为农家妇女，表现题材一般都是她们最称心、最关心、最向往的事物，如家禽、花鸟、农作物、娃娃、吉祥图案、戏曲故事等。她们所寄托的理想、爱慕、祝福等心理因素跃然其中。

泥塑和面塑也是我国独特的民间工艺美术品。无锡惠山泥人在清代就很有名，以王春林的泥人为最著名。惠山泥人分两大类，一类是手捏戏曲人物，称"细货"；一类是模具印坯，大批生产，称"粗货"。著名的"大阿福"是惠山泥人中最具特色的作品。

天津泥塑，清代最盛，以"泥人张"最为有名。据记载，张明山为天津"泥人张"的第一代。张明山捏的泥人形象逼真，远近驰名。西方人曾以高价收购，陈列于博物馆中，供人们观赏。

我国的面人也很有特色。山东省荷泽县面塑最有名，艺人李俊兴善捏"三星"(福、禄、寿)、"麻姑献寿"等，李俊福善塑"杨家将"、"七侠五义"等戏曲人物。

风筝，是中国独特的民间工艺品。以北京、天津和山东潍坊的风筝最有名。北京的风筝讲究彩绘，粗细有致，自有帝都特色。著名的风筝艺人金福忠，出身风筝世家，当年宫中多用金家的风筝。天津的风筝以魏元泰的作品为最佳，清末民初时，因其作品精美，赢得"风筝魏"的尊称。天津风筝的设色，带有天津杨柳青年画的特色。1982 年，敦煌牌风筝在全国首届风筝评比中荣获第一名。同年，获中国工艺美术品百花奖银杯奖。1983 年，获全国旅游纪念品优秀奖。潍坊风筝同北京、天津等地名家的产品一样，是誉满全国的传统工艺品。在 1982 年全国风筝评比中，仅以零点八分之差，逊于天津而获第二名。

潍坊风筝近年又有新的发展，形式有蝴蝶、金鱼、蟹、飞马、仙鹤、飞机等，在制作上取潍县杨家埠年画之长，色彩鲜艳，图案简练，笔法细致，形态逼真。

花灯，也叫彩灯。平日用它烘托婚寿喜庆气氛，特别是一年一度的元宵节，闹灯、赏灯已成为举国一致的灯节了。赏灯活动在汉代就已有了。至宋代，汴梁、临安的上元灯节，往往延续五夜，甚至四十里花灯不绝。江苏、北京、上海、福建、广东、安徽等省市都是盛产花灯的地方。

除以上两大类旅游纪念品之外，像"文房四宝"中的墨和砚，在今天，对于外国旅游者来说，已失去实用价值，成为主要用来陈列和装饰的旅游纪念品。尤其是高档的砚台(像居群砚之首的端砚)，选料精良、制作精细，砚上往往精雕细刻。这种砚台实际上已成为陈列性的装饰品。

总之，我国的旅游纪念品各目繁多，在旅游事业蓬勃发展的今天，许多商品具有旅游纪念意义。像一些主要具有实用价值的生活用品，诸如绣花枕套、台布、绣衣、玻璃日用品、茶器、筷子等，这些商品在某种意义上说也是旅游纪念品。所以，旅游纪念品的品种将随着旅游事业的发展，不断开发和丰富。

第二节　中国旅游纪念品的特色

一、纪念性、艺术性、实用性

中国旅游纪念品最显著的特点是有“三性”，即纪念性、实用性和艺术性。例如，丝绸制品是我国的特产，各大城市的百货商店均有出售，并不稀罕。但设计人员巧妙地把丝绸与中国画结合起来，在丝绸制品（如方巾、手帕、领带等）上绘制上各地的风光，使这样一个以实用为主的产品具有了纪念性和艺术欣赏的价值，成为旅游者争相购买的旅游纪念品。

我国的砚台本是研墨用的，但有些高级的砚台上经常雕刻龙凤虎麟、山水人物、梅兰竹菊等精美的图案，所以，砚台不只是实用的文具，而且是别具一格、可供陈列欣赏收藏的艺术珍品，这样，我国的砚台不仅具有纪念性和实用性，而且也具有艺术性。尤其是海外华人和日本朋友对我国传统的砚台比较感兴趣。

在游览风景名胜时，年纪较大的旅游者总希望有一根称心如意的手杖。我国传统的手杖品种极其丰富，有山东曲阜的楷木镂刻手杖、云南的棕竹手杖、桂林的方竹手杖，不仅好用，而且是珍贵的艺术品，是中外旅游者比较喜欢购买的。

“中国旅游纪念品开发成果展览”展出以后，引起旅游者的极大兴趣，有的旅游者参观后称赞道：“新颖奇特的展品，反映了各地旅游的特色，引起了我们对往日旅游生活的美好回忆，这正是我们所需要的旅游纪念品。”

二、突出民族风格和地方色彩

我国旅游纪念品的另一个鲜明的特色是突出民族风格和地方色彩。例如，天津的泥塑，传统的作品大都是反映天津民俗生活，比如戏剧人物，形象逼真，个性鲜明，不仅具有极高的艺术价值，而且充分表现出民族风格和天津的地方色彩。

我国的民间玩具丰富多彩，形态各异，具有鲜明的民族风格和浓郁的乡土气息，是广大外国旅游者十分喜爱的旅游纪念品。像山东省民间的江米人、刻葫芦、旋木玩具等，已有多年的传统，工艺简朴、造型新颖，具有一种粗犷的美。河北省白沟河的泥娃娃、公鸡、小狗、狮子等，以黏土为基本原料捏制，有的用模子磕出，然后加以彩绘(深受天津杨柳青年画的影响)，色彩艳丽，形态俊美，乡土气息十分浓郁。还有广东南雄的民间竹编玩具、长沙的棕编玩具，都是技艺精湛、美观质朴、地方特色鲜明、深受旅游者喜爱的旅游纪念品。有不少外国旅游者喜欢购买中国的戏曲人物脸谱面具。中国的戏曲人物面具的确是一种民族色彩十分浓厚的旅游纪念品。面具上的脸谱画工非常讲究，形态奇特，面部表情生动逼真，真是形神兼备，引起旅游者、尤其是外国旅游者的极大兴趣。

除了传统的工艺美术品之外，近年来我国又出现一些新型的旅游纪念品。例如，历史人物纪念品、敦煌艺术纪念品、出土文物纪念品(如马王堆出土漆器纪念品)等，名目繁多。根据秦俑原件缩小复制的纪念品，基本保持了原件的造型神态，深受外国朋友的赞赏，秦俑在各地历史博物馆展出后，小件复制品被中外游客抢购一空。

综上所述，旅游纪念品越是突出民族风格和地方色彩，越是具有乡土气息，就越受到中外旅游者的欢迎。民族风格和地方色彩与纪念性是密切联系的，越是民族风格和地方色彩突出的旅游纪念品，就越具有纪念意义，也就越受到中外游客的欣赏。

第三节　中国旅游纪念品的审美特征

中国旅游纪念品大都是属于造型艺术，与文字、音乐、舞蹈相比，更为含蓄，给人的想象也更为深远。买到一件好的旅游纪念品，会使人产生一种情绪上的激动，沉浸到艺术美的享受中。

人类所创造的物品都包含着美的创造，即使最远古的石器，也存在着美。原始的彩陶、商周的青铜、秦汉的砖瓦、六朝的雕刻，以及唐镜、宋瓷、明锦、清绣，无不存在着美。有些现代的旅游纪念品工艺精深，风格典雅，造型奇异，也具有很高的欣赏价值。

一、功能美和形式美

旅游纪念品的美是由功能美和形式美两方面组成的，而形式美又包括外部表现形态的造型美和装饰美两个方面。旅游纪念品一是重量轻，体积不大，包装轻巧，便于携带，有纪念意义和适合馈赠；二是美观大方，款式别致，或是古色古香，或是新颖醒目，工艺精巧，逗人喜爱，富于民族文化特色，既有实用价值，又可供观赏。功能美和形式美的结合，使这些旅游纪念品备受旅游者的青睐。因为，赋予旅游纪念品美的形象是利用物品本身的功能、结构上的特点，在形式上作了一定的审美处理后，使这种物品的感性形式得到人们情感上的直接肯定，其中有些产品在形式上进行了装饰处理，体现了一定的情感色彩和审美态度，因而具有观赏价值。

旅游纪念品造型美的产生，是人们根据实用和审美的需要，精心设计创造出来的，也是美的创造。造型优美奇异是一件旅游纪念品的最基本的审美特征，是引起游客兴趣的最主要的因素。中国旅游纪念品，不论是特种工艺品，还是民间工艺品以及实用工艺品，无不在造型上精心设计。从古代的陶瓷、青铜器、漆器、玉雕、牙雕等，到现在的旅游纪念品(合金制品、塑料制品)，有的古朴典雅、凝重刚健，有的挺秀相间、天趣盎然，有的仪容富丽、饱满端庄。造型的美在于"出奇制胜"，没有新和奇，也就没有美。

有一套八仙彩色瓷雕，八位仙人栩栩如生，不由得让旅游者坠入八仙故事的遐想中。那身背葫芦、撑着拐杖的铁拐李，那手执蒲扇的大肚皮汉钟离，那仙风道骨的吕洞宾，倒骑毛驴的张果老，还有韩湘子、何仙姑、蓝采和和曹国舅，都让游人着迷。广东潮州地区很早就出售这类传统瓷器，博得海内外人士欢迎。它的产品似乎不及号称瓷都的景德镇、醴陵、唐山等地瓷工艺品的精巧，看上去很粗，但粗中有细，造型生动活泼，色彩逼真协调，令人爱不释手。

旅游纪念品一般以偏重和谐统一的优美格调来体现对于人生的正面肯定。手工工艺品感情色彩往往较朦胧，不要求具备再现生活的功能。旅游纪念品可以在旅游生活结束后以其外在形式所显示和烘托的趣味、情调、气氛，继续在潜移默化中影响人们的感情和思想，但是总的来说，它仍然要求具有一定功能美的特点。

特种旅游纪念品，丧失了功能美，只保留形式美。有时，旅游者喜欢买来作为送给家人或朋友的礼物，特别是一旦成为情感的信物，其价值就远不是旅游纪念品本身的价值所能表示的。

二、质美

一些特种工艺的旅游纪念品，例如象牙雕刻、玉石雕刻、水晶石器件、金银器皿等，其所用材料本身就十分珍贵，而且很美，有的晶莹剔透，有的色泽悦目，有的纹理细致……例如，水晶、玛瑙、翡翠、玉石、宝石、金银本身就使人产生一种高洁、富丽、华润之美感；瓷器具有洁净、剔透的审美特征；陶器具有质朴无华、沉重古拙之美；玻璃工艺品具有晶莹透明的特点。总之，这些材料本身都有自己特定的美质，这是它们得天独厚的审美特征，再加上优异的工艺制作，更是锦上添花，成为稀有的艺术珍品。

艺术的加工要注意保持原材料特有的美质，让自然美与艺术美充分结合，才能更加生辉。

我国工艺美术的创作设计除常常用传统题材为表现内容外，也常以珍贵的美材作为原料。美题、美材是其灵魂与主体，工艺技术应为灵魂与主体服务，使美题、美材更上一层楼。雨花石是美材，大自然已经对它雕琢加工过了，如果再进行工艺加工的话，顶多加以抛光，使雨花石表面更加光洁，不浸在清水中也很晶莹，如果过分加工，反而会失去它的自然美。

总之，功能美、形式美（造型美）和质地美是中国旅游纪念品最基本的审美特征。旅游纪念品之所以能引起旅游者的兴趣，最主要的还是由它的审美特征所决定的。一件旅游纪念品如果不美，就很难引起旅游者的兴趣。这是在创造和生产旅游纪念品时所不能忽视的。另外，旅游纪念品的纪念意义也不能忽视。既然是“纪念品”，就得突出它的纪念意义。有些旅游者往往不是首先从审美上考虑购买一件旅游纪念品，而是首先考虑它的纪念意义。旅游者购买一件纪念意义较强的旅游纪念品，往往能唤起他们对旅游生活的美好回忆，加深其对生活意义的认识和理解。这正是旅游纪念品所具有的审美价值。可以说，旅游纪念品的审美价值，最主要体现在它的纪念性，其次才是它的陈列性、装饰性和观赏性。

思考题

1. 旅客最喜欢哪些旅游纪念品？为什么？
2. 制造旅游纪念品主要应突出什么特色？为什么？

第二编　旅游者与旅游工作者的审美关系

第二编主要阐述旅游者的审美心理和旅游者与旅游工作者的审美关系。

旅游审美心理和审美关系，不仅是旅游学的重要组成部分，而且是旅游美学研究的重大课题。对旅游者的审美心理和旅游工作中的审美关系的深入阐述和认识，对于从事旅游工作和饭店工作的人员，尤其是对翻译、导游具有深刻的现实意义。它直接关系到我国旅游事业的兴旺和发展，关系到我国的国际声誉。

第八章　旅游审美心理概述

学习目的

了解旅游者审美需求的类型，熟悉旅游者的审美个性及其审美感受的层次，进而满足旅游者的旅游审美需求。

基本内容

- 审美需求的类型

  自然审美型　艺术审美型　社会审美型　饮食审美型

- 旅游者的审美个性

  审美个性的产生　审美个性的类型　审美个性的意义

- 审美心理要素

  感知因素　想象因素　情感因素　理解因素

旅游作为一项集自然美、社会美和艺术美之大成的综合性审美活动，其内容是十分丰富的。旅游者作为观赏主体，其审美反应也必然是各种各样的。就旅游审美活动的全过程来看，它着实是一种复杂微妙同时愉悦性非常突出的心理现象。它不仅涉及民族文化的深层结构与审美意识的积淀形式，而且关系到个人阅历素养、理想追求以及审美层次。因而，要探寻旅游审美活动的一般规律，就必须从分析旅游者的审美心理入手。

第一节　审美需求与审美动机

爱美之心，人皆有之。在人类长期的生活实践中，这种“爱美心”在形成、发展和不断演化的过程中似乎已经积淀为人的一种本能。在这种本能的内核里蕴涵着审美意向的生长基因。人们所从事的各种艺术实践和旅行游览活动，无疑发端于这一心理特质。

一、旅游审美需求

所谓旅游审美需求，是指促使人们从事旅游审美活动的一种内驱力。现代心理学研究表明，人们各种活动的原动力，来自人的各种需求。这种需求一般具有以下特点：

第一，具有对象性。人的需求总表现为对一定事物的要求或追求。例如，人饿了，就要有饮食的要求，于是食物就成了人需求的对象。人们经过一段时间的紧张工作或劳动，就有想轻松一下的要求，这种要求（需求）的对象，可能是到户外活动或外出旅游。到户外活动或外出旅游成了他们需求的对象。

第二，具有动力性。人要生存发展，就要通过各种各样的活动（政治的、经济的、文化的、审美的，等等）来满足他各种各样的需求。当某人产生了渴求知识的愿望，就会成为动力，激发他孜孜不倦地去学习。

第三，保持平衡性。人的生理和心理总是希望保持平衡。当人的生理和心理失去平衡，他就会产生恢复平衡的需求。例如，饥饿感的产生，就是机体不平衡的表现，当食物得到满足后，机体就恢复了平衡。

第四，具有递进性。人的一种需求得到满足，并不会使他的需求停止。条件发生了变化，就会产生新的需求。新的需求便成了他从事另一种活动的动力。从而在需求的层次上不断地向前递进。这就是需求的递进性。在社会生活中，作为审美主体的人，审美心理是十分复杂的。在生理条件、社会环境与文化氛围的相互制约和影响下，往往会产生各种各样的需求。其中有的偏重于物质，有的则趋向精神；有的属人类生存的根本，有的是取得某种心理平衡或和谐的手段；还有的则成为净化灵魂、陶冶性情、升华精神或提高人生价值的重要中介。基于这一事实，美国心理学家马斯洛曾提出著名的“需求层次论”，把人的需求分为七个不同的层次：

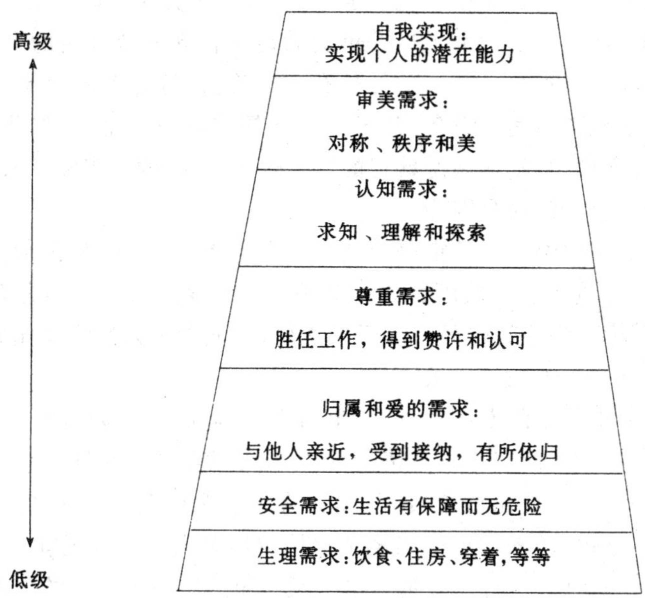

如上图所示，最下两层一般被视为低级需求，上五层为高级需求。如马斯洛所述，低层次的需求得到一定程度的满足之后，高层次的需求才有可能出现。但需求层次论作为一种完整的理论体系，并不只限于强调人的需求由低而高的循序演进。马斯洛认为，高级需求比低级需求具有更大的价值，因此，那些（特别是在早年）高低不同层次的需求都得到过满足的人，易形成健全的品格或完美的人性。

从上图中不难看出，审美需求是一种高层次的需求。若按层次论来推断，审美需求的出现首先有赖于其下五层需求的满足。但在实际生活中，人的审美需求始终贯穿、交织在各层需求之中。甚至可以说，审美需求是人的各种需求的内在动因之一。对于人类来说，审美需求作为人类自我实现个人的潜在能力的一个核心内容而表现得十分强烈。比如，当一个人看到墙上的画未挂正时，他会产生一种强烈的意识冲动：把它扶正。在日常生活中，审美需求是人类不可缺少的心理冲动。这一理论给我们以启示：在人类诸多的需求中，审美需求占有特殊的地位。这一点在人类文明的历史沿革中是显而易见的。譬如，在仰韶文化时期，半坡村人的物质生活并不十分丰足,人身安全也没有多大的保障(住在为了遮风避雨和防止野兽侵袭的半地半穴的简陋居室里)。然而,他们使用的饮食器具(如人面鱼纹彩陶盆和几何纹彩陶壶等)从色彩到造形却是那样精美古朴。这不能不说是当时人们的审美需求的一种外化或客观表现。另外,在荒原游牧部落的破旧帐蓬里,在牧人那褴褛的衣着中,粗犷华丽的内部陈设和晶莹耀眼的串珠手镯,会使人感到惊讶与振奋。在一定意义上,这些美的象征不仅是人们审美需求的直观表露,而且是人们为了追求审美满足而舍弃其他满足的见证。在现代社会里,人们要求一切物品和活动都具有审美价值,符合美的规律,从房间的色彩,餐桌的摆设到卫生间的设备,甚至于一条领带或一枚纽扣,如此等等。就总体与长远发展而论,特别在旅游盛行的当今时代,人们的审美需求必然会以以旅游为定向的形式出现,这是因为:

(1)旅游是一项综合性的审美活动。它集自然美、生活美、艺术美等为一体,熔文物、古迹、建筑、雕刻、绘画、书法、音乐、戏剧、舞蹈、风情、美食等于一炉,除了能够最大限度地满足人们的审美需求之外,还能满足人们的其他需求,比如说生理、尊重与认知等方面的需求。

(2)随着科学技术的发展,人们的生活水平得到提高,闲暇时间和可支配收入增多,旅游这种双重性(物质与精神)的高级消费形式,不断深入人心,成为人们生活方式的一个重要组成部分,从而大大刺激和强化了人的旅游审美需求。在中国的边远城镇,越来越多的年轻姑娘把游历名山大川和文化名城作为结婚的重要条件之一,这在某种积极的意义上反映出旅游审美需求的强度。

(3)应该清楚地看到,科学技术的发展也给人类带来灾难性的副产品。机械化使人发生异化,电子自动化使人情淡化,生活节奏的加快使人身心疲惫,物质财富的增多使人反而感到精神世界的贫乏。这一切必然使人们萌生崇尚自然、渴望更换生活环境的心理。因此,外出旅游便不可避免地被奉为解决上述文化心理问题的一剂灵丹妙药。正如爱默森早先所言:“人假如朝夕营营,为俗物所累,或者惯于同俗人交往,会觉得身心受到束缚;一旦回到自然界去,自然就可以发挥其医疗的妙用,恢复身心的本来真知。商人和律师走出纷扰的市街,搁下处世的心机,抬头看看天空、树木,就会觉得他们的人性又恢复了。在自然永恒的寂静之中,他们悟出了自己的本来面目。”

(4)未来的世界是审美的世界。也就是说,人本身要审美化,客观事物要审美化,劳动生活也要审美化。例如,在我国,“美育”也如同“德育”、“智育”、“体育”一样,被正式列为教育方针的重要一环。在保加利亚,“一切都以美的名义”,“一切都应合乎美的标准”已成为十分流行的口号。在日本,“美、感、游、创”的新概念已广为人们接受,并被当做追求充实的生活的依据。可见,审美化已成为未来世界发展的根本趋势，而旅游作为全社会审美化运动的特定产物和有利手段，必将激发人们的旅游热情。加之旅游商品信息的多渠道流通和社会生活中的从众心理等因素，旅游审美需求的热度自然会不断增大，处于日益突出或相对优势的地位。

二、旅游审美动机

旅游审美动机泛指决定旅游审美行为的心理趋向，或指从旅游审美需求过渡到旅游审美行为的心理中介。对前者来说，旅游审美动机是其在外界因素（信息流程、社会环境、文化氛围等）和内在情态（情趣、判断、心态等）的交替作用下而产生的，它具有一定的指向性，对旅游目的地有着相对明确的偏爱与选择。但对后者而言，旅游审美动机还只是一种心理刺激。因为，行为的实现与否，通常涉及主客观条件等多种变量。

众所周知，旅游的动机是多方面的。比如有社交旅游动机、文化旅游动机、商务旅游动机、享乐旅游动机、保健旅游动机、宗教旅游动机、蜜月旅游动机、探险旅游动机以及我们此处所谈的观光或审美旅游动机。从实践结果来看，审美动机是诸多旅游动机中的优势动机，审美型的旅游者是旅游队伍的主力军。据1980年统计，在日、美两国来杭州游览观光的总人数中，有90%左右是出于审美动机。就国内目前的游客流向而言，到各大城市和风景名胜区去搜奇览胜的游人仍占绝大多数。这是因为一个旅游地的历史文化、名胜古迹和风土人情，往往具有丰富的审美价值和强烈的吸引力，从而能最大限度地激起人们的观赏欲望与猎奇心理。如希腊雅典的卫城、夏威夷的波西尼亚文化中心、意大利的比萨斜塔、中国的万里长城等，通常是这类游客的主要目的地。

一般来讲，旅游审美动机具有多重特性。从广义上看，它是笼统的，是指向所有旅游审美观照对象的。但从狭义分析，它似乎又因人而异。譬如同样出于审美目的的游客，有的偏好观赏自然美，有的侧重体察社会美，有的希望享受艺术美，有的则追求文化生活美。因此，我们不妨从以下几种类型来探寻旅游审美动机的本质。

（一）自然审美型

这种动机是指向自然美欣赏活动的，它意味着游览桂林漓江、云南石林、五岳三山、瑶林仙洞、长江三峡和吉林雾凇等风景名胜。古人云“凡山川之明媚者，能使游者欣然而乐”，中国的名山可谓多矣。泰山之雄、华山之险、嵩山之峻、黄山之奇、青城之幽、峨眉之秀、千山之丽、雁荡之雅……凡此种种，不一而足。这险、峻、雄、奇与幽、秀、丽、雅不仅代表着上述自然景观的个性特征，而且大体上勾画出中国山水之南秀北雄，阴柔阳刚的美学风貌，从而在客观上为旅游者提供了具有丰富价值和不同形态的审美对象。这些名山胜景，由于历代文人墨客的咏叹描绘,加之现代宣传媒介的渲染,很容易激发起潜在旅游者的审美动机,使他们总渴望亲临其境,探幽猎奇,以饱眼福。由于人们各自的气质、阅历、情趣、年龄、生理、体质状况和文化修养不尽相同,在自然审美动机的指向性方面必然存在一定的差异。有的可能崇尚阳刚之美(崇高),便生寻访险峰峻岭的意向;有的或许偏爱阴柔之美(婉秀),故怀游览清泉幽谷的动机。

值得指出的是,在中国,“天下名山僧占多”,“自然的人化”是非常明显的,人文景观如寺院建筑、楼亭、佛塔、石碑等与自然景观往往相互因借,融为一体,构成了丰富多彩的旅游审美对象。这样,每游历自然风景区时,那些“使风景增添了历史舞台的色彩”而且“具有了时间立体性”(今道友信语)的文物古迹,会给人一种强烈的物质文化体验,进而会深化人们对自然美的欣赏。另外,导游对景物来历的讲述,“旅游指南”对景物的描绘(如有关景物的典故与名称等),会使旅游者得到一种文字符号的文化体验,从而会弱化自由而单纯的自然观赏强度,引导旅游者“按字索骥”,即依照文字符号的内涵,进入定向联想的审美活动,使审美感受大大地丰富强化。譬如对桂林“象鼻山”、莫干山“剑池”以及对山海关孟姜女庙“望夫石”的观赏,就属于此类。

(二)艺术审美型

在众多的海外游客中,崇尚中国传统艺术者不乏其人。他们千里迢迢,不远万里,就是为了在中国具体的社会与文化氛围中,亲身领略中华民族艺术的美学风采。这是因为中国的传统艺术(如绘画、戏剧、书法、园林等)不仅在世界艺术之林中占有相当重要的地位,而且具有丰富而独特的审美价值。

譬如,“虚实相生”、“实景清而空景现”,在很大程度上体现了中国艺术最为突出的特征。在上下数千年的实践中,中国艺术家很早就掌握和运用了虚实相结合的表现手法。在绘画里,艺术家往往不讲求自然主义所倡导的那种“逼真”,而是着意创造出虚灵的空间意象,给人留下情感的空白和想象的余地,从而达到因“虚”得“实”、妙趣横生的艺术效果。齐白石在纸上画几只虾,别无他物,但令人感到满幅溢水,虾在清溪中悠然游动,既空灵又实在。戏剧亦然,《三岔口》中的夜战是在灯光下表演的,完全是靠演员虚拟的动作来表现摸黑情境。以这种简洁经济的方式所构成的戏剧虚空可给人一种“无景处皆成梦境”的审美感受。自不待言,园林中常见的“借景”与“框景”等,无疑也是辩证地结合“虚实相生”之手法的产物。书法可谓中国传统艺术中的瑰宝。西方人“曾称汉字为“Picture-writing”,意译为“象形文字”,直译为“写画”。实际上,中国文字最初就是一种原始绘画。即使今天,经过抽象化了的现代汉字仍然积淀着原始绘画的基质,正像鲁迅先生所说的那样,不仅“义美”、“音美”,而且“形美”。概而论之,中国书法艺术讲究用笔美(如光洁、圆润、明媚、苍老、刚劲、轻柔、弹性……)、结构美(如长短、大小、阔狭、疏密、横直、对称、均衡……），特别是意境美，即一种贯穿全幅的气韵和神采。

另外，中国的民间工艺美术，如陶瓷艺术、象牙雕刻、漆器、铁画、剪纸、蜡染、丝绣、竹编等，不仅造型优美，工艺精巧，风格独特，而且兼具观赏与实用两种价值，这对旅游者无疑具有颇强的审美吸引力，乃至诱发其购物欲。

（三）社会审美型

如前所述，审美化既已成为个体与社会发展的根本趋势，人们必然总是自为地以美学的眼光审视、观察和体验所在社会的制度、结构、人情、伦理、道德、民风与生活方式，等等。就当前世界的现状而言，还不能说某个国家已建构出理想而完美的社会，可使其社会成员的人性得以完满的实现。人们总渴望到别的社会中寻求一种补偿，特别是在人情世故方面。因为“高技术条件下的高情感问题”[①]已成为当今社会中的一个越来越突出的文化心理问题。情感上的冷淡、心理上的焦虑、精神上的贫乏、生活上的孤寂，难免会导致人性的严重异化或扭曲现象，这在资本主义发达的国家尤其如此。中国的社会也并非那么完美无缺，但新中国成立以后，随着人民生活的不断改善和提高，良好的社会风尚也在不断地弘扬。如“尊老爱幼”、“助人为乐”、“舍己为人”、“无私奉献”以及“拾金不昧”等社会美德，我们国家一直在宣传、鼓励、弘扬，并对其典范还要给予物质的奖励。这对中外游客具有相当的魅力，客观上已构成了一种特殊的以欣赏社会美为导向的旅游审美动机。报纸上常常登载的有关中国人拾金不昧的事迹，时时在外国游人中传为佳话。这种指向未来的道德力量会给人一种高层次的伦理性的审美满足。另外，在老人社会问题日趋突出的当今时代，中国人“尊老爱幼”的美德尤其显得难得和可贵。近年来，不少省市根据《中华人民共和国老年人权益保障法》等有关法规，对老年人的社会活动制定了具体的优待办法，给70周岁以上（有些省市规定为65周岁以上）的老年人发放了“老年优待证”、“敬老卡”，乘城市内公交车，进公园、风景名胜区、旅游景点、文化宫、俱乐部、图书馆、博物馆、科技馆、纪念馆等参观、游览、看书，均给予免费。

这些措施的实施，无疑会把社会道德的力量推向更高的审美层次，使人们更加感受到社会伦理道德的美，从而得到社会美的审美满足。

记得曾有一个美国旅行团在我国境内游览时，途中因遇河水上涨，团中一位老人不敢涉水。当地一位过路的年轻农民主动上前将他背过河，事后老人给钱他也谢绝。此举使全团美国人大为感动。这位美国老人更是喜泪横流，紧紧握住这位农民的双手感慨地说：“这种事情兴许只有在中国才会出现。跟我同行的

① 详见奈斯比特：《大趋势》。

儿子身强力壮，刚才就在我的身边，但他却自顾自，不像你那样关心老年人……”这一平凡的善行竟有如此震撼人心的力量，正说明温暖的人情在社会交往中占有何等重要的地位，具有何等珍贵的价值。所有这些待人接物的行为方式，综合起来就会构成一个相对完整的社会美的意象，折映出其社会成员心灵美的特质。如若细细体察的话，这种对人情与社会风尚的审美反应通常带有伦理的色彩和崇高的意味，对升华人的情感和振奋人的精神具有积极的作用。那些找到贵重遗失物的失主和得到热心关怀、无私帮助的游人，无不深受感动，就充分印证了这一点。

(四)饮食审美型

在长期的生活实践中，人类追求美食美饮的欲求最终使烹饪升华为一种艺术。这种艺术不仅是特定文明历史的见证，而且也是特定审美意识的积淀。

中国烹饪是中国文化“四宝”(绘画、书法、中医、烹饪)之一，在世界烹饪艺术园地中享有极高的声誉。较为著名的鲁、川、苏、浙、粤、闽、湘、徽等八大菜系风格各异，使南来北往的国内外游客留连忘返，有口皆碑。事实上，有不少游人是在一饱口福动机驱使下从事旅游活动的。譬如在调查将中国作为旅游目的地的外国人的旅游知觉的过程中，“品尝精美可口的食物”项在调查者中得到十分积极而广泛的反应便是一例。

一般来讲，中国烹饪不仅讲究菜点本身的美(色美、味美、形美、技术美、意趣美)，而且也关涉饮食器具的美(造型美、装饰美、质地美)和宴饮环境的美(餐桌摆设的美、宴席配乐美和服务美)。所有这些使饮食活动完全审美化了，演变成一种博杂而综合的审美过程。其间，精美可口的食品、造型典雅的器皿、悠扬柔和的音乐以及周到礼貌的服务，通常使人在得到生理快感的同时，还会引起精神上的愉悦或轻松恬静的情趣。因为，人们在品尝某些具有特色的佳肴时，往往伴随着相应的心理活动，诸如联想、记忆和想象，等等。例如在杭州“楼外楼”吃“叫化童鸡”时不免会回忆起乾隆下江南的有关轶闻；在北京街头吃烤羊肉串时兴许会联想到“天苍苍，野茫茫”的塞外风情；在云南吃“过桥米线”时，可能会想起那对夫妻真诚相爱的动人故事；在饮“杜康”酒时，可能会吟诵曹孟德《短歌行》中的名句：“对酒当歌，人生几何？……何以解忧？唯有杜康。”特别是那些富有文学意味的菜肴命名，如“半月沉江”、“老蚌怀珠”、“龙凤呈祥”、“霸王别姬”、“东坡豆腐”等，很容易给人一种“指引性想象”，强化食者的文化享受。

毋庸讳言，任何层次或类别的划分均有一定的牵强性，上述四种审美动机尽管相互有别，各有侧重，但对旅游审美主体来讲，往往会彼此交融在一起。也就是说，一位旅游者外出旅游，其动机或目的是多重的，既想欣赏旅游景地的自然风光之美，还要体验其文化艺术之美和社会生活之美。因此，旅游工作者在安排旅游活动时，务必细心周全一些，以收多样统一之效，来最大限度地满足旅游者的各种审美意愿与目的。不言而喻，这样做不仅具有一定的社会文化意义，同时也会相应地创造一定的经济效益，使旅游业兴旺发达。

第二节　审美意识与审美个性

旅游者来自五湖四海，必然有其各自不同的文化背景、社会地位、价值观念、生活阅历，以及与此相应的审美意识与审美个性，到杭州或漓江览胜的游客，对同一景观的审美反应有异有同，这在一般意义上是由于审美意识的多重性和不同的审美个性所致。因而要说明旅游者的美感特质，就有必要对审美意识与审美个性作一番概要性的考察和界定。

一、审美意识

从基本内容上看，审美意识作为认识和反映现实的一种方式，一般包括审美观念、审美趣味、审美理想、审美知觉和审美情感。

（一）构成要素

审美意识的五大基本构成要素（审美观念、审美趣味、审美理想、审美知觉、审美情感）如同内切于大圆中的五个小圆，是彼此相互关联的。审美观念泛指人在社会实践活动（主要是审美活动）中形成的对审美对象和美的创造等问题所持有的一种基本看法或观点。每个人的审美观念均是社会实践和审美实践的产物，既有一般社会性，又有个别性；既受时代、民族、阶级的社会生活的影响和制约，也受社会文化氛围、政治哲学和道德观念、宗教信仰以及年龄、职业、经历和心理素质等因素的影响与制约。审美趣味是人对审美对象的一种带有倾向性的和富有情感的直接评价，如喜欢或不喜欢。这种审美评价的特点往往表现为非道德性和非实用性，不能说明该趣味的好或坏。在评价过程中，情感因素往往渗透在理性之中。审美理想作为审美意识形成的动力，是对审美之最高境界的（相对的）一种追求，是审美的至上标准，体现着人类发展的终极目标和超越现实的欲望。它是非观念性的，一般表现为完美的感性意象或生动具体的美好图景，具有经验性的形象特征和标准。审美知觉是指感觉认知审美对象之内涵价值的一种特殊能力。它发端于感性知觉，在审美理想的推动下，辨别、构造和把握审美对象，使人从中获得一种审美享受。另外，它还具有促使审美观点、审美趣味与审美理想的产生和发展等功能。审美知觉作为一种心理过程，一般要涉及审美注意、审美想象等多种因素。有关这些方面我们在描述审美意识的活动过程时还将论及。审美情感可谓审美意识的结果，是审美欲望得到满足后的一种高度兴奋的、神游八极的精神状态。譬如游泰山观日出时所体验的那种自由和谐的心态、天人合一的境界、瞬刻中见永恒的了然顿悟的明净情趣，等等。

(二)基本特征

人的审美意识产生于社会实践活动(特别是审美实践活动)，并在长期的历史进程中不断丰富、发展和完善。这样，一定时代和社会的要求，一定民族和阶级的理想，一定团体和个人的世界观，必然会或多或少地凝结、积淀在审美意识之中，从而构成了审美意识的多重特征。

首先是时代性。随着社会时代的发展变化，人的审美意识也在不断地演进。譬如在原始狩猎时期，生活在鲜花丛中的原始人对鲜花并不产生美感，而只对动物有美感。他们习惯于用动物的头颅、皮毛、脚爪、牙齿来装饰自己，象征自己的勇武、敏捷和健美。这种审美趣味是当时低下的社会生产力的准确之标志。到了农耕时期，由于生产力水平的提高，劳动对象的变化，于是鲜花等植物也逐渐成为人们的审美对象了。这表明人类审美意识是随着时代的变化而发展变化的。从人类社会实践活动的纵向发展来看，"自然的人化"是由低级向高级发展的，人的审美意识也随之由片面向全面过渡，审美感受的差异也伴随着美的进程而打上时代印记。中西方建筑、绘画、雕刻、音乐、文学、装饰等艺术风格的兴衰沉浮或交相辉映都是明显的例证。

在不同的时代，由于审美理想不同，道德体系相异，同一件艺术作品往往会受到不同的待遇。例如，古希腊著名雕刻"美洛斯岛的阿芙罗狄蒂"也曾遭过厄运，被斥为伤风败俗的女妖。但随着新的审美理想的兴起，最后还是肯定其为艺术美的典范。

值得指出的是，我们在肯定审美意识具有时代性的同时，从未忽视作为审美意识凝聚物的艺术的历史继承性和永恒性。为什么那些蚀剥、斑驳的艺术文物(如陕西临潼的秦俑和陈列在罗马艺术博物馆里的新近打捞出来的两尊古希腊铜雕)竟吸引着无数来自世界各地的游人，并仍能感染着、激动着今天的人们呢？艺术之"永恒的魅力"的特质究竟何在呢？从审美心理学和文艺社会学角度分析，这主要依赖于人类社会的共同审美心理结构。这种共同的审美心理结构在长期的人类审美实践活动中，不断地积淀着历史的文明，部分地超越了时代、民族以及阶级的局限，从而使其内在形式具有历史的普遍性、共同性和延续性。另外，由于不同时代积淀和体现在这些艺术作品中的情理结构，与今天人们的审美心理结构有着相互对应的同构关系，故能诱发近似或相同的审美感受。这种渗透着审美意识的审美心理结构，作为历史积淀的产物，也许正是解开艺术永恒性之谜的钥匙。

其次是民族性。一个民族由于受地理环境、社会氛围、语言文化、政治经济、生活习惯、宗教信仰、价值体系等因素的影响和制约，从而在审美意识上历史地形成了特定的民族共同性。

一般来讲，审美意识的民族性集中地表现在艺术上。在通常情况下，越是具有民族审美意识的艺术作品，就越具有强大的生命力。例如，贾宝玉就是贾宝玉，哈姆雷特就是哈姆雷特，维特就是维特，高老头就是高老头，他们只能属于他们所属的民族和国家。这些光彩照人、鲜明生动的艺术典型，各自体现了本民族的审美观念、趣味和理想，是彼此不可替换或重复的。当然，审美意识的民族性也相应会给去异地观光的游客带来某种审美知觉上的障碍。譬如，来华的西方游客一般不大能够欣赏中国的书法艺术，这不光是一个文化距离问题，而且也涉及审美意识的民族差异。

审美意识的民族性也表现在人们对色彩美、人体美、装饰美、饮食美的感受方面。比如色彩，中国人视红色为喜庆之色；日本人视绿色为不祥之色；巴西人视棕色为凶丧之色；比利时人最忌蓝色，如遇不吉之事，都用蓝色作为标志；土耳其人绝对禁用花色装饰房间，认为花色乃属凶兆。再如人体美，白人唯恐美人不白，黑人唯恐美人不黑，传统的凯尔特人唯恐美人脸上不长雀斑，波西尼亚人唯恐美人不够肥胖。再说装饰，维吾尔族姑娘喜欢在头上编织许多细长的辫子，印度妇女喜欢在双眉间点上一个红点，菲律宾妇女喜欢嚼槟榔把嘴染红，洛洛族妇女喜欢在嘴唇上挂一个叫“呸来来”的金属或竹制的大环子，以显其美。在饮食方面，中华民族的审美意识表现得尤为明显。如对菜点的文学性命名，最能说明中国审美意识中追求意境情趣的特征。

最后是阶级性。在阶级社会中，审美意识也必然会打上阶级的烙印。就艺术审美鉴赏而言，同看一部《红楼梦》，不同阶级或阶层的人，由于审美意识方面的差异，往往会有不同的体会和反响。在上流社会，“弱不禁风”的美人是备受青睐的，但在乡下人来看是断然不漂亮的，这种消瘦虚弱的“病态”体格甚至会给他们不愉快的感受。“焦大不喜欢林妹妹”也正是出于同一道理。

（三）活动过程

审美不是被动的静观，而是一项主动的、联结各心理功能的自由活动。

从系统论角度看，审美意识如同一种心理自调流程，可分为三个相继相连、交互影响的阶段。首先是准备阶段。这一阶段涉及审美态度、审美注意和审美经验。审美态度是对审美对象的一种非功利性的观照方式。审美注意是指发现和选择审美信息的能力。审美经验泛指审美主体记忆中对审美对象及其有关的外界事物的印象与感受之和，但在此仅指审美行为的初级体察而言。其次是实现阶段,它包括审美知觉、审美理解、想象、意向、审美愉快或美感。最后是成果阶段,与此相关的有审美观念、趣味、理想、情感与能力。

二、审美个性

在丰富多彩的社会实践中,每个人的生活阅历、心理结构和价值观念有异有同,审美趣味与审美理想也必然存在共性和个性。在审美活动中,这种个性作为社会审美意识在个体审美心理结构中的折映和落实,将会展现出审美感受中的丰富性与多样性特征。

(一)审美个性的产生

审美个性的形成是一个极为复杂的过程,通常会涉及先天与后天等多方面的因素。

一般来讲,先天因素是构成审美个性的自然条件。这其中主要包括个体的生理素质、神经类型、气质禀赋,等等。最早的气质体液说以及近代的气质体型说、血型说等,对了解人的审美个性是有一定帮助的。但相比之下,俄国生理心理学家巴甫洛夫提出的高级神经活动类型说似乎更有参考价值。根据两种信号系统论,巴甫洛夫按照两者的相对优势和均衡状态,把高级神经活动分为三种类型:艺术型(第一信号系统相对优势)、思维型(第二信号系统相对优势)和中间型(两个系统相对均衡)。随之,他对各个类型的特征的深入分析,对说明审美个性差异具有一定的意义。

概而论之,审美感受以视觉和听觉为主,在这两方面的差别是因人而异的。先天失明的人对具体形象性的审美客体(如绘画或自然景观中的空间形式)的敏感度就差。先天失聪的人对时间性的审美对象(如音乐、鸟语、流泉)的感受就低。这一事实必然会对其审美个性的形成与发展产生相应的消极影响。另外,在审美感受中,嗅觉与味觉的功能也不容忽视,如嗅觉之于花香,味觉之于美食。

相比较而言,后天的训练对审美个性的形成具有决定性的意义。这其中关涉的因素极为复杂,如社会实践、生活阅历、文化素养、审美活动、思维方式以及职业、爱好、情趣乃至经济条件,等等。特别是社会实践所引起的内在自然的人化,以及感官和情感的社会化与理性化,会逐步形成群体性的审美心理结构。随后经过教育可落实到个体身上,从而建筑起个体的审美心理结构。这种结构一旦在个人的生活、文化、职业、艺术和审美活动中与其审美意识(审美观念、趣味与理想等)发生掺和融会,就形成审美个性。可见,审美个性在很大程度上是个体社会实践(特别是审美实践)活动与先天条件的化合物。

(二)审美个性的类型

通常,审美个性既有相对的稳定性,也有偶然的变异性。从前者分析,一般可划为三种类型。第一种偏重审美感知与直观，总是对审美客体的感性形象发生兴趣，比较倾向再现；第二种偏重审美理解和想象，与审美理想直接关联，比较趋于表现；第三种介于前两者之间，审美感性与理性融合适中，比较追求再现与表现的某种均衡、结合、统一。从变异性角度看，审美个性似乎是一个开放的、动态的结构，易受偶然因素的影响，会由于一时的情趣、心境、意愿、景况而发生变异。例如，一个外国旅行团游览西湖的“花港观鱼”时，其中一位老者乍一看到水中悠然自得的鲜红鲤鱼，突然萌发了一种欣喜而超然的审美体验，向导游风趣地说他自己恨不得也变条鱼。这显然是把鲜活生动的鱼儿作为生命与自由的反照，进而因联想和移情而生的结果。但就在此刻，他看到池边不远处躺着几条打捞上来的死鱼，顿时情趣骤变，兴味索然，说了声“可怜的鱼儿”就走开了。这正是因为当时景观与心境发生了偶然变化，审美感受中渗入了强烈的情绪，加之带有自怜与哀伤色彩的联想，冲淡或改换了原先正常的审美反应。另外，年龄的增长，阅历的加深，文化的提高，生理的变化，也会不同程度地促使审美个性的发展或重构。

（三）审美个性的意义

任何审美个性，总是以某种方式体现或受制于客观的社会审美意识。这种审美意识是通过人类社会实践与艺术强化、积淀和凝聚而成的审美心理结构、趣味、观念与理想等因素的总和。在现实审美实践活动中，它往往表现为一定时代、一定民族与一定阶级的共同审美标准。正因为这样，人们总是把审美个性视为共同性与个别性的统一。譬如，同去香山观赏红叶的游客，其审美个性既反映出一定的共同性（如对自然的外在形式美和色彩美的普遍性感应），也显示出一定的差异性（因红叶而激发的各种联想，例如由红叶联想到“西山红叶好，色重霜亦浓”等诗句）。

从审美意识的发展来看，审美个性的特殊价值在于体现和融合着审美共性，使积极而又健康的审美传统得以代代相继流传，不断弘扬光大。每一件艺术品，从远古的青铜器到当今的象牙雕刻，从石窟的壁画彩绘到地铁站的镶嵌装饰，从万里长城到北京的国际饭店，从王羲之的《兰亭序》到郭沫若的书法字帖，均以其具有个性的物态化形式，延续和丰富着中国的审美传统。

从现代的审美角度来看，审美个性的意义在于以其丰富的多样性创造着五彩缤纷、格调不同的美的生活、美的环境、美的产品、美的人格。无论是艺术作品、生产工具、室内装潢，还是食物服饰、化妆用品，都不应千篇一律，单调雷同，而应多样统一，丰富多彩。这就有赖于审美个性去创造和生产。

从旅游审美活动的规律来看，审美个性意味着旅游主体在审美情趣上的主观偏爱倾向。具体地说，也就是游客对旅游审美对象及其审美价值（如秀美或壮美，动态美或静态美）的个人选择。在当今旅游市场中，群体性的旅游团大量存在，但个体性的散客数目也在不断增长，这一现象与审美个性不无关系。故而，在旅游接待工作中，我们应该遵照灵活多样的原则，尊重游客不同的审美个性，既受理团体旅游（这其中也要注意团体审美意向与个体审美意向的配置调和），也兼顾个体旅游，以期最大限度地丰富我国的旅游市场结构，创造最佳的社会效益与经济效益。

第三节　审美感受的心理要素

和在其他审美实践中一样，旅游主体在旅游审美活动中的心理过程也涉及四种基本要素：感知、想象、理解、情感。这四种心理功能交渗互助，在自由和谐的彼此推移中产生了美感。

一、感知因素

在审美过程中，感知因素通常起一种先导作用，这在很大程度上是由审美对象的感性形象决定的。所谓感知，泛指审美对象刺激人的感官而引起的各种感觉和与之俱来的知觉综合活动。人的五官和大脑神经系统专门组成了听、视、嗅、味、触的感觉分析器官，接受和传达外界的各种信息。然而，在丰富多彩的审美实践中，感官的功能是相互有别的。根据传统美学思想，视觉和听觉往往被看做主要的或高级的审美器官。柏拉图就认为，视觉和听觉产生的快感高于饮食色欲之类的快感。圣托马斯断言与审美关系最密切的是视觉，因为美的因素在于整一、均匀和色彩鲜明，而这些均诉诸视觉。黑格尔则走向极端，他认为："艺术的感性事物只涉及视听两个认识性的感觉，至于嗅觉、味觉和触觉则完全与艺术欣赏无关。"因为它们"只涉及单纯的物质和它的可直接用感官接触的性质"。[①] 不可否认，在审美功能和审美层次上，视、听觉享有比其他感觉更高的地位。但我们也不能因此忽视味觉、嗅觉以及触觉在旅游审美活动中的积极作用。例如，在美食美饮这类综合性的审美活动中，对筵席音乐、环境装饰与食品（色、香、味、形、质、意）的整体和谐美的感知，就离不开味觉的辅助作用。同样，当旅游者身临其境，凝神观照大自然的风光胜景时，嗅觉对于诸如花香和清新空气的感应，对美感的构成和深化也起着一种独特的作用。另外，旅游者在选购中国丝绸等旅游商品时，视觉对其色彩图案之美的鉴赏固然重要，但触觉对强化其审美

---

① 参阅黑格尔：《美学》，第1卷，第48页。

感受和刺激其购买欲也将不可避免地起着积极作用。由此可见，在类似旅游这样的综合性审美活动中，视觉、听觉、味觉、嗅觉、触觉乃至动觉和时觉在感知过程中均扮演着各自的角色，发挥着不同的效用。

但应该看到，器官在审美感知过程中的作用不单纯是生理效应，而是在更大程度上折映出一定的社会历史内容。这是因为，人和一般动物不同。动物的感官完全是以生理需要为导向，这仅仅为了物种的生存。而人的感官虽然是个体的，并受欲望的支配，但经过长期的"人化"与实践，积淀和凝结着文化历史的因素，逐渐摆脱了狭隘的维持生存的功利性，演化成一种具有社会性的感觉器官。而审美所需要的正是感觉的社会性，或个体感觉器官的超生理功利性。在人的诸感觉器官中，视觉、听觉与嗅觉、味觉等相比，之所以被当做主要的审美器官，其原因在于它们在更大程度上摆脱了动物性，扬弃了直接的功利性，实现了"人化"，积淀了比较深刻而丰富的社会历史内容。

审美感知有直接与间接之分。所谓直接感知，是指审美感官与审美客体发生直接接触，这在欣赏自然美这种亲临其境的旅游审美活动中表现得十分突出，而且最容易导致审美的动态感与立体感。所谓间接感知，一般是指对艺术品的欣赏，它不直接与审美实体接触，而是通过文字符号或音调等媒介的刺激诱导，来间接地领略语言与音乐艺术的美，如小说，诗歌和交响曲，等等。

审美感知往往涉及直觉的因素。譬如我们看见一片风景、一幅绘画或一块色彩，瞬间感到是那么赏心悦目，但又说不出所以然。这似乎是直觉在起作用。但这种直觉不是本能意义上的直觉，而是社会意义上的直觉。这其中积淀着一定的"集体无意识"和社会历史内容。李泽厚先生从社会理性角度提出的"审美积淀说"，对此作过至今最为深刻和比较令人信服的阐述。

值得指出的是，审美感知不同于一般的纯感知，因为后者在实用目的完成时便基本终止，不再注意和追求对象外在形体结构是否符合人的内在心理结构的情感状态。而前者则恰恰相反，它渴望借助物我的异质同构关系使主体情感得以表现或陶冶，在丰富多彩的自然景观中搜奇览胜的旅游者可谓这方面的代表人物。再则，审美感知具有综合特征。表面看来，它似乎是迅速地直接判断结果，实际上其中参与和交浸着情感、想象和理解等因素，包括着个体的理想、偏好、情趣、个性、信仰及其全部社会实践经验与生活阅历，等等。

二、想象因素

马克思称想象力为"人类的高级属性"，这是因为人在从事审美欣赏和艺术创作实践中，均离不开丰富而自由的想象。如果说感知是审美的出发点，情感是审美的动力，理解是审美的认识因素，那么想象则可谓以上三者的载体与展现形式，或者说是审美感受的枢纽。

想象作为一个心理范畴，其内容与功能十分广泛多样。想象一般可分为初级与高级两种形式。初级形式指简单联想，其中包括接近联想和类比联想；高级形式则指审美知觉想象与创造性想象。

(一)接近联想

联想是由一事物想到他事物的心理过程。在现实生活中，具有各种不同联系的外部事物反映在人脑中，会形成各种不同的联想。一般来讲，在时空上相接近的事物会形成接近联想。例如，由秦陵兵马俑想到秦始皇横扫六合、一统天下的盛况，由菜名“霸王别姬”想到项羽临终前的悲情与困境，等等。对观光游览中的审美主体来说，接近联想在丰富其审美感受方面起着积极的作用。

(二)类比联想

类比联想是简单联想的另一种形态，是具有相似特点的事物反映在人脑中所形成的结果。譬如，用绿色象征生命，以玫瑰表示爱情，把夕阳比作残年，等等。这种联想形式容易将审美客体“人化”，赋予其人情，对深化或升华主体的审美感受十分有益。

(三)知觉想象

知觉想象如同接近联想与类比联想一样，不能完全脱离开眼前具有感性形象的事物。在审美活动中，这种想象是面对着风光绮丽的自然胜景或优秀感人的艺术作品而展开的。凡去过昆明石林的人大都亲身体验过这种想象活动，即从眼前那根被称为“阿诗玛”的石柱，想起阿诗玛的动人传说；随着我们从现实心境进入审美心境，阿诗玛那楚楚动人、如哀如怨的美丽形象便从那坚硬且无生命的石块中显现出来。自不待言，这种形象并非石柱原来的形象，而是主体的想象赋予它的一种“虚无的”、但却是审美的形象，是带有感情色彩的记忆形象在石柱上的一种投射或折映。无论是游桂林的象鼻山还是游黄山的“仙人指路”，无论是观桐庐瑶琳仙洞中的“银河飞瀑”还是观芦笛岩里的“虎豹熊狮”，这些山石的空间构景和形状与我们似曾见过的某些形象有着似又不似之处。“这种模糊的原始材料经过想象的加工之后，便成了发乎自然而不同于自然的东西。外部自然只是一种死的物质，而想象却赋予它们以生命；自然好比一块未经冶炼的矿石，而心灵却是一座熔炉。在内在情感燃起的炉火中，原有的矿石熔解了，其分子又重新组合，使它的关系发生了变化，最后终于成为一种崭新的形象在眼前闪现出来。”①

我们认为，在旅游审美活动中，对景观的命名只要比较贴切，或者说与景观

① 参阅滕守尧：《审美心理描述》，第62页。

的空间形象趋于吻合，就会在不同程度上激发观赏主体的审美想象。但在具体的现场导游中，要切忌简单武断的解说（如信手一指便说，“那是‘云中仙子’，那是‘猴子观海’”，等等），而要以生动的直观描述作为一种渲染手段，着力于激发观赏者的审美想象，让游人自己去自由地体味构想，切忌简单直白，毫无回味。

（四）创造性想象

创造性想象类似于文学创作中的形象思维，是一种能够表现内在本质的艺术想象。艺术家往往在创作过程中，脱离开眼前的事物（其形象仅起一种刺激诱导作用），凭借这种创造性的想象，在内在情感的驱动下对许多记忆表象进行剖析和综合，从而创造出一种从未存在过的崭新的形象，即艺术典型形象。严格说来，创造性想象是一个“由表及里”（入乎其内）和“由里及表”（出乎其外）的综合想象过程。英国著名艺术批评家约翰·罗斯金曾对此作过生动形象的描述。他说：“富有艺术想象力的感官把握材料的方式总是这样：它从不停滞在事物的表象或外形上……它会深入内部追根寻底，汲取对象的精髓：一旦亲临其里，它会随心所欲地拨弄起对象身上的鲜枝嫩叶，这样一来，真理的汁液就不致外溢；其后，它随意加以整枝修剪，使其结出丰硕的果实，而不是衰变成老树上的枯枝秃丫。然而，这项工作往往很难处理，容易出现差错。这就需要抓住根本，把握住事物的中心实质。整枝修剪之后即可罢手，因为使命到此已告结束。总之，艺术想象力不是单凭视觉、声音和外部特征来观察、判断和描绘对象，而是从对象的内部实质出发，对其进行论证、判断和描绘。”①

创造性想象通常采用变形、浓缩与黏合等方式来绘形构影或表现再造。因为主要涉及艺术创作这一复杂过程，加之这方面的论著甚多，故这里不再赘述。

三、情感因素

这里所谈的情感，是指审美经验中所涉及的知觉情感，而不是审美诸心理要素达到一种自由和谐状态时所产生的审美情感或审美愉快。这种情感常常表现为主体在社会实践（特别是审美活动）中对客观事物的一种主观情绪反应，是伴随着知觉活动直接产生的。英国经验派美学代表人物洛克曾把具有客观性的体积、形状与动静等，界定为知觉对象的“第一性质”或固有性质；把具有主观性的色、声、味等，看做是知觉对象的“第二性质”或附加性质。后起的西方经验派美学家鲍桑葵和桑塔耶纳针对洛克的“第二性质”说，继而把情感称为知觉对象的“第三性质”或情感性质。例如见红色火焰而生愉快，见灰暗天空而生郁闷，于是便把这火焰称之为愉快的火焰，把这天空称之为郁闷的天空。实质上，这种貌似

① 参阅 H. 里德：《艺术的真谛》（中译本），辽宁人民出版社，第 129～130 页。

客观的观点是唯心主义的，它显然割断了主客观双方的联系，忽视了人的主体性和能动性。试想，如果没有人的联想和情感参与，这火焰与天空又有什么愉快或郁闷可言呢？

这种被称为“第三性质”的知觉情感，在美学中被称为表现性，即情感表现性。但究竟表现了谁的情感？是事物自身的还是观赏主体的？还是两者的统一？所有这些问题在美学界一直争论不休。一般可分为三种主张，即移情说、客观性质说和结构同形说。

移情说是德国美学家立普斯的创举。这一理论是在联想主义对事物所作的联想解释的基础上提出的。按照联想说，事物的运动性与情感表现性是主体根据以往的经验推断和联想出来的。树叶无所谓呻吟，风也不可能发怒，花更不会溅泪，只是当人们通过它们的形态联想到人的呻吟、发怒和溅泪时，它们才有了人的情感性质。但这种主观联想说仅能勉强解释一些再现艺术，对抽象艺术则显得牵强无力。于是，立普斯提出“移情说”。“移情”与“联想”的主要区别在于：联想是一种被动的感知，而移情却是一种积极主动的投射，是主体暂时抛开实用或功利的目的，把自己的人格和情感投射或灌注到对象之中，与其回环震荡、融为一体的心理过程。立普斯曾用人们游览希腊帕特农神庙时的审美体验来形象地说明这种移情作用。他说：当你凝神观照古希腊“多利克式”(Doric)石柱(这种石柱用来支撑屋顶的重压，外面刻有凹凸相间的纵直槽纹)时，往往会情不自禁地与其“空间意象”融为一体，觉得那石柱具有一种耸立飞腾的气势，这种感受实际上是你把自己在承受重压时，不甘屈服和奋力抗争的情绪或观念移入到石柱上的结果。正如立普斯自己所言：“一旦我将自己的力量和奋求投射到自然事物上时，我也就将这些力量和奋求在内心激起的情感一起投射到了自然之中。这就是说，我也就将我的骄傲、勇气、顽强、轻率、幽默感、自信心和心安理得等情绪一起移入到自然中去了，只有这时候，向自然作的感情移入才变成了真正的审美移情作用。”①

立普斯的“移情说”在解释美感特质方面产生过巨大的影响，而且也确实抓住了知觉情感的能动性特征，比“联想说”更深入了一步。但是，由于它过分强调了主体的情感能动作用，忽视了对外部事物的客观结构的分析，也未曾指出外物结构在主体心灵中究竟具有哪些具体功能，所以对情感表现不能作出科学的解释。

真正对情感表现性作出比较合理而科学的解释的，当推“结构同形说”或“异质同构说”。这一学派以格式塔艺术心理学家鲁道夫·阿恩海姆为代表。他认为人的情感生活实际上是各种心理要素(意志、思想、想象等)充分活动之后达到

---

① 转引自滕守尧：《审美心理描述》，第67～68页。

的一种兴奋状态，这种兴奋状态本质上是一种力的结构，各种不同的情感生活皆有各自不同的力的结构。当某一特定的外部事物在大脑力场中造成的结构与伴随着某种情感生活的力的结构达到同形时，这种外物看上去就具有了这种相应的情感性质。显然，“结构同形说”兼顾了“移情说”与“客观性质说”两者之长，既重视主观心理的内在结构，又重视客观事物的外在结构，试图以大脑力场为中介，从物我同构对应角度把内外两个世界沟通起来。“本来，自然有昼夜交替季节循环，人体有心脏节奏生老病死，心灵有喜怒哀乐七情六欲，难道它们之间(对象与情感之间，人与自然之间……)就没有某种相映对相呼应的形式、结构、秩序、规律、活力、生命吗？……孔子曰，仁者乐山，智者乐水，智者动，仁者静。山、静，坚实稳定的情操；水、动，流转不息的智慧，这不正是形式感上的同构而相通一致？……欢快愉悦的心情与宽厚柔和的蓝叶，激愤强劲的情绪与直硬折角的树节；树木葱茏一片生意的春山与你欢快的情绪；木叶飘零的秋山与你萧瑟的心境；你站在一泻千丈的瀑布前的那种痛快感，你停在潺潺的小溪旁的闲适温情；你观赏暴风雨时获得的气势，你在柳条迎风时感到的轻盈；你在挑选春装时喜爱的活泼生意，你在布置会场时要求的严肃端庄……这里边不都有对象与情感相对应的形式感么？梵高火似的热情不正是通过那炽热的色彩、笔触传达出来？八大山人的枯枝秃笔，使你感染的不也正是那满腔的悲痛激愤？你看那画面上纵横交错的色彩、线条，你听那或激荡或轻柔的音响、旋律，它们之所以使你愉快，使你得到审美享受，不正是由于它们恰好与你的情感结构一致？”①

但应该看到，要真正科学地解决情感的表现性问题，还必须把“结构同形说”建立在马克思主义实践美学中的“人化自然说”的基础之上。因为，内在心理结构与外部事物结构上的同形或契合，虽然是无意识的，而且有一定的生理基础，但实质上是人类进行长期社会历史实践活动之后获得的一种能力。正如李泽厚所说的那样：“自然与人，对象与情感在自然素质和形式感上的映对呼应、同形同构，还是经过人类社会生活的历史实践这个至关重要的中间环节的。”②

四、理解因素

马克思主义实践美学积极地肯定了理解在审美意识活动中的作用，认为理解是一种心理活动，是美感中不可缺少的要素。因为“感觉到了的东西，我们不能立刻理解它，只有理解了的东西才能更深刻地感觉它”③。但由于理解的深浅

---

① 《李泽厚哲学美学文选》，湖南人民出版社 1985 年版，第 443～444 页。
② 《李泽厚哲学美学文选》，湖南人民出版社 1985 年版，第 446 页。
③ 《毛泽东选集》第 1 卷，人民出版社，第 263 页。

程度不同,往往会形成不同的层次或水平。

第一层次的理解是区分现实状态与虚幻状态的理解,即把现实生活中的事件、情节和感情与审美或艺术中的事件、情节和感情区别开来。也就是说,在观赏海市时,不要把幻景当做实景;在欣赏戏剧时,不要把剧情当做直接现实意义上的真情。一句话,只有清楚地意识到艺术世界之"虚"与现实世界之"实"的分别,才能在热情中保持冷静,以一种寂然凝思的审美观照态度,从容而自由地进行审美欣赏和情感体验。

第二层次的理解是对审美形象(特别是艺术形象)之内容的理解。也就是对于审美对象的题材、人物、典故、背景、故事情节、符号意义、技巧程式等项目的理解。这种理解往往是构成审美欣赏的必要条件。比如到黄山旅游,当看到"仙人指路"这一空间意象时,就会习惯地思索一下对象的意味。"仙人"在中西文化中往往被视为神通广大、无所不能的超人。基于这一常识,你无论是在峰峦叠嶂的峡谷中看到它,还是在"山穷水尽疑无路"的情境中看到它,都免不了会产生一种审美的遐想,以为那"仙人"所指的路不是通往幽静之处的曲径,便是导向"无限风光在险峰"的通途。这对强化审美感受是很有益处的。再如长城饭店,假若新来乍到的游客缺乏有关万里长城的知识,看不出饭店主体建筑前的微形长城断面,也不理解饭店背面那座烽火台的象征意义,他就很难欣赏这座建筑的精巧构思和整体美。在艺术鉴赏中,对其形象含义的理解显得更为重要。比如在西方宗教画中,你若不懂得百合花象征着圣玛丽的童贞,十字架象征着耶稣受难,羊羔象征着圣教的信徒,鹿在池边饮水象征着圣徒的欢乐等等,你看到这些事物时就不会引起任何联想。同样的道理,当你看到莫高窟"舍身饲虎"与"九色鹿"等壁画时,如果不了解其中所描绘的传奇故事,你会感到它们怪诞异常,不可思议。去美术馆看毕加索的油画《格尔尼卡》,游颐和园长廊时看彩绘《桃园结义》,还有读诗句"斑竹一枝千滴泪"等等,都需要对其中的含义有相应的了解,才能得到较为充分的审美感受。

第三层次的理解是深层内在的理解,是对融合在形式中的意味的直观性把握。这种意味之于形式,"如水中盐,有味无痕,性存体匿"(钱锺书语)。这种理解是审美心理活动中最主要的因素,它积理性于感性之中,融思索于想象和情感之中,常常在暗中发生效用,使美感不断得以深化。

从实际情况来看,对自然美的凝神观照,在一定程度上就包含着这种超感性而又不离开感性,趋向概念而又无确定概念的理解因素。譬如去泰山旅游,其现象与形式所引起的感性认识和感官快适只是审美的初级阶段。要唤起更高、更深的审美愉悦,就需要通过形象,对其形式结构中的意味(如雄奇、伟大、神秀、历史性见证等)进行一番理性的思索。杜甫在《望岳》一诗中所抒发的对泰山雄奇之美的深切感受，远远超过了感性印象和感官的快适。面对这一不同寻常的自然景观，诗人所发出的一系列赞叹、遐想、感慨、比兴，就掺杂着复杂的理性思考和思想活动。“会当凌绝顶，一览众山小”两句，不仅描绘出泰山的巍峨雄奇，而且也表露了作者个人的伟大抱负。可见，对审美对象的这种审美理解无疑是一种渗透着情感、想象和意志在内的高级心理活动。

总起来说，以上四种因素——感知、想象、情感、理解，在审美实际中是彼此渗透、相互依赖、密不可分的，而非各自独立、互无联系的。如果感知中没有理解和想象参与，它最多不过是一种动物性的信号反应，谈不上什么审美快感；如果想象中没有情感和理解参与，它就失去了动力和规范，成为一种反理性的胡思乱想；如果情感中没有理解和想象参与，它就失去了方向和载体，成为偶然性或本能性的欲望发泄；如果理解中没有想象和情感参与，它就失去了感性的特征和活力，成为在抽象概念中游弋的逻辑思维。可见，在审美活动中，感知因素是导向美感的出发点，想象因素为它提供了载体，情感为它增添了动力，理解为它指明了方向。故当这四种心理功能达到自由和谐的状态时，审美愉悦便油然而生了。

第四节　审美感受的层次分析

在实际旅游审美活动中，旅游者在欣赏不同的景观或美的形态（如优美或阴柔、崇高或阳刚）时，会获得不同的审美感受（如优美感或崇高感等）。有时，即便观照同一审美对象，也存在一个见仁见智的问题。或者说，主体各自的审美感受在程度上不尽相同，往往呈现出多层次性。这主要是因为审美感受一方面在原则上受制于审美对象，另一方面还受制于审美个性以及历史文化等多种因素。

李泽厚对这一问题进行过比较深入的探讨，这对我们认识美感的本质和规律有着十分积极的意义。他根据内在自然人化的总原则，将美感分为“悦耳悦目”、“悦心悦意”和“悦志悦神”等三个层次。[①]

一、悦耳悦目

所谓悦耳悦目，是指以耳、目为主的全部审美感官所经验的愉快感受。这种美感形态，通常以直觉为特征，仿佛主体在与审美对象的直接交融中，不假任何思索便可于瞬间感受到对象的美，同时唤起感官的满足与喜悦。正如英国美学

① 《李泽厚哲学美学文选》，湖南人民出版社 1985 年版，第 406～412 页。

家夏夫兹博里所言:“眼睛一看到形状,耳朵一听到声音,就立刻认识到美、秀雅与和谐。”①

一般来说,悦耳悦目是广大旅游者最普遍的审美感受形态。例如初游桂林的旅游者,尽管这峰林奇景会给人一种陌生感,但当环顾四周自然形象与田园景观符合形式美规律的和谐组合,看到适应人的视觉生理的、以绿色为主的自然色调,呼吸着富含负离子的清新空气,嗅到沁人心脾的花香,听到林间百鸟的鸣啭或壮族姑娘的一曲清歌(也许根本不晓其歌词与表现主题),会不自觉地陶醉其中,在生理舒适与情感愉快的交融统一中进入“悦耳悦目”的审美境界,获得初级的审美享受。

这种美感形态,表面看来似乎是纯然感性的,是以生理快适为基础的,然而它实际上已融合着一定的理性与社会因素。人的感官之所以在功能上有别于动物的感官,如眼睛可欣赏美的形式、线条与色彩,耳朵能欣赏美的音响、节奏与旋律,正因为它们在人类长期的社会实践(特别是审美实践)活动中不断地演进或“人化”,积淀和凝结着历史文化心理等方面的内容,能够自然地分辨或本能地趋附美的对象。但由于它们毕竟是生理的东西,必然保持着生理的特点,从而对人的审美活动也将具有一定的制约作用。譬如说,人假如强迫自己老看一种东西而无变异,即便对象再美,长期下去也会逐渐感觉不到美。在接待工作中,若是让同一旅行团在杭州、北京、昆明等地都去看“五百罗汉堂”,这就违背了“美在新奇”这一旅游审美活动的基本规律。事实上这种时空虽有变换但对象大体如一的情况,对一般追新猎奇的游客来讲不但不会强化,反而会冲淡其审美感受,甚至还会产生反感。因此,考虑到上述美感形态的变易性,我们在为同一团体安排旅游活动时要力避雷同或简单重复。

二、悦心悦意

第二层次上的美感形态——悦心悦意,是指透过眼前或耳边具有审美价值的感性形象,在无目的中直观地领悟到对象某些较为深刻的意蕴,获得审美享受和情感升华,进入一种“对心思意向的某种培育”的欢快喜悦状态。这种悦心悦意的美感效果是一种意会,在许多情况下很难用语言加以充分而准确地表述,类似于我们通常所说的那种“只能意会,不可言传”的美感经验。事实上,在对审美客体之形象和结构的凝神观照中,想象、情感和理解等心理功能交相引动,逐渐展开,其结果将会促使审美主体从有限的、偶然的、具体的形象中,领悟到其中无限的、必然的和本质的意味。比如观齐白石的画,你感到的不只是草虫鱼虾,而

① 《西方美学家论美和美感》,商务印书馆1980年版,第95页。

是一种悠然自得、鲜活洒脱的情思意趣；你在传说刘三姐抛绣球之处的穿岩宕大榕树下听到壮族姑娘的对歌，感到的不只是音响、节奏与旋律的形式美，而是一种载荷着甜蜜而纯朴的爱情信息流或充满青春美的心声。悦心悦意的审美感受在欣赏自然景观中亦表现得十分突出。比如去莫干山旅游，当你穿过竹林，来到剑池，听了有关春秋末年干将、莫邪夫妇为吴王阖闾铸剑的动人传说，读过“参差楼阁起高岗，半为烟遮半树藏；百道泉源飞瀑布，四周山色蘸幽篁”等诗句，再环顾四周，这飞流直下的三迭泉，万绿丛中一点红的观瀑亭，此起彼伏的鸟鸣，清凉幽静的环境，透明洁净的空气，将会使你在心醉神迷中或生无限之遐想，或生飘然若仙之感，或生超然出世之情。简言之，身临其境，你所感受到的不仅仅是眼前这些悦耳悦目的景物，而是唤起一种“清新放浪的春天般生活的快慰和喜悦”。这种类型的清凉秀美世界，对于长期处在快节奏的生活和激烈的竞争等重压下的人们来讲，会使他们那种淡漠的情感得到某种朦胧或模糊的补偿和慰藉，甚至使他们那种几乎异化了的人性在自由自在的永恒自然里得到一定程度的复归或唤醒。陈毅元帅于1952年游莫干山时，喜其风物之美，曾作“莫干好”七首。其中“莫干好，最好游人多。飞瀑剑池涤俗虑，塔山远景足高歌。结伴舞婆娑”一首，最能表现他当时那种悦心悦意的审美情态。

如果说悦耳悦目以感性或直觉为主要特征，那么悦心悦意则以知性或理解为主要特征。前者表现为在生理基础上的感官快适（当然也包含超感性和社会性因素），后者则表现为在认识基础上的观念上的喜悦。比较而言，悦耳悦目通常处于直觉状态，限于审美客体的形象结构；悦心悦意则处于和谐自由的想象和理解状态，主体在凝神观照中往往借助想象的飞翼，“精骛八极，心游万仞”，超乎具体形象之外，把握其中蕴涵的深广意味。尤其是当感性形象与过去经验中所获得的意象吻合交融时，人们会在自由的审美遐想中创造出“象外之象，景外之景”，使悦心悦意的审美感受更为丰富和深化。另外，在这种美感形态中，由于理解力和想象力的加强，在“超以象外，得其环中”的同时，主体会得到精神愉悦。而这种精神愉悦同悦耳悦目的感性快适相比，具有相对的持续性和稳定性。比如游莫干山归来，最先由景物所激发起的那种直觉性感官享受会随着时间的推移而淡忘，但悦心悦意这种较深层次的美感，即那种使你心绪豁然开朗、情感得以升华、精神为之振奋的喜悦感，会在漫长的一生中打下相对牢固的印记，产生比较长久的影响。

三、悦志悦神

悦志悦神作为审美感受的最高层次，泛指主体在观照秀美或崇高、动态或静态的审美对象时，经由感知、想象、情感，尤其是理解等心理功能交互作用，从而唤起的那种精神意志上的昂奋或愉悦状态和伦理道德上的超越或完善动力。这种美感形态之所以高级而深刻，是因为它体现了主体大彻大悟、从“小我”进入“大我”的超越感，体现了个人与对象的(自然的、社会的和艺术的)高度和谐统一。例如乘船游览黄河、长江，会唤起我们的思故怀古之情，给我们以深沉崇高的历史感，因为这两条河流是中华民族的摇篮，孕育了祖国的文明。那“九曲十八弯”和“大江东去”的雄浑壮阔的形式，积淀着久远且浓厚的历史文化意味。再如登秦皇汉武曾亲临封禅的圣山泰山，或游佛道修身养性的圣地峨眉山与武当山，这“会当凌绝顶，一览众山小”的伟壮东岳，“峨眉一派出昆仑，平畴突起三千米”的雄秀形象，怎能不使人生坦然荡荡、超凡入圣之感呢？一般来讲，这种悦志悦神的审美感受，在我国常常表现为“感到自己和自然，和整个宇宙合而为一，似乎达到超道德的本体高度”，即“天人合一”的至高审美境界。当然，此刻不是追求超时空因果的存在，而是追求“天行健，君子自强不息的，在现实的时空之中的，以大自然为永恒标志的感性空间的超越与不朽”。[①] 德国古典美学家黑格尔说：“大海给我们以无际与渺茫的无限观念，而在海的无限里感到他自己的无限时，人类就被激起了勇气要去超越那有限的一切。”[②]这种美感，不是一般在感性基础上的感官快适，也不是一般在理解基础上的心思意向的享受，而是一种在崇高感的基础上寻求超越与无限的审美境界。

另外，我们还应看到，悦耳悦目是一种平静宁适的直觉性的审美感受，基本上是易变而不持久的；悦心悦意也是一种安定和谐的知性的审美感受，但具有相对的稳定性和持久性。只有悦志悦神是一种激荡不安、奋发向上的感性中有理性的审美感受，具有伦理道德意义上追求超越、永恒、无限和必然的特质。自不待言，这种特质是符合当前时代与社会需要的，是有助于建设精神文明与物质文明的，当然也是指向未来，可望完善人性的。

思考题

1. 如何把握旅游者审美需求的类型？
2. 如何把握旅游者的审美个性？
3. 用何种办法掌握旅游者的心理要素？
4. 怎样理解旅游者的感受层次？

---

① 《李泽厚哲学美学文选》，湖南人民出版社 1985 年版，第 406～411 页。

② 黑格尔：《历史哲学》，商务印书馆，第 134 页。

第九章　旅游者与导游工作者的审美关系

学习目的

了解导游如何传递审美信息，理解导游是审美行为的协调者，导游应具备哪些审美修养，以及这些修养在旅游中的意义。

基本内容

● 对导游的审美要求

仪表美　语言美　风度美　心灵美

● 审美信息的传递者

语言艺术：准确、生动、悦耳、风趣、表情

导游手法：虚实相间、进入角色、制造悬念、点面结合

● 审美行为的协调者

一张一弛　快慢相宜　音调和谐　适时停顿

● 导游的美学修养

培养审美意识　了解游客的审美要求、动机、习惯

掌握游览观赏的方法　提高再创造能力

面对绮丽婉秀、险峻雄奇的名山胜境，旅游者在直接的凝神观照中，会体验到不同层次的审美感受（悦耳悦目、悦心悦意、悦志悦神）。他在这“天人合一”的审美境界里，兴许忘却了导游、翻译的存在，因为“此时无声胜有声”，他能从大自然的感性形式中直接领悟其丰富的审美价值。但当他来到中国的圆明园遗址或突尼斯的古城遗址，若无导游者的亲临指点、介绍、传递相关的审美信息，就难以从眼前的残垣断壁中领略这些历史遗迹的内在神韵了。事实上，即便在欣赏自然景观时，导游的作用也是不容忽视的。因为，导游者会因势利导，适时地指引旅游审美主体从最佳的方位或最佳的角度去观照某一名胜古迹的美，能把蕴含在风景和文物中的历史故事、神话传说等审美信息，以娓娓动听的语言形式传递给旅游者，使其在审美感知、想象和理解诸心理因素不断得以强化的同时，产生更为深刻的审美体验，获得更高层次的审美享受。可见，导游在旅游审美活动中，与旅游者构成一种十分密切的审美关系。在此关系中，导游工作者一般至少扮演着三种不同角色：一种是作为旅游者的直接审美对象；一种是作为旅游审美信息的传递者；再一种是作为旅游审美行为的协调者。从总的方面来看，旅游者是“客”，导游者是“主”。主客之间的审美关系是否和谐同一，在很大程度上取决于导游者在接待工作中是否成功地扮演上述几种角色。

第一节　旅游者的直接审美对象

在通常的社会交往中，人们彼此之间惯于从各个方面来审视、观察对方，或从生理角度（性别），或从伦理角度（善恶），或从心理角度（喜怒），或从审美角度（美丑）。对于身处异地的旅游者来说，他们在紧张感、陌生感和新奇感的驱使下，总会对初次见面的导游工作者进行全方位的审视，这其中审美的因素表现得颇为突出。

导游工作者作为旅游者的直接审美对象，集中地表现在其仪表、风度与心灵等三个方面。

一、关于仪表美

从一般的认识规律来看，旅游者在审美活动的全过程中，总是由点及面、由个性到共性、由个人到团体、由局部到全局，逐次认识到国家（或地区）的整个社会风物之美。因此，导游工作者作为旅游审美主体直接体察的最初对象（亦包括民航机组人员、海关和边防检疫人员等），必须自觉地重视自己的仪表，要设法给客人留下一个美好的第一印象。在这种场合下，导游工作者好比一名演员，一上舞台，一个亮相，就能以其特殊的魅力把观众吸引住，这往往会产生一种"光环效应"(Haloeffect)，对随之而来的导游工作和旅游审美活动均会起到积极的诱导作用。

一般来讲，人的仪表美是其形体美、服饰美与发型美的有机综合。

就形体而言，它如同色彩一样，是最大众化的审美形式。古往今来的造型艺术家和美学家，正是抓住了人们对人体美的普遍兴趣，以不同的方式对人体美的奥秘进行了长久不断的探讨。在不同的时代，根据不同民族的审美要求，对表现人体美的各种经验进行了总结。

那么，什么是人体美的基本标准呢？根据古今中外许多美学家、艺术家长期研究的结果，大体上可以把人体美的基本条件归结为：(1)骨骼发育正常，关节不显得粗大凸出；(2)肌肉发达匀称，皮下脂肪适当；(3)五官端正，与头部配合协调；(4)双肩对称，男性要求宽阔，女性要求圆润；(5)脊柱正视垂直，侧视曲度正常；(6)胸部隆起，男性正面与反面看去略成V形，女性乳部丰满而不下垂；侧视应有明显的曲线——据美容家认为，半球状或圆锥状乳房最易唤起形式美感，这可以从"美洛斯岛的阿芙洛狄蒂"雕像中得到佐证；(7)腰细而结实，微呈圆柱形，腹部扁平，男性有腹肌垒块隐显；(8)臀部圆满适度，富有弹性；(9)腿部要长，大腿线条柔和，小腿腓部突出，足弓要高；(10)双手视性别而言，男性的手以浑厚有力见称，女性的手以纤细结实为宜。

上述条件是对人类形体的常态而言。如果缺乏这种常态，那就谈不上形体美了。所以，旅行社在招募导游工作者时，要对形体美有适度的要求，注意选择那些具备一定自然条件的人员(这里毫无低估实际工作能力的意向)。因为，人的形体美通常表现出人的健康状况或身体素质。从劳动美学观点看，人们更倾向于欣赏和追求健康的美，富有活力或生命感的美，而不是病态的美，也不是无力或"弱不禁风"的美。旅游者对导游的形体要求突出地表现在健康美上，因为这关系着整个旅游审美活动的正常进行与成果效应，至于经济方面的考虑就更不用说了。

仪表美的另一构成要素是服饰美。俗话说："三分长相，七分打扮"，这是有一定道理的。服饰的美，不仅反映出人的品格与审美趣味，更重要的是它对人体具有"扬美"与"抑丑"的功能。就是说，如果对服饰加以科学而巧妙的运用，就会使其与人体构成和谐的美，起一种相得益彰、锦上添花的效应。事实上，人们在长期的社会生活实践中，往往将自身形体的某些美点，借助服饰的色调和款式加以突出。例如，肤色白净的女士的服装色调不妨明快鲜亮一些，如着桃红，在红白的对比调和中会产生一种"人面桃花相映红"的审美效果。如再淡淡地抹上一点口红,更显得楚楚动人,美而不艳。如若拥有两条匀称漂亮的长腿,夏季穿裙子时适当地向上收一些,以便起到扬美的作用;但不宜过短,以免破坏整体的均衡,给人一种"仙鹤腿"的不快感。肩宽体健的男士,如果在服装式样选择上尽量求其合体、大方,便可显示出自然的英武雄强之美;但若垫肩过高,尺寸过瘦,缠身裹腰,就会走向反面,给人一种矫揉造作的印象。因为,对于具有自然形体美的人来说也并非"淡妆浓抹总相宜"。就抑丑来说,服饰色泽、式样与图案的变化,在光的作用下会使人产生一种错觉,这对弥补或遮隐形体的某些缺陷是值得利用的。不可否认,就服饰美而言,色有深浅浓淡,纹样有横竖圆曲,款式有长短宽窄。在衣着上什么形体选择什么色彩、纹样与款式,应该遵守一定的美学法则,这样有利于扬长避短,或者说是扬美抑丑。有一次女作家萧红去看鲁迅先生,她的着装引出鲁迅这段议论:"人瘦不要穿黑衣裳,人胖不要穿白衣裳……方格子的衣裳胖人不能穿,但比横格子的还好;横格子的,胖子穿上,就把胖子更往两边裂着,更横宽了,胖子要穿竖条子的,竖的把人显得长,横的把人显得宽……"这说明人的形体与服装的色彩和纹样有着密切的关联,同时也揭示出服装的美化与丑化效能。对于导游人员来讲,在服饰上要尽量求得和谐(色彩、式样与形体、性别以及年龄、季节的和谐)、入时、端庄、雅致和整洁。要力避标新立异或一味模仿(即不顾自身条件而盲目地追求西方游客的服饰风格),既不应搞得过于土气,也不宜装扮得过于妖艳。因为,从职业特点和旅游审美角度考虑,导游工作者过多地借用服饰炫耀自身,会产生一定的消极作用,而且也不符合高层次的社会主义精神文明建设的基本国策。

仪表美的再一个构成要素是发型美。我们知道,发型作为一门多彩多姿的造型艺术,是体现人的审美需求和性格情趣的直观形式,是自然美与修饰美的有机结合,同时也反映着人们的物质、文化、生活水平和时代的精神风貌。发型也像服饰一样,具有装扮或美化的积极价值。我们常说的"光环效应"或第一印象,也总是从"头"论起。一个人,如果具有动人的容貌和漂亮的服饰,而没有相称的发型,就显得失之和谐,不够完美,有时还可能会破坏原有的形象风貌。所以说,发型美是仪表美中不可忽视的因素之一。

在现实生活中,人们对发型美的追求呈现出多元性,但"个性化"似乎成为一种总的指导思想。

所谓发型的"个性化",就是根据个人的身材、脸型、头型、发质乃至年龄、职业来设计发型,使其能反映出个人的特点和情趣,以便取得整体和谐统一的审美效果。譬如脸型、颈部较长,身材高大的人,配上长发的发型会显得飘逸大方,风度翩翩。如果脸型宽大、身材矮胖、颈部粗短的人,留长发、蓄鬓角,那就会给人一种头重脚轻,臃肿做作的感觉。头发稀少或者秃顶的人,也不宜留长发,因为长发型自由而不规则，在有风之日若梳理不当，会显得凌乱丛杂，不但不潇洒美观，反而会给人以病态之感。对导游工作者来讲，还应该从职业角度来看待发型的个性化。这就是说，要根据职业特点确定一种基调，即活泼开朗，朝气蓬勃，干净利落，端庄持重。要避免那种不修边幅、蓬头垢面、邋邋遢遢的令人生厌的形象。因为导游工作者作为"民间外交大使"，不仅代表个人，而且代表一个国家和民族的风貌。对于这种"大使"来讲，不修边幅将意味着什么，是不言而喻的。在发型个性化基本原则指导下，还应该考虑到"节奏美"。在美学上，人们常把"物的反复或相似的出现"称为节奏。音调的强弱，色彩的明暗，建筑的间隔，水势的缓急，山峦的高低均可构成不同的节奏（动态与静态）。推而论之，头发的起伏卷曲也会形成节奏。例如，波浪型短发节奏较快，具有动态感，显得热情奔放，朝气蓬勃；满头飘逸的微波长发所构成的节奏较为柔和，显得安静典雅，潇洒自然；直线型发式的节奏平直，显得端庄质朴。总之，发型的节奏美与人的气质、情趣、性格和审美追求有着十分密切的关系。

综上所述，导游人员作为直观的审美对象，由形体、服饰和发型等因素集合而成的仪表美，如同一幅肖像画或一尊塑像，直接影响着旅游主体的审美视知觉。导游者形象仪表的美会给整个旅游审美活动造成一种积极而欢快的前奏。另外，从文化社会学角度考虑，仪表美不仅在一定程度上表现出个体的精神面貌和审美修养，而且还折映出相关民族的素质与形象，以及相关社会物质文明与精神文明建设的水平。对于代表个体也同时代表国家和民族的"民间大使"——导游工作者来讲，仪表美的社会意义显得尤为突出和重要。

二、关于风度美

一位温文尔雅、活泼潇洒、风度翩翩的导游工作者，在一颦一笑和举手投足之间，会给旅游者以直观的愉悦感，给旅游审美活动注入积极的活力。一个人的风度，是在漫长的社会生活实践中和不同形态的历史文化氛围中逐渐形成的。它是个人行为举止的综合，是社交中的无声语言，特别是个人性格、品质、情趣、素养、精神世界和生活习惯的外在表现。通常所说的"风姿"、"风采"、"风韵"，基本上是指风度的具体显现。

欣赏风度，讲究风度，是人类的共性。因为"这种必要性不是来自社会身份或等级地位的虚假观念，而是来自崇高的人类称号；不是来自礼仪体面的虚假观念，而是来自人类尊严的永恒观念"（别林斯基语）。同仪表美一样，风度美也是社会生活美的一项具体内容，但它比前者更显得含蓄蕴藉一些，可以说它是人类按照美的规律，实现自我认识和自我完善的产物。在现实生活中，由于个人差异（修养、职业、审美追求、价值体系等），风度往往呈现出多彩多姿的形态。譬如，政治家有政治家的风度，军人有军人的风度，学者有学者的风度，医生有医生的风度，演员有演员的风度，运动员有运动员的风度……三百六十行，行行有风度。导游工作者也不例外。

风度尽管反映人的内在美，但它总是具有感性或外显的特点，是通过站态、坐态和行态等可视因素展现出来的。人们常说“站要有站相，坐要有坐相”，这对风度美提出了最基本的要求。导游工作者在与游客交谈或对风景进行解说时，应注意站态。既不要两脚并拢，笔直呆板，也不可双腿叉开，摇头晃脑。手势表情也不宜过于夸张和激烈，更不可用手指点人说话。因为这种站态不是过于紧张生硬，缺乏亲切感，就是过于随便粗俗，令人生厌。正常的站态要求两脚叉开时不超过肩宽，腰板自然挺起，手势柔缓，面带微笑。这样会给人一种稳定感、轻松感和亲近感，有利于思想情感的交融。站态美一般有壮美与优美、阳刚与阴柔之分。壮美和阳刚美要求线条笔直，身体四肢对称紧凑，以期显示出庄严威武、刚强有力的特点。优美和阴柔美则要求线条微曲，身体各部多样统一，其左、右、高、低、前、后要打破对称，富有变化，构成曲线，以便显示出柔和、文雅、轻松、活泼的特点，给人以愉悦之感。根据导游职业的特点及其不同的环境气氛，导游工作者应取不同的站态。坐态，也有一定的规范。坐的时间几乎占人生的二分之一。坐态失常，不仅难看，而且会导致人体畸形，损害身材的自然美。对于导游工作者来说，坐态也显得同样重要。通常，当在会客厅里坐在沙发上同游客商谈游览活动计划时，双腿不可撇开，脑袋不宜后仰；也不能半躺半坐，以免给人一种懒散无力或自命不凡的感觉。入座就餐时也要讲究轻缓得体，不要猛坐猛起，以免碰响桌椅，造成紧张气氛；同时也不要弓背哈腰，双肘平行叉开排在餐桌上，这样做一方面显得粗野无礼，另一方面会影响游客正常进餐。再说行态，行态的美主要在于从容稳健，快慢自然，轻巧敏捷。若是前摆后扭，上颠下跛，头摇脑晃，就破坏了行姿的平衡对称与和谐一致的美感。行姿由于动态性强，比站姿与坐姿更难把握，但具有更高的审美价值。培根就曾说过：“相貌美高于色泽美，而秀雅合适的动作美又高于相貌美，这是美的精华。”

可以说，站、坐、行三态是人的自然形体在空间中的形象显现，加上优雅的手势和温和的表情，会构成一种和谐的造型美。从静观或动观角度，这种直观的造型美便是风度美的客观的具体表现。但这并不是说，风度就是这几种“态”的简单的形式组合。严格来讲，风度美属于社会美范畴，是人的内在美（性格、品质、修养、情趣等）的自然流露。因此，风度美要求内秀与外美和谐统一。“诚于中而形于外”似乎也是这种道理。

三、关于心灵美

导游工作者作为旅游者的直观审美对象，其心灵美也是被关注体察的要点。通常，在从社会美角度来分辨人之美时，总习惯于把仪表美和风度美归于“表层”的美，而把心灵美称为“深层”的美，我们认为，这二者的和谐统一，才是一种“完整的美”。心灵美是人的其他美的真正依托，是人的思想、情感、意志和行为之美的综合表现。

心灵美的核心是善。在中西美学史上，美即善的说法颇为常见。古希腊美学家柏拉图宣称：“美、节奏好、和谐，都由于心灵的智慧和善良。”①亚里士多德也曾说：“美是一种善，其所以引起快感正是因为它是善。”②中世纪罗马哲学家普洛丁认为：“美也就是善；从这善里理性直接得到它的美。心灵由理性而美，其他各种事物——例如，行动与事业，之所以美，都是由于心灵在那些事物上印上它自己的形式。”总之，“美是理性所在的地方，善在美后面，是美的本原”，因而一切心灵皆向往善。③ 在我国美学史上，最先将美善并举的是孔子。他曾提倡“尽美矣，又尽善也”；“文质彬彬，然后君子”；“君子成人之美，不成人之恶。小人反是”。另外，在谈及衡量君子的尺度时，他还提出“五美”之说：“君子惠而不费，劳而不怨，欲而不贪，泰而不骄，威而不猛。”这里所讲的“五美”，也就是五种仁善的行为。就善而言，它是社会生活中人与人、人与社会的行为的道德规范。一个人的思想和行为如果符合这种道德规范，那就是善和美，否则就是恶和丑。

导游工作者的心灵美主要体现在他所提供的优质服务上。有位陪同法国“东方之友”旅游团的翻译导游，在整个游览活动中，积极热情，任劳任怨，关心游客，讲解认真，语言生动，为团中的老人多次排忧解难，上搀下扶，无微不至，临别前游客感动不已，送他一个装满外汇券和法郎的大信封，但却被他婉言谢绝了。随后，他收到多封热情洋溢的感谢信，信中并对此番在华旅游中通过导游而得到的审美满足给予极大的肯定。这一现实的例证对导游工作者的心灵美的构成及其意义作了活的说明。目前，国旅(国际旅行社)系统提出了“五要五不要”：要和颜悦色、热情服务，要主动翻译导游、积极介绍情况，要耐心解答客人的问题、保守国家机密，要满足客人的购物和其他合理要求，要关心客人的安全与健康；不要收小费和索要物品，不要倒换外币，不要收取回扣，不要利用工作之便与客人拉关系、谋求私利，不要作任何有损国格人格的事情。从表面上看，这是对导游

① 《西方美学家论美和美感》，商务印书馆 1980 年版，第 23 页。
② 《西方美学家论美和美感》，商务印书馆 1980 年版，第 41 页。
③ 《西方美学家论美和美感》，商务印书馆 1980 年版，第 58 页。

服务的规范要求，而实质上是对导游如何塑造心灵美进行了高度而集中的概括。特别是对国格人格方面的要求，在社会学意义上可以说是导游工作者塑造心灵美的起点。只有讲究国格人格者，才有可能追求自我的(从仪表到心灵的)完美。全国模范翻译导游鱼新平的动人事迹充分地证实了这一点。他曾说："我们这些人从某种意义上说，是职业外交官，是不出国的使者，是友谊的播种人。我们的一言一行代表祖国的尊严和人民的形象。"①正是立足于对本职工作意义的这一高度认识，他在实际工作中积极热情，认真负责，充分发扬了"有朋自远方来，不亦乐乎"的民族优良传统，在介绍和传播祖国历史文化的同时，广结四海朋友，为祖国、人民以及个人赢得了国际声誉，为社会主义精神文明建设做出了卓越的贡献。

最后，需要指出的是，心灵美尽管与道德伦理有着最直接最密切的关系，但不能把二者完全等同起来。因为心灵美作为美的一种特殊形态，具有一切美的共同特征——直观性。也就是说，"深层"或内在的心灵美往往是通过"表层"或外在的其他美显示出来的。因此，每个社会成员，尤其是担负着"民间外交大使"重任的导游工作者，在追求个体完美化的过程中，要避免重外轻内的现象。契诃夫说过："人的一切都应该是美丽的：面貌、衣裳、心灵、思想。"柏拉图也曾指出，身体美与心灵美的和谐一致，是最美的境界。② 对于导游工作者来讲，"最美的境界"是个人审美化的终极目标；对于旅游者来讲，"最美的境界"才具有至高的审美价值。

第二节　审美信息的传递者

"信息"(Information)是当今时代最为时髦的术语之一。按控制论创始人诺伯特·维纳的解释："信息是人们在适应外部世界并且使这种适应反作用于外部世界的过程中，同外部世界进行交换的内容的名称。"从信息论美学角度考虑，我们认为，作为旅游审美对象的自然景观与人文景观，似乎也同"艺术表现的任何形式"一样，"都可以被视为一种信息"，一种有关客体之实际观赏效果的审美信息。在旅游审美活动中，由于个人差异(阅历、修养的深浅，审美能力的高低，等等)与文化距离(对文化的陌生和语言的障碍，等等)诸因素的存在，旅游审美

---

① 见1984年1月10日《旅游报》。

② 参阅柏拉图：《文艺对话集》中译本，商务印书馆，第64～65页。

信息往往需要通过传递者(Transmitter),即一位掌握传递艺术和具有创造性的导游工作者(这里无意排除其他形式的传递手段)传递给来自不同社会文化团体的旅游者或接收者(Receiver)。传递通道正如信息论美学奠基人莫尔斯(A. A. Moles)所言:"可以是视觉、听觉,或其他的感受系统。"这样,我们在综合先前通信系统的模型的基础上,可以对旅游审美信息的流程作以下描述:

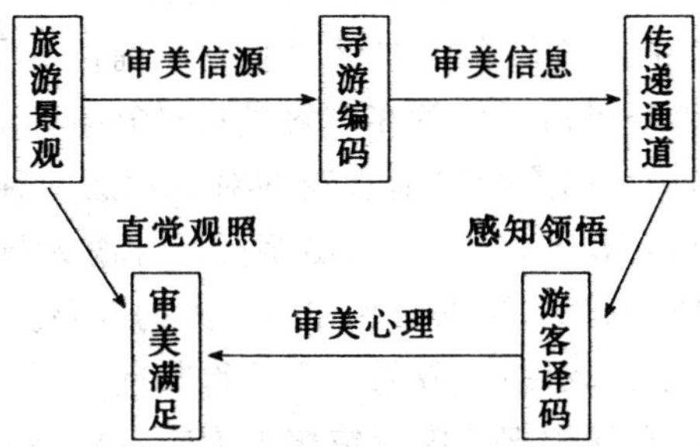

值得指出的是,由于个人在文化修养、审美能力以及经验阅历等方面的差异,加之旅游审美的自由性、随意性与创造性等特征,旅游审美主体有时可越过"导游编码"等中介因素,从审美对象的直观形式上把握其审美价值,获得不同程度的审美享受。但在大多数情况下,对人生地不熟的游客来说,要想获得更高层次的审美感受,就有赖于导游的编码艺术或传递旅游审美信息的艺术。自不待言,导游是凭借语言来传递信息的。这样,导游传递信息艺术首先涉及语言艺术,其次,还涉及一个技巧运用问题,也就是我们常说的导游手法。

一、关于语言艺术

语言是社会交际的工具,是传达意义、思想、情感与态度的媒介或符号。对于从事导游讲解的工作者来讲,语言艺术化是至关重要的,因为这直接影响到旅游审美信息的质量与观赏主体的审美满足水平。

著名美学家朱光潜曾说:"话说得好就会如实地达意,使听者感到舒适,产生美感。这样的说话就成了艺术。"如此看来,提高导游讲解的语言艺术主要应该在"达意"与"舒适"上下一番功夫。"达意"要求发音清楚,用词准确,也就是人们常说的"修辞立诚",因为这样才会引起游客的注意,满足其求知明理的欲望,创造领悟审美信息(译码)的基本条件。"舒适"则要求声调柔和悦耳,言词娓娓动听,节奏抑扬顿挫,风格诙谐幽默,情感激越真诚,因为只有凭借自然流畅、谈笑风生的导游讲解,才会唤起游客听觉与情绪上的快感,并且达到益智添趣,促动审美心理,获得审美满足等多重目的。具体地说,口语导游的语言艺术化主要表现在以下五个方面。

(一)语言的准确性

“达意”与否,多以准确为衡量尺度。所谓准确,首先要求言者音质清亮明洁,无含糊生硬的成分。“含糊其辞”无论在何种交际场合都会使人感到不快。尤其是在旅游审美活动中,这种语言表达形式(特别是用外语讲解)不仅不美,而且会导致信息接受上的困难,乃至误解。试想,一位陪国外旅游团参观秦始皇陵兵马俑的翻译导游,如把 Warriors([wɔ:riəz]兵马俑)一词发成 worries([wʌriz]烦恼),那会使听众产生一种什么样的感想呢?准确性的另一层含义是言之有物,用词恰当。这就要求导游工作者在讲解景观对象的背景、形态、特征、功能等内容时,要有具体的针对性,要与眼前直观的对象达成一种默契。与此同时,还应该注意词语得当,组合相宜。通常,初出茅庐的导游人员不习惯用婉语,喜欢过分地使用大词、高级形容词,试图取得先声夺人的效果。殊不知这种无视游客自身评判能力的夸张手法,有时在效果上会适得其反。例如,一位导游在陪团去一家风味餐馆时,在行车途中把这家餐馆捧得太高,得意地连用了一串最高级形容词来描述,结果使游客的期望值过高,实际就餐后感到大失所望。可见,把话说绝是不明智、不可取的。

(二)语言的音乐性

这主要是指语调的抑扬顿挫、语流的畅通、语句的长短、语速的快慢,一句话,是指语言行为中的节奏感。一般来讲,语调的抑扬顿挫是由于字音的高低所致,但另一方面也关联着情绪的起伏变化。喜者激昂,悲者沉郁。这对语调有着直接的影响。语流的畅通反映在语句衔接自然、连贯而无间断的表达上。侃侃而谈,毫无阻滞,能使人产生一种行云流水之感与舒适欢欣之情。语句的长短也是形成语言节奏美的要素之一。我们认为,在口语导游的讲解中,句式不要过于复杂,而要简短明快,变化多样一些。从语义上讲,这类句式容易形成各自相对独立的意群,便于旅游者的理解;从审美角度分析,这类句式节奏明快,就像听“华尔兹”舞曲一样,容易产生更强的感染力。实际上,从社会心理考察,生活节奏的不断加快使人们的感受系统与情绪系统的节奏也相应加速,所以,缓慢、悠长和繁杂的东西就显得格格不入。

(三)语言的生动性

导游工作者在描述自然美景和风物传说时,怎样才能把游客导入诗情画意之中,怎样才能使游客产生共鸣,这主要在于讲解过程中所用语言的鲜明生动性。如果讲解能达到绘声绘色的境界,那么游客就会通过联想或想象等心理功能再现事物的形与神,进而感知或理解事物的内在审美价值。这就要求导游人员在掌握丰富的景观知识和语言词汇的基础上,注意修辞,学会恰当地运用对比、夸张、借代、比喻(明喻、暗喻、直喻)、映衬、比拟等手法,使语言艺术化、口语化、形象化，能够通过适当的修辞技巧创造出生动的语言画面，达到主客之间相互理解和发生共鸣的效果。

（四）语言的风趣性

导游语言的风趣性主要表现在其幽默或诙谐的言谈风格上，这是语言艺术的一个重要方面。在美学意义上，幽默（英语 humour 的音译）属审美范畴之一，是喜剧性的一种表现形式。它通过比喻、夸张、象征、寓意、双关、谐音、谐意等手法，运用机智、凝练、风趣的语言，对现实生活中的各种乖讹、矛盾以及不合理现象进行含笑率直的揭示与批评。在导游活动中，语言的风趣性尽管与这种幽默不无联系（譬如在手法上），但主要还是指另一种形式的幽默，也就是轻松地开玩笑或善意的逗乐。就效果而言，风趣幽默的语言可以活跃气氛，特别是在车上游客一言不发、空气沉闷的时候。例如，有一次在日本东京参观游览，一天的劳顿颠簸使全车的游人在归途中进入了昏昏欲睡的状态。可就在路过日本首相官邸时，导游手指窗外，风趣地说："诸位在回宾馆休息之前，不妨顺便看看那座戒备森严的日本首相官邸。据说中曾根首相认为这座官邸不够宏伟，计划另建一座。如果确有此事的话，那就意味着我们日本国民要上交更多的所得税。"语音刚落，车里就爆发出一阵会意的笑声，空气顿时活跃起来，先前的沉闷也随之冰消。在临别时，大家对导游报以热烈的掌声，表示对其工作成绩的极大的肯定和真诚的谢意。可见，导游对诙谐语言的灵活运用，对活跃团队气氛、充实旅游活动具有相当明显的作用。尤其是在长途旅行中，这种做法更能显示出其消除疲劳、振奋精神的效果，使游客在轻松的欢声笑语中，度过快乐的时光。

（五）语言的情感性

导游在游客进入审美观照的前后，往往需要对景观对象的审美意味和价值进行口头的描述或渲染。在这里，讲解语言不应是直陈的、抽象的或程式化的，而应该是形象生动的，富有情感色彩的。在导游过程中，要想唤起游客的共鸣，就得在讲解中"动之以情，晓之以理"。也就是说，要"情真意切"。语言的情感性不光是指有声的感叹语所传导的情绪信号，而且包括无声语言的直观性情感表现，如眼睛、手势与面部的表情，等等。这是因为人的喜怒哀乐、七情六欲往往可以从眼睛的神态、手势的力度与面部的线条中显露出来。眼睛是心灵的窗户，最能表情传神。泰戈尔对"眼语"有过这样的描写："那些自有生以来，除了嘴巴的颤动之外没有语言的人，学会眼睛的语言是十分必要的。它在表情上是无穷无尽的，像海一样深沉，像天空一般清澈，黎明与黄昏，光明与黑暗，都在这里自由嬉戏。"①在实际生活中，人们正是从目光的变化里度量对方的情绪的，如从明亮

① 泰戈尔：《素芭》，见《外国短篇小说集》，第 456 页。

的目光推测出喜悦快乐，从暗淡的目光中联想到忧伤悲哀，从燃烧的目光或圆瞪的眼睛里感觉出愤怒狂暴，等等。“眼语”的表情也十分丰富。“回头一笑百媚生”，正是由于面部在莞尔一笑之间呈现出的柔和的曲线之美所致。“手语”亦然，它作为人的性格和内在情感的外化，有时比有声语言来得更直接，更快捷。奥地利作家茨威格对其人物手语的表现力有段精彩的描写：“这双超群出众得简直可以说是世间唯一的手，的确使我发怔了。尤其使我惊骇不已的是手上所表现的激情，是那样狂热，那样抽搐痉挛地互相扭结，彼此纠缠。我一见就意识到这儿有个感情充沛的人，正把自己的全部激情一齐聚集到手指上。”[①]对于导游来讲，一般要求手势的速度与幅度适中，这样，其空中轨迹较易形成弧线，可给人一种柔软、亲切与自然之感。应该强调的是，导游语言的表情性的关键在于导游自身是否进入角色，是否动情。假若一位在风光胜景面前无动于衷的导游，仅用干巴巴的程式化“台词”毫无表情地进行讲解，就很难打动慕名而来的游客。

口语导游语言艺术化的上述几种因素（准确性、音乐性、生动性、风趣性与情感性）是相互联系的，而不是孤立存在的。任何顾此失彼或把握不当都会在不同程度上破坏语言整体的美，例如，苛求准确可能会造成枯燥，过分诙谐可能会导致滑稽，故作多情可能会令人生厌……正像洪毅然所说：“欲求语言之‘美’如果只重语义内容，对于词藻、语言、腔调等，根本全不在意，诚然未免片面；反之，如果徒求语音之优美，腔调之圆润，节奏之抑扬，词藻之华丽，非‘诚于中’，而仅‘饰于外’甚至别腔别调，装腔作势，矫揉造作，便将华而不实，虚有其表，误入语言之邪道，必定令人作呕，那就更加难免欲‘美’反‘丑’了！”[②]

二、关于导游手法

若想把旅游观赏者吸引到自己周围，以期达到有效传递审美信息的目的，导游工作者就必须不断地总结经验，善于因地制宜地运用多种导游手法。比较通用的导游手法有下列几种。

（一）虚实相间

平铺直叙的导游讲解尽管可以使人明理，但由于枯燥单调，缺乏艺术魅力和情感表现，就很难吸引或打动游客，给人家留下深刻的印象和美好的记忆。这样，旅游者审美满足的水平也自然不会很高了。要想改变这一现状，导游者就应另辟蹊径，采用虚实相间或故事化的方式，把对游览对象（实）的程式化介绍，同有关的神话传说（虚）结合贯通起来，使导游讲解形象生动、情景交融、引人入胜。

---

① 茨威格：《一个女人一生中的二十四小时》，第 21 页。

② 洪毅然：《语言美琐谈》，见《大众美学》第 2 期，第 3 页。

职业导游工作者都知道，每次导游活动如同讲课一样，要安排好讲授内容的先后次序和层次，准备好中间所要穿插的典故、轶闻、趣事、传说等，以便在一定时间内的讲解中，形成起伏变化、多样统一、扣人心弦的节奏并使内容丰富多彩。譬如，陪团游览昆明玉案山的筇竹寺，仅介绍其建筑年代、面积、位置与结构，游人当然不会满足，因为，有关这些信息他们也许早已从书面导游指南中获悉。如果导游工作者能用“高氏兄弟追赶犀牛”的美丽传说来点缀筇竹寺的宗教历史背景，游人的兴趣就会大为提高。随后，乘着高涨的游兴，在游览过程中，再从容地讲出其他内容，如该寺的建筑风格、罗汉堂的彩塑艺术特征以及与其相关的佛经故事，等等。再如品尝当地风味小吃，若只就事论事地告诉游客“过桥米线”的做法与特点，那仅能取得一般的效果。如果穿插上那段与此相关的夫妻恩爱的动人故事，那就大不一样了。此间，游客会得到双重的享受，即一饱口福的生理快感和陶情冶性的精神愉悦。最终会融为一种超越感性和理性的审美满足。如上所述，这种虚实相间的导游手法，所取得的直接效果是情景交融，引人入胜，使游客回味无穷，在娱乐中得到情感净化或审美教育。正像一位旅行者所说的那样：一则娓娓叙来的生动的寓言或优美的神话故事，配上眼前可观可触的景致物品，会激起人们轻松愉快的心绪、遐想和观赏兴味，使静止的东西变得鲜活起来，给人以更为深刻的体验。

在我国，辉煌的文物古迹，数不清的名山胜境，经过悠久历史文化的洗礼，大都伴随着一定的神话传说、民间故事和劳动人民可歌可泣的光辉业绩，这为导游讲解的故事情节化提供了丰厚的资源和条件。如果运用得当、组织巧妙、穿插有序，不仅可以增加旅行者的游兴，深化其审美享受，还可以传播中华民族光辉灿烂的历史文化，达到交流思想、沟通感情的目的。

（二）进入角色

无论是登山、渡水、探洞、游园、参观文物或访寻古迹，导游工作者务必进入角色，有导有游，同游客自觉地结成一体，在共同的实际游览、观赏中，以其丰富的地貌风物知识，富有真情实感和自然质朴的导游语言，适时地以触景生情的手法引发游客的审美情趣，将其逐步导入观赏意境。如果导游工作者只导不游（如只介绍长城而不登长城的“放羊式”导游），无形中就同游人在心理情趣上隔了一层。这样，无论你讲得多么天花乱坠，也不一定能打动旅游者，因为它缺乏亲临其境的说服力和感染力。另外，只导不游的讲解还会给人一种虚假做作之感。如在某次游览一个新开辟的石灰岩溶洞时，一位只导不游的讲解员在五光十色的溶洞中央，像背台词一样滔滔不绝，东一指说是“银河飞瀑”，雄奇壮观；西一指说是“仙女下凡”，婀娜多姿。此时此刻，游人像装有电脑程序的机器人似的，受其摆布，莫名其妙，并未领略讲解员随手而指的那些景致美在何处。

(三)制造悬念

当旅游者置身于景物之中时，有经验的导游工作者惯用制造悬念的手法，引出旅游者的审美注意焦点。所谓制造悬念，就是在实际的导游活动中，导游利用游客追寻景观特征、故事结局、文物来历和风俗习惯的迫切心理，巧妙地安排讲解内容，但在关键地方提出问题，引而不发，给游客稍加思索的时间，最后再用三言两语点破奥秘。这种方法实质上是“吊胃口”或“卖关子”，有助活跃气氛，引人注意，把“旁观型”的旅游者转化为“参与型”的观赏者，以便达到共鸣的审美效果。例如，杭州西湖有一座断桥。车到桥前，导游一般要讲有关白蛇传的神话传说。这个优美动人的带有悲剧色彩的故事常使游人打破传统的审美习惯，一反憎恶冷血动物的常态，对善良而多情的蛇妖——白娘子深表同情，非常关切她的命运。但有经验的导游往往不一气讲完，多半只讲到法海骗走许仙，藏到金山寺为止，而把游人急于想知道的故事结局放在回归途中重过断桥时再讲。这样，导游就会把游人的注意力吸引到自己的周围，使自己始终处于主动地位，并且在归途中有话可讲，激发旅游者情感意趣，丰富其审美享受。值得注意的是，制造悬念务须控制好时间，在大多数情况下不要拖得太长，因为胃口吊得太高就会失去胃口。此外，制造悬念一定要首先做好铺垫工作，唤起游客的情趣，否则会使人茫然生厌，达不到预期的效果。

(四)点面结合

任何艺术，既讲究整体，亦突出重点，导游艺术也毫不例外。在旅游审美实际中，大部分景观对象从整体上讲是美的(或崇高的)，但其美的特质主要凝聚在特定的点上。因此，这就要求导游工作者在顾及“面”的同时，要设法找出蕴含或包括在对象之中的典型重点，讲深讲透，其余则一语带过，这样更有助于加深旅游主体的审美体验。例如，陪同日本游客观览颐和园的长廊，主要应以日本人熟知的中国古典文学(如《三国演义》)中的人物彩画如“桃园结义”、“三顾茅庐”等为重点，而不可逢画就讲，没完没了，冲淡游人的情趣。

(五)利用参照

由于社会历史的差异和文化心理的距离，要想把旅游东道国的自然景观和人文景观讲解得清楚明了、通俗易懂并非一件易事。特别是在我国，悠久而灿烂的历史文化使大多数旅游景观打上了不同时代的印记，这自然给导游讲解和游客领悟带来了许多困扰或障碍。比如陪同国际游客去参观故宫，有的导游会把故宫的建筑时间说得非常具体(明永乐四年始建，永乐十八年基本建成)，殊不知，在此时按中国表达习惯讲得越详细，客人反而会觉得越糊涂，这主要是由于文化差异所致。但如果导游采用参照的方法，把中西文化历史参照起来讲解(比如说紫禁城建于 14 世纪，意大利文艺复兴时期的初期……)，理解方面的问题便会比较顺利地得以解决。实践证明，确切、恰当的参照可使导游工作获得事半功倍的效果。所谓导游活动中的参照，就是将两个风景点或事物加以比较，通常是以游客熟悉的东西来介绍或解释他们不甚熟悉的东西。马可·波罗曾形象地把苏州喻为东方的威尼斯，有的日语导游者也曾把上海的城隍庙比作东京的浅草，把南京路比作东京的银座，等等。我们认为，上列参照手法在必要时可以加以沿用。就其效果而言，它不仅使旅游者易于理解，而且还能使其产生一种“虽在异国他乡却又犹如置身故里”的亲切感受，满足其民族自尊心与自豪感。值得强调的是，准确、恰当与形象化是评价参照自身质量的直接尺度。这就要求导游工作者不断学习与探索，丰富自己的知识，争取达到学贯中西的程度。

第三节　审美行为的协调者

在同旅游者的审美关系中，导游工作者还扮演着协调旅游主体之审美行为的角色。这一方面是导游活动（一种再创造的艺术活动）的基本内容，另一方面也是旅游观赏主体的实际需要。在旅游审美实践中，导游工作者往往利用自己的历史文化与地貌风物知识，主要从旅游观赏节奏等方面来协调旅游者的审美行为，以便使其获得最大的审美满足。

生理节奏正常，人体的内部机能才会处于稳定状态；心理节奏适度，人的内心生活才会趋于平和。同样，观赏节奏正常，人的审美需求才会得到满足。旅游者是具有生理—心理结构的活生生的人，旅游审美是一项有关体力和鉴赏力的综合性实践活动。于是，导游工作者应该从人的本体出发，使观赏节奏符合旅游者的生理负荷和审美习惯。所谓旅游观赏节奏，泛指游览活动的张弛、缓急，导游讲解的快慢、声音语调的高低以及导游过程的停顿等因素所构成的多样统一的结果。

一、一张一弛

常言说“文武之道，一张一弛”。旅游审美活动也应该注重这一点。这就是说，在组织游览活动时，要考虑到旅游者的生理适应性，解决好日程安排的紧与松或劳与逸的关系问题。不言而喻，人的审美心理与其生理机制是密切相关的。如果运动节奏超过了生理节奏（心跳、呼吸、血液循环等），就会打破人体内在机能的平衡，导致疲劳或别的症状。这对审美来讲如同“釜底抽薪”。也就是说，作为审美条件的生理基础一旦失去，审美也就难以独自存在了。游览活动的张与弛,可根据旅游团队的人员构成(年龄、体力、需求等),通过全程安排、日程安排以及具体的节目安排反映出来。

总之,要设法使游览内容丰富多样而非单一雷同,旅行活动紧松相宜而非紧张疲劳,以便达到使游客感到轻松自然和不虚此行的最终目的。当然,游览活动的张弛程度要视对象而定。对于强调"拼命工作,拼命游玩"的日本中青年旅游者来讲,较快的观赏节奏也许更符合他们的习惯。

二、有缓有急

在具体的游览观赏中,行进速度的缓急也形成一定的节奏,这种节奏对旅游审美效果会产生直接的影响。例如游园,有的人习惯于宏观欣赏,即从大处着眼,注意建筑的轮廓形式和假山池树的布局;有的则喜好微观欣赏,即从小中见大,玩味一幅彩绘,一个漏窗或一处盆景。如果导游工作者忽视了个人在审美习惯上的差异,或是像赶羊似地一个劲地催他们快走,或是放任自流地随其所便,或是因为时间宽裕而故意慢慢腾腾,这都会对旅游者的正常审美情趣产生消极的影响。所以,导游工作者应像乐队的指挥一样,要在整体协调和积极引导的基础上,把握好行进速度的节奏变化,对哪儿该快、哪儿该慢、哪儿该停,必须心中有数,提前做好统筹安排,以便使游人在快、慢、稍快、稍慢和行止的节奏变化中,从容自如、轻松悠闲地享受到游览观赏的极大乐趣。值得指出的是,一年四季的景致在不断变换,旅游审美习惯因人因团而异,因此,如何掌握好这种节奏,还要靠导游本人在实践中着意摸索,根据具体情况作具体调整。

三、快慢相宜

导游讲解速度的快慢也构成节奏。太快了,旅游者不是反应不及就是听不清楚,时间一久,会导致听者注意力涣散或精神过度疲劳;太慢了,会使人听了上句等下句,容易给人一种断续散乱与迟顿不适之感。这两种情况均不利于旅游审美活动的正常进行。我们前面讨论的口语导游语言艺术之美,就要求在准确的基础上,要流利畅达,快慢相济,节奏恰当。如果导游工作者只图自己一时痛快,讲解时指手划脚,滔滔不绝,竹筒倒豆,而旅游者则茫然不解,那就没有达到传递审美信息的目的。反之,导游讲解如果吞吞吐吐,慢慢悠悠或断断续续,让游客失去耐心,兴味索然,那显然也是一种失败。在正常情况下,导游讲解的节奏以不紧不慢,流畅生动为准则。快时不妨利用提问作为缓冲,以节奏的变化松弛听者过度集中的神经。总之,讲解的速度要视听众对象而定,对听觉灵敏、反应快捷的年轻人可适当快一点,对老年人则要适当慢一些,吐字清楚一些,有时甚至应有必要的重复。另外,还要根据景观对象的具体情况来调整讲解速度。

人文景观背景复杂,通常需要传递的信息量较大,可适当快一点,自然景观的直观性强,需要传递的信息量较小,可根据景色适当放慢一些,给听者留有观照和印证的余地。

四、音调和谐

无论是否使用扩音设备,导游讲解时音量的大小、声调的强弱,与观赏节奏亦有密切联系,对旅游审美行为亦有一定影响。实践证明,声音太高会给人以刺耳不适之感,声音太低则又给人以含混不清之感;声调平淡给人以枯燥无味之感,过于激扬则又给人以矫揉造作之感。因此,导游工作者应因地制宜,根据听众的多寡、空间的大小,适时地控制和调节自己的音量与声调。一般来讲,音量的大小要以使距你最远的本团游客能听清为度,声调的变化要以自然质朴、抑扬顿挫为好。当然,声调往往具有强烈的感情色彩。当导游工作者亲临其境、全然进入角色之际,眼前的景观之美或神话故事的动人情节,必然会唤起他自身的审美反应或情趣。这样,声调会随着情感的起伏而起伏,或激昂,或深沉,或欢乐,或忧伤,或抑或扬,或强或弱,从而构成一种富有节奏变化和真情实感的声调美,感染和吸引旅游主体。

五、适时停顿

很难想象,一位"金口难开"的导游工作者会受到游客的欢迎;同样,一位喋喋不休的导游工作者也不会赢得游客的欢心。我们知道,停顿与讲解均是导游工作的需要,二者处在一种对立统一的关系之中。在旅游审美活动中,适时的停顿不但不会影响游客的观赏,反而会有助于他们的观赏。因为,审美在很大程度上是一种自由的个体性的价值判断过程,过多的诱导会成为一种干扰或强迫,使人难以在平心静气的凝神观照中领悟面前的景观之美。游览自然景观尤其如此。如果导游在途中已用有关的风物知识或神话传说唤起游客的审美遐想,如果游客在宏丽明媚的自然景观(像漓江的九马画山或黄山的奇峰云海)前已经进入兴致勃勃的观赏情态,那么,无休止的讲解在此时就显得有些唠叨和多余,因为"此时无声胜有声",游人在寂静永恒的大自然里会自行展开审美想象的飞翼,或以情托物,或借物抒情,进入物我两忘、天人合一的审美境界。

第四节　导游工作者的美学修养

扮演多重角色的导游工作者，能否确立自己在旅游团队中的地位，能否使游客的审美欲望得到满足，也就是说，能否顺利完成自己的工作使命，主要取决于导游工作者自身美学修养的广度和深度。

概而论之，导游工作者首先应该注意培养自我审美意识，继而弄清旅游者的审美需求，以便增强导游讲解的针对性。进入角色之后，要尊重游客的审美习惯，灵活运用旅游观赏的方法。此外，导游作为一门艺术，还要求导游工作者在具体实践中不断摸索经验，提高再创造的能力。

一、培养自我审美意识

无论是作为旅游者的直接审美对象，还是作为旅游者的审美向导(传递审美信息，协调审美行为)，导游工作者均应从不同角度来培养自己的审美意识，使自己的仪表、风度、心灵、语言、情趣、知识和技艺等，均符合"美的规律"，达到审美化的程度。

就仪表而言，导游应该深刻地意识到自己身兼"民间大使"要职，既代表一个民族和国家，也反映出所在旅行社的规格、业务水平以及个人的修养和精神面貌。因为仪表在一出场时就会给旅游者留下第一印象，按照"光环效应"的心理原理，第一印象对确立导游者的领队地位至关重要。因此，导游首先应根据主客观的自然条件(身材、性别、年龄、季节)和社会条件(职业、时尚、团队类型)，要穿着得体。从事过17年导游管理工作的帕特里克·克伦教授建议："第一次与团队队员见面，你(如果是男士)应着衬衣、西装、打领带；(如果是女士)应穿外衣或套服。"他认为："穿着得体比浓妆艳抹更能表现出趣味的高雅和风度的含蓄。"其次，导游应遵照和谐的总原则，使自己的体态、服饰与发型构成一种多样统一、相互映衬、符合大众审美习惯的整体美。一般来讲，奇装异服与怪诞的发型尽管有可能突出个人，但与周围的社会环境和文化气氛则显得格格不入，容易给人一种自我炫耀或滑稽可笑之感，从而会失去和谐美或整体美。

应该看到，随着主客之间交往的增多，旅游者的注意焦点会从导游的仪表转向风度。无疑，风度美是个体审美化的较高层次。潇洒自如、优雅多姿的翩翩风度会强化人们对仪表的审美感知，反之，则会冲淡这种感知，使先前的印象模糊乃至消失。风度的形成往往离不开环境的熏陶和人为的训练。对于导游工作者来讲，要在社会生活实践中自觉地观察和体味其他社会成员(特别是本行业中的同事)的优雅姿态(坐态、站态、行态等)，从中抽出与己相宜的参照模式，随后加以综合，并在反复的模仿演练中使其个性化、自然化。就条件而言，每个人都有可能成为一名艺术家，问题的关键在于每个人的内在自我是否具有强烈的艺术化心理趋向，是否具有自觉的审美意识和丰富的想象与创造能力。对于导游工作者，则主要看他是否能够从审美化角度出发，积极主动地发挥自己的潜力，创造性地从形象、姿态、举止或风度等方面培养和塑造自己。

一般来讲，外在美(如仪表美、风度美)固然重要，但内在美(即心灵美)更为可贵。在旅游审美关系中，旅游主体的审美经验和审美感受常常表现为一种不断深化的演进过程，或者说是一种“由表及里”的认识过程。国内外许多游客对导游工作者的赞美，最终总是表现为对其心灵美的欣赏与崇敬。

概括地说，外在的仪表与风度之美尽管具有直观的审美吸引力，但终究只能唤起初级的审美愉悦，充其量也仅能达到“悦心悦意”的美感层次。而对内在的心灵美的理解和欣赏则大不一样。借助心灵美所体现出的道德与情感力量，随着观赏主体的精神的昂奋与情感的升华，审美感知必将得以深化，最终导入“悦志悦神”的至高境界。

实践证明，导游工作者对自身心灵美的培养，关键要看他是否具有人道主义精神或助人为乐的情操。在导游过程中，导游工作者的心灵美一般是通过具体的行为(周到服务、文明接待、为游客及时排忧解难)和有声的语言(利用富有节奏美和声调美的语言传递富有价值的旅游审美信息)表现出来的。实际上，旅游者对于作为直接审美对象的导游工作者，也总是在“听其言、观其行”的同时，做出相应的审美判断。因此，对于心灵美外化的感性形式——语言美与行为美，导游工作者应予以足够的重视。但也应该指出，心灵美是动因，与其外化形式(语言美与行为美)之间存在一种因果关系。所谓“诚于中而形于外”，讲的就是这一道理。

总之，没有自觉审美意识的导游工作者，就好像缺乏灵感而创造不出艺术品的匠人一样，很难使个体达到审美化的境界，很难成为真正意义上的旅游审美对象、旅游审美信息的传递者和旅游审美行为的协调者。

二、研究游客的审美需求与动机

如前所述，由于审美个性的差异，旅游者的审美需求是多种多样的，其审美动机也相应地被划分为不同的类型，比如自然审美型、社会审美型、艺术审美型和生活审美型，等等。

不言而喻，要想使旅游者得到审美满足，导游工作者务必根据团队的构成与线路的安排，事先搞清其主要审美趋向，然后有针对性地搞好准备工作。这就如同一位要想争取观众好评的表演艺术家必须了解观众的审美情趣一样，只有当他明确了游客的审美需求，并且掌握了旅游审美活动的基本规律，才会有的放矢地做好接待准备工作，可望获得比较良好的旅游审美效果。

一般来讲，选择旅游观赏重点是导游工作成败的关键。这一原则似乎适用于各种审美类型的旅游者。例如对于游三峡的自然审美型游客，应以巫峡为主要对象，在导游讲解中多提供有关巫峡的审美信息，以便在游客的审美心理中构成注意焦点，激发起他们的审美想象与期待心理，最终使其在亲临其境的直接观照中，获得最为深切的审美感受，留下至为突出的审美意象。对于生活审美型的"美食之旅"，也应遵守突出重点的原则。每次宴席，都要以风格独特的拼盘和名菜为讲解对象，从"色、香、味、形、意"等方面向游客讲述中国烹饪艺术的基本特征，使其在一饱口福、感受生理快感的同时，也能不同程度地获得某种精神上或审美上的愉悦。事实证明，选择观赏重点是适合一般游人的审美活动规律的。因为，游人对外物（包括自然景观与人文景观）形象的观照，并非尽收眼底、全盘接收，而是有所侧重、有所选择。同游天坛的旅游者，有的为宏丽精巧的祈年殿所折服，有的则为空灵奇妙的回音壁所吸引，这就是审美选择的结果。因此，导游者要参照游客的审美个性差异，选择他们可能最感兴趣和最愿意接受的东西，搜集具有代表性的资料，并在实地游览中加以形象生动的讲解，引起观赏者的共鸣。

在导游讲解中，如何运用虚实结合的手法"化景物为情思"，是导游者所面临的一项重要任务。众所周知，旅游审美活动的一大特征是"借物抒情"。但是，现实中的有些景物是相对静态的，或者说是"死"的。例如孟姜女庙后的"望夫石"，从表面看去几乎没有什么魅力或形式美感，但若能够化实为虚，用动情的语言将孟姜女哭长城的故事娓娓叙来，这块普通的石头就会在游客眼前变幻为另一种意象，积淀于其中的历史文化内容和深刻的人类情感价值必然会在观赏者心里激起无限的追忆和遐想。这正如美学家宗白华所言："以虚为实，就是完全的虚无；以实为实，景物就是死的，不能动人；唯有以实为虚，化实为虚，就有无穷的意味，幽远的境界。"[①]在这种化实为虚、化景物为情思的过程中，导游者所扮演的是一种诱发主体情思、揭示客体本质，然后使物我沟通交融的中间角色。值得指出的是，"化景物为情思"不仅涉及虚实结合的方法问题，而且要求导游工作者具有丰厚的审美修养，能够从浩繁的风物传奇、神话故事和古今诗文中提炼出比较纯净的旅游审美信息，能够在讲解过程中借景抒情，揭示出景物中隐含的审美价

---

① 宗白华：《美学与意境》，人民出版社2009年版，第350页。

值，并以此来引发游客的审美心理活动，使其进入情景交融的美感境界。

三、尊重游客的审美习惯

人的审美习惯是其审美个性与固有审美经验相互融合的产物。这种审美习惯通常会有意无意地影响人们对客观事物的审美评价，甚至在一定程度上制约着人们的审美行为。对旅游者来讲，由于生活阅历、文化修养、情态意趣、职业、年龄、宗教信仰以及社会环境的不同，其审美习惯往往具有一定的差异性与多样性。就职业而言，出外旅游的政治家、企业家和社会科学工作者，一般习惯于观察体验东道国的政治制度、社会形态、经济体系，并相应作出美丑或利弊等方面的评判；思想家、记者、宗教活动家一般习惯于透过事物表象去探究东道国人民的精神状态、心理素质、民族特性、生活方式和宗教信仰，进而发掘其社会生活美与内在心灵美；文学家、艺术家一般习惯于追索东道国文化艺术的本质特征和审美价值；美食家则一般习惯于品尝欣赏东道国的各种美味佳肴；医学家、教育学家、考古学家以及环境保护学家等，也都习惯于寻访各自感兴趣的东西。从年龄分析，青年男子习惯于追新猎奇，喜好在异国他乡进行探险旅游，寻求强度刺激或激越之美；妙龄少女则习惯于通过异地观光，寻找和享受各种风格的服饰美与色彩缤纷的形式美；老年人则习惯于透过人际关系来窥察体验人情美与伦理美。从民族角度考察，来华旅游的日本人习惯于探寻中国的历史文化之美；西方人偏重于享受中国的社会生活与烹饪艺术之美；而海外华侨和回到大陆观光旅游的港澳台同胞则倾向于欣赏故土人情与风光古迹之美。因此，导游人员有必要对客源国或地区的政情、民风、历史、文化、艺术、生活、兴趣、爱好或审美理想进行深入的研究，并在实际导游过程中细心地体察、识别游客固有的审美习惯，针对深藏在其内心的审美意向去安排游览项目，突出讲解最能诱发其审美兴趣的内容，使其在不知不觉中进入审美境界。南京一位备受旅游者称赞的翻译导游，正是由于摸透了老年人的审美心理，在导游过程中常常有意识地把实地见到的情景（如老人带孙子、孙女逛公园，中年男女搀扶或背着年迈父母登中山陵）指给游客看，同时介绍一些有关中国人敬老爱幼的传统美德的历史故事，从而收到了意想不到的良好效果，使游客在深入了解我国人民的同时，于精神和情感上也得到了一定的补偿。

旅游者的审美习惯还表现出另一特点——他们总是习惯于从本民族的文化意识出发，来评判和审视旅游目的地的人文景观。例如，对参观曲阜孔庙的西方游客讲述儒家思想和孔子的贡献，他们会因为文化的差异而体会不深。但如能联系古希腊思想家亚里士多德作一比较，游客的感受就会大不一样。游"小桥流水人家"的苏州城时，如能根据马可·波罗的历史描述，将其同威尼斯作简要比较,也必然会激发起游客的审美联想。事实上,有经验的导游工作者常常采用对比的方式,把中国的长城同埃及的金字塔、中国的象形文字与墨西哥的玛雅文化等联系起来讲解,使国际游人产生强烈的共鸣,获得深刻的审美体验。可见,导游有必要了解和积累外国文化艺术方面的知识,分析和研究国际游客的审美习惯与审美标准,在博杂方面尽力达到学贯中西的程度,以便在实际导游中运用中西文化比较的讲解方式,因势利导,借题发挥,灵活掌握,尽可能地帮助游客缩短或超越社会文化距离,诱发其审美的主动性,使其从熟悉的事物出发,凭借固有的审美心理结构,去认识和度量旅游地景观的审美价值。

四、掌握和运用旅游观赏原理

在旅游审美活动中,一定的观赏原理对调节旅游审美行为及其效果具有十分重要的作用。这是因为,形态各异的景观只有借助不同的观赏方法才会显示出其内在的魅力,才会与人的审美心理结构契合,或者说,才会使人在凝神观照中进入物我同一的境界,获得审美的共通感。譬如,游江河湖泊和名山大川,就涉及动态观赏与相宜的节奏;观飞瀑日出或艺术作品,就得利用静态观赏的法则;去石林看“阿诗玛化像”,就须找出最佳的观赏角度;登泰山览“黄河金带”,就要抓住观赏的时机;泛舟漓江赏象鼻山的空间构景,就得掌握适当的观赏距离……由此可见,要想充分地展现出旅游景观的美,要想使游客获得审美满足,导游人员务必在与旅游者同游、同赏、同乐的过程中,学会因地制宜地运用观赏原理,把握好旅游审美活动中动静缓急、起伏变化、多样统一的观赏节奏。

概而论之,要运用和把握好旅游观赏方法与观赏节奏,导游工作者首先应该从审美角度深入了解景观对象的周围环境(天时、地理),内部结构(布局、形式),文化内容(史实、神话、传奇)与美的形态(或阴柔婉秀或阳刚壮美)。其次,要多读一些美学书籍,最起码要搞清“快感论”、“主观论”、“客观论”、“无功利论”、“经验论”、“移情论”、“距离论”、“表现论”、“异质同构论”、“美感积淀论”、“主客观统一论”等美学论说的基本概念。随后,要多读一些山水诗和游记散文,并在实地考察和自身体验的基础上,从美学角度去分析景观的审美特质,描述主体的审美心理。这样,在导游过程中,就有可能驾轻就熟,高屋建瓴,在灵活运用观赏方法的同时,凭借自己的真情实感和艺术化的导游语言,调动游人的审美心理因素,导引他们理解和欣赏景观对象的审美意味,丰富和深化他们的审美感受。

值得强调的是,导游工作者在如何把握好观赏节奏方面,还应具备一定的生理学和心理学知识。如前所述,过于紧张的观赏节奏会使游人疲于奔命,引起生理上的不适,这样不但不会强化、反而会冲淡其审美感受,“欲速则不达”。另外,如果观赏节奏过于缓慢单一,也会产生消极作用,使游人的审美期望指数降低,观赏兴趣减弱。因此，旅游观赏节奏必须同生理—心理节奏相对和谐统一，既不能超过其负荷量，也不能低于其接受力。这一问题的解决，要靠导游人员根据团队构成、线路安排与具体旅程等实际情况灵活掌握，适当调节。

五、提高再创造的能力

从审美角度来看，导游是一个艺术性的再创造过程。其间，导游者通过艺术化的语言，故事化的讲解，联系个人的实际体会，借鉴前人的间接经验，参照游客的审美需求，运用相应的观赏原理，化景物为情思，使游客在怡然自得的游览活动中得到审美上的满足，情感上的陶冶。

所谓提高导游服务质量，其根本就是要提高导游工作者的再创造能力。为此，导游工作者首先要提高自己对旅游景观（包括隐含在其中的历史文化、符号形式与外在的天时地理）的审美鉴赏能力，力求把“死”的景物化为“活”的审美对象。这样，就离不开艺术化的语言和导游工作者的真情实感。我们知道，艺术作品之所以能够动人，在于它所表现的丰富情感，导游“作品”之所以为人接受，在于它所传达的真切体验。如果导游者一味重复他人的间接经验，没有或缺乏个人的直接感受，这样往往会给人一种“雾里看花”的虚幻之感，难以打动旅游观赏者。例如，游故宫太和殿，若导游鉴赏力高，且通今博古，对其宏丽的建筑形式、精巧的结构和象征意义有着深切的审美感受，并能联系昔时皇帝的赫赫威严和封建社会的宗法制度，用富有情感色彩的导游语言加以描述，必然会在激发旅游者审美情趣的同时，加深他们对这座古建筑之丰富内涵（即历史、社会与艺术意味）的审美理解和感受。

为提高导游的再创造能力，导游者还必须认清自身与景观对象的相互关系。在这里，他同时扮演着双重角色：一方面是景物的直接观赏者，另一方面又是其介绍者，也就是沟通旅游者与景观对象的桥梁。如此一来，他务必有导有游，在“游”时从审美角度去感知和把握对象的审美价值，在“导”中从审美角度去揭示其内在的审美本质。在此期间，要充分利用“化实为虚”的讲解方法，使导游“作品”既符合原型实际，又有所创新。按照“心理差异”和“新奇为美”的原则，对景观的介绍一般不宜过细，要“舍末求本”，因为似乎熟悉而又不太熟悉的东西，通常最易引起人们的美感。

提高导游的再创造能力，导游工作者还应明确自身与旅游者的相互关系。作为旅游者的审美对象，他必须提高个体审美化的水平；作为审美信息的传递者，他必须结合旅游的审美需求，学会提炼富有价值的审美信息，并在实际导游中能结合景物予以充分而生动的表达；作为旅游审美行为的协调者，他必须研究旅游者的审美心理，学会运用相应的观赏方法，使导游“作品”能够引起游客的关注，进而获得审美上的满足。

最后，导游人员还应尊重旅游者固有的审美判断力，要设法在临场导游讲解中为对方留下一定的审美“空白”，也就是说，要利用启发而非武断、制造悬念而非平铺直叙的方式，让旅游者自己去评判观赏对象，切勿把话说绝，信手一指，“这是什么”或“那像什么”。因为，从旅游审美活动的随意性与自由性分析，任何违背审美规律的导游讲解不仅难以为人接受，而且会令人反感。这样的导游“作品”是不可能产生预期的审美效应的。

导游工作者的美学修养涉及面甚广。以上分析也仅仅提供了一个粗线条的参照框架。这就是说，要把自己塑造和培养成一名符合“美的规律”的导游工作者，必须从主客观的实际出发，在导游实践中勤于观察、善于学习、注意积累。

思考题

1. 导游工作者使旅客最受感动的是什么？
2. 导游工作者如何传递审美信息？
3. 导游工作者如何协调审美行为？
4. 导游工作者提高美学修养的关键问题是什么？

第十章 旅游者与饭店员工的审美关系

学习目的

了解饭店员工形象美的内容，认识微笑服务的审美意义，弄清什么是饭店的服务艺术，对饭店员工审美教育的内容是什么。

基本内容

- 形象美的内容

  形体美　服饰美　发型美

- 微笑服务的审美意义

  感性显现　情绪扩散　线条魅力

- 饭店服务艺术

  前厅服务　客房服务　餐厅服务

- 饭店员工的审美教育

  美学知识　文化艺术知识　语言艺术　姿态美的训练　美容知识　管理美知识

如前所述，旅游审美实践，是旅游者作为审美主体在客观现实中的自由评价和创造过程。在吃、住、行、游、购等一系列物质与精神的交叉性活动中，旅游者必然与职能博杂的饭店员工建立多向度的审美关系。从审美主体角度考察，这种审美关系主要表现在游客对饭店员工形象美、服务态度美和服务艺术美的感知与评价等几个方面。

第一节 对饭店员工形象的审美期待

大量事实表明，下榻宾馆饭店的游客，不仅对饭店的物态形象美十分注意，而且对饭店的员工形象美亦非常敏感。所谓饭店的物态形象美，泛指饭店建筑形式及其内外装潢的综合形象美（本书第三编设有专论）。所谓饭店的员工形象美，是指饭店一线员工的形体、服饰、发型以及工作环境的整体和谐美。在从事全方位审美活动的游客眼里，饭店一线员工（如前厅门卫、行李员、接待员、结账员、客房服务员和餐厅服务员等）也像翻译导游一样，同属于直接的审美对象范畴。通常，游客每进入一家饭店，总是有意无意地期望那里的员工形象首先符合形象美感的要求。相应地，饭店一方考虑到自身的形象建设（image construction）和游客的审美期待心理，对员工的形体、服饰和发型也提出一定的要求，采取适当的措施。

一、形象美的第一要素——形体

人是万物之灵。反映人类文明进程的人体美不仅仅是艺术家所珍视的表现媒介，也是广大旅游者所热衷的审美对象，故此，饭店通常设有一系列择员标准，譬如："五官端正，体态苗条，曲线优美，身材适度（女性不低于 165 公分，男性不低于 170 公分），视力正常，行动敏捷，口齿清楚……"此类貌似宽泛但实际上甚为严格的自然条件，尽管遭到多方的异议，但仍然被当作选拔员工的常规。实际调查表明，中方饭店比较侧重于员工的身材相貌，而合资饭店则比较注意员工的心理素质。曾任北京建国饭店总经理的宋茂罗先生和在华长期从事饭店员工培训的莫尔先生等一致认为，多年来饭店业对员工形象美的功能过于夸大了。试想一位长相标致，但习于揽镜自赏甚于搞好本职工作的员工，若与一位其貌不扬但对工作兢兢业业的员工相比，长相标致者并不可取。

事实上，饭店作为独立核算的经济实体，要想在日趋激烈的竞争中获得生存和发展，务必雇用一批精明强干者，而非一伙"人体模特儿"。但这并非说饭店在招募一线员工时,便可无视人体的美感因素和忽视游客的审美欲求,而是要避免片面追求身材、相貌等现象,尽量采用一种富有弹性的“人体美学参数”。例如,对身材的要求,大可不必拘泥于预想的高度(即:女性不低于165公分,男性不低于170公分),只要发育正常,形体匀称,上身下身的比例(以肚脐为分割点)基本上符合黄金分割率(即:上半身与下半身之比为0.618,近似5∶8)便应归于合乎录用标准之列。视力亦然,只要不是深度近视或严重散光,对于戴眼镜者不宜过于挑剔,拒之于店门之外。这不仅是从社会文化和经济效益出发,而且也是从旅游者的审美心理过程考虑。因为,服务人员的外在形象美尽管能够产生一种审美视觉上的“光环效应”,将客人引入初级的审美判断,但是,随着认识的深化,实用需求的泛起,游客对员工形象美的观照会逐渐淡化,而对服务态度美与技能美的审视则相应加强。

二、形象美的第二要素——服饰

讲求多样统一是员工服饰美的基本原则。在现代旅游饭店里,门卫、前台、客房、餐厅、酒吧、商品部和健身房等,均备有风格多样、款式不同但又局部统一的工作服。虽然这在很大程度上是出于工作的需要,但在客观上却构成了一种多样统一的服饰美感。对于接受单项服务的游客来说,款式格调相同的员工服饰会给其一种井然有序、赏心悦目的整一之感。对于享用各种服务的游客来讲,款式格调变化的员工服饰又会给其一种形态各异、多彩多姿的鲜活之感。从视觉的生理—心理角度分析,人们普遍忌讳色彩单一、形式刻板、风格僵化的事物。如果视觉神经总是受到同一式样、同一色调的外物的刺激,生理上就会产生视觉的疲劳感,心理上也会相应地产生一种压抑感。事实上,视觉作为高级审美感官之一,总是在不断地追索着形态变化的观赏对象。饭店各部门中多样统一的服饰在客观上有助于满足游客的视觉审美需求。

饭店员工的服饰美还应遵循和谐原则。所谓和谐,主要是指工作服饰与工作环境在风格上的和谐或互补。突出的例子就是中式餐厅。那里,内部装潢和饮食器具总离不开雕花桌椅、古董书画、竹木阁楼、元宝餐巾叠花、象牙红木筷箸和细瓷碗碟砂锅等物,所有这些无不带有浓厚的民族特色。如果让女服务员着西服革履,难免会大煞风景,体现不出中国饮宴美学的特有神韵。但若身着旗袍,效果就大不一样。服装与环境在风格上的统一协调会使外来游客耳目一新,得到一种特殊的文化享受。另外,旗袍作为东方女服的花朵,上下结构严谨,没有重叠的衣料,外显的带绊和口袋等繁饰,显得线条流畅、干净利落、雅致端庄。旗袍两侧的衩口,美观实用,使穿着跨步方便,给人以活泼轻盈之感。特别是贴身合体,无论“环肥燕瘦”的体型,均能体现出女性婀娜多姿之优美体态。

服饰与环境的和谐还反映在色彩平衡方面。这就涉及亮色调、暗色调、冷色调和暖色调的相互关系和调配问题。通常，人们根据波长将颜色分为暖色（红、橙、黄等）和冷色（青、绿、蓝、紫等）。若用语言来描述两者的对比作用，暖色一般具有扩散、前进、热烈、感情的、刺激的、强性的、男性的、稠密的、近的和重的等属性；冷色则有收缩、流动、镇静、理智的、圆滑的、微弱的、沉稳的、女性的、稀薄的、远的和轻的等属性。概而论之，饭店的服饰与环境宜用中性色，以期创造一种沉稳柔和、明洁悠然的美感，使宾客在安静轻松的氛围中解除身心的疲劳或紧张。但要看到，饭店部门众多，功能各异，在色调上，前厅一般要求华贵庄重，餐厅要求清洁明快，客房要求柔和安静，舞厅要求热烈活泼，酒吧要求优雅沉稳……加之季节的交替，光线的强弱和员工体型的差异等变量，调配色彩尚无固定的参照框架，这就需要从具体实际出发，因地、因时、因人、因工作性质而定。例如在舞厅和游艺室等娱乐场所，华丽活泼的内部装潢、神奇变幻的五彩灯光以及宾客追寻愉悦的心情意趣，要求服务员的服装具有新颖的款式和鲜丽的色调（如玫瑰红色的西服套裙或旗袍），这对烘托气氛、刺激视觉美感颇有效。

从审美角度看，服饰还应遵循含蓄美的原则。含蓄，作为中国的传统审美趣味，通常被视为服饰美的至高境界。中唐诗人李贺在描写宫人的游猎服时，曾以“宝袜菊衣单，蕉花密露寒”等诗句，热情地赞颂了服装的含蓄之美。这里，若按字索骥，我们似乎看到一群仪态万端的宫女以薄薄的菊花色单衣罩在红似蕉花的内衣上，黄里透红，明丽娇艳，微露其形，似隐似现。从露看隐，觉得体内隐藏着无限春色；从隐看露，又觉得模模糊糊，造成朦胧含蓄的意境，给人以丰富的美感①。在饭店员工服饰上，含蓄美是一项值得重视的美学原则。目前，有的饭店酒吧或舞厅盲目求洋，照搬西方，也采用坦胸露背大开衩的裙装，想以此来增添服务的魅力，殊不知这种忽视民族传统审美意识的服装，一方面无益于培养积极健康的审美情趣，另一方面也未必能够满足游客（特别是那些追求民族社会文化美的游客）的审美需求。当然，我们强调含蓄美，并非一味地扬藏抑露，恢复中国旧的封闭式，而是建议从“万绿丛中一点红，动人春色不须多”的格调出发，解决好藏与露的“适度性”关系，使藏能收到护体和遮羞的效果，但无气闷封闭的感觉；使露能起到展示人体自然美的作用，但无逸荡低俗的流弊。在这方面，时装文化奖获得者吕兰所设计的手绘直统裙便是一个范例。这裙子构思巧妙，上下浑然一体，胸前正面画着葡萄，水墨淋漓，富有国画意境；肩部网状结构如同葡萄架，与下摆网状穗取得呼应。上部两肩与颈部以及下部大腿之下都是裸露的，正中身体主要部分是隐蔽的。这样，既露且藏，亦实亦虚，朦胧含蓄，婉约雅致，可

① 参阅孔寿山等编著：《愿您的服装更美》，上海人民出版社 1985 年版，第 127～128 页。

谓民族特点与时代新潮有机融合的上乘之作。

值得说明的是，服饰美不仅指服装美，亦应包括化妆美。自古以来，面部作为形象、仪表美的焦点，一直受到人们的重视。《韩非子·显学》篇写道："故善毛嫱、西施之美，无益吾面，用脂泽粉黛则倍其初。"意思是说，长相虽无美人毛嫱和西施那样漂亮，但若用粉黛胭脂打扮一下，就会比自己原来的面容加倍好看。总体而论，化妆艺术的全过程包括脸部涂抹脂粉，嘴唇点缀口红和眉眼描画点染等三个相互关联的环节。从美容效果来看，如果忽视了个人差异（肤色、脸型、口型、眼型、年龄、性格、职业等）、服装特征（款式、色彩、格调等）和时空因素（白天、夜晚与环境等），随意地"浓妆淡抹"，并非一定"总相宜"。这就要求从整体美原则和工作性质考虑，因人、因衣、因时、因地进行适应性化妆，以期取得和谐而含蓄的审美效果。

最后，饭店员工服饰还应遵循整洁美原则。因为宾客对饭店员工服饰不只是以美学的眼光加以审视，而且也常常从饮食卫生角度加以评价。事实上，在饭店这一特定环境内，特别是在直接招待客人的一线部门，整洁可谓服饰美的基本条件。服装一旦失去整洁，其形式美感也将无从谈起。有鉴于此，讲究整洁美的日本旅馆业一致认为：

（1）对向客人上菜、上饮料的服务员的起码要求是清洁。外表、服装、特别是触摸餐具的手要清洁，指甲要修剪，养成餐厅开业前洗手的习惯。

（2）头发要洗理好，去掉头皮屑，一定要梳理匀贴，并防止体臭和口臭。

（3）身穿干净的衬衣、外衣、熨好的裤子，搭在腕上的毛巾要清洁，脚登擦亮的黑皮鞋。

（4）应穿规定的服装、衬衫和领带。①

实际考察表明，我国大部分饭店很注意员工服饰与对清洁卫生的统一要求。这不仅使客人享受到一种视觉形象美感，而且也会产生一种心理上的安全感，对开拓饭店市场和提高经济效益有着不可忽视的推动作用。相反，在少数饭店里，其员工服饰若从大处着眼，远距离看，委实不乏形式美感。但若从近处观看，衣上的油污、鞋上的尘土，怠于修剪的指甲、沾在衣领上的头皮屑等不洁现象，则严重地冲淡了原有的魅力，令人产生一种不好的联想，进而对食物饮料和床褥杯碟等用品的卫生状况也表示怀疑，致使饭店形象与市场经营蒙受不必要的损失。

三、形象美的第三要素——发型

饭店员工的形象仪表美是一个整体性概念。除了涉及形体与服饰等因素之

---

① 见《日本旅馆饭店基本服务》，中国旅游出版社 1981 年版，第 96 页。

外，还关系到发型。我们知道，发型作为一门造型艺术，是体现人的审美情趣和性格修养的直观形式，是自然美与修饰美的有机结合，在反映人们物质与文化生活水平的同时，也体现时代的精神面貌和饭店的管理格调。上一章曾从形式美角度简述了导游工作者的发型的个性化原则、节奏美原则及其扬长避短的美化作用，这在一般意义上对饭店员工也具有借鉴价值。但从饭店工作的实际出发，多样统一可谓员工发型的指导性原则。这里，“多样”是对发式而言的，“统一”是对发长而言的。“男不过耳，女不过肩”（相对而非绝对），这无论在东方还是西方的饭店业中，仍不失之为一条普遍适用的发长规范。一方面，这符合饮食服务卫生的要求；另一方面，这会给人一种干净利落、潇洒敏捷、精明强干的审美体验。

需要说明，在开设模仿汉、唐、宋、明、清等各代饭店或宫廷风味餐厅以及复古式的旅游点里，发型的统一性尤为重要。因为要想恢复历史生活的美学风貌，要想给人一种思旧怀古的情感体验，发型、服式和头饰在风格上的统一是必不可少的条件。从发型、服饰与环境的整体和谐角度考虑，这还将涉及饮食器具的造型风格、餐厅内部的装潢陈设、宴席音乐的选择调配和服务程序的规范安排，等等。

当然，在评价一个人的形象或仪表、美貌或魅力之时，不应该忽视其与风度（行为举止）美和心灵（道德情操）美的内在联系。上一章在讨论翻译导游作为直接审美对象时，对此曾作了较为详细的描述。鉴于旅游服务工作的共性，我们认为有关翻译导游的风度美和心灵美的分析，也同样适用于饭店员工。

第二节　对饭店微笑服务的审美感知

美国康奈尔大学旅游学权威人士从实践中得出这样的结论：“旅游业最关心的是其最终的产品——旅游者的美好回忆。”不言而喻，这种“美好的回忆”不仅包括旅游者对外在景观的审美感知，而且也包括旅游者对饭店服务的审美印象。在一定时机或场合，饭店服务美将会处于旅游者的注意中心，化为其美好回忆的重要因素。这是因为，服务过程在某种意义上也是人与人进行思想沟通和情感交流的过程。渴望借助旅游消费形式来满足社会尊重和审美等需求的旅游者，往往对饭店服务态度极为敏感。故此，“宾客至上，服务第一”似乎已成为饭店业的共同价值观。相应地，“微笑服务”也被奉为衡量工作态度的直接尺度。

一、微笑——态度美的“感性显现”

微笑在人与人的相互交往中具有一定的审美心理学意义。卢那察尔斯基曾就此写道:“……在一个人脸上看温柔的微笑,我们能够联想到这样的表象:这个人对我们有好感,他会许诺我们以利益和愉悦。”①这与中国俗语“出门观天色,进门看脸色”的蕴涵颇为相近。

在饭店服务过程中,员工的微笑在游客眼里通常具有特殊的内涵。因为,游客总是习惯于透过服务人员的面部表情,来窥察对方是否欢迎自己。日本游客曾对一家饭店的员工直接提出这样的要求:“你们见到客人为何不笑呢?你们笑一笑,我们心里会非常高兴,知道你们是欢迎我们的。”可见,微笑的愉悦功能十分突出,与服务态度的关系相当密切。因此,在一定意义上,微笑这种直观可感的愉悦性表情形式,可以说是服务态度美的“感性显现”。

希尔顿饭店总公司董事长康纳·希尔顿深晓微笑的妙用,给其以极高的评价,奉其为治店的法宝。故当每次视察下属工作时,首先便问:“你今天对客人微笑了没有?”即便在 20 世纪 30 年代经济大萧条的严重时刻,希尔顿本人也毫不灰心,一再向各级员工发出呼吁:“我请各位切记:万万不可把我们心理的愁云摆在脸上。无论饭店本身所遇到的困难如何,希尔顿饭店服务员脸上的微笑是永远属于旅客的阳光。”②

举世瞩目的泰国曼谷东方饭店,曾两次被评为“世界十佳饭店”之一,其成功的秘诀之一就在于把“笑容可掬”列入迎宾待客的规范,从而给旅游者留下了美好的印象。

二、微笑的情绪扩散效应

面部表情是主体情绪的一种反映。一定情绪是一定外物刺激的结果。情绪具有外扩散与内扩散的双重性质。所谓外扩散性,是指情绪对他人的感染;所谓内扩散性,是指情绪对自身心境的影响。

卢梭曾说,世界犹如一面镜子。你从中观照之时,往往会得到相应的反映。你对它笑,它也对你笑;你对它哭,它也对你哭;你对它做鬼脸,它也对你做鬼脸。在饭店服务业中,明朗而甜蜜的微笑似乎也具有“镜子”的功能,对游客起着积极的情绪诱导作用。它一方面会使游客感受到服务员愉快明净的心境和热情欢迎的态度,另一方面会创造出温暖如春的友好气氛,消除游客初到异地的紧张感、

---

① 转引自阿·布罗夫:《美学——问题和争论》,上海译文出版社 1987 年版,第 77 页。

② 转引自乔修业:《饭店美学管理》。

陌生感乃至怯懦感，进而使对方产生心理上的安全感、亲近感和愉悦感。这样，游客会食而有味，寝则能安，心平气和地观赏审视周围的人和物，有利于累积美好的回忆。

反之，冷漠、生硬或愁闷的面孔则会给游客一种初交不善的消极情绪感染，使人望而却步，反感排斥，给整个旅游活动投下阴影；或者诱发游客的逆反心理，使其变得百般挑剔，对美好的事物视而不见，听而不闻，致使“良辰美景虚设”，失去旅游市场活力。正如康纳·希尔顿所告诫的：“如果饭店缺少服务员的美好微笑，就好比花园失去了春日的阳光和熏风！假如我是顾客，我宁愿住进那虽然只有残旧的地毯，但处处能见到微笑的旅馆，也不愿住进只有一流设备而不见微笑的饭店……”

自旅游业兴起以来，微笑服务一直受到广泛的重视，并被当作一种卓有成效的经营手段和优质服务的衡量标准。希尔顿饭店的振兴，曼谷东方饭店的成功，无不是提倡和推行微笑服务的结果。在当今法国服务业中，有关微笑的功效还流行着这样一首诗：

> 微微一笑不费力，但有无穷魅力。
> 受惠者变得富有，施予者未曾致穷。
> 微笑转瞬即逝，却留下永久的回忆。
> 富者虽富，却无人肯将微笑抛弃；
> 穷者虽穷，却无人不能将微笑施予。
> 微笑带来家庭之乐，是友谊的绝妙表示。
> 微笑可使疲劳消失，给绝望者灌注勇气。
> 如若偶尔遇到某君，未曾给你应得的微笑，就请慷慨地奉献出你的吧，
> 因为，无人会比这种吝啬鬼更需要它！

无论是从这首诗中还是具体实践中，我们均可看到，微笑的情绪感染力是不容忽视的，它给人的审美体验是异常明显的。桂林隐山饭店正是充分发挥了微笑服务的妙用，抓住了游客的审美期待心理，从而得到如此积极的反响：“……桂林的风景固然美，而给我们留下美好记忆的是他们（指服务员）的工作态度、工作作风和他们那可敬可亲的音容笑貌。”

三、微笑的线条魅力

微笑的形式美感主要表现在面部富有魅力的线条上。经验告诉我们，人在微笑（图一）时眼、口和面肌会形成柔和而轻灵的曲线，这与板着面孔（图二）时所呈现出的那种冷漠僵硬的直线形成鲜明的对比。

图一

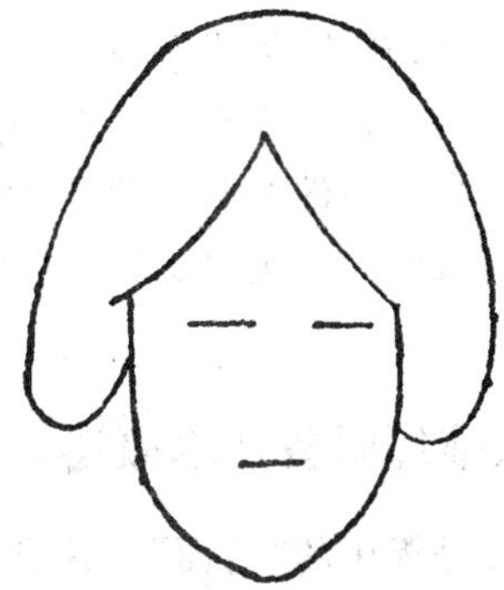

图二

根据英国艺术家威廉·荷加斯的分析，曲线是一种富有装饰性的美的线条，比直线更能创造美。实际上，人在微笑时面部肌肉相对松弛，线条比较自然，容易给人一种亲切动人的美感。但要看到，微笑因情绪的复杂性和波动性，往往会呈现出不同的形态。譬如：神秘的微笑、妩媚的微笑、轻蔑的微笑、忧郁的微笑、醉人的微笑、呆痴的微笑、难以捉摸的微笑、明朗甜蜜的微笑，等等。

不同形态的微笑会给人以不同的情绪感染。从饭店实际工作出发，明朗甜蜜的微笑是最值得推崇的。因为这种微笑一方面最富有人情味，另一方面会在嘴角形成柔和优美的曲线。至于失去分寸的笑（如哈哈大笑），“会比任何其他表情更使聪慧的面孔显出愚蠢的或难看的样子，因为由于笑，嘴的周围会形成规则的、简单的线条（好像括弧），有时候这会像哭”①。

值得指出的是，在旅游饭店业中，微笑仅作为服务的辅助手段才具有意义。微笑应始终伴随着服务过程。一旦与具体服务脱节，微笑就会蜕化为一种内容苍白的呆傻表情了。另外，微笑应该以主动热情为游客服务的工作意向为基础，应该是某种良好的心情意趣的自然流露，任何强作欢颜（像电影《满意不满意》中所描写的那种吓人的“微笑”）的表情常常会弄巧成拙，适得其反。

第三节 对饭店服务艺术的审美评价

从服务美学角度来看，旅游者对饭店服务艺术的审美评价是一个系统性的

① 威廉·荷加斯：《美的分析》，人民美术出版社 1986 年版，第 114 页。

动态过程。从入店的刹那到离店的瞬间，游客如同一名进入剧院的观众，总是从自身的尺度、利益、需求和感受出发，密切地审视着饭店这座大型舞台上各类服务角色的表演艺术水平。这其中除了涉及人物的“扮相”(形象仪表)和表情(笑容可掬)之外，还涉及其语言艺术(问候亲切、谈吐文雅、声调柔和)、操作技能(熟练自如、行动敏捷、准确无误)与服务效应(应酬周到细致，客房清洁舒适，菜点美味可口)。

一、前厅服务艺术概述

前厅是饭店的“门面”。其员工相貌、仪表、态度、谈吐、举止等具有审美意义上的“光环效应”，决定着游客的第一印象。按照与游客的接触顺序，前厅服务人员主要包括门卫、行李员、接待员和结账员，等等。

(一)门卫

门卫(Doorman) 要有高大魁梧的形体、端正和善的相貌，以及清洁挺括的服装。值班时，要双脚稍微叉开，双手轻握胸前，呈自然优雅的姿势，切勿倚墙靠壁，吊儿郎当。因为“经验表明，一个举止不雅、姿势难看的人令人望而生厌，使人所固有的彼此倾慕、相互接近的愿望消失”。[①] 门卫对进店的客人，要施予明朗柔和的微笑，用简短热情的语言表示欢迎，并伴之以“请进”的手势。出手时要礼貌潇洒，收手时要讲究时机，最好在客人身后抽回。对于出店的客人，要即刻安排好所需的交通工具，并主动打开车门，将手垫在车门上沿，以免客人撞头。这微笑、寒暄、手势、开门与垫手等一系列连带动作，似乎构成了门卫服务的基本程序。表现适度，可使客人在尊重感得到一定满足的同时，获得一种人情美的愉悦体验。

(二)行李员

行李员(Porter)的主要职责是引领客人和搬运行李。因此，其衣帽要整洁轻便，标志明确。值勤时要态度亲切，精神饱满，姿势自然，动作敏捷。对于刚刚抵达的客人，要迅速迎上前去，热情招呼“欢迎”、“您的行李请让我来拿吧”。用推车运行李时，万勿使行李掉在地上，以免给客人留下一种漫不经心的印象。对于常客，最好能够直呼其尊称，并稍示寒暄，使其产生一种宾至如归的亲切感受。在引领客人到总服务台办理入店手续时，要问清新客的姓名和是否预约过，并向总服务台报告。在总服务台发出指示前，要在客人身后两三步远处等候。当接待员示意入店手续已办完时，要即刻上前，领取钥匙。领往房间前，一定要直呼客人尊称，请其确认好行李，让其自带贵重易损的物品，以免出现差失。引领过

① 奥夫相尼科夫:《美学》，上海译文出版社 1982 年版，第 97 页。

程中，要在客人左前方两三步远处，随着客人的步速轻轻地走；遇到拐角或上下等处，要回头向客人示意；上电梯时，如果里面有人，要道声"对不起"，自己先进，随后从里面按住门等客人进去，如果里面无人，要从外面按住门请客人先进；引领途中与客人的谈话要适度，一般仅限于简单说明路过的设施，而不宜主动搭讪，问三问四，以免招致客人的反感或自卫心理。进房间时，向客人言明"这是您的房间"，同时打开灯，请客人先进去；如果开关在屋里，要先进去开灯；白天进房间后要先打开窗帘；放行李时切勿倒置；按客人要求调节好室内温度，注意检查室内的基本设备，并向客人说明或示范使用方法；如果发现室内有关设备失灵，应该立即叫人来修理。完成上述工作程序后，主动问客人还需何种服务，若无，就应致意（如"请您好好休息吧"）后退出。为了礼貌起见，退出时不宜立刻转身背朝客人，而要侧身后退一步或半步，然后再转身走出，并随手轻轻关上门。客人若给小费，要婉言谢绝。

行李员的工作也包括搬运离店客人的行李。在此之前，要记清客人的姓名和房号；入内时如遇客人，要直呼尊称，热情问候，随之说明来意，并提醒客人是否落下什么东西。搬运行李时要轻拿轻放，道别时要讲究礼节用语（如"祝您旅途顺利"、"欢迎您再次光临"），以期在分别时给客人留下一个善始善终的美好印象。

（三）接待员

前厅接待是饭店内部管理系统的神经中枢。接待员（Receptionist）通常以饭店代表的姿态迎送客人，因此要求具有丰富的业务知识，掌握准确无误的信息，运用礼貌热情的语言，提供细致周到的服务，保障膳宿的及时预约和合理安排。上班之前，接待员要精心整理自己的仪表，保持服装、头发、胡须与指甲的整洁，女接待员要适当梳妆美容。因为富有魅力的形象和彬彬有礼的举止，会给人一种易于信任的感觉，使人乐于与其交识。一般来说，接待员在值班时应姿态端正，看到客人要主动招呼，笑脸相迎，使游客感到温暖可亲。要使用标准的待客用语，声调要亲切，问答要殷勤，努力掌握迅速判断客人所需的技能。提供服务时，要严守一视同仁、先来后到的原则。一旦遇到房源短缺或预约紧张等情况，要向客人表示歉意，并主动推荐其他饭店，免得客人过于扫兴或失望。在处理信件、问询、留言和交接钥匙等日常业务时，要努力做到亲切、准确、迅速、及时。客人一入住饭店，就要努力记住其面孔、姓名和房号。客人外出交钥匙时要直呼尊称、主动招呼；客人回饭店取钥匙时要笑脸相迎，认真负责。若记不清对方的面孔和姓名，要和蔼地问清房号，查对名卡，确认后要微笑着把钥匙用双手交给客人。所有这一切需要接待员在和颜悦色中迅速完成，因为表情上的僵硬和动作上的迟缓会使客人生疑和反感。

值得指出的是，接待员还要做到：(1)善于察颜观色，看到急急忙忙的客人时，要积极配合，尽快满足其需，这是赢得对方满意和赞誉的关键；(2)需熟知饭店内部设施，特别是大小宴会厅、餐厅、酒吧、舞厅、健身房和美容厅的营业时间，因为客人一旦问起，似是而非的答复是难以令人满意的；(3)需掌握外部的最新情况，特别是公共交通、事务机构、商店、娱乐场所与周围景观等方面的情况，同时要备好地图，车、船运行和飞机航班时刻表以及电话簿等，以便准确有效地答复客人的询问；(4)以关切的态度，耐心地听取客人的意见或投诉，尽量使客人的不满情绪平静下来，必要时，请主管出面处理或道歉，以示饭店提供完美服务的诚意，但接待员切勿当面辩解或反驳，以免刺激对方，使其带着郁积的不满情绪离开饭店；(5)注意自己的手势，即在与客人交谈时，要控制住自己的双手，不可用手直指对方，也不可不停地挥舞，因为从社交艺术角度，一个人如果每讲一句话就挥舞一下手，从旁看来委实令人生厌。莎士比亚笔下的哈姆雷特并非偶然地说过，“不要老是把你的手在空中摇挥；一切动作都要温文”，“你应该把动作和言语，言语和动作互相配合起来；特别要注意这一点，你不能越过自然的常道”。①

(四)结账员

结账是饭店服务流程的最后一环，若应酬得当，可使全体人员为招待客人所付出的共同努力开花结果；否则，将前功尽弃。一般来讲，客人在离开饭店付费时，往往十分敏感，会因一点小事而觉不快，从而可能淡化对饭店服务的完美印象。因此，结账员(Cashier)在值班时要衣着整洁，精神饱满，热情认真，以期给人一种不会算错的信任感。另外，对于当日离店的客人要心中有数。接受钥匙时要主动迎上前去，先说“您好”，后问“您要启程吗”。当确认客人是办理离店手续时，要严格按照财务规定和工作程序结算用费，并当面点清找零，连同收据送到客人手里。应当注意，无论是从客人手中接钱时还是收费后，勿忘道声“谢谢”，这是起码的礼节。临终，应热情话别，说声“下次旅行时再请光临我店”或“祝您一路顺风”等送行用语，这有可能给客人以关怀亲切之感，强化其留恋之情和返顾意向。

二、客房服务艺术要领

人对外物的审视总是从本体的需求与利益出发。这样，实际效应便成为评价对象的主要依据。客人对客房服务艺术的评价莫不如此。

客房服务艺术也是一个相当繁杂的流程。概而论之，热情、礼貌、整洁、舒

① 《莎士比亚全集》第9卷，人民文学出版社1978年版，第67～68页。

适、周到、安静和安全是其基本原则。

(一)热情原则

热情的服务态度是取悦客人的关键。为此，楼层人员要诚心诚意，微笑待客，要尽力记住客人的名字与相貌，早起见面时要主动打招呼，对于外国客人最好能在问安时直呼其尊称(如“您早，琼斯先生”)，这会使其非常高兴。另外。要努力记住客人的房号，以便及时准确地把钥匙交给回房的客人。

(二)礼貌原则

礼貌在清扫房间时显得尤为重要。不必要的打扰、未敲门而入、从门缝往里瞅等毛病，往往会使客人感到恼怒。因此，服务员在进客房前，要养成先想一想客人会处于什么状态(会客、睡觉还是洗澡等)的良好习惯，使自己在心理上有所准备。要注意房门上是否挂有“请勿打扰”的牌子。敲门时第一次应接连轻敲三下，若无回应，第二次敲门至少相隔五秒钟，未得到许可时不要贸然入内。另外，要佩上饭店规定的名章，身着整齐轻便的上装，梳妆时不要戴宝石或喷香水，因为与客人竞妍是不礼貌的。再则，发现客人用错室内设备时切勿嘲笑，应耐心示范指导。

(三)整洁原则

整齐清洁是评价客房服务质量的起码标准。无论是从美学角度还是从生态学角度，文具摆放是否整齐，床铺得是否匀帖，家具擦得是否干净，床单、枕套和毯子是否清洁，窗玻璃、镜子是否明亮，脸池、浴盆、马桶、毛巾等是否卫生等，对饭店形象建设都具有重大意义。特别是客人最为敏感的卫生间，无论怎样强调清洁也不为过。要知道，脸池上的一丝头发，马桶上的污垢，浴帘上的霉斑，浴盆中的皂沫等，都会使客人产生不洁的印象而厌腻反感、望而却步，影响饭店的声誉与形象。顺便提及，为了达到整洁、经济和实用的目的，卫生间里的脸巾、浴巾与脚巾宜用易洗换的淡橙色，而非纯白色，这其中的道理是不言自明的。

(四)舒适原则

客房内部雅致的装潢、精美的陈设、柔和的光色、清爽的空气、适宜的温度、松软的床铺等，会给客人一种生理上的舒服感和精神上的愉悦感。在梅雨季节，更要注意床单是否干燥，免得引起客人的不快。气候变化时要灵活使用空调设备，使室内始终温暖如春。客人临来前，要检查所有的机器开关、抽屉、水管、喷头等是否完整无损，便于使用。因为失灵的东西(如拉不开的抽屉、不喷水的龙头、打不开的电视机等)会令客人感到失望甚至烦躁。

(五)周到原则

服务周到是赢得客人积极评价的有效途径之一。对客人无微不至的关怀应酬可谓服务周到的最高境界。宏观上，清理打扫房间，及时排难解忧，耐心回答询问，准确转达留言，认真洗理衣物，按时叫醒客人等，均是服务周到的内容。微观上，提供针线包，预备电视节目单，寝前开灯撩床角等，也属服务周到的表现。所谓开灯撩床角，是指每日傍晚将上半部的床单和毛毯掀开45度倾角，打开床头灯，以便客人就寝，并借此创造一种友好的气氛，使客人感到服务员已经向他道过晚安。

（六）安静原则

安静是保证客人休息好的基本条件。楼层服务员在值班时，切勿大声说话，清扫房间时要轻拿轻放，对喧哗的客人要以适当的方式加以制止，对于饭店外的噪声要设法控制。因为，一个吵吵嚷嚷的饭店，无论其服务多么周到殷勤，总不免给人一种乱哄哄的感觉，从而引起生理上的不适和精神上的躁动。

（七）安全原则

安全感是愉悦感、舒适感或满足感的基石。客房的安全工作主要涉及防火防盗等几个方面。防火不慎，就会酿成大祸，造成人员伤亡和经济损失，这对饭店来说无疑是毁灭性的。因此，服务员有责任提醒同事和客人切勿乱扔烟蒂，或违章使用电器。为了防患于未然，客房最好使用具有防火功能的地毯、窗帘和床罩。客房安全的另一层含义是替客人保密。严守这项规定是饭店服务人员的一种职业道德。

三、餐厅服务艺术主旨

俄国美学家车尔尼雪夫斯基有一句名言："美是生活；任何事物，我们在那里面看得见依照我们的理解应当如此的生活，那就是美的；任何东西，凡是显示出生活或使我们想起生活的，那就是美的。"[①]如果抛开该界说的偏颇性，我们应当承认车尔尼雪夫斯基之见所涵盖的现实指导意义，这对于渴望生活美的人尤其如此。在广义上，出外旅行游览的人们，可谓这种"美的生活"的积极追求者。他们所到之处，总希冀那里的接待服务、住宿环境，特别是饮食宴乐等，皆符合美的要求，构成美的生活。目前，"美食旅行团"的兴起便是佐证。

从饮食美学角度分析，用餐是一项综合性的审美活动。餐具造型和餐桌布置可培养审美趣味；服饰仪表、宴席音乐可激发审美情绪；举止文雅、态度热情可使人产生愉快的感受；色、香、味、形、意俱全的精美佳肴可使人的视觉、嗅觉和味觉得到一种交叉性生理享受与文化体验。可见，餐厅服务不是一个取菜送饭的简单过程，而是一个关涉摆台艺术、宴席礼乐艺术和烹饪艺术的综合过程。

从客人的物质利益和审美需求出发，用餐所包括的一切细节，都应该是美

---

① 车尔尼雪夫斯基：《生活与美学》，人民文学出版社1959年版，第6～7页。

的,都应该显示出“依照我们的理解应当如此的生活”。这便是餐厅服务艺术的主旨。

第四节　饭店员工的审美教育途径

饭店工作的目标之一是美化客人的生活。在此过程中,饭店员工的形象、仪表、态度、谈吐、举止、技能与德行等,往往自觉或不自觉地成为客人的直接审美评价对象。为了顺应社会审美化的潮流,推进劳动审美化的发展和实现个体审美化这一人生的至高境界,如何提高饭店员工的审美修养,是目前饭店业所面临的一个长期而艰巨的任务。

一、普及美学知识

饭店员工大都是年轻人,他们具有强烈的爱美心理,特别对服饰、发型和言谈举止之美有着热烈的追求。但由于审美修养的程度不同,审美趣味时常表现出一定的弹性与盲目性。比如,不知和谐美与个性美原则的人,有时会“东施效颦”,把自己打扮得不伦不类,从而给人以滑稽可笑之感。这就需要通过审美教育,增强其主体性审美意识。较为实际而有效的方法是在员工中组织美学讲座或阅读美学书籍,普及一些有关色彩美、服饰美、仪表美、风度美、语言美和劳动美等方面的基本知识,以期促使广大员工自觉地按照美的规律来不断地完善自己。

二、开展艺术教育

斯宾塞说过,没有油画、雕塑、音乐、诗歌以及各种自然美所引起的情感,人生的乐趣就会失掉一半。美,首先就是艺术珍品对观赏者的审美情趣、生活态度和个人品性等所产生的潜移默化的作用。饭店管理者若能根据青年人的特点与喜好,经常组织一些看画展、听音乐、看电影、练书法等高雅而健康的娱乐活动,这对培养其积极的审美理想和鉴赏能力颇为有益。国内一家著名的合资饭店,当发现一批志同道合的员工自行组成一个业余书画会时,就主动为他们创造条件,聘请专家来饭店指导。这样,一方面为员工提供了学习提高和自我实现的机会,另一方面融洽了企业内部的人际关系,对激励士气和发扬团队精神具有重要意义。

三、掌握语言艺术

在服务业中，流行着这样一种说法："一句话可以使人笑，也可使人跳。"之所以如此，关键在于这句话讲得是否得体、巧妙或艺术，换言之，是否符合语言美的要求。从饭店工作的特性考虑，文明服务"十一字法"不应仅限于本国语，而且需要扩展到外国语。对于海外游客来说，再没有比语言不通更令人难堪的事了。因此，为员工举办外国主要语种（如英、日、德、法）的学习班是很有必要的。不少饭店对员工学习外语采用奖励办法，颇值得借鉴。

无疑，运用服务语言是一门艺术，不仅需要掌握相关的文字符号与结构法则，而且需要了解对象国的文化风俗，才能使用得当，分寸有度。目前，较为流行的语言艺术教授方法是角色扮演法：员工双方扮演主客，时常互换，使各自从服务对话中体验语言的实际功效，借此培养语言交际艺术的自觉意识。

四、组织姿态美训练

饭店员工的行为美在很大程度上表现在姿态美方面。姿态一般是站态、坐态与步态的综合。它反映一个人的性格气质、心理状态和文化修养，等等。饭店员工应该养成优雅的站态，头部、两肩和双手要呈现出端正而自然的姿势。所谓"亭亭玉立"和"昂然挺立"便是两种不同形态的站相，前者给人以阴柔之美，后者则给人以阳刚之美。经常从事体操等项目的训练，有益于养成优美端正的站立姿势。步态即走路姿势。对饭店员工来说，自然、轻盈、敏捷是其步态美的要领。因此，要选择合脚的鞋，值班时不宜穿后跟过高的鞋，这种鞋会使走路的姿势显得矫揉造作，失之自然。

目前，不少饭店在训练员工步态与举止方面动了不少脑筋，有的还聘请外籍教师，借助现代录像设备，采用直观行为模式和自我调节方法为餐厅员工传授正确的托盘上菜等服务行为，收到良好的效果。

五、推广美容知识

随着物质文明与精神文明的不断发展，人们在需要生活美化的同时也追求自我的美化，这样，美容这一新兴的行业便受到社会的广泛欢迎。但是，由于我国美容知识与技巧缺乏，不少人在打扮化妆时往往顾此失彼，达不到预想的效果。这一问题在饭店一线女员工中表现得尤为突出。为此，有的饭店专门邀请外国美容培训公司派员为其举办员工美容培训班，收到明显的效果。正如员工们反映："过去只想美，但究竟怎样美并不十分清楚，也从未得到过这方面的专业知识。通过培训，使我们增强了美容的知识和技巧，今后能以更美的仪容为客人提供超一流的服务。”

六、提高管理美学水平

饭店不仅要按照美的规律来建造，而且要按照美的规律来管理。这就要求饭店管理者具有自觉的管理美学意识和一定的水平，在考虑经济、实用的同时，也要重视美观的因素。要从社会、劳动和个体审美化的大趋势出发，使饭店的建筑形式、内部装潢、员工服饰、餐具、菜肴、服务艺术等，皆合乎美的标准。特别是在做员工的思想工作过程中，要看到它与美学这门有助于人的全面发展（语言、行为、、技能、理想、道德、情操，等等）的科学的内在联系。要设法运用美学理论做员工的思想工作，注意发掘其中的审美因素（如真诚性、情感性、熏陶性与愉悦性，等等），使他们在“如沐春风”的思想工作过程中形成健康的审美心态，以积极而富有进取性与创造性的劳动态度，发挥巨大的实践力量，为旅游者提供更为完美的服务。

思考题

1. 饭店员工的形象美对饭店经营有何影响？
2. 微笑服务的魅力何在？与饭店的效益有何关系？举例说明。
3. 为什么饭店要讲究服务艺术？

第三编　旅游者与旅游饭店

我们曾在“绪论”中提到有关旅游者与旅游饭店的问题。从审美的角度来讲，饭店也可以说是审美活动的一部分，而且是很重要的一部分。当然，饭店的主要功能是为宾客提供食宿。然而，提供什么样的食宿，就有一个美学的问题了。也就是说，旅客在食宿的过程中，是否得到了美的享受。例如，是否为旅客提供了文明服务（美的服务），是否提供了舒适的住宿、美味佳肴、丰富多彩的文化生活，等等。对于现代旅游饭店来讲，审美占有很重要的地位。旅游者对于饭店的审美要求，往往要比单纯的食宿强烈得多。所以，本编将着重阐述饭店建筑本身的美化及自然环境的审美问题，例如，饭店的内部各部分装修、设施、装饰等审美要求以及如何与自然景观和人文景观相结合，把饭店装饰成一个美的世界，为宾客提供舒适的住宿、美味佳肴及丰富的文化娱乐活动。关于饭店文明服务，则属于“审美关系”的范畴，本编不再探讨。

第十一章　旅游饭店与环境艺术

学习目的

认识旅游饭店与自然环境融为一体的审美意义，熟悉饭店建筑艺术，了解装修美学及室内环境美学内容。

基本内容

● 饭店与环境融合的审美意义

利用环境的美　自然美与人工美融合的美　地方特色和乡土特色

● 饭店建筑与装修美学

真善美的统一　实用与审美的统一　环境视觉形象　时代感与民族化　个性与共性的统一

● 饭店内部环境美学

环境美　整体美　空间造型美　色彩美　材质美　绿化美　人工美

旅游饭店是旅游业赖以生存和发展的物质基础，被认为是旅游业三要素之一(其他二要素是交通和服务)。它常常是一个国家、地区旅游业发展水平和接待能力的重要标志。

现代旅游饭店，不仅需要高舒适度、高效能的服务设施，而且还要求有高度审美效果的室内外环境，以满足旅游者日益增长的物质生活和精神生活的需求。

必须从现代旅游者的审美欲求、思想观念和文化需求出发，关心人，以人为本，尊重环境(自然环境、人文环境)，进行总体的艺术构思。也就是说，必须运用现代环境艺术概念，才能解决现代旅游饭店的内外环境设计。重要的是通过环境的构成，渲染出一种意境，一种氛围，能动地陶冶人们的性情，激发人们的情感，从而获取审美愉悦。

第一节　饭店建筑与环境

饭店建筑总是存在于一定的环境之中。环境可看做是与个体相对的空间、时间和社会万物的总体。狭义来说，环境是表明总体中的空间部分。“建筑物总是构成了它所在环境的重要面貌特征”①，而环境反过来也给建筑物以感应，给建筑以烘托、深化和美化。建筑与环境的关系是互衬互补、相辅相成的关系。

只有从建筑与环境的美学高度去考察现代旅游饭店建设，才能取得最大的经济效益和美学价值。

一、利用自然环境的美

自然，它的本义是“天生自在”、“不假人为”的东西。有时它被看成是和艺术(人工)相对立，也有时被看成与社会对立②。所谓自然环境，主要是指自然形态的客观世界(大地、山川、江河、湖海、草木、云霞，等等)。人类从大自然中走来，又有回归自然的愿望。陶渊明说：“久在樊笼里，复得返自然。”大自然集中了一切神奇美妙的东西。正是由于自然美的吸引，才产生了以观光游览为主要内容的现代旅游。

充分利用自然环境的美，选择在优美的自然环境中建设旅游饭店，应该说是最理想的境界。宋代山水画家郭熙认为：“山水有可行者，可望者，有可居者，而

① [英]罗杰斯·斯克拉顿：《建筑美学》。
② 参见朱光潜：《浅论自然美》。

可行可望不如可居可游之为得。”山水间可行可望者，一般只给人以视觉信息，而可居可游者则使人身临其境，能够从游、观、听、嗅、触、思、情等多方面获得美的信息，具有“全方位观照”的立体感特征。所以，古往今来，人们都愿在自然环境优美的地方，修建宫观楼阁、宅园馆驿。

中国传统建筑艺术，十分重视选择和利用周围的自然环境，借以美化建筑的形象。滕王阁“襟三江而带五湖，控蛮荆而引瓯越”，地理环境何等开阔！登阁可以饱览落霞孤鹜，秋水长天的景色，聆听“渔舟唱晚”、“雁阵惊寒”的音籁。登岳阳楼可见洞庭湖“衔远山，吞长江”，“朝晖夕阴”的万千气象，令人“心旷神怡，宠辱皆忘”。古今中外，选择在优越的自然环境中建设旅馆饭店的例子颇多。南宋平江府（苏州）馆驿区的布局，堪为环境艺术的典范。据记载，大量旅馆集中在城市西端盘门到阊门的水道要冲上。此地风景最佳，西山太湖在望。旅客可以登姑苏台，远眺吴山景色，俯览运河风光。广州白天鹅宾馆凭临白鹅潭，面向三江交汇口，旅客临流览胜，可最大限度地享受江上风光。杭州“楼外楼”酒家，地处西湖风景区精华孤山，是观赏西湖风景最好的一个俯瞰点。台湾日月潭饭店选择在秀丽的日月潭湖滨，从客房的阳台上，便可欣赏到碧波荡漾的湖光山色，使游客不出饭店即可感受到日月潭自然风光之美。浙江台州的凤凰山庄是一座幽雅的四星级饭店，座落在风景幽静的山林里，游客一进饭店就能领略自然山林之美。此种例子，不胜枚举。

在优美秀丽的自然环境中建设旅游饭店，其最大的优点是，游客可以就近畅游山水，而无深入山沟荒野的不便和危险；既得丘壑林泉之乐，又能享受现代化的生活条件，从而为游客创造了可居可游的最佳旅游环境。

二、体现自然景观与人文景观的美

山水的自然美与旅游饭店建筑物的人工美之间是存在矛盾的。两者处理得好，可以相得益彰，锦上添花。反之，则将损害风景，破坏自然美。应该十分审慎地注意旅游饭店建筑与周围自然景观美学特征的“默契”，做到和谐交融，“宾主相生”。

人们对自然景观美学特征的认识，是长期以来对自然景观的游赏评价以及现代地学考察工作的结果，在这种认识的基础上，概括出诸如“雄”、“奇”、“险”、“秀”、“幽”、“旷”等形象特征来。所谓“泰山之雄伟”、“华岳之险峻”、“峨眉天下秀”、“青城天下幽”以及“黄山天下奇”，等等。这些自然美的形象特征，是由各风景区的构景因素在不同的地理环境中形成的。风景区的旅游饭店的建筑形象，为了取得与环境和谐统一的美学效果，必须充分体现当地自然景观的美学特征，需要调动一切艺术手段，创造出犹似从当地生长的，浑然一体的新建筑来。如峨眉山的饭店建筑与九寨沟的饭店建筑，在对形象的美学特征的把握上，应该有所区别。前者可以从苍郁雄秀上去着眼，以增峨眉之神韵，以便与纤秀的江南风景特征相区别，并与作为佛教名山的寺庙建筑取得默契；后者应该抓住“野”的特点，必须尽量保持天然野趣，尽量让旅客直接接触大自然，不需太多的人工雕琢。如福建武夷山庄和幔亭山房的建筑和环境设计，就充分考虑和当地自然景观风格的契合，充满闽北山乡情趣，达到返朴归真的美的境界，受到中外旅客的好评。它们设计的成功，就在于从自身环境的景观特征出发来构思，而不是不顾实际情况，闭门造车，所以能在意境上引起旅客对风景区的景观美学特征在形象思维上的共鸣，帮助旅客充分领会大自然赋予的丰富的美感，加深对旅游区景观美的体验。

以风景秀丽、山水柔美著称的杭州西湖，近年来由于沿湖一带出现一些高大的新的饭店建筑，使景色幽静的里湖、北山区的面貌，受到一定程度的破坏。这都是由于当事者没有审慎地处理好饭店建筑与自然景观美学特征“默契”的问题造成的。

不论是风景区，还是城市中的旅游饭店建筑，都要重视保护当地的环境的视觉形象，力求体现自然景观的美学特征。切不可自行其是，损害环境。

旅游饭店应该尽量为游客享受自然美创造条件。美国著名的建筑学家沃尔特·阿·范厄在他的《饭店谋划与设计》一书中提出这样一条原则：“饭店必须能够丰富顾客参观访问的内容。”这是保证饭店实现经济指标和美学效益的信条。

如果说周围自然环境是优越的，旅游饭店建筑应尽量渗透、融化到自然环境中去。使建筑的人工美与自然环境的自然美交织在一起，以便旅客直接从自然景色中获得更多的信息，使人与自然达到物我相契、情景交融的更高境界，使旅客在物质与精神两方面都得到满足。最好的途径是，建筑与自然的交织，自然美与人工美和谐地结合起来。

建筑与自然景色交织，表现在总体布局上的如克罗地亚的某旅馆综合体，四周风景绝佳，背靠密林，面向大海。设计师有意识地把旅馆的一部分客房伸进蓊郁的密林中去，使建筑与自然尽量多地接触。一层层的挑廊和阳台是旅客观赏风景的好地方，又使室内外空间互相渗透。客房主楼设在紧靠海岸线的陡壁上，形成建筑与峭壁浑然一体的景观，人工美与自然美交织，保护了环境的自然美，也丰富了建筑的人工美。杭州“楼外楼”酒家为了使建筑与孤山的自然美结合，在布局、造型、尺度、体量与材料、设色诸方面都作了妥善的处理。青筒瓦、歇山顶卷棚屋面，江南庭园式布局与造型，做到与西湖古建筑风格一致。主楼面湖，尽摄山容水态，朝晖落霞；周围广植花木，隐蔽辅助用房，整个建筑融化于孤山的山林环境之中。建筑的人工美与孤山的自然美糅合在一起，给人以浑然一体之感。

建筑与自然的交织，人工美与自然美融为一体，既美化了饭店的建筑形象，又能为自然环境增光添彩，更能为旅客领略自然美创造良好的条件，这是风景区旅馆建设必须遵循的美学规律。

旅游饭店建筑总是存在于一定的人文环境之中，有必要通过建筑形式让旅客感知形成它们的文化背景、历史传统、民族的思想感情和人文风貌。人所共知，文化的特征在于延续性和创造性，它不能脱离前人和原有的文化基础环境。人们的审美心理也有一定的延续性。往往是保持旧时代痕迹的有特色的老环境，更会使人留恋并具有归属感和认同感。

人文环境，意指看不见、摸不着的文脉，它是在环境中无所不在，却是独特的，无法复制的。因此，应提倡借鉴和创造而反对照搬。歙县的牌坊、屯溪的老街、古黟西递村以及角直的小镇，如果再来一个仿造的，就大为逊色了。

旅游饭店建筑要与环境的、历史的、地方的文脉联系起来，这是更高层次的美学追求。解放初期一味照搬大屋顶、琉璃瓦和红柱子的做法，现在就使人感到乏味，因为在现代生活中它已逐渐失去活力，很难和现代人对话。这就要求饭店建筑寻求一种新的语言。没有什么公式可袭用，也难以用具体的形式、特定的处理手法来表现和判断，而是一种对建筑精神本质的感受。必须吃透我们民族历史文化的传统精髓，理解时代精神。西藏的拉萨饭店既有鲜明的时代感，同时又具有西藏传统的民族建筑的风格，处处使人对西藏的历史文化产生联想。拉萨饭店成功地运用建筑符号，“不但使用了藏式的柱头、柱身、小亭、窗楣等地方建筑形式语言，时而写实，时而夸张，时而具体，时而抽象，还以厚实的体块，起伏错落的总体造型与高原群山，雄伟的布达拉宫遥相呼应……从而达到建筑空间环境唤起地方历史、文化含义的高深境界。建筑是凝固的音乐，拉萨饭店就像一首演奏在世界屋脊之地的粗犷、豪放、雄浑的，有浓厚的西藏地方音韵节律的现代新和鸣曲”①。

山东曲阜阙里宾舍采用青瓦坡顶、四合院布局形式，使得宾舍与孔庙、孔府的总体意境更为和谐协调。吐鲁番宾馆运用建筑物上的拱门、门窗、拱廊、尖圆形屋顶和花格的女儿墙上的建筑符号，使旅客身历其境，强烈感受民族和地方色彩以及宗教气息。

建筑总是通过各种建筑形式语言、建筑符号与环境对话，与人对话。从现代旅游者文化需求和审美心理出发，基于对传统的深层结构的认识，挑选一些最富特征的建筑符号来渲染环境、表现文脉，使得旅游饭店更富有历史文化的人文

---

① 邱秀文:《建筑空间环境的谐调及建筑文化的再创造》，载《建筑学报》1987 年第 2 期。

美，传递更为丰富的美的信息和内涵。

三、注重地方特色、乡土美

鲁迅说过："地方色彩也能增画的美和力。生长其地，看惯了，或者不觉得什么，但在别地方人，看起来觉得非常开拓眼界，增加见识的。""有地方色彩的，倒容易成为世界的，即为别国所注意。"

旅游饭店建筑除了密切联系自然环境、历史文化环境以外，还应充分表现当地风土环境的特征。风土环境是指与风土建筑群（具有民族特色及鲜明的地方色彩的民间建筑或其他建筑）紧密相联系的，反映历史文化传统、民族风物、地方特色、自然景观的综合体。它受着一定民族和地域的历史文化传统、社会民俗、生产生活、感情气质和审美观念的制约。由于各地具体条件的不同，因而构成了各具特色、风韵迥异的风土环境。

旅游饭店建筑不能忽视当地的风土环境，也要把建筑融合到那个地区的风土环境中去，使得饭店沉浸在浓郁的乡情中。当前的旅游活动已从单纯的观光进而寻求多义的内容。饭店建筑的乡土味，能使饭店蒙上神秘、天真、质朴、浪漫的情调，充满无限迷人的魅力。饭店建筑的乡土美对于追求异域情调、改换生活环境的旅游者更有吸引力；美就美在与众不同的风采以及与周围风土环境完美的谐调。

浙江建德灵栖洞的习习山庄，设计者从浙江山区漫山遍野、春绿秋红的乌柏树身上得到启迪，乌柏果实可用来榨油，剩下光挺枝桠，傲视苍穹，等待来年以新的生命为人们效劳。乌柏树会使人联想到浙江山野人民的内在气质，硬与韧的品格和精神美。习习山庄以 22.8 米长的坡屋顶，表现了一种突兀倔强的性格。屋面与山势采用相同坡度，应用当地材料卵石作墙，毛竹为顶。这是风景美与乡土美结合的旅游建筑杰作。

福建武夷山庄主体布局，结合地形特点，高低起伏，自由错落，疏密有致，具有闽北山地村居布局特点。它的体形曲折有致，吊楼轻盈秀逸，屋面穿插变化。建筑立面采用木部构件露明处理，如山墙有意暴露木构举架，与当地民居取得默契，以山居随和的风貌，浓烈的乡土味，欢迎着远方来客。

云南省西双版纳首府景洪的傣族竹楼式宾馆，依山傍水，绿荫环抱，采取傣族竹楼民居风格。由廊、亭、榭组合的宾馆建筑，高低错落，掩映多姿。歇山式屋面，以竹为主要装修材料，竹木花窗，富有弹性的竹毯，身临其境，便可充分领略傣乡风韵。

前南斯拉夫的卡宁旅馆、阿汤姆斯加·阿尔比纳、罗盘饭店都是座落在群山蜿蜒的风景区，这些旅馆建筑和山地环境是如此贴近，乃至紧紧地契合成为一个整体。运用夸张加大体量的手法，把屋顶延长到大地，与山坡走势一致，好像一只伏地的山鹰。坡屋顶上设计成跌落式平台，打破了封闭感，旅客可以凭栏眺望山景。

印度尼西亚的巴厘岛是风景优美、气候宜人的旅游胜地，遍地密布竹林和草木植物。民居爱用竹墙、草顶、砖地，当地旅游饭店也设计成草顶、竹墙、砖地。家具全用竹子或椰树干编制，连灯具也用竹笼子。因而再现了当地土著生活的气氛，满足了旅游者向往异国风情的要求。

根植于风土环境、民居风格的旅游饭店，其美学价值在于自然质朴、不雕不琢，创造出一种清新简拙之美。李白说："清水出芙蓉，天然去雕饰。"苏轼也说过："发纤秾于简古，寄至味于淡泊。"饭店建筑的乡土美最经济，最适用，最能符合旅游者的心理需求。它使饭店富于个性，保持独特的风采。

第二节　饭店建筑造型与装修美学

饭店建筑造型及装修关系到饭店的类型、规模和舒适程度，也影响到经济效益与美学观赏效果。

饭店建筑造型及装修，应该遵循"按照美的规律来建造"的原则，妥善解决真、善、美的关系，自然美与人工美的关系，实用与审美的关系，以及个性与共性的关系，等等。

一、真、善、美的统一

任何美好的事物，必定反映着真、善、美三者的统一。真，也就是客观事物本身所具有的规律性。旅游饭店的建筑，首先要正视现实的需要，认真研究某一地区客观存在的具体条件。是否需要修建饭店，修建什么样规模、类型的饭店，以及保证预定计划实现的可能性，等等。善，也就是人的主观目的。人的生产劳动总是具有一定目的的，旅游饭店就是为了适应旅游业发展的需要，为游客提供休憩场所而建造的。饭店的功利性，也就是旅游饭店建设的善。美，并不是孤立的，真与善也是美的基础。只求真与善，而不顾及美丑，导致各地旅游饭店千人一面、到处雷同，内外环境缺乏审美情趣，反过来也必然损害了真与善，这样的饭店，也不能满足游客物质与精神的需求。反之，离开了真与善而侈谈美，只能是违反客观实际需求，盲目地大造高档宾馆，追求豪华富丽，结果是劳民伤财。在风景区滥施开发，往往造成破坏自然景观，不符合真与善，也很难说是美的。只有从社会实际出发，不脱离客观现实的需求，来探讨旅游饭店建设中的建筑造型及装修等美学问题，才能作出正确的判断。

真、善、美的统一，即合规律性与合目的性的统一，也就是客观世界的必然性与主体——人——的自由创造才能在实践中相统一。旅游饭店为了实现合目的性的需求，应该在建筑造型及装修上，力求选择合理、优美的环境，创造美好的建筑形式和艺术形象，既要重视经济效益，又不能忽视人的审美欲求。

二、实用与审美的一致

实用与审美的关系，也就是经济效益与美学价值的关系。饭店建筑既然是旅游业发展的物质基础，既然是各种层次游客住宿与休憩的场所，就首先应考虑实用与经济效益等问题，同时也要考虑审美问题。

为实现实用与审美的统一，对饭店的选址要十分审慎。

在大城市的市中心区选址，一般说是很理想的。因为那里交通发达，高级零售商店集中，可以使游客在零星时间内，上街购物。观光与采购是城市旅游的特点，在市中心选址，可以吸引大量旅客，增进饭店经济效益。饭店要充分利用有利的地理位置，选择与环境一致的建筑造型，也可为城市增添新景观。如日本东京新大谷饭店位于东京市中心开阔地带，成为令人瞩目的新建筑景观。这方面，在我国也不乏成功的例证。如广州中国大酒店，紧靠广交会场馆，地处新兴的繁盛地带；再如金海湾大酒店，以其洁白幽雅、别具一格的体姿，耸立在中国南海之滨——著名侨乡汕头市中心，整体建筑充满朝气和活力，不仅具有现代派艺术造型美，而且深蕴着丰厚的文化艺术内涵，作为南海明珠而为旅游界所瞩目。1997年该酒店荣获“中国旅游业标志性饭店建筑”金奖。以上所举饭店，都是位置较佳，并均考虑到实用与审美一致的原则，从而使这些饭店增强了与同行竞争的能力。

由于大城市中心区用地紧张、交通拥挤、噪声干扰和大气污染等原因，近年来在偏离市中心的相邻地区建造旅游饭店颇为盛行。相对来说，那里具备空地较多、空气清新、环境僻静的优点。因为离市中心不远，信息、交通、经济活动不受影响，而环境的美学价值较高，对游客也有很大的吸引力。总之，饭店建筑的位置一定要考虑实用与审美统一的效果，才能创造更大的经济效益。

三、保护环境视觉形象

在中小城市和历史文化名城中，旅游饭店建筑的选址、造型问题，特别要注意保护环境的视觉形象。必须严格根据城市性质规定建设规划、总体布局、功能区域的要求，审慎选址及造型，力求饭店建筑与城市文化风貌一致。

中小城市旅游饭店选址,需要从实际情况出发。如市中心区缺少现代旅游饭店,可以建在市中心区,但是要注意建筑的高度与造型,尽可能与周围环境形成“默契”。

在城市街坊的边缘地区修建旅游饭店,环境条件比较优越,可以利用当地丘陵、湖泊、江河、公园、绿地等自然条件,借以美化饭店的建筑环境。如无锡太湖饭店位于太湖之滨,风光旖旎,有很高的观赏价值。

新建的旅游饭店要尽量远离古塔、古寺等古建筑,注意在视觉上不要去干涉附近的名胜古迹,要尽量保护历史文化名城的文化气氛。无锡湖滨饭店由于选址不当,紧靠古建筑蠡园,特别是它的方盒子式的高层建筑的造型,显然与江南历史名园的环境气氛格格不入,损害了风景区的风貌。问题并不是绝对不能建造新的旅游建筑物,而在于采用什么样式的建筑造型才能与环境谐调,如果采用低层分散的庭园形式,就比较容易与周围环境相得益彰。

山东曲阜孔庙附近的旅游宾馆阙里宾舍,以传统的建筑形式,采用庭院空间布局,意境深邃、气氛典雅,与孔庙古建筑群环境谐调统一。宾舍的内部装修把壁画、书法、碑文、拓片等各种艺术手段融合在建筑室内空间之中,手法新颖、格调高雅、艺术完美。阙里宾舍成功地保护了环境的视觉形象,为我国风景名胜区旅游建筑提供了建筑与环境高度谐调的范例。

四、人工美与自然美的结合

风景区应以自然美为主。旅游饭店建筑的人工美可以充实、丰富、强化自然美。两者完美的结合,这是风景区建设美学的最基本的原则。

风景区的大型饭店,一般应建在风景点外,如果有必要建在景区内,也不宜选在景色最好的地段,应适当偏离为好,尽量避免挡风景、抢风景。因此,在风景区的边缘地带选址是比较妥善的,这样不致妨碍景观。

北京香山饭店在建筑设计上,颇多创新之处。但由于选址不恰当,在香山风景区的静宜园修建现代风格的旅游饭店,毕竟与古色古香的香山风景区的环境风貌不相协调。

风景区小型别墅式宾馆,可以考虑设在风景区内环境较为僻静地段。建筑物不要一览无遗,若能藏而不露,若隐若现更妙。古人说:“能藏处多于露处,趣味愈无尽。”黄山北海的散花精舍,建筑造型均能与环境谐调,就是露了一些。玉屏楼选址很佳,只是建筑造型呆板了些,缺少一些仙气,若能从原来的文殊院与左“青狮”右“白象”等自然环境、神话传说进行构思,可以增添旅游饭店的神秘、浪漫色彩,给人以无穷的乐趣。

关于风景区旅游饭店建筑的选址及造型,专家们曾提出过这样的原则:“宜小不宜大，宜藏不宜露，宜淡不宜浓，宜中不宜洋，宜远不宜近，宜散不宜聚，宜麓不宜顶。”

风景区建设美学思想的核心，是保护自然美，开发自然美。不要忘记，风景美是风景区的主人，旅游建筑的人工美必须与风景区的自然风景之美和谐地结合起来，才能显示其本身的美学价值。那些不遵照美学规律办事，在风景区炸山填谷，毁林截流，滥造旅游饭店的做法，只能是毁灭景观，破坏自然环境的生态平衡，势必造成不堪设想的恶果。对于这些破坏性的建设，亟应停止，以还自然本色。要使我们的旅游业的从业人员清醒地意识到，自然风景如果破坏了，决非一两年可以恢复，这是千秋万代的事业。无景可赏，你的旅游饭店经济效益和美学价值岂不是全落空了吗？

五、创造“有意味的形式”

旅游饭店建筑造型总是受到物质方面（材料和结构技术）和精神方面（心理活动和审美趣味等）因素的影响。随着现代科技的发展，人们物质生活不断提高和改善，而对精神生活的追求，也更加迫切。人们不满足于凝滞了的建筑形式。那种类同于办公大楼“方盒子”式的、千篇一律的饭店建筑造型，显然是不能适应现代游客的审美心理需求的。

旅游饭店建筑造型除了应该遵循形式美的基本原则（均衡、对称、比例、节奏、多样统一，等等）以外，还在于创造一种“有意味的形式”，以吸引具有现代审美心理的广大旅游者。现代英国美学家克莱夫·贝尔在《为艺术而艺术》中说：“在这里，用某种特殊方式所组合的线和色彩、某些形及形之间的关系，激发着我们的审美情感。这些关系和线与色彩的组合，这些优美而感人的形，我们叫做‘有意味的形式’，这种‘有意味的形式’是唯一的所有视觉艺术共有的本质。”克莱夫·贝尔把这种“有意味的形式”，说成是唯一的所有视觉艺术共有的本质，未免有偏颇之处，但是对旨在引人瞩目的、以视觉审美为主要特征的旅游饭店建筑造型来说，是可取的。

“建筑风格的变化就是以线为中心。希腊式建筑多用直线，罗马式建筑多用弧线，‘哥特式’建筑多用相交成尖角的斜线，这是最显著的例。”①不同角度的线的相交，形成各种不同的体面，这些不同审美意味的几何形体，给旅馆建筑带来灵感。为了强化旅馆建筑造型的个性特征，有必要在外形上区别于其他建筑物，必须打破“方盒子”式僵死了的形象。运用新的几何形体进行旅馆建筑造型，可以获得较以往不同的美学观赏效果。上世纪 60 年代以来，如六边形、折线型、圆

① 朱光潜：《近代实验美学》。

柱体形、金字塔形、风车形、立柜式、倒台阶形以及鸟翼形等造型新奇的旅游旅馆相继问世，使人耳目一新。我国20世纪70年代末以来落成的广州白天鹅宾馆采用折线形造型，微微向后曲折的主楼，犹似天鹅展翅即将腾空起飞。上海华亭宾馆采取S形阶梯式造型，富有象征性，耐人寻味，并给人以新颖优美的印象。

标新立异、出奇制胜是现代旅游旅馆建筑造型的美学特征之一。

那些“以土取胜”的乡土风格的旅馆建筑造型更是生动多样，不拘一格，在风景区中更为多见。它的审美特征，表现为与当地风土环境、乡土建筑十分协调和富有人情味。如南太平洋塔希提岛塔哈拉洲际旅馆，采用草屋尖顶的当地土著的波利尼西亚风格。毛里求斯皮罗克旅馆，它的面向大海的公共活动中心和100套客房，形如贝壳，全部用当地材料建成。坦桑尼亚巴哈里海滩旅馆，造型特点是圆形帐篷式草顶和卵石泥土墙。罗马尼亚等欧洲国家中的一些乡村旅馆，它们不盲目追随国际模式，而是因地制宜，吸收乡村民居形式，创造出许多时代特征鲜明、乡土气息浓郁的旅游建筑，迎合了追求回返自然、向往田园生活的各国游客的审美心理。

利用古建筑改建旅游旅馆，或是模仿古建筑的外型的旅馆，也颇能使游客发“思古之幽情”，以富有历史传统气息的环境，吸引大量的游客。如布拉格的希尔顿旅馆就设在一座12世纪的巴洛克教堂内。中国的临潼华清池宾馆以仿宫殿式造型，使外国游客一尝唐代宫廷生活风味，成为“畅销旅馆”。

旅游饭店的建筑造型，应该是天南地北，风姿各异，切忌丧失个性，到处雷同。它的基本原则是“因地制宜”，“土洋结合”：可以高层，可以低层；可以宫廷式，可以民间式；可以庭园式，也可以是现代式。标新立异，出奇制胜，充分发扬地方和民族的特色，密切结合旅游饭店的功能需求，创造出千姿百态有意味的建筑形象。

六、时代感与民族化、共性与个性的统一

旅游饭店室内装修艺术，着意追求的是时代感与民族化的统一，共性与个性的统一。

所谓时代感，从某种意义上说，也就是这个时代所表现的普遍性格，也就是共性。现代旅游饭店的室内外环境，毫无疑问应有时代的鲜明特征，能够满足现代旅游者的审美需求。由于饭店的室内环境、使用对象的不固定，像走马灯一样，来去匆匆，复杂多变，今天接待的是八十老翁，明天接待的可能是妙龄少女。旅游饭店为了适应各种层次旅客的需求，在室内装修上首先要强调共性。饭店室内装修的共性，具体地说，就是要满足旅客对舒适性、清洁卫生、安全感、安静感等的要求，这是旅游者普遍关注的。旅游饭店要运用一切可以利用的现代化

物质技术手段,创造一个不论什么样的人,不论哪一个国家的人都能接受,都感到舒适优美的休憩环境。

当然,饭店建筑既不能忽视民族化与地方性,也不能忽视个性。这也是现实生活和时代提出的要求。既然我国的旅游走的是中国式发展道路,毫无疑问,作为旅游业发展的物质条件之一的旅游饭店,就应该考虑如何充分表现中国气派和中国特色,也就是民族化问题。

外国旅游者远涉重洋,不远万里来到中国,希望接触当地的人民生活、风土人情。越是有中国味的东西越具有吸引力,这是旅游者心理上的共性因素,即表现出对异国情调的渴望。旅馆的室内装修应该充分考虑民族化、地方性。把时代感与民族化结合起来,把共性与个性统一起来,这是现代旅游饭店室内装修艺术的美学原则。我们强调民族化,也并不是机械地照搬传统,像现在某些饭店搞民族形式,画栋雕梁,飞檐琉瓦,门口还有玉石狮子站岗,依样画葫芦,似则似矣,缺少一个"化"字,"学古人之规矩",还须"开自己之生面"。我们只能是用今天的技术去融合传统,推陈出新。"中而新",要使人感到是老根上发的新芽,如上海龙柏饭店和北京香山饭店的室内装修。材料也不一定全是新的,设计师用的是写意手法,表现的是中国的意趣,中国的神韵,却给人以全新的感觉。

第三节　旅游饭店室内环境美

"作为旅馆设计,应为疲惫的旅客着想。他们的心理是向往着富有特色的,令人耳目一新的居住环境。格调呆板、形式拘泥,千篇一律的旅馆往往是不受欢迎的。"

旅游饭店的室内环境与一般生活空间不同,它是具有多功能、综合性的,即有共性和强烈个性的特殊环境。它是旅客的休憩场所。不论是室内装修,还是庭院绿化设计等,都要注意物质功能与精神功能。特别要强调意境、格调和气氛等审美因素的美感作用。

一、意境美

意境是中国特有的美学范畴。意是艺术家情感、理想的主观创造,境是生活现象的客观反映。意境是主观与客观结合的产物。对于意境的追求,历来是中国民族艺术的灵魂。王国维在《人间词话》中说:"文学之事,其内足以摅己,外足以感人者,意与境二者而已。"

作画贵在立意。饭店的室内环境设计，也需“意在笔先”才能感动人心，给人以情趣无穷的审美感受。为此，关键在于构思立意。清代方薰在《山静居论画》中说：“作画必先立意，以定位置。意奇则奇、意高则高、意远则远。”意是设计者学识、修养的集中表现，也是审美素质的反映。不可设想，一个缺乏文化修养、审美趣味低下的设计者，能够创造出意境深邃的室内环境来。

旅游饭店室内环境的意境探求，是一种有意识的造型活动。人们通常谈论室内环境，多半是指物质生活上和生理上的使用功能，外加一些艺术品的装饰打扮，很少涉及感情、意趣等心理和精神上的美学功能。因此，室内环境气氛往往表现为一般的平凡的性格，满足使用功能，拙于表现思想感情境界和精神情操的美。室内环境的有无意境，这就决定室内环境艺术品位的高低之别。

“室内意境是在艺术构思中形成的最富于感染力的个性特征。最常见的是再造性想象，就是将已经存在着的自然现象或风格成就，通过艺术手法的综合，再现于现实生活的环境中。有的给人以怡乐天然的联想，有的引人抒发古趣的深思，有的则使人沉醉于乡土风情的遐想。”①广州白天鹅宾馆中庭设计，就是运用了创造性的想象，将自然的、民间的、文学艺术的素材进行剪裁、提炼和强化，建立起新的富有诗意和表现力的空间景象。表现的是一种“言外之意”、“物外之境”。主景“故乡水”，取材于民间谚语“美不美，家乡水”。摩崖石刻“故乡水”和“别来此处最萦绕”的题刻，读之令人回味无穷。加上潺潺流水、萋萋芳草，“身与事接而境生，境与身接而情生”(祝允明语)，颇能勾起海外赤子魂牵梦绕的眷恋故国之情。情寓于境，情景交融。关键在于情挚意真。一个八十多岁的老华侨看了这个中庭说：“我在国外经营旅馆几十年，终生甘为游子，无日不是旅客，今日方真正体会到家乡的温暖，体会到旅馆经营的哲理性含意。”

“烟云泉石，花鸟苔林……寓意则灵。”②别小看花草、石头、还有涓涓流水，它有时也可成为人类感情的载体。

现代山水画家李可染有一句名言：“可贵者胆，所要者魂！”这个魂，就是一切艺术作品的意境。旅游饭店的室内环境设计，不可不在创意造境上下苦功。设计者若不讲艺术构思，虽然调动一切物质手段，采用名贵材料，也只是物质的炫耀，缺乏情趣，很难产生耐人寻味的美感。所谓“繁采寡情，味之必厌”(刘勰语)。未来的旅游饭店更应强调精神功能和审美价值，我们不可不在室内环境设计上精心构思，独运神机，力求创造出各种情调、意味、氛围的美的空间。

① 罗无逸：《室内环境设计》，载《装饰》第8辑。
② 王夫之：《善斋诗话》。

二、整体美

美存在于整体和谐之中。饭店室内环境设计，为了取得整体美的效果，必须事先进行整体艺术构思。构思是室内环境设计的基础，必须结合室内环境的物质功能与精神功能需要，对整个饭店及各部位的格调、气氛及特色，进行全面的统一的考虑。

饭店室内环境设计要特别注意室内空间格调的设计，注意发扬我国传统建筑空间艺术的优良传统，同时要研究国外室内设计各流派的特点，结合实际加以运用。由于旅游饭店的室内环境是多功能综合的、具有共性和强烈个性的室内环境，因此，以共性美学观指导室内环境设计是比较适合的。可以是古典的，也可以是现代的；可以是中式的，也可以是西式的；可以是豪华的，也可以是简朴的；可以是宫廷式的，也可以是民间式的……不一而足。在一座饭店的某一室内空间，可以用不同流派的独特风格以避免单调，从而丰富感受。但必须注意某一局部整体空间格调的统一，这是保持室内环境整体美的前提。

对地面装修用料、家具设计及布置平面、照明方式、灯具及亮度、色光、壁面装饰艺术品、色调与图案等方面，都必须进行整体的艺术构思和统一设计。任何部位的细部设计，形象必须统一。它既单独存在，又构成室内空间的整体的组成部分。如果稍不经心，就会造成不协调，不论细部设计如何美，也会导致空间的混乱而影响环境的美感。所有艺术品、工艺品设计，除注意本身的艺术性外，还要特别注意与所在环境的关系。艺术应服从整体装饰效果。尺度、格调、色泽及内容都应服从室内空间的要求。

必须把室内环境看作一个整体。不论采用哪种装饰风格，都要符合形式美的规律，讲究相地布局，依境置物；置阵布势，体量合度；层次穿插，烘托有序；虚实掩映，变化有致；高低错落，彼此呼应；华素适宜，繁简有度；光影交织，疏朗风韵。务求基调清晰，主从分明，重点突出，点缀贴切。切不可各行其是，独出心裁，孤立地对待局部设计。不根据整体构思的盲目装修，只能是损害环境，损害美感。要把各部分之间的配合协调看做决定室内环境整体美成败的关键。室内所有建筑装修、陈设艺术、生活用品以至工作人员的服装，都要注意和室内环境气氛相谐调，符合特定的功能需要。

近年来，大型旅游饭店室内装饰处理最引人注目和影响较大的是装饰壁画。它对于烘托和渲染室内空间气氛，加强环境的艺术表现力，起了良好的作用。但有些壁画作者没有很好地领会建筑师的整体空间构思，缺乏整体和谐。如北京机场过境餐厅重彩装饰风格壁画《哪吒闹海》与另一幅写实风景壁画《巴山蜀水》，内容、风格极不协调，破坏了空间的统一性，况且哪吒闹海，群龙飞舞的场面，令人眼花缭乱，惊心动魄，也不符合餐厅环境需要宁静、舒适的功能要求。上海宾馆法式餐厅壁画，取材于法国史前岩洞壁画，有文脉特色，但画面上牛奔马突，动荡不安的形态也与餐厅气氛格格不入，既使环境受到了损害，也有损于壁画本身的艺术性，不可不慎重对待。

室内环境的整体美，也就是妥善处理适用、经济、美观及方便管理的整体关系。在整体构思过程中，要把功能(适用)放在首位，根据饭店等级，选择合理的装修标准(经济)，表现出令人赏心悦目的环境气氛(美观)。

三、空间造型美

室内空间造型是室内设计的灵魂。空间的造型给人的感觉是第一性的。假如空间形象处理不当，即使装修、装饰上用尽一切艺术手段，也很难取得令人满意的审美效果，很难产生良好的心理感应和生理感受。

旅游饭店室内空间是多功能、综合性、有强烈个性的特殊空间。它的美学要求更高，有各种不同情趣的精神享受的探索，也有高度舒适性的现代物质生活的追求。毫无疑问，饭店室内空间造型美，必须寻求物质与精神合一的境界，两者不能缺一。不能满足生理功能的室内空间是不舒适的，也不能说是美的。不能满足人的文化需求、缺乏历史和地方文化的室内空间就不能给人以风情美和艺术美的感受。

必须理解现代人对空间、环境的要求。现代人已经不仅仅满足于物质的丰富和表层信息变化的享用，更进而追求深层心理的、感情的交流和陶冶，要求人—建筑—环境，以及人—社会—自然之间关系的高度协调。

空间合理化，空间构图、空间形象的新颖化能给人以美的享受。这是饭店建筑室内空间美的主导因素，值得我们认真探索。

室内空间美的探索，最重要的是处理好虚与实的关系。所有技术的、艺术的"实"的手段，其目的是追求理想的"虚"——美的室内空间。功夫用在"实"上，为的是折射、回荡出某种能陶冶人的精神，升华美的空间境界。室内一切造型手段的"实体"再美，但构成的室内空间"虚体"不美，则环境美也就落空；反之，如果不以"实"去表现，那么，"虚"的空间造型美也就无落脚之处，美也无从寄托。这也就是中国画论中说的："虚实相生，无画处皆成妙境。"因此，要实现饭店的室内空间美，就必须正确处理好虚与实的关系，去追求象外之致，弦外之音的"虚"的美之境界，创造一种新鲜的、能触发人们情趣的室内空间。

美国旅馆建筑设计师波特曼创造的"共享空间"的新概念，以空间形态来满足"精神功能"，以超常尺度的共享大厅，形成激动人心的场所，以满足现代旅游者追求新奇刺激的心理需求，获得很好的审美效果。

一般来说，旅游饭店的大厅是空间序列高潮，其形态雄伟壮丽，是社交和公共活动的中心，因为人们不喜欢界限明确的封闭空间。无论是竖直贯连的高厅，横向相通的序列，都在于给人们精神上的自由感。反之，小空间亲切宜人，功能单一。如客房属于旅客的私密空间，适宜封闭式；要有合理的尺度、控制层高与面积，应考虑多种内部组合形式；可采用可分可合的套间，还有楼上楼下错层的套间等，讲究细腻和谐的效果。餐厅是一个富有个性的空间，可以考虑不同结构形式、多种风格，选择不同材料装饰。可以采用开敞与封闭式处理方式，有分有合。为了获得亲切感，过高、过大的空间，都是不符合功能需求的。旅游饭店餐厅不能与人民大会堂宴会厅一样。

旅游饭店的各种不同的室内空间，尽管尺度多变，功能各异，个性强烈，但仍应服从饭店建筑的整体的空间艺术构思，融会于既丰富又统一和谐的美感中。这是构成室内空间美的重要因素。

运用我国传统的"借景"手法，可以沟通室内外空间，使空间延伸、扩大，打破封闭感，开拓人们的视野，引进室外自然美，丰富室内的精神生活。例如，西湖之滨的西湖国宾馆、杭州香格里拉饭店、西子饭店；太湖之滨的太湖大饭店；雁荡山景区的银雁饭店、灵峰饭店、朝阳山庄；天津海河之滨的利顺德大酒店、凯悦大饭店等，设计师无不是巧妙地把室外优美的自然风景引入室内，以开拓室内的视野，不出房间，即可欣赏优美的自然风光，这些饭店是备受旅客青睐的。

四、色彩美

马克思说："色彩的感觉是一般美感中最大众化的形式。"色彩是视觉神经最敏感的因素。色彩也是组成环境美的最基本的因素之一。色彩给人视觉不同的感受，所以使人获得不同的感知。

前面我们提到，中国古建筑是非常注重色彩美的。色彩是具有感情象征的：红色表示兴奋、热烈、温暖、热情、喜庆、欢乐和吉祥；黄色给人以明朗、欢乐、崇高、神秘、华贵的感觉；蓝色是抑郁而悲哀的；绿色是平静而稳定的；等等。

色彩的表情性，还表现为寒冷与温暖、沉静与激动、前进与后退、活泼与抑郁、华丽与朴素、轻与重、膨胀与收缩等不同的意味。

将色彩在物理、生理及心理上具有的这种特殊性质，应用于旅游饭店室内的设计，就可以产生各种赏心悦目、意味无穷的室内环境氛围和情调。

色彩美也就是色调美，色彩必须组成色调，才能产生动人的魅力和美感，给人以强烈的感染力。人们一进入室内，首先感受到色调、气氛如何。色彩调配得当与否，不但影响人们的精神状态，也会对人的行为和健康起一定作用。

色调即统一的色彩倾向，有冷暖、明暗以及红绿之分。要充分利用色彩的色相、明度、彩度和寒暖等性能，创造出各种丰富的色调，以适应现代旅游休憩环境的各种需求。

用色之妙，着眼于少。色彩应与材料配合成统一的基调，最忌五彩缤纷，各自为政。必须确定某种基本色调(主色调)作为饭店室内环境色彩的主旋律。基本色调决定着室内环境的气氛和情调。但是色调的选择还得服从饭店室内空间的整体艺术构思，也就是从各种厅室的功能和气氛要求出发，运用色彩学原理设计出理想的室内环境色调。

北京香山饭店室内环境设色淡雅，摒弃浓艳色彩，以黑、白、灰为基调，含蓄细腻，将苏州园林建筑的文脉特点、内在气质极好地融会在富有现代美感的艺术形态之中。南京金陵饭店入口大厅以绿、白、黄为基本色调，清新素雅，富有江南建筑风采神韵。选用色调并无公式可袭，各种厅室、套间，要结合意境的表现和功能的需要来选择色彩。北京竹园宾馆的四套间“住春斋”、“齐雨轩”、“听秋馆”、“晴雪堂”意境迥异，如能以四种不同色调处理，一定会更富魅力。饭店的客房应结合朝向选用色调，如缺乏阳光的北向客房应尽量少用冷色调，阳光充足的西向或南向客房不一定用暖色调。旅客停留时间长短，也是选择色彩的依据，门厅、过厅、电梯厅、某些商业和服务性场所，旅客逗留时间短，要求气氛活跃，可以选用高彩度色调。相反，对于要求安静气氛或味觉、嗅觉、听觉功能突出的场合，如会议厅、宴会厅、一般餐厅和客房等，宜用低彩度的色彩。总服务台、办公室等处照度水平要求较高的室内环境，周围界面也应用高明度的色彩，反之，气氛幽静的餐室、咖啡座、酒吧和休息室宜采用明度较低的色彩。不同楼层，为便于识别，可以使用不同色调。但是不能设想在一幢饭店建筑的各种厅室之间的色彩毫无联系，这样只能使人感到杂乱无章，失去整体的美感。既要在多样的色调中寻求统一的整体美，又不能忽视在统一的色调中寻求变化之美。

五、材质美

室内空间形象给人的视觉和触觉，很大程度取决于装修材料的选择与运用。应全面地综合考虑不同材料的特性，巧妙地运用材质的特征，以其自身内涵的合理性、经济性来为室内功能和环境形象服务。应当真正了解室内环境的审美价值。有时高级材料的堆砌，装饰手法的着意渲染，反而适得其反，会损害室内审美环境。当前国内大型旅游饭店，大多崇尚华丽、富贵，只知滥用现代高级物质技术，显示物质文明，追求光怪陆离、浮华靡艳的装饰效果，拜倒在“新洛可可”的香港风格面前，全不知香港的社会背景与内地有别。这既不符合功能要求，经济上也不合算，美也落空了。

材质选用不在繁多，而在于精巧。运用得当，就是传统的建筑材料清水砖墙、混凝土也可取得良好的艺术效果。砖、木、竹、石自古以来是我国习用的传统建筑材料，就地取材、价格低廉、寿命长，往往为人们所喜见乐用。那种在建材上全部依靠进口的做法不可提倡。充分利用材料的自然特性（如质感、纹路、色泽等），结合地方条件和民族习惯，是最易体现民族形式和地方风格的。

北京香山饭店室内环境设计，给人以亲切、细腻而高雅的感觉，有很强烈的时代感，可是它采用的是青砖木石等传统材料，不乏民族特色。南京金陵饭店以青石板为地面，清水平光切片木墙板为墙面，表现了宁静素雅的江南地方特色。上海龙柏饭店的竹餐厅，以竹作为室内用材，饰以墙面、柱面、挂落。斗笠形竹编灯罩、簸箕形竹壁灯、竹挂落门，新颖别致，具有浓郁的江南地方风味。福建武夷山庄休息厅饰以毛竹筒制灯具，墙面采用地方特产"崇安横纹竹筒席"为饰面，片石砌筑的壁炉，很有山居情趣。

材料之美，在于充分揭示其天然素质，而不依赖于做作的辅助手段，不使本质美受到遮掩，这正是材质美的特征。

六、绿化美

我国传统建筑，历来都非常重视融合绿化美改善室内环境，丰富人们的情趣。所谓"堂虚绿野犹开，花隐重门若掩"，"杂树参天，楼阁碍云霞而出没，繁花覆地，亭台突池沼而参差"，"远峰偏宜借景，秀色可餐"（计成:《园冶》），等等。居室的绿化美，最为常见的是直接在室内养花栽草。我国早有"如入芝兰之室"的说法。把大自然的风采浓缩在室内小小的空间，以"无声的诗构成立体之画"来寄托人们的高尚情操，有很高的审美价值。

到了现代，作为环境艺术主体的建筑忙于解决复杂的工程技术问题，而对于艺术问题难以顾及，大批高层玻璃方盒子建筑拔地而起，造成许多人工峡谷，阳光被阻挡，巨大的物质尺度压抑着人心，人与自然越来越远了，要求与自然接触的呼声越来越高。

1967 年，美国建筑师波特曼(John Portman)首先在亚特兰大海特摄政旅馆设计了"中庭"。各层客房围绕着一个带有玻璃顶棚的多层大厅，引进阳光、绿色植物、水体、石头及生物到室内，创造了一个富有天然胜地感受的"共享空间"。绿化是中庭的最富美感的因素，再加上阳光普照、流水潺潺和鸟语花香，满足了现代游客在室内也希望接触外界自然环境的要求。

花卉、树木、山石、流水，这些自然物无需修饰雕琢就会给人以亲切爽适的美感。室内绿化还有调节气温、湿度，减少噪声，净化空气的作用，可以消除人们室内长时间活动的疲劳。特别在高层建筑林立的大城市环境中，饭店的内庭院和中庭，为旅客提供享受自然景色条件的休憩、观赏的场所。

高层旅游饭店利用裙房屋顶高低错落层次，开拓人造花园，形成空中绿化。利用建筑立面广植攀藤植物的垂直绿化，也能美化饭店建筑形象。饭店餐厅、酒吧和空房等小空间的绿化，形式更是多样，可以悬垂、盆栽和瓶插等，以增加室内幽静雅逸的气氛、生机勃勃的自然美感。

七、人文美

环境美是自然环境与人工艺术创造的有机结合。中国古代的环境艺术特别重视把文化融入其中，通过楹联上词句、匾额上标题、园名及题咏、铭刻等寄托人的感情志向，加深意境表现。

心理学研究表明，词对于人的感觉和知觉、回忆和联想，均起重要作用，它能唤起联想、补充知觉的内容。词也是创造意境的一种“线索”。

中国庭园建筑中的厅堂斋馆、廊榭亭台，其命名常常结合室内外环境特点，赋予特定的意蕴，突出建筑空间审美上的格调和意境。如扬州的“平山堂”、苏州拙政园的“卅六鸳鸯馆”等，都具有一定的内涵，耐人寻味。

现代旅游饭店中的餐厅、宴会厅以及其他厅堂，采用传统命题突出的手法，使室内环境的格调更具有个性。如香港美丽华酒店的高级餐厅，命名为“拿破仑餐厅”，厅内装修以法国古典宫廷风格为基调，通过图画艺术品，渲染了拿破仑时代的气氛。广州白天鹅宾馆的“丝绸之路”厅，以满挂丝绒窗帘、巨幅的塞外风光图案，突出丝路的意境和风韵。

上海宾馆宴会厅“嘉会堂”，主墙面以巨幅仿汉画像石风格的迎宾图壁画，表现了华堂春暖、宾至如归的气氛。“望海楼”餐厅以一联绝妙的联句“八百里河山知是何年图画；十万家灯火尽归此处楼台”构成清新而典雅的格调，使我们的眼光和思绪突破了时空界限。

室内环境通过题咏、铭刻和书画，可起画龙点睛、突出主题、加深意境、丰富情趣的作用。这些人工创造的文化艺术，应该纳入环境艺术的综合体中，与其他构成因素一道，通过人们的感知，化为美感，使得室内环境与当地人文环境相呼应，产生独具的魅力。

思考题

1. 何为旅游饭店的最佳选址？
2. 旅游饭店装修的美学特征是什么？
3. 饭店内部环境的美学特征是什么？

第十二章　饭店室内装饰陈设

学习目的

熟悉饭店室内装饰布设的原则及布设物的审美要求，进一步掌握饭店各个部位装饰布设的审美以及民族特色和地方特色的意义。

基本内容

- 饭店室内布设原则

  实用性与艺术性的统一　宁简勿繁　既美观又经济　注重民族特色和地方特色　"古为今用"、"洋为中用"

- 饭店主要陈设物及审美要求

  家具　地毯　窗帘　灯具　绿化与水　工艺品

- 装饰和陈设的方法

  大厅(门厅)　餐厅(宴会厅、风味厅、酒吧)

  客房(套间的客厅)　购物中心

旅游饭店室内环境美化，往往通过装饰和陈设的艺术手段，来创造合理、完美的室内环境，以满足旅游者的物质生活和精神生活的需求。

装饰艺术的特征，主要表现于实用要求和材料、结构要求。装饰（装修）艺术的任务是对室内各建筑局部和构件的造型、纹样、色彩、质感等的处理。室内装饰（装修）艺术以其自身的形象，显示其社会和时代特征，表现为一种室内环境设计的艺术风格。

陈设是指室内可以移动、可以更换的实用物品或观赏品的设计和布置，主要是指室内家具、帘幔、地毯和观赏艺术品在室内环境所起的美化作用。

装饰与陈设是实现饭店室内空间艺术构思的有力手段，它们是紧密结合的饭店不同功能的空间，应具有不同的气氛和艺术感染力。这不仅是室内使用功能的需要，而且也是精神生活和审美的需要。可以是宁静淡雅、亲切温馨、朴素典丽，也可以是豪华宏大、辉煌华贵、庄重肃穆，还可以利用光影、色彩、材质等因素，采用不同手法，创造出各种意味深长、风格迥异的饭店室内环境。这是现代饭店对室内装饰陈设的要求。

第一节　饭店室内装饰陈设原则及分类

第一，必须特别注意满足饭店室内的功能要求及实用性与艺术性的统一。室内建筑空间主要由建筑及结构部件组成，其美感应主要由本身形体产生，适当进行装饰。

第二，可以有重点地进行装饰，不宜全面开花，应以“少而精”、“画龙点睛”为原则，切忌繁琐装饰，到处“涂脂抹粉”。比如饭店宴会厅、大厅等公共场所，必须重点装饰，客房则以简洁为宜。

第三，合理选择装饰标准，反对滥用艺术手段，并注意经济效益、方便管理。不同等级的饭店、宾馆由于接待对象不同，必须合理选择各自的装饰标准，不宜到处大量选用高级名贵的装饰材料。必须纠正什么都要进口的思想，也并非处处都要用传统的红木家具不可。如传统的屏门窗格，空隙凹凸较多，不易保养及清洁，最好是按照现代生活要求而使用革新的饭店装修及专用家具，经济、美观，又便于管理。

第四，发扬民族特色，注意地方色彩与时代感。世界各国旅游饭店都以与众不同的特色吸引游客，这是饭店室内装饰的最主要审美功能。当然，我们讲民族风格，并不等于复古，一切照搬、模拟传统。必须经过提炼和创新，要有时代感。

第五,“古为今用”,“洋为中用”。古今中外一切优秀的建筑装饰艺术,都可以为饭店室内环境的设计所继承和借鉴。但是继承和借鉴是为了革新和创造,决不可以毫无批判地生搬硬套。当前出现的一些宾馆、饭店室内装修复古和崇洋倾向,亟须纠正。比如滥用牌楼、石狮子和大量引进镜面玻璃,到处影影绰绰,如入迷宫,游客叫苦不迭,实不可取。

室内装饰,大体上可分为两大类:

一类是生活功能必需的实用器物设计和装修,如家具、地毯、窗帘、灯具等的装饰布置。

一类是用作观赏的单纯装饰作用的艺术品,如壁画、盆景、工艺美术品等的装饰布置。

或者也可分为:饭店室内陈设艺术,包括纯装饰性器物陈设和实用生活品的摆设;饭店室内纺织品艺术,包括地毯、窗帘等陈设;墙上悬挂艺术,包括书画、工艺品悬挂布置;室内绿化艺术,包括盆景、盆栽和瓶插的摆设;室内照明艺术,包括灯具和采光方式的设计和装修。

为叙述方便,根据饭店特点,一般可分为:门厅、大厅等公共部分的装饰陈设,宴会厅、餐厅的装饰陈设,客房的装饰陈设。

第二节　饭店室内装饰陈设主要因素及其审美作用

一、家具

家具是人们生活中不可缺少的实用物,在室内装饰陈设中尤为重要。它既是物质产品,又是精神产品。在饭店中家具与旅客生活最为贴近,关系也最为密切,并经常受到旅客欣赏或抚摸。家具的造型、尺度首先要满足饭店各厅室的特定功能需要,便于使用,使旅客感到舒适。因此,家具必须根据人体工程学提出的依据,比较科学地满足旅客休憩和睡眠等各种行为的需要,又要与饭店室内空间的大小和气氛、使用性质紧密联系。

饭店的家具不同于一般家庭和办公室家具,必须紧紧把握饭店室内功能使用要求的原则,做到“少而精”,控制它的数量和尺度,减去不必要的家具。要求便于移动而且坚固耐用,舒适、美观,便于管理。太多的装饰,既不经济,也给清洁卫生工作带来不便。

审美功能应在饭店室内家具的陈设中起主导作用。它决定饭店整个室内环境的风格和气氛。上海龙柏饭店竹厅利用竹材制作家具，使室内环境洋溢着江南的乡土气息。要充分利用各种材料，以不同质感、触感、纹理、色泽的搭配来求得丰富的艺术效果。

饭店家具最能反映民族特色和文化传统，使旅客有可能在通过家具的使用和欣赏中，领略该民族的历史、文化直至风土民情。上海宾馆的中餐厅和日本式餐厅的餐椅，同是以“线”造型，一是缓和曲线，以动协静，一是用平直直线，以静制动。使两种东方款式具有不同表现力。法式餐厅的餐椅则是以路易十六式扶手椅为模式进行设计，进一步加强了典雅的法国文化气息。

家具设计往往成为室内构图中心。它支配着整个室内空间气氛的格调。

家具的造型美主要体现在结构、比例和整体谐调等方面，一定要配套陈设。造型上要有时代感和民族特色。

家具的色彩不能孤立地考虑，要从墙壁、地面、窗帘、地毯等室内装饰整体色调来设计，它往往决定室内整体色调是否谐调，深色家具陈列在室内使人感到沉着安静，浅色调家具可以使室内形成明快清爽的感觉。

二、地毯

地毯的功能是保暖吸音，触觉良好，是饭店厅室内极理想的铺地织物。

地毯铺设的审美作用，应根据饭店室内空间艺术的要求，和室内家具、陈设连成一体，起到烘托空间气氛和集聚组合室内陈设艺术的构图作用，形成完美的构图中心。它的艺术质量，还要取决于它和家具、陈设物之间色彩、纹样的调配与谐调。

地毯的图案，一般有素花的、散点的、几何纹的、网状的、植物纹样的，等等。一般来说，地毯的色彩、图案纹样不宜太花太杂，但要根据不同接待对象而定。迎接国宾、贵宾，宜用大红色地毯，热烈而庄重。一般宾客宜用较深沉的中性色彩，图案构图宜平稳、安静。客房中地毯以单色素地为好。客厅可用色彩图案艳丽而热烈的地毯。要根据室内不同功能需求和接待礼遇规格来定。一般均不宜选用严肃的主题或标志。切忌选用凹凸重叠、立体起伏感强烈的，或对比过于大的色彩和纹样的地毯，以免给宾客带来不安定的感觉。

地毯铺设，一般有满铺和局部铺设两种形式。满铺的规格较高，一般的可在人们活动的主要部位局部铺设。

三、窗帘

窗帘的功能是调节光线，避免干扰，是饭店室内必备的装饰织物。从窗帘的装饰效果上看,它不仅可以丰富室内空间构图,而且还能增进室内生活气息和艺术气氛。饭店一般都配备两道窗帘,内层配质地较薄的纱帘,外层配质地较厚的布帘。纱帘白天不拉开,外帘白天拉开,傍晚拉闭。纱帘的审美作用,在于丰富室内空间气氛,而且可以使窗外景物朦胧隐约,使室内明暗对比减弱,气氛柔和含蓄,充满婉约温柔的美感。

窗帘的式样很多,要视建筑风格来定。现代旅游饭店一般多采用平拉式的现代式窗帘。

选择窗帘色彩图案宜简朴,切忌眼花缭乱和繁杂。客房窗帘宜素雅,客厅窗帘可艳丽一些,均需与墙面色彩谐调。注意帘上图案的方向,避免颠倒,影响观感。

四、灯具

光是创造室内视觉效果的必要条件。饭店室内照明,通过千姿百态的灯具,不仅为旅客提供不同功能需求的良好的光照,并且使室内环境具有某种气氛和意境,增强饭店室内环境的美感与舒适感。

灯具与灯光有形有色,用它们来渲染环境气氛,最容易取得理想的效果。饭店的大厅、宴会厅及餐厅等公共场所,可选用花饰吊灯,造成富丽豪华的气氛。而客房的灯具,则宜简洁、素雅,便于清洁为佳。

照明及灯具还有体现民族风格与地区特点的审美作用。中国的宫灯具有实用性与装饰性高度统一的特点,不仅大量用于古代建筑中,也常被用在需要表现中国情调的现代饭店室内环境中。北京建国饭店的中餐厅,采用宫灯照明,大大增强了中国传统的喜庆气氛。上海龙柏饭店圆形梯中央空间,挂上红、白、黄三串圆形绢丝吊灯,下端飘垂金黄色和大红丝穗子,新颖美观,富有中国民间的节日风味。

灯具及照明方式,要根据饭店室内功能需要及整体空间艺术构思,来确定布局形式、光源类型、灯具造型及艺术处理,等等。

五、绿化与水

人们本能地喜爱自己赖以生存的阳光、空气和水,喜爱充满生命力的自然界。现代饭店设计中尽可能在室内布置绿化,尽可能把室外的自然、庭园景色引入室内,这也是创造舒适的室内环境的重要方面。对于大城市中的现代饭店,周围不一定有优美的花园风景,更加需要在室内设计象征外部自然风光的庭园、绿化、水与石等等,使室内洒满阳光、绿阴丛丛、流水潺潺、一派生机。让旅客虽在室内,却能产生愉快的接触自然界的室外感。

绿化与水的审美作用，主要表现在美化、软化环境。绿化与水的富有活力的千姿百态，是饭店室内的优美景点。它以其丰富、活泼的形态、色彩，生动的自然美与人工制成的简洁空间、设备、家具等形成鲜明的对比。它能克服建筑与设备的方正所引起的生硬的冷漠感，使游客产生亲切温暖的心理，同时，绿化也能改善人们在巨大尺度的空间内所引起的无所适从的压抑心理，绿化令人感到可亲可近，大空间中有自己的小天地。

水池、喷泉、小溪、瀑布等室内水体，晶莹透明、喷珠泻玉，十分诱人。它是美化室内环境不可缺少的因素。它形态多变，性格鲜明，能够引发联想而给人留下深刻的印象。明镜似的水池清澈见底，给人以宁静平和的感觉；飞珠溅玉的喷泉，气氛欢快；奔腾而下的瀑布，气势磅礴，都有强烈的感染力。上海华亭宾馆大门外的瀑布水景与大厅内无数支喷泉，使得现代化建筑充满生机勃勃、热烈欢腾的气息。广州白天鹅宾馆中庭"故乡水"成了宾馆大厅的主景。

绿化与水，在饭店公共活动空间中还能起分隔空间、组织空间的作用。当绿化与水被用来做为饭店室内空间的分隔物，就给空间增添了生动、活泼与情趣。山东济南齐鲁宾馆底层咖啡座，通过条状绿化与走道分隔，非常贴近自然。日本大阪皇家旅馆门厅，将水从室外引进室内，门厅内出现蜿蜒的小溪，潺潺的溪水从室内流至室外庭园水面，成为一个别有趣味的旅馆门厅。

绿化可采用独立或成组形式的点状绿化，灵活多变，具有很高观赏价值。也可根据家具、陈设的组合布置在恰当的位置。一般可布置在公共活动部分的大厅、休息厅、餐厅及走廊等处。

豪华旅馆客房内可以采用插花或盆栽形式，使房间充满迷人的温馨、高雅的气氛。

大、中型旅馆的室内大空间，需要布置成片、成线状的绿化。可以垂直和水平方向布置，绿叶扶疏、藤萝飘拂，使旅客休憩在舒适悦目的绿色环境之中。

水体布置，主要有喷泉、瀑布、小溪、水池等形式，与绿化、光、建筑小品、音响等结合，更加具有迷人的魅力。

六、工艺品

工艺品是饭店室内陈设所必备的。一类是实用工艺品，包括陶器、瓷器、玻璃器皿，等等。一类是专供观赏的工艺品，其品种十分丰富，包括书画、挂盘、牙雕、木雕、石雕、漆器、艺术陶瓷、唐三彩、仿古青铜器，等等。

工艺品的审美作用在于，既能够美化室内环境，又能丰富室内精神生活，有利于对室内环境主题思想的烘托或表达，并能充分表现出某一国家或民族的文化传统和当代的文化艺术水平。

饭店室内陈设工艺品，不仅能美化空间，供人欣赏玩味，而且可以使游客消除旅途寂寞，增加情趣。其具体表现是：(1)构成主要观景点。如上海宾馆宴会厅主墙面，以汉画像石风格绘制的金色巨幅壁画《华堂春暖》构成整个宴会厅的主要景观，引人注目。(2)填补空间。饭店的客房床头上方挂一幅国画小品，可以充实空间，填补墙面的空白。(3)调整室内构图。在饭店室内陈设大局已定的情况下，用体量较小的工艺品加以调整，能使室内构图更趋完美。如在方方正正的立柜上，摆上几件艺术陶瓷，可以使立面轮廓更丰富，可以消除单调感。工艺品陈设，还能体现民族特色和地区特点。北京的景泰蓝，福建的漆器，天津、无锡的泥塑，宜兴的陶器等早已驰名中外，成了我国、特别是上述地区工艺美术的代表作。采用上述工艺品，陈设在该地区的旅游饭店室内环境中，无疑会使环境更富有个性，充满地方气息。

室内工艺品陈设要遵循以下原则：

(1)观赏品的陈设，一定要重视室内整体装饰风格的和谐，使它们的造型、色彩、质感等美感因素能与墙面、家具、帷幔相呼应。

(2)观赏品陈设宜少而精，宁缺勿滥。工艺品要注意思想内容与艺术质量，不可信手拈来，随意堆砌。

(3)要紧密结合饭店室内功能特点，精心配置工艺品。

(4)观赏品的尺度要与其他室内陈设和空间尺度相适应。

(5)要符合构图章法。观赏品陈设，必须符合形式美的基本法则。要注意均衡、匀称、对比、多样统一等。如在空间方正的大厅台几上陈列一只尺度较大的精美的瓷瓶，以使厅内空间气氛更富装饰美感，形象更为丰富。

(6)要注意视觉效果。观赏品陈设要注意欣赏者的视觉条件，包括欣赏者的位置和视野范围等。应把重点工艺品放到视线的焦点上，其高度要与观赏者视线持平。要避免把工艺品陈设在有大片阴影之处，以保证观赏者详审细玩。

第三节　装饰陈设的方法

一、门厅、入口大厅、过厅的装饰陈设

饭店的门厅、入口大厅是饭店建筑的重要部分，是饭店的窗户、眼睛，是旅客产生第一印象的重要空间。

门厅、入口大厅以及中厅都是饭店多功能的共享空间，它是整个饭店的中

心，也是形成格调的地方，是饭店建筑中必须进行重点装饰陈设的场所。要努力把满足功能要求与创造环境的艺术效果结合起来，使大堂具有更高的文化品位和审美效果。

门厅是最重要的"交通枢纽"。这里人流频繁，来去匆匆，不作过多停留，所以厅内陈设宜采用大效果观赏性的绿化或艺术品陈设。一些技艺精湛、精雕细刻，内容丰富，需要细加欣赏的艺术品不适宜在此处陈设，以免因吸引旅客停留观赏而造成交通阻塞等现象。

现代旅游饭店门厅、入口大厅的装饰陈设格调，大致有下列几种风格：

第一种是以传统的民族形式为基调，以尚古、辉煌、豪华为其特色。让旅客到达后，即能充分感受历史悠久、光辉灿烂的中国文化。选用中国式吊灯，大尺度盆栽、中式家具、地毯，迎面可布置屏风，或在墙上绘制有中国气息的装饰壁画，使得门厅充满传统文化气氛。

荣获五星级钻石奖的北京昆仑饭店的大厅，在豪华典雅的建筑框架中，鲜明地勾勒出以"昆仑"为主题的中国民族文化之魂，显示了昆仑饭店卓越的文化品位。旅客一进大厅，迎面扑来的是一幅巨型壁毯"莽昆仑"(称为"世界之最")，展现出昆仑山脉巍峨雄壮的气势和苍茫浑厚的景象，蕴蓄着中华民族文化的深刻内涵。当旅游者走近总服务台，映入眼帘的则是一幅长 18 米的汉白玉大型浮雕《昆仑众神》。它以昆仑山美丽的神话故事加工构思而成，雕工细致，形象逼真、栩栩如生。整幅浮雕神采飞扬，引起人们对中国博大精深的文化艺术的赞叹。

上海宾馆的门厅，吸取古代艺术精华融于现代建筑之中，形成了"中而新"的空间气氛。在总服务台上部安置一组 1 米高、16 米长的长卷漆雕组画《车马行旅图》，质朴粗犷，具有汉画像石风格。在门厅正面墙面上，布设六个仿商代青铜器夔凤纹饰木雕，洋溢着浓郁的华夏文化气息。扬州宾馆门厅，迎面布置巨幅装饰壁画《腰缠十万贯，骑鹤下扬州》，也很有地方文化特点。兰州金城宾馆门厅水池里布置两架黄河水车模型，使馆室内趣味横生，给人印象很深。杭州天鸿饭店的大堂装饰渲染了一种浓重的文化氛围。正前方是一架白色的钢琴，精心设计的三阶流水围绕着圆形的钢琴台缓缓流下。钢琴两边是橄榄树和鲜花，钢琴的前方是柔和的灯光，摇曳的喷水花。进入大堂的人，无不陶醉于优美音乐的旋律中。钢琴上前方是一幅 30 平方米的紫砂陶浮雕、玻璃马赛克综合装饰的壁画《天鹅飞霞》，点出了"天鸿"之含义"天堂鸿雁"。这就使大堂的装饰即刻显出浓郁的中国民族文化艺术的韵味。

第二种是以简练大方的现代风格为基调。如南京金陵饭店门厅，主要是以简洁、精致的建筑美感，来适应现代人的审美趣味。地面上大尺度绿化，使室内充满生气，体现了江南历史名城南京的风貌特征。大厅中央布置一圆形沙发休息岛，铺上柔软厚实的地毯，人们在其间向着中心围坐，产生一种温暖、安宁的感受。

第三种是以室内庭园绿化为基调。如广州白天鹅宾馆门厅、大厅都是以园林绿化为基调，厅四周设花坛、喷泉、回廊，悬挂翠绿的垂萝，构成郁郁葱葱的绿色帷幕，极富亚热带的岭南情调。

门厅、入口大厅要给远道而来的各国旅游者以亲切、温暖、美好的第一印象，不论是何种格调的门厅、大厅，都适宜用明亮空间。明亮舒适的灯光，会产生一种凝聚的心理效果。广州中国大酒店是以入口大厅为主要共享空间的，在三支明亮的大吊灯下面，布置了两组围成方形的沙发，构成一个舒适的休息场所，对客人很有吸引力。

门厅、入口大厅都具有交通、服务和休息三种功能，门厅、入口大厅的家具，主要是沙发。这些沙发在休息区域内成组地排列组合放置于门厅的中心或一侧，可以固定性的布置，也可围着柱子设置沙发。可以采取不同形式，总之，要符合现代生活要求。它们的形式和体积要以不妨碍交通为前提，并与门厅大空间相协调。服务台必须设置在十分明显突出的部位，使游客能够立刻找到，并且必须位于能监视整个门厅的位置上。要求设计仔细、合理，给人以简洁、明净、温暖的感觉。柜台上应设置简单字样的标牌。必须装置照明灯，通过灯光、装修等手法，突出它的位置，引人注意。

过厅布置也应力求简洁，墙角适当布置盆栽，略作点缀，以调整走道平淡感。

大型饭店除了门厅外，还有中庭，也叫四季厅，其空间比门厅更大，活动内容更为丰富，它是以扩大空间的办法，在宽敞高大的多功能大厅里，用绿化、水面甚至树木亭台来烘托自然气氛。大厅顶部往往垂吊花灯或织物、彩挂及花草藤萝，以丰富空间，形成人们所喜欢逗留的社交场所。它的家具布置方法可以参照门厅的一些手法进行。

二、餐厅、宴会厅、风味厅、酒吧等装饰陈设

餐厅、宴会厅、风味厅和酒吧是饭店重要的营利部门。餐厅除供应饮食外，还是旅游者社交和消遣的场所。中国菜肴历史悠久，菜系繁多，风味各异，驰名世界，应发挥这一优势。在旅游饭店中增设多种餐厅，除设置中、西餐厅外，还可增设各种风味餐厅以及酒吧、咖啡厅、音乐茶座等。对于餐厅的装饰，世界各地的旅游饭店都非常重视，因此它也是饭店的重点装修地方。

一般说，餐厅要求环境安静、舒适。旅游者在餐厅进餐，既是生理上的需要，也是心理上的要求。旅游者在进餐中得到休息，并借此与游伴交流思想和情感，得到精神上的安慰。所以餐厅应以“闹中取静”为宜。有一个安静的环境，才谈

得上舒适感。餐桌的造型、结构，都要符合人体工程学的要求。装修、照明、色调等都要注意一个原则，就是不要使人增添疲劳感，要营造一个轻松安逸、舒适愉快的气氛。除了人工创造的装饰美以外，还应该尽量引进室外大自然山水园林之美，使餐厅室内环境更加雅致美观。

中餐厅是饭店建筑中最富性格特征的地方。根据中国传统的进餐心理，宴饮时要求灯火辉煌，喜气洋洋。所以应采用热烈兴奋、强烈明亮的光色，通过中国宫灯和富有民族装饰风味的灯饰和中式家具、盆栽、盆景陈设，结合室外中国式庭园景色，让旅客感受到浓郁的中国气派。在建筑装修上，往往以画栋雕梁、沥粉彩画、朱红柱子、圆洞门等传统装修方法，来渲染民族特色。上海和平饭店龙凤厅，就是以天顶上金碧辉煌的传统龙凤图案雕饰引人注目。北京建国饭店中餐厅的朱红圆柱、雕花漆彩的宫灯、典雅挺秀的仿明座椅、女服务员穿的大襟中式丝绒旗袍，无不充满古色古香风韵。

中餐厅可以依据传统手法，在餐厅门上悬挂匾额，书以厅名。如上海宾馆中餐厅“芳园”是取自李白的“会桃李于芳园”的文句。厅内主墙面可绘制壁画或悬挂大型国画，其主题内容、艺术风格必须与餐厅的格调相谐调。上海宾馆中餐厅“望海楼”正面墙上就是以两幅以海为题材的大型山水画，再配上一副绝妙的对联：“八百里河山知是何年图画；十万家灯火尽归此处楼台”，很有诗情画意。

在餐厅入口处，可布置画屏，下置条状绿化屏障，可避免视线太敞，并增添美观。在四周墙角可适当布置盆栽，放在两米高的花架上，大型盆栽可放在入口处两侧。注意花木选材要有民族特色。西餐厅的装饰陈设，应从欧美人进餐心理出发来考虑室内空间气氛与情调。为了使宾客在用餐时有某种安逸感，宜使餐厅空间尺度在视觉上感到小而亲切。在照明设计时，应使餐桌上的照度强于餐厅本身的照度，光色温暖，光线偏暗。要善于运用内部装修的一切手段，创造适于人们休息交谈的宁静气氛。

北京建国饭店西餐厅是按照欧美人生活习惯布置的。厅内四壁镶着玻璃，屋顶悬挂帷幔，餐桌摆着烛盏又可点蜡烛，气氛舒适，情调高雅。上海宾馆法式餐厅，以巨幅仿史前法国拉斯科岩洞壁画和精心设计的具有路易十六时期风格的餐椅，被塑造成为有法国文化性格的室内环境。宴会厅是饭店最主要的宴饮场所，且往往同时兼作多功能大厅，是重点装饰对象。除了举办大型宴会外，它还可提供国际会议、展览、电影、舞会、表演等多种用途。宴会厅装饰艺术要求较高，为了表现宏伟壮丽的空间气氛，宴会厅装饰陈设常常借助厅内的照明艺术，起着控制整个室内空间气氛的作用。它常选择艺术性强的花饰吊灯，习惯采用中心式布置，以显示它的高贵气派。日本东京新高轮王子旅馆的大宴会厅平顶高达 23 米，在拱形平顶上悬挂着三盏巨型花饰吊灯，在其他灯具的配合下使大厅显得十分华丽。

宴会厅另一个构图中心是在面向入口的主墙面上。那里往往以巨幅壁画进行装饰。上海宾馆宴会厅“嘉会堂”巨幅壁画《华堂春暖》,金底黑面,气象万千。宴会厅附近应设宴会前厅、衣帽间等。宴会前厅是宴会客人在宴会前必要的交际场所。厅内可配备适量的沙发,分组分块布置。陈设要与宴会礼遇规格相适应。

中餐宴会多数用大圆桌。餐桌排列要突出主桌位置,一般放在居中地位,其他餐桌围绕主桌有规则地对称排列。主桌铺设的规格应高于其他餐桌。隆重宴会要铺设鲜花组成的花围,环绕转台一圈,铺设民族形式图案。富有意义的如松针柏枝表示友谊长青,万年青、天竺果代表喜悦和长寿等,以烘托宴会的气氛。

西餐宴会一般使用长台,根据人数和宴会厅的地形,将餐台居中排成“□”形、“⊓”形或“冋”形等。主宾席位置在台形的中间位置,可铺上长条形铺花或摆瓶花、花篮进行重点装饰。

冷餐会没有固定的酒席,而采取“立食”形式,比较活泼。餐台摆法自由,一只大餐台,可放在宴会厅中央,两只大餐台,可竖或横并列大厅两边。三台的可排成品字形。大餐台周围还可穿插放一些小餐台,用以放酒水、杯盘刀叉等。

现代饭店的宴会厅与多功能厅常常设置灵活性隔断来分隔空间,以适应会议、演出、展览、舞会等各种功能的需要。

各种风味餐厅,应该以不同风格的鲜明的地方特色装饰陈设。如北京昆仑饭店的广东餐厅突出亚热带气氛,上垂吊兰,下置盆栽;墙面及家具均以绿色为主调,加之窗外竹帘低垂,颇有“宝鼎茶闲烟尚绿”的意境。

清真餐厅的装修,应有阿拉伯建筑的神韵。高耸的空间,顶部中央天窗采用彩色玻璃图案。室内以白色和绿色为基调,使清真餐厅气氛更加浓郁。日本餐厅内部需用木构装修,配以纸质灯笼,入口迎面饰以小字书法,厅内开辟可以席地而坐的小餐间,富有日本情调。

海味餐厅、野味餐厅在装饰上,要尽量突出各自的风格特色。上海龙柏饭店风味厅墙上用海鱼标本进行装饰;北京燕翔饭店野味厅,四周墙上绘制原始人狩猎情景壁画,整个餐厅野趣盎然,十分鲜明地表现了餐厅的特点。

酒吧间是饭店为宾客提供的娱乐和休息不可缺少的地方,专售冷饮和各种酒类。通常将它们布置在门厅或客厅附近,可以是一个专用的房间,也可以占据门厅的一角。室内环境气氛要求幽静雅致,要有音乐设备,灯光适宜暗淡柔和一些,座位安排适于客人相互交谈。如南京金陵饭店酒吧题名“莫愁轩”,选用深桃木色基调、刻有仕女图案的玻璃屏风将其分隔为两部分。酒柜以黑木饰黄铜边,室内满铺方格形深咖啡色地毯,令人感到温馨和松弛,是宾客理想的休憩环境。

三、客房的装饰陈设

客房是饭店的核心，是饭店的主要部分。客房给旅游者提供消除疲劳、积蓄精力、继续旅游的条件。它是饭店设计的重点，力求使其具有一定等级的舒适程度和该饭店的独特风格，以给客人留下良好的印象。

客房的类型大致上可分为单人间客房、双人间客房与套间客房三类。一般旅游饭店中，以双人间客房占多数(常以此为标准客房)。

客房是旅游者生活的室内空间，客房室内环境的设计原则是安全、健康与舒适。客房的安全问题主要表现为防火、治安和保持客房私密性的设施。基于健康的要求，必须选择在环境良好地区建造饭店，要重视客房隔声、照度与室内温湿度的调节，以保证旅游者的健康。客房的舒适感是饭店业主与建筑师追求的目标。"舒适"是由无数物质功能和精神功能形成的综合评价。必须研究旅客在客房中的行为和审美心理，以满足物质和精神生活的需求。一般说，旅游者在客房中的行为有休息、阅读、书写、会客、欣赏音乐、收听新闻、看电视、眺望风景，贮存采购来的衣物、食品，梳妆、沐浴、如厕、睡眠以及与饭店内外联系，等等。一般说，客房的装饰与陈设，应有以下几个功能空间：

睡眠空间(布置床、床头柜等家具)；

盥洗空间(设置浴缸、马桶与洗脸盆等卫生洁具)；

贮存空间(设置壁柜等)；

饮食空间(高级套房常设餐室，普通客房则利用起居休息空间为饮食空间)；

书写、阅读空间(设长条形写字台，兼作化妆台，可设在床对面，墙面设置镜子，也可设在窗前)；

起居、休息空间(一般在窗前区布置安乐椅、小餐桌或沙发、茶几等家具)；

其他空间(豪华套间、总统套间内还有读书空间，陈设大型书桌及文房四宝等，另在会议空间提供十余人用会议桌、椅)。

为保证客房的舒适感，必须有足够的空间来满足客人行为需要。客房的空间能体现一定的舒适感。

旅客的精神生活、审美需求，更是客房舒适感极为重要的方面。在一个优美的自然环境中修建客房是最理想不过了。国外许多著名的旅游饭店，面向大海，使旅游者在客房挑廊上即能欣赏海天美景。

在室内装饰陈设上，归纳旅游者的心理要求，大致有两种倾向：一种是希望客房符合旅游者本人的生活习惯与水平，回到客房犹如回到家中一样方便舒适，亲切愉悦；另一种则希望客房要有鲜明的地方特色、异国情调，进入客房继续感受异乡客地的空间环境气氛，享受新鲜有趣的异国文明。我们不能忽视这两方面的要求，要在饭店建筑设计与室内装饰陈设上加以充分的体现。客房的装饰陈设，既要注意共性，又不能忽视个性；既要有舒适感，又要有自己的特色，以满足不同层次旅客的审美需求。20 世纪 30 年代建造的上海和平饭店，有九套外国套房，表现各国建筑典型风格；驰名于世的日本东京帝国饭店，既有豪华的西式套间，又有表现浓郁乡土情调的和式套间都说明这一点。

综观客房室内环境功能特征，休息和睡眠是主要的。舒适性应是首先考虑的因素。不论是何种类型客房，都是休息场所，在装饰陈设方面，必须体现简洁雅致的格调、宁静的气氛。装修材料的类型与颜色不宜贪多，天花板用白色，墙面色与地面色要相接近。床罩与窗帘是最令人注目的，因而对房间色调起主导作用，它们可用同一材料、纹样和色调。床头柜与椅子面软垫面料色泽也应接近，以取得色调的统一。根据客房功能要求，以安静舒适为宜，选用明度较低的色彩较为合适。还要按照客房的朝向选用色调。北向的客房应尽量少用冷色调，阳光充足的西向、南向的客房不一定都用暖色调。小空间的客房，可以用冷色调而减少拥塞之感。少用促使视觉兴奋的彩度高的颜色。也有人主张客房宜用中性偏暖的环境色调，以减少旅游者的旅行生活的寂寞。如南京金陵饭店标准客房采用的暖黄色调，给室内增添了几分亲切温馨的生活气息。不同楼层的客房，可以选用不同色调，以示区别。还应根据不同接待对象，选择不同的色调，如接待阿拉伯国家宾客的客房，用绿色、白色等颜色为基调，往往更受欢迎。接待女性宾客的客房，如果使用较为艳丽的色调如粉红色等，比较能满足女性的审美要求。

客房内艺术品陈设，也应服从客房的等级、功能与气氛的要求。豪华套间陈设的艺术品，要求工艺精湛、艺术性高，要宁缺勿滥。家具及装饰织物选材、造型及纹饰，要精心设计，合理布置，既要有民族特色，又要保证现代生活的舒适感。可以适当摆设名贵花木盆栽，案上插花，以增加室内华贵气氛。一般客房则不需陈设。客房墙面不需太多装饰，在床头柜上方可挂一幅国画小品。画面尺度不宜太大，注意画面内容的思想性、艺术性，要服从客房的功能和要求；不要出现凶猛动物、鬼怪等恐怖形象，以免引起旅游者的不安和惊恐。一般以山水风景画和花鸟画较宜。

客房的照明设计，一般采用分散的局部照明方式。分析旅游者在客房中的活动，进行合理的采光。如书桌上设台灯，床头设床头灯，沙发边设立灯等，提供足够的局部照明。一般说，客房的照度值应低于饭店其他公共部分。总的气氛要暗淡一些，幽静一些，以便于旅游者休息。

四、商场的装饰陈设

商场是饭店不可缺少的部分，也是一个提供主要经济来源的场所。因此，商场的布置陈列也应是饭店重点装修部分，需要精心设计。商场装饰陈设的最基本原则，就是最大限度地突出商品的形象，以吸引顾客。通过敞开的格架和透明橱窗，直接向顾客展示各种商品的美化形象，给人以琳琅满目、丰富多姿的感觉。这里，商场的照明艺术将起主要作用。商场天顶不宜太亮，甚至不设照明灯具，采用吊轨灯配用反射灯泡，把明亮的光束投照到商品上，可使商品形象非常突出，引人注意。

为了突出商品色彩形象，商场的室内墙面、天顶、地面等色调应该采用明度、彩度较低的色调，这样，商品更能显示其五彩缤纷、五光十色的风姿。

商场同样需用光影、色彩、装饰、陈设等各种艺术手段，来渲染环境，制造气氛，烘托和美化商品的形象，吸引顾客光临，使商场的审美效果和经济效益结合起来。

总之，饭店室内装饰和美化总的目的是为了给旅游者提供良好的、舒适的食宿休息条件，让他们得到更丰富的审美享受，以满足他们在旅游生活中的物质享受和精神上的享受。所以，饭店内部的装饰和美化是饭店管理的不可缺少的一部分，应当给予足够的重视。

思考题

1. 如何理解饭店室内装饰陈设的原则？
2. 选择装饰陈设物的标准是什么？
3. 装饰和陈设的方法是根据什么标准定的？

第十三章　中国菜点之审美

学习目的

认识中国菜点的审美价值，了解中国菜点美的构成要素，熟悉各类菜点及四大菜系的美学特征。

基本内容

- 菜点美的构成要素

  色的美　香的美　味的美　形的美　质的美　意的美

- 各类菜的美学特征

  三类食品　四大菜系　五道程序

第一节　菜点审美的意义、价值和地位

中国烹饪技术誉满全球，早已为各国旅游者所瞩目。因而，品尝中国菜肴、点心遂成为外国人来中国旅游的重要内容之一。

中国菜点不仅为果腹充饥，增加热量，而且作为东方饮食文化之佼佼者，具有重要的美学价值。改革开放以来，随着烹饪高等教育事业的发展，"烹饪美学"已经作为一门学科登上了高等教育和科学研究舞台。

按照通行的观点，饮食与审美似无关。因为一般生理心理学把人的感觉器官即"五官"分为高级感官（视觉感官与听觉感官）与低级感官（嗅觉感官、味觉感官与触觉感官），认为只有高级感官才具有审美功能，而低级感官只能获得快感，不能获得美感。因此，菜点美味作为嗅觉与味觉的感受对象，自然也就与审美活动无关了。其实，这种观点是不对的。

人类的观念本来就与饮食有着极为密切的联系。汉字"美"字，上部为"羊"，下部为"大"，大字本是"人"伸展四肢之状。近人进一步考证："羊人（大）"是原始羌人部落在举行图腾仪式时的形象。羌人以羊为主食，并常以羊形为头饰来引诱猛兽，以便围歼猎食。可以想象，先民在烤熟兽肉，饱啖美味之时，回忆起冠戴羊形狩猎的情景，不能不手舞足蹈。他们在举行图腾仪式，祈求饮食资源的丰盛时，也不能不化妆为羊形。以"羊人"为美，既有图腾、巫术的意味，又有艺术（音乐、舞蹈）的意味，但更为根本的则是饮食活动。在中国文字中，颇多与美有关的褒义字跟"羊"相联系。如善与膳同义，皆从羊。"姜"为母系氏族社会女子戴着羊形道具的形象；"群"为领袖（君）赶着一群羊的形象；牧羊之"牧"，古代用作官名，如"州牧"等。可以推想，初民无自觉的审美意识，原始的"美"的内涵就是指美味美食生活。

不仅中国如此。英文和法文中关于美的概念都同时表示美食、美味。如作为形容词的 Delicate，作为名词的 Delicacy 等。

更值得注意的是，现代生理心理科学已足以论证低级感官在感觉事物的过程、途径、方式方法、结果等方面，皆与高级感官没有本质区别，即低级感官同样具有高级感官所具有的一切功能，亦即低级感官同样也是如马克思所说的"区别于动物感官的人的感官"。而且现代统觉反映理论还证明，人的各种感官之间是相互有联系的统一体，每一种感官的反映，都会引起各种感官的连锁反映。例如，人的生理病痛可引起心理的悲伤、失望种种感情反映；感情反映中如失恋等

也会引起生理的饮食不香、失眠直到病变。因此，如果说人的饮食活动与审美无关，无论从什么角度也是讲不通的。

著名美学家刘纲纪在为郑奇《烹饪美学》一书所写的序中也指出："由于人类的味觉具有直觉性，和个性的爱好密切相关，以及超出了单纯生理欲望的满足，因此，美感的产生之初是同味觉的快感分不开的……在人类历史发展的过程中，饮食越来越成为一种文化现象。特别是当它同人与人之间的社会感情交流，同祭祀、庆典，家人或朋友之间的聚会等等结合在一起的时候，饮食就更具有了超出生理快感的审美意义了。"可以说，除了独自一人饮食而外，小至宴席、大至宴会，皆有一定主题，皆包含了一定的社会内容，旅游活动中的菜点品尝更是如此。因此，研究菜点品尝中由社会文化内涵所规定的审美意义和价值，是旅游美学义不容辞的任务之一。

既然饮食是一种文化现象，那么，饮食活动中美的构成要素实际上就是民族文明、文化的反映和凝结。就中国菜点和中国宴席而言，其中所包含的美的构成是十分广泛的。郑奇《烹饪美学》所初步设定的研究范围就包括了：

(1)烹饪宴饮活动中美的现象。

(2)烹饪宴饮活动中的美感和审美。

(3)烹饪宴饮艺术：

①烹饪及宴饮环境的美化艺术；

②饮食器具造型艺术；

③食品菜肴造型艺术；

④宴席设计艺术(主题与意境、时间与节奏、空间与布局、风度与礼仪)。

从这一范围可以看出，一场成功的中国宴席，其中包括了为餐厅服务的美术、工艺；为饮食活动服务的音乐、礼节、仪式以及服务人员的装束、风度；为厨房和厨师服务的属于劳动技术美学范畴的环境艺术、工具艺术；属于社会美学范畴的职业道德，等等。几乎囊括了中国美学从自然美到社会美、艺术美、技术美的全部内容。也就是说，中国美学精神的全部内容，几乎都可以通过一场宴席得到展示。从某种意义上说，一次中国菜点的品尝，可以看成是全面了解和欣赏中国文化的突破口。作为旅游工作者，认真组织好一次宴席，是中外文化交流之需要，是向外展示中华民族博大精深的文化面貌之需要。作为来中国的旅游者，参加一场成功的中国宴席，也必将对中国文化产生景仰之情乃至终身不忘。

以上我们从广义的饮食文化的角度阐述了饮食美学的意义和价值，也就是说，从饮食的主体文化构成和客体文化构成诸方面展示了饮食美学的内涵。如若从狭义的饮食文化的角度，即饮食的本体文化构成的角度看，饮食烹饪美学的主要对象是菜点美的创造及其审美。本章着重从饮食本体文化和旅游行为心理的角度简要阐述中国菜点中美的构成要素及其审美标准、审美角度、审美规律。

菜点，作为民族文化的一种存在和表现形式，对旅游者的心理产生着极其重要的影响作用。首先是影响着旅游者对整个民族文化的全面认识（已如上述）；其次是决定着旅游者的食欲即进餐心理，并由这种进餐心理决定着进餐行为，进而仍归结为对中国饮食文化的总体认识和评价；由此也直接影响着经济效益。

因此，菜点的美学意蕴实在是民族文化体系的一种历史积淀。菜点审美中的精神内涵的发掘，实在是人化的必然，是人的饮食区别于动物饮食的最重要的标志之一。在这点上，中国菜点又显示出比其他国家和其他民族更为突出、更为显著的特色，并成为中国旅游实用美学的重要研究对象。

第二节　中国菜点之美的构成要素

中国烹饪艺术在长期的实践中形成了一整套美学体系，菜点之美也有一套完整的体系，即色、香、味、形、质、意。这六方面付之于人的各部分感官，构成了中国菜点品尝的全方位和多角度。

一、色的美感

孔子云："食不厌精，脍不厌细。食饐而餲，鱼馁而肉败不食，色恶不食，臭恶不食，失饪不食，不时不食，割不正不食，不得其酱不食。"（《论语 · 乡党》）孔子在这里论及了中国菜点品评的诸多标准，有对加工工艺的要求，有对原料质地的要求，有礼仪形式要求，有对调料的要求，还有对付之于视觉感官的色以及付之于嗅觉感官与味觉感官的香与味的要求。在色的方面，孔子提出了"色恶不食"。

所谓"色恶"即指颜色不好看。菜点颜色美与不美，其品评标准与一般工艺绘画色彩学既有联系，又有严格的区别。所谓联系，主要在于色彩本身的自律性和组合规律，这体现了一切色彩审美的共性；所谓区别，主要在于菜点色彩审美中独特的心理积淀要素，这种独特的心理积淀要素是菜点色彩学的特殊构成，体现了菜点色彩欣赏的个性。

众所周知，菜点由烹饪原料所构成，其色彩仅仅作为先声夺人的要素首先进入品尝者的感官，进而影响着品尝者的饮食心理和饮食活动。由于人们长期的饮食活动实践，对菜点色彩之美的判断已形成了一种习惯性程式，即这种判断可能因色彩本身的美而使人感到愉悦并增进食欲，更有可能以某种菜点在香、味、质所达到成熟阶段的最佳状态时所呈现的色彩感觉作为菜点审美的最高标准，尽管这种最佳状态有时未见得是普通色彩学规律的最美状态，但却是菜点色彩美的最高境界。当然，最具有美的创造能力的厨师应善于把这两种最高境界——色彩学规律的美的最高境界和菜点香、味、质美的最高境界统一起来——这无疑是菜点色彩美的最高要求。

如果将菜点色彩美的个性和共性规律综合起来，对菜点色彩美的品评大致可从三个方面进行。

第一，发挥本色。菜点色彩美之最重要者是发挥原料本色之美。烹饪艺术，我们按照大的归类，可将其归入实用性工艺美术范畴。凡实用性工艺美术（国外又称第二艺术，以相对于称为第一艺术的纯欣赏性），都有一个极为重要的特点，即发挥材料本来的美。红木家具就要显出木纹美，万不可用油漆覆盖了这种木质的本色美；玉雕、牙雕就是要发挥玉色、牙色之美，万不可涂上大红大绿覆盖了原有的色泽美。即使是雕刻人像，也不能涂以肤色，即使是雕刻头发，也不能涂以黑色，即使是雕刻花卉，也不能涂以红黄之色。同前例一样，菜点色彩美的最大特点也要最大限度地调动食品原料的固有颜色之美。其所以如此，一方面是因为食品原料的颜色本来就很美，无需过多地进行人工装饰色彩的加工；另一方面是因为出于人们正常的要求食品卫生的饮食心理；凡人工之色皆会给人以不卫生的感觉，以致降低食欲。而食品原料固有色——如蛋白之白、蛋黄之黄、樱桃之红、青菜之绿、水发木耳之黑等，使人在感觉色彩美之同时，更感觉到食品本身的鲜美可口、清洁卫生，尤能刺激食欲。

第二，重在组合。按照罗丹的观点，没有不美的色彩，只有不美的组合。菜点色彩尤其如此。厨师对菜点色彩美的创造主要并不在于调配色彩，而在于组合色彩。不在于经过调配而产生新的色彩，而在于对原料本来的色彩进行烹饪加工组合，使之成为赏心悦目的菜点色彩形象并具一定的意境和情趣。可以说，世界上任何色彩都是美的，其所以有不美，并不是色彩本身不美，而是所安置的场合、位置不对以及与其他色彩相对比相组合的关系不当。例如黑色，用作黑纱，象征丧事；用作围裙，表示防脏避污；用以作水墨画，则格调高雅脱俗；用以画头发，可美丽动人；用以画眼珠，则神采奕奕。汉代漆器用黑色与红色对比，显得富丽堂皇；基督教教堂内的昏黑色则使人感到阴森、神秘。可见，黑色本无所谓美丑和情感倾向性，只是由于人的组合与运用才使之产生了美丑与情感倾向。菜肴点心的固有色也莫不如此，其关键在于厨师的组合。因此，高明的厨师应具有天才的色彩敏感性和色彩组合能力，善于运用食物原料色彩固有的冷、暖、强、弱、明、暗进行对比，围绕宴席主题的需要，创造或清新雅致，或五彩缤纷，或热烈兴奋，或大气磅礴等由菜点色彩所构成的乐章。

第三，妙在点睛。在烹饪实际中，绝对不用人工色彩似乎有时也很难。高明的厨师，不到万不得已，即不到具有某种色彩的特殊需要时，不采用人工色剂。即便采用人工色剂，也要尽量从食物原料中提取，例如提取菠菜汁的绿色、提取赤豆的酱色，等等。化学色剂则应尽可能不用，即便用，也要绝对保证无毒。如民间办喜事蒸馒头用的红色，生儿子染鸡蛋用的红色，等等。这些人工色，应当用在“点睛”之处。这里所谓点睛，可从两方面理解：一是从内容上看，根据社会、风俗之类的需要，用在最关键处，如红鸡蛋；一是从形式上看，尽可能少用，用则用在最醒目处，如馒头上点红点儿。这种点睛法，不仅对于人工色的运用是如此，其实在菜点的色彩美的创造中也时时存在。它实际就是普通色彩学的对比和衬托手法。例如在奶黄色的大面积蛋糕上点数点鲜红的樱桃，会使人顿生美感并大大增进食欲。

二、香的美感

香是菜点付之于嗅觉器官后使人获得的感受。由于人类的嗅觉与味觉器官不如视觉和听觉器官发达，因而被视为低级感官，并被认为是非审美感官。其实这是不对的。现代生理心理学早已证明，视觉器官接受光的刺激获得物体形象和色泽的信号，经视神经纤维至丘脑外侧膝状体，再通过内囊上升到皮层枕叶而产生视觉；听觉器官接受一定频率的声波刺激后产生神经冲动，沿听神经传导到丘脑内侧膝状体，也通过内囊上升至皮层颞叶而产生听觉；嗅觉器官的嗅感受器，即鼻腔上部的嗅觉细胞，接受香的刺激后，产生兴奋，亦传入大脑皮层，产生嗅觉；还有味觉的感知情况也是如此。四者同是位于皮层同一水平的结构。而且色、香、味、声等在脑皮层中互相影响，经过整合后进一步提高，这个整合的场所主要是在大脑的边缘系统之中。这也表明嗅觉不是孤立存在的，它与视、听等感官紧密联系而影响着审美活动。[①] 因此，嗅觉感官同样具有审美的意义和价值。

菜点香气刺激人的鼻腔上部嗅觉细胞引起嗅觉感，还有另一重要作用，即能够引起人的情感性冲动和思维性联想，并进而影响饮食行为。所谓“闻香下马，知味停车”，其深意便在于此。因此，孔子讲“臭恶不食”，实在是一个美学性质的命题，因为“臭恶”未必没有营养，未必没有保健强身作用（中药便是如此），休说“臭恶”之品，即便没有臭恶的葡萄糖溶液，人们也不愿喝，而讲究吃一些香味扑鼻的菜点。因此，香气成为品评中国菜点的重要标准之一。当然，这种香气的程度和类型是变化万千的，不仅因菜点品种而有鱼香、肉香、青菜香、豆腐香……还因香气的程度不同而有浓香、清香、余香……更有各种复合香气。香气溢出，使

① 参见刘建遂：《饮食科学随想》，《江苏商专学报》1985 年第 4 期。

人进入菜点品尝前的审美状态，调动审美冲动，不仅本身就是一种审美活动，而且对正式品尝时的审美活动产生先入为主的影响，成为正式品尝菜点的重要前奏。

三、味的美感

味的美感是菜点审美本体论的最主要的部分。色与香的美感是味的美感的前奏，前奏之所以重要，不在于其本身，而在于其为主题歌的演奏、为高潮的出现作好铺垫。味的欣赏便是这主题歌和高潮。

中国菜点最重味的欣赏，《中庸》云："人莫不饮食也，鲜能知味也。"清代王士雄撰《随息居饮食谱》云："食而不知其味，已为素餐。若饱食无教，则近于禽兽。"就是说，不懂得品味，等于白吃，等于缺乏人所应有的教育和素养。故古人又云："有味使其入，无味使其出。"

味与香的联系最为紧密，且亦与香一样，因其浓淡厚薄而有程度的变化，因其品类不同而有酸甜苦辣咸鲜的变化，并因原料不同而有鱼味、肉味、海味、山味等，更因多味交叉复合乃至奇味、怪味等而呈现千变万化之态，并以此构成了味的无限的丰富和多样性。多样中求统一，在菜点品评中叫做"五味调和"。俗话说，五味调和百味香，便是味的多样统一关系的最生动揭示。

中国"五味"说当然与阴阳五行说有哲理上的内在联系，五味指酸、甜、苦、辣、咸。而事实上，在饮食中单一的某味一般是不存在的，绝大部分情况下都是复合味，即以某种味的倾向性为主，同时具有各种味感。例如，甜味菜以甜为主，往往微带酸味、苦味（以百合、莲子、橘瓣烧成的甜菜即如此）；四川烧苦瓜以苦为主，苦中带咸；扬州红烧鱼最讲究者，佐料加至二十多种：葱、姜、糖、油、酒、盐、醋、酱等，无所不包，其丰富达到了一般菜肴难以企及的程度，细细品味，方感其妙无穷。这也是中国烹饪区别于西方烹饪的最大特色之一。西方烹饪以法国为最，原料也讲组合，但就组成一般菜肴的原料、佐料的品种而言远不及中国菜丰富。相比之下，中国菜点一菜多料、一席多菜，味的变化无穷无尽，显示出东方饮食文化的高度发展。

中国菜点味的千变万化，究竟以什么样的味为佳呢？或者说，五味调和，但怎样才能达到这调和呢？古人提出几条原则。首先是重本味。《吕氏春秋》有《本味篇》专论本味。本味或曰原味、真味、淡味，它是食物本来的味。即吃鱼要重鱼味，吃肉要重肉味，吃山珍就要得山珍之味，吃海鲜就要得海鲜之味，即便家常青菜萝卜，也要得其本味，一旦失去本味，便失去了一切品味的意义了。然而，经过烹饪加工以后的"本味"又绝对不是原料的原始本味，而是保留了本味的精华，去除了本味中的糟粕（即韩非子所说的"腥臊恶臭"），加进了辅助的味，进一步烘托突出了本味。也就是说，中国菜点的味尽管变化万千，丰富之极，但主辅分明，以本味为主，以发挥本味、突出本味为最高目标。当然，也有似乎不重本味的个别特殊情况，如四川菜的“鱼香肉丝”，烧肉丝要烧出鱼味来。但即使如此，肉味仍很突出，鱼味只是肉味的辅助。况且，这种菜点在中国菜点中不是主流，它仅仅是为了加强变化，丰富味感的一种辅助性烹调法。绝大多数烹调法皆以追求本味为旨归，这与中国哲学“返璞归真”的观点，与中国一切艺术提倡的“既雕既琢、复归于璞”的审美理想完全一致。

另一重要的品味标准是无标准的标准，谓“物无定味，适口者珍”。人的味觉器官主要是味蕾，因人的年龄、性别、社会经历、民族、遗传、生活环境、健康状况等的不同，人的味觉器官味蕾的数量、质量、分布状况也不同，因而呈现因人而异的千差万别，这种情况一方面使中国菜点风味更为丰富多彩，但也对中国厨师提出了最难把握的烹调上的要求。同时，对旅游业来说，也面临一个难以解决的矛盾，即凡来中国的旅游者，其目的都想品尝中国风味菜点；而这些旅游者，因其来自不同的国度、不同的民族，他们都有自己的口味习惯，有极大的可能吃不惯中国风味菜。在这种情况下，高明的厨师既要会烧标准的中国风味菜供外国游客一饱口福；又要会烧各国菜点，让外国游客感到宾至如归；更要善于对中国菜点略加改进，成为外宾能够接受和欣赏的中国菜点风味。当然，中国位于地球中部温带地区，一般来说，中国菜的适应面较广，无论是来自欧洲的客人，还是来自非洲的客人，都能适应，加之制作精细，因而在世界上享有盛誉。即便如此，也还必须考虑各地旅游者的口味习惯。在这一方面，中国的广东菜系由于发展于中外交流的要道，具有比较成功的经验，并基本形成了体系。这种体系也可以看成是一种中西文化的融合，或是中国饮食文化对西方饮食文化的一种吸收性发展。

四、形的美感

孔子谓“割不正不食”，本是一种礼仪性的规范要求，即切肉（包括切割其他原料）要切得规正，不能切得不伦不类。在烹饪加工中，讲究刀工，讲究造型规范整一还有另一意义，即便于加工，便于同时加热、同时成熟。但这还不能上升为食品造型艺术的审美领域。在菜点的形的美感要求方面，仍有一定的自律的标准，使中国菜点在口腹之外，具有更高的美学价值。

菜点造型艺术属于实用工艺美术范畴。实用工艺美术的特点有三：首先是它的实用性，其次是技术性，第三是美术性。在食品造型艺术中，实用性即“食用性”。也就是说，菜点造型的目的是为了刺激食欲，启发品味。倘若忽视了这一点，再美的造型也无意义，因为它混淆了菜点造型艺术与一般工艺美术的区别。所谓技术性，乃是烹饪师进行烹饪艺术创作的基本技能的运用。如刀工的运用和火候的掌握，可使菜点形色俱美。美术性是指对形式美的要求，使之具有一定的美术欣赏价值，但这种美术性无论达到何等高度，都应以保证食用为基本前提。美术是手段，食用是目的，主从关系不可颠倒。

此外，由于任何菜点都是供人食用的，其存在时间通常只有几小时，因此，一般不宜对菜点进行精雕细刻的装饰。倘若我们在一件菜肴上花几十小时、几百小时的美化功夫，而被人们欣赏不到两小时便毁于口腹，实在是得不偿失。因此，非特殊隆重的宴席不可花此代价。同时，过分的装饰，使之精美绝伦，宾客欲食而不忍，也达不到增进食欲的目的。即便从美学上讲，也失之雕琢，缺乏天趣，反而达不到美的最高境界。因此，食品造型艺术应遵循简易、美观、大方和因材（原料）制宜的原则。如有些面点，只在捏塑时稍加变化，便做成各种活泼可爱的动物形象，刀工菜只需在切配装盘时稍稍考虑一下构图布局，便使盘中生花，不多花工夫，就能达到很好的美感效果。这种食品造型最值得提倡。

中国菜点的造型大致可分为以下五种形式。

（一）随意式

这是最简单的形式。这种形式只需要选择适当的餐具与菜点进行组合，装盘时注意留有适当的空间，既不显空疏，又不能壅塞，一般以视觉舒适为宜。炒菜、烧菜多取这种形式。

（二）整齐式

这在前一种造型的基础上又进了一步，要求菜肴原料形状统一，排列整齐匀称。例如很多冷盘，或围或叠、或圆或方，形成一种美的节奏与韵律。这种造型用于冷菜一般需要较好的刀工作基础，用于热菜，如一般大小的菜心排列，也可以获得同样的效果。

（三）图案式

除具备上述二种技能外，还要求具有一定的图案装饰水平，善于进行组合，或对称、或均衡、或呈几何形、或呈装饰绘画形。常见冷菜图案程式中有“双拼”、“三拼”、“四拼”、“八拼”、“十锦拼”等。

（四）点缀装饰式

在上述三种方法的运用之外，加上点缀装饰，画龙点睛。如在菜点装盘的中间，可以雕刻花卉作点缀，或置于中央，构成对称中心；或置于两侧，构成对称中轴；或置于一侧，组成构图重心。点缀应尽量结合菜点的形式与内容，使之协调。如川菜冷盘可用红辣椒雕刻花卉作点缀，使之更具地方风味特色。虾仁旁边，以大红虾作点缀，颇有情趣上的内在联系。切忌将内容与形式都无联系的东西用来相凑，那样就叫做妄加点缀。

(五)象形式

这种造型要求最高,难度也很大。它必须紧扣宴席主题,精心构思,设计出具有高雅意境的画面,除应具备上述四种设计技能外,还需具备较强的绘画技巧和主题构思能力,比如大型冷盘"辋川图"便是根据王维《辋川诗集》和王维所作的山水画《辋川图》进行设计的,与王维诗画之妙可谓异曲同工。现代菜点的象形式有各种蛋糕、冷菜、热菜;还有食品雕刻如萝卜雕花、西瓜盅、冬瓜盅,等等。题材有"孔雀开屏"、"松鹤延年"、"百花齐放"、"龙凤呈祥"、"金鱼"、"蝴蝶",等等。有些主要用于观赏的食品雕刻,其功能不重在食用。这种雕刻可以激发国外旅游者强烈的好奇心,对活跃宴席气氛起着不可低估的作用。但这类技艺因工艺复杂,也不太符合卫生要求,故一般宴席不宜采用。

此外,在菜点造型的欣赏中,还应注重菜点与餐具之间的关系。中国餐具是菜点造型的有机组成部分,十分注重在内容与形式上的和谐与统一。例如,椭圆形盘用以装鱼,盆用以盛汤,粉彩瓷器用以配富丽堂皇的菜点造型,青花瓷器用以配清淡幽雅的菜点造型,云纹配龙形,水纹配鱼形,等等。严格地讲,这一方面是有学问的,对于餐具的使用要求,不仅要与菜肴的形式和内容协调一致,还应尽可能地与进食者的审美心理、宴会环境以及服务人员的服饰风格取得协调,那将是餐具使用的极致。

五、质的美感

"饮食之道,所尚在质",是古人为我们建立的又一菜点审美标准。这里所谓质,无疑包括营养卫生质量、烹调技术因素等,但最主要的则是质地,即以触感亦即口感为对象的松、软、脆、嫩、酥、滑、爽……这样的质地美感。这是与视、听、嗅、味感的感觉对象不同的又一种美感。它本是皮肤受到机械刺激而引起的感觉。它之所以成为一种美感,其基础条件与色、香、味、形的情况一样,是依靠人化了的感官。

菜点入口,与口腔一接触,立即产生触觉,继而经咀嚼,使触觉深入进行,产生丰富的美感,大致又可分为:

(一)温觉感

即由食品温度引起的凉、冷、温、热、烫的感觉。例如,冷菜的冷、凉粉的凉,给人凉爽畅快的感觉,倘若提高这两种菜的温度,效果便完全两样。再如麻辣豆腐、汤包等,入口其烫无比,品尝时不能立即下咽,否则几乎要被烫得吃不消,但人们还是要烫,不但不愿冷吃,温一点也不行,必须在滚烫中才能体现一种突出的美感效果。

(二)触压感

由舌的主动触觉和咽喉的被动触觉对刺激的反应。舌的主动触觉对菜点的大小、厚薄、长短、粗细所产生的感觉，伴之以口腔、咽喉对菜点的被动触觉，产生清爽、厚实、柔韧、细腻、松脆等触压感。例如，酥点要求酥，便为脆所无法代替；脆膳要求脆，又为硬所无法代替；牛肉过硬则嚼不动，过烂，则“没有嚼头”，即便易于消化，也为人们所不愿接受；而该烂的菜入口即化，则又不能不烂……这都是触压感对菜点提出的丰富的变化性要求。

(三)动觉感

对菜点触觉美的感受主要来源于动觉感。产生动觉的刺激变化模式最为纷繁复杂，也最有趣味。其中牙齿的主动咀嚼对触感美起决定性认识作用。主动咀嚼的触觉有单一感，即嫩、脆、松、黏、硬、泡、绵，等等；但更多的是复合感，即脆嫩、软嫩、柔嫩、滑嫩、酥脆、爽脆、酥烂、软烂、爽脆滑溜、暄松软泡，等等。只有这种复合触感的形成，才构成菜肴触觉美的丰富性和微妙性，构成人化触觉的强大魅力，也才构成对菜点触觉的最全面的审美享受。优秀的厨师在创造触觉美的方面无不有着精湛的技艺。①

当然，前已述及，菜点的质美感还应包括技术美和营养卫生质量要求，但技术美已包含在色香味形质之中了，而营养卫生要求与审美关系不大，兹从略。

六、意的美感

在“中国画与欣赏”一章中，我们解释了什么叫“意”。所谓意，即审美主体(包括创作主体)的思想情感。中国艺术最强调主体意识的显示和体现，因此尤重意，故有意境、意象、意趣、意味、意匠之谓，对意的刻意追求几乎成为一切艺术家努力的最高目标。故杜甫诗云：“意匠惨淡经营中。”

中国菜点中“意”的美感亦包括：

(1)意匠，即厨师的思想、情感、智慧在技术中的实现，例如各种精妙的刀工所构成的奇趣；

(2)意象，即体现了厨师的思想、情感和审美观念的菜点造型；

(3)意趣，即体现了厨师思想情感的趣味；

(4)意境，即体现了厨师创作思想的烹饪境界。

这里我们虽然强调厨师的思想情感的实现，但另一点也绝对不可忘记，即品尝者对菜点的欣赏。因为意的任何形式的最后实现都是由欣赏者的共鸣和联想去完成的。

---

① 参见丁应林：《论菜点的触觉美》，《中国烹饪研究》，1988年第1期。

中国菜点审美的最高境界是意境的实现，但这种实现多表现在主题明确的正规宴会之中。例如国宴的庄严隆重、大气磅礴，婚宴的喜庆热闹，寿宴的欢娱典雅，文人雅集的潇洒风流，丧宴的肃穆悲凉……这些意境的实现不仅要求菜点的品种、命名、烹法等各方面作相应的呼应，而且在环境、家具、餐具、服务方式等各方面严密配合，围绕主题，实现意境。

然而，像这样的场面毕竟不能代替一日三餐、家常便饭。在旅游生活中，参加宴会的机会多一些，但比起便餐来，仍居少数。因此，菜点品尝中接触更多的是意趣、意匠、意象的欣赏，这些又都可统一在意趣范畴之中。

中国菜点追求意趣的方法很多，除了前面分析过的色、香、味、形、技术之美等因素外，还有一种常用的手段是文学手段。文学手段的运用可用于餐厅的楹联、匾额，并直接用于菜点本身的命名，形成耐人寻味的意趣。有人曾把菜点命名方式作了归纳，大致有以下数种：

(1)自然本名，上等原料，风味特别，直呼其名，更有魅力，如“银耳鸽蛋”、“蜜汁燕窝”、“天麻鱼头”及熊掌、海参、鱼翅之类；

(2)工艺特名，即以工艺制作方法归类命名，如“风鸡”、“醉蟹”、“五香薰鱼”等；

(3)乡土集锦，如“宣威火腿”、“长沙蒲炸”、“徽州芝麻圆”等；

(4)时令风俗，如“腊八粥”、“端午粽”、“中秋月饼”等；

(“乡土集锦”、“时令风俗”两种命名，包含浓厚的地方风俗、文化传统，隐含浓郁的乡土风情，能令游子离客备生思归、返乡之情。)

(5)比附联想，即取其形色相近者，运用比喻联想，加以沟通，创造新的形象和意境，如“水晶脍”用猪皮胶凝冻而成，故以“水晶”比之，再如“雪霞羹”，芙蓉花先以汤焯，再煮豆腐，红白交错，恍若雪霁之霞，想象雅致，情趣高妙；

(6)夸张比喻，如“龙虎斗”，以蛇、猫喻龙、虎，再如“红烧狮子头”，以肉圆比狮子头，又如“佛跳墙”、“神仙炖鸡”、“凤凰脑子”，皆极尽夸张之能事，引人食欲，发人神思；

(7)谐音转借，如“霸王别姬”一菜，鳖、鸡音谐“别姬”，鳖又被称为霸王，谐音巧妙，又积淀着历史内容；

(8)依形取意，如“玲珑牡丹鲜”、“龙凤呈祥”、“桃花香扇”、“掌上明珠”、“门泊东吴万里船”等，或以形而得意，或立意而构形，形意俱佳，如诗如画；

(9)人事典故，如“东坡肉”、“东坡豆腐”，再如“征东饼”表示了人民对民族英雄戚继光的纪念。

在由各种菜点组合而成的宴会菜单中，更要求各菜点名称之间互相呼应，形成统一的意趣和意境。陈光新、王智元编《中国筵席八百例》一书汇集了大量中国菜单，观之奇趣无穷，不妨举一例以飨读者。

四喜四全席

(1)四喜双拼:盐水白鸡—桂花炙骨、五香牛肉—油爆大虾、如意蛋卷—彩花皮蛋、蒜泥白肉—凉拌黄瓜。

(2)四喜双炒:油爆肚尖—蒜爆菊红、滑炒虾仁—鱼香腰花、相思鱼卷—鸳鸯鱼片、核桃酥腰—肉茸吐司。

(3)四全大菜:红枣海参、八宝全鸭、花酿冬菇、油焖全鸡、橘闹银耳、红烧全鱼、芙蓉蟹斗、清炖全膀。

(4)四全花点:蝴蝶虾卷、喜庆烧梅、鸳鸯酥盒、莲子沙包。

(5)双合蜜果:枣子、花生、瓜仁、百合。

(6)同心茶食:湘莲羹、观音茶。

这是武汉地区传统婚礼中相当讲究的宴席。菜点成双成对,逢四扣八:有鸡鸭鱼肉四个整件。点心和茶果都蕴涵"夫妻和美、早生贵子"之意,以此预示家业的兴旺。

综上所述,可见中国菜点之审美的内容、形式、范围是十分广阔的,它事实上是一种以品味为媒介的多角多元性的中国文化艺术的综合欣赏。因此,对中国菜点的欣赏,必须具备较全面的文化素养,方能深入地体味其中无穷的意味。

第三节　各种菜点的美学风格及其特色

本节由异到同,综合分析一下中国各种类菜点的美学风格及其特色。概括起来有如下内容:三类食品、四大菜系、五道程序。

一、三类食品

三类食品指面点、冷菜与热菜。

中国面点起源甚早,商周时已从一般食品中分化出来,成宗独立。先秦时期已有很多花样品种,唐以后日见其精。现代更呈现五彩缤纷之概。

(一)面点

中国面点素称"白案",与"红案"并列为中国食品中的一大宗。其品目之繁多,可谓举世无双。按地区分,有京式、广式、苏式、南味、北味等多种风味。按原料分有麦类、米类、杂粮类多种制品。按熟制方法分蒸、炸、煮、烙、烤、煎以及综合制法的制品，按形态分又有饭、粥、糕、团、饼、粉、条、包、饺、羹、冻等，每一类又可分为若干品种。如麦制品类，可分为水调面团、膨松（发酵）面团、油酥面团等不同加工方式。水调面团中可分为面条、水饺、馄饨、烙饼等各个品种。我们以最简单的面条类为例，还可按制作方法分出拉面、擀面、削面、机制面，还可按面条中的附加成分分出光面、盖浇面、阳春面、菜面、汤面、凉拌面，等等。将全国的各种名称一一列举，至少不下千种。如此繁多的品目，各有其风味特色，从造型上讲，也是点、线、面、体，应有尽有。

品目繁多是现象，制作精工是其本质。正因为制作精细，方法千变万化，才使得品目繁多，五光十色。《红楼梦》中描写贾府点心，有一种特制的银模具，可将米粉压成菊花、梅花、菱角等三四十种花形，每一形体只有豆子大小，足见制作之精。刘姥姥进贾府，看到一个个果子（点心）玲珑剔透，美不胜收，又想吃，又舍不得吃，特意挑了个牡丹花形的，带回去给乡里妇女做花样子。可见，早在封建时代，我国的点心制作技艺已精湛之极了。

改革开放以来，我国面点在造型艺术上更多彩多姿。南京特一级点心师尹长贵制作的菊花酥点，观之如进百花园，万紫千红，娇艳可爱。尝之酥松轻脆，入口即化。苏州特一级点心师，也是全国唯一的特一级糕团师冯秉钧制作的糕团，大到水浒一百零八将、苏州三清殿，小到白兔、青蛙、蝴蝶、牡丹，无不形神毕肖、栩栩如生，用于观赏，不下于任何工艺品。用于品尝，更是风味独特。最佳点心师李新国制作的“朝霞映玉鹅”，质如白玉，形肖幼鹅，加之盘色如清波荡漾，“水平线”上点缀一轮“红日”，构思精绝，余韵无穷。扬州名点“翡翠烧卖”，面皮薄而不绽，呈半透明状，映出绿色馅心，宛如翡翠之色。开封市名点心师王奎元祖传绝技“百子寿桃”，其整体为一大桃，剖开后，内有九十九颗小桃，个个精美。近年来盛行的各种蛋糕更是色香味形俱佳，并融绘画、雕塑、书法于一体，甚受消费者欢迎。

面点之外，中国还有一种“面塑”艺术，专供欣赏。以北京“面人汤”为代表，能用面粉塑造各种历史人物故事、神话故事、异兽珍禽、现实生活人物。其对面粉性能的掌握和运用可资烹饪师借鉴。但在面点制作中，应注意在题材选择上以便于心理接受为原则。例如人物造型便不利于进食心理的接受。毒蛇猛兽更不宜选为面点造型，一般以花卉、小动物为佳。

(二)冷菜

冷菜可供欣赏的时间比热菜长，比一部分面点（如蛋糕、月饼之类）短，在宴席上，它最先入席，先声夺人，其造型要求具有较强的艺术感染力，以引起宾客对整个宴席的兴趣。有些看台（或称看席，置于正式宴席之先，只供观看，不供食用)也起到这一作用。但凉菜毕竟不是主菜,不是宴席的高潮所在。它的作用实为引起高潮的美妙的前奏曲。

凉菜的构思要求比较高,因为它是形成强烈的意境、意趣美的关键。一般说,凉菜的构思须从以下几个方面去考虑。

(1)宴席的性质、规模和标准。所谓性质,是指宴席所举行的原因、背景、场合等。规模和标准系指宴席的级别、与宴人数、价格等。凉菜的设计应根据这些具体情况确定主题、选择题材、进行意境创造。例如,红学家们举行学术性会议,闭幕时举行宴会,标准又很高,便可设计"大观园"冷盘,其他菜肴也尽量以《红楼梦》菜肴为蓝本,使宾客在进餐中对《红楼梦》有一个总体欣赏。而体育运动员获得世界冠军归来,其欢迎宴会则可雕刻奖杯和万花丛作冷菜,主题还可以包含振兴中华、戒骄戒躁等寓意。普通宴席主题性不强,只需在构思时力求情趣健康,并突出重点即可。

(2)宴席的时间、地点。时间包括季节、钟点(早、中、晚)以及进餐时间长短等因素。这些也是冷菜构思的重要依据。如春季、中午、扬州瘦西湖,举行两小时接待国外旅游者的便宴,其凉菜可配合春天的特色,以时鲜原料,雕刻扬州名胜,使宾客在进餐时引发起讨论扬州古城的话题。中午举行,不要灯光,菜肴应尽量发挥固有色,适当减少对比,使色调更为柔和。

(3)与宴者的身份(国籍、民族、宗教信仰、阶级地位、脾气、性格等)。这是构思中不可掉以轻心的问题。因为不同身份的人,有着不同的饮食习惯和审美标准。如在中国,荷花象征"出淤泥而不染",受人喜爱,而日本人禁忌荷花。倘若在招待日本外宾时雕荷花作冷菜,便可能引起外宾的不满。此类情况不仅表现在冷菜制作上,其他许多方面也同样应当注意。

冷菜除构思要求很高外,也极重造型,需要有很好的刀工和拼摆技术,最高明的冷菜大师,如南京特一级冷盘厨师杨继林,还特别擅长冷菜调味,达到材料美、技术美、形象美、口味美四个方面的高度统一。

(三)热菜

热菜造型艺术的寿命最短,它不容许慢慢品尝,否则,热菜变冷,口味就完全两样了。但热菜又是宴席的高潮所在,不可马虎。这就决定了热菜制作的特殊要求:极重口味,即香、味、触感之美,同时在色与形的方面,虽简便而不简单。

就造型而言,热菜的处理方法大约有四种:

(1)自然型。如整鸡、整鸭、整猪(乳猪)等,这种形态尽量力求生动自然。如烤乳猪,应使之自然匍匐于盆中,不可四脚朝天。上菜时应将形态特征最明显的一面朝向主要宾客。

(2)分解型。将原料切成块、片、丁、丝等形状。盛放时注意选择合适的餐具，装盘不可过满或过浅。

(3)图案型。

(4)雕塑型。这是近几年刚刚发展起来的烹调造型。山东烹调师纪晓峰曾给国外体育代表团设计过“八宝银球”一菜，以银球(白色足球)为创作题材，用八宝料做馅心，鱼茸料做球胆、胆皮，紫菜条镶嵌球纹图案和英文“友谊”一词，入蒸笼蒸制后浇咸鲜汁食用，引起外国朋友极大兴趣。这种制法，原料必须细碎、精致。这样“八宝银球”是单个形体，供宾客分而食之。还有的做成若干小型个体，让宾客每人一个或数个，如“琵琶虾仁”(上海名菜)、“蝴蝶海参”(山东名菜)、“金鱼鸭掌”(北京名菜)、“兰花春笋”(浙江名菜)、“荷花鸡茸”(湖北名菜)等，皆有一定的造型欣赏价值。

当然，无论面点、冷菜、热菜，都应以口味的美为主。这三类食品，体现了中国菜点三种不同的加工方法、三种口味、三种造型要求，细分而得千菜千点，粗归而得三种品类。

二、四大菜系

三类食品是按加工方法和风味特点所分的中国菜点之大类。四大菜系则是按地缘地域划分的中国菜点之风味流派。

传统四大菜系在习惯上是指淮扬菜、京鲁菜、川菜、粤菜。近年又有八大菜系、十大菜系、十二大菜系等分法，不过是越分越细罢了。

四大菜系在美学风格、口味偏好、加工方法等方面都有各自的特色。烹饪大师胡长龄认为，在口味上的特色是南甜北咸，东辣西酸。当然，这是就其口味倾向而言，任何一大菜系口味都是千变万化的，即在保持其倾向性特色之同时，呈现出丰富多姿的面貌。例如川菜偏辣，特重调味，以土特产为主，呈质朴灵动之美，但并不是说其刀工等并不讲究。川菜也讲刀工、火候，只是相对地讲，它在调味方面的长处更为突出；其他菜系亦如此。江苏菜(即历史上称之淮扬菜)则重本味，以清淡为主，特重刀工，长于炖焖，制作精细；广东(粤)菜多生猛异兽，长于炒菜，形与色对比强烈；京鲁菜偏咸，讲究火候，长于烧菜，特讲壮阔排场。四大菜系各有所长，各有所本。同时，每一大菜系又分出若干小菜系，例如在江苏菜中，扬州与镇江不同，苏州与无锡有别，南京更独具风貌。作为旅游者，应尽量力求把握各菜系的主要特色，品尝各地方的名特菜点。而要做到这一点，又必须对地方性传统文化总体面貌有所体会，才能融会贯通，加深理解，也才能获得入木三分的审美享受。

三、五道程序

这里讲的程序，是指中国宴席上菜的程序，当然也是正规的中国菜点品尝程序。由于中国菜点的千变万化，宴席主题与意境的形形色色，上菜程序实际上是不固定的。这里我们仅从不固定程序中抽象出一般程式，并从中窥察中国宴席菜点品尝中的时空节奏韵律之美。这一般程式可概括为五道程序。

第一道程序是品尝冷菜。从口味讲，冷菜特点是冷，可供长时间品尝，口味不变。从生理即肠胃承受力讲，一开始也不宜猛刺激，因此，冷菜便于慢慢品尝，相当于音乐戏剧的序曲部分，节奏缓慢。这一阶段，如是大型宴会，则可安排宾主致词；小型便宴，也便于交流感情；国宴则更应于品尝之前演奏国歌。

第二道程序是品尝热炒。由此开始，便是初入高潮。因为热菜不宜冷吃，品尝频率加快。热菜又分炒菜、烧菜等。炒菜作为热菜中的先锋，将宴席推入第一高潮，口味也由冷菜的淡而渐入热菜的咸。

第三道程序是品尝烧菜。口味、色彩皆更浓，节奏也更快。宴席进入第二高潮。这一高潮过后，正规宴席有时由服务员递上手巾，由宾客擦擦脸手，算是一个小小间歇，为进入最高潮作好准备。

第四道程序是品尝头菜，头菜又称主菜，是一场宴席中最重要的菜。头菜的品种皆根据宴席主题或宾客需要等具体情况而定，或烧或烩，或蒸或扒。常见的有烤鸭、什锦火锅、海参蹄筋等。民间婚宴在上头菜时，由新婚夫妇向来宾敬礼，宾客欢呼腾跃，气氛达到最高潮。一般中餐西吃的宴席在上主菜时由服务员用中、外语言介绍菜点特色以及有关的传说故事，宾客群情振奋，争相照相留影，进入品尝时则一抢而空。这时，宴席进入最高潮。

第五道程序是上甜菜、清汤、果点，宴席进入尾声，口味甜淡平和，余味无穷。

如果将这五道程序用音乐的关系式来表示，可大致相当于这样的节奏程式：

冷菜　　　　热炒　　　　烧菜
（序曲）　（初入高潮）　（第二高潮）
× — — | × ×× | ×× ××× |

主菜　　　　甜菜、汤菜、果点
最高潮　　　　（尾声）
×××× ×××× | × — — — |

在这样的节奏中，配上适当的音乐、礼仪、游戏（如传统宴席中的酒曲、酒令、击鼓传花），尤其是服务员的服务手法，主旋律之外又有副旋律与和声，无异于一首交响乐曲。

中国菜点作为中国文化和艺术中的瑰宝，其食用价值、美学价值、文化价值乃至科学价值都是极高的。远非本书有限的章节所能涵括。旅游者和旅游工作者应在自己的生活和工作实践中不断总结，使之为中国旅游美学增添更加艳丽的色彩。

思考题

1. 中国菜点在世界烹饪中的地位如何？
2. 中国菜点构成要素的审美特征是什么？
3. 四大菜系的美学特征是什么？

附录　旅游者及旅游从业人员须知

附录一　旅游的图像标识

(一)电话

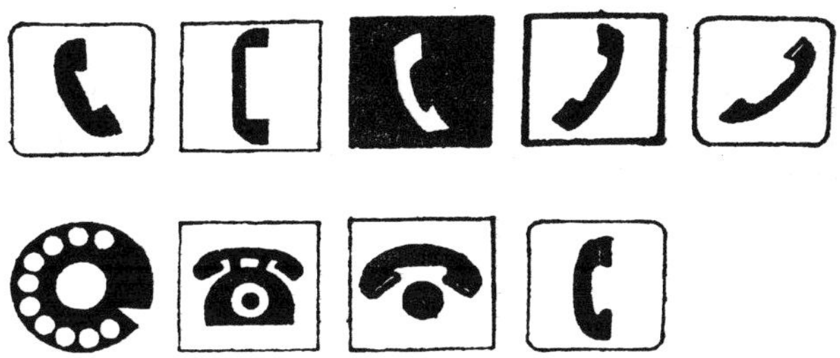

(二)邮件

(三)急救

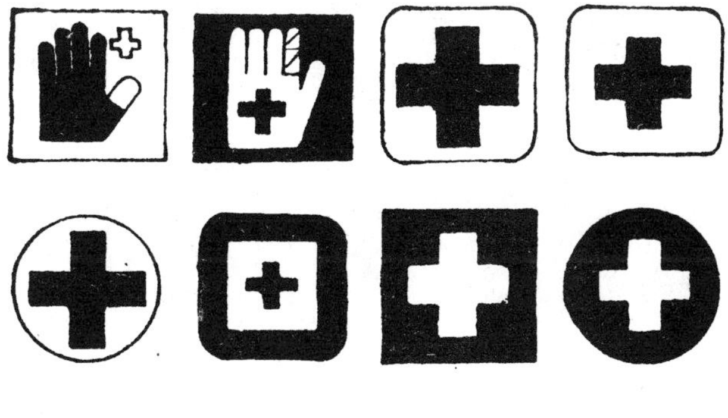

(四)失物招领

(五)行李认领

(六)空中运输

（七）询问处

（八）不准吸烟

（九）汽车出租

（十）咖啡馆

（十一）酒吧

（十二）男厕和女厕

附录二　交际礼节礼仪

对外礼仪及社交礼节是在长期的国际交往中逐渐形成的，国际上都有一定的惯例。无论是官方的或者是民间的来往，对外礼仪及社交礼节都起着相当重要的作用，因为这在一定意义上反映了一个国家的文明、文化和社会风貌。

各国的礼宾工作主要是根据本国的对外方针政策组织安排的。尽管活动形式各有差异，但归根结底是为本国的对外政策服务的，因而具有高度的政治性。其发展趋势是逐步简化，更加灵活，更注重实效。中国是个素称"礼仪之邦"的世界文明古国。新中国成立以来，我国的礼宾工作继承和发扬了国内外的一些好的做法和惯例，在长期的实践中形成了自己的独特风格，在对外工作中收到了良好的效果。我国的礼宾工作的特点有三条：

第一条，根据我国的社会、经济特点和外事工作的需要进行礼宾安排，使礼宾工作适应我国对外政策和策略的要求。

第二条，体现我国在国际交往中大小国家一律平等的原则，尊重各国的风俗习惯，不强加于人。

第三条，注重调查研究，做到礼宾安排有针对性，重礼仪、重实效，不讲排场、不事铺张；同时注意生活照料，尽量热情周到。

一般说来，各种对外交际活动，如迎送、会见(拜会)、会谈、宴请、文艺晚会、电影招待会、体育表演、舞会、庆贺与凭吊等，国际上都有一定惯例。但各国往往又根据本国的特点和风俗习惯，有自己独特的做法，或者根据特殊的需要，灵活变通。举办任何一项对外交际活动，都需要做大量细致的具体工作。因此要求每一个涉外工作人员既要有高度政治责任感，又要熟悉和了解各方面的业务知识，并且还要有既严谨又灵活的工作作风。对此，下面作一些介绍。

一、迎送

迎来送往是常见的社交礼节。在国际交往中，对外国来访的客人，通常均视其身份和访问性质以及两国关系等因素，安排相应的迎送活动。

各国对外国国家元首、政府首脑的正式访问，往往都举行隆重的迎送仪式。对军方领导人的访问，也举行一定的欢迎仪式，如安排检阅仪仗队等。对其他人员的访问，一般不举行欢迎仪式。然而，对应邀前来访问者，无论是官方人士、专业代表团或是民间团体、知名人士，在他们抵离时，均应安排相应身份人员前往机场(车站、码头)迎送。对在本国工作的外国人士和外交使节、专家等,他们到任离任时,本国有关方面亦安排相应人员迎送。

(一)确定迎送规格

对来宾的迎送规格,各国做法不尽一致。确定迎送规格,主要依据来访者的身份和访问目的,适当考虑两国关系,同时要注意国际惯例,综合平衡。主要迎送人通常都要同来宾的身份相当,但由于各种原因(例如国家体制不同,当事人年高不便出面,临时身体不适或不在当地,等等),不可能完全对等。遇此情况,可灵活变通。由职位相当的人士,或由副职出面。总之,主人身份总要与客人相差不大,同客人对口、对等为宜。当事人不能出面时,无论作何种处理,应从礼貌出发,向对方作出解释。其他迎送人员不宜过多。也有从发展两国关系或当前政治需要出发,破格接待,安排较大的迎送场面的。然而,为避免造成厚此薄彼的印象,非有特殊需要,一般都按常规办理。

(二)掌握抵达和离开的时间

必须准确掌握来宾乘坐的飞机(火车、船舶)抵离时间,及早通知全体迎送人员和有关单位。如有变化,应及时通知(由于天气变化等意外原因,飞机、火车、船舶都可能不准时)。一般大城市,机场离市区较远,因此,既要顺利地接送客人,又不过多耽误迎送人员的时间,就要准确掌握抵离时间。

迎接人员应在飞机(火车、船舶)抵达之前到达机场(车站、码头)。送行则应在客人登机之前抵达(离去时如有欢送仪式,则应在仪式开始之前到达)。如客人乘坐班机离开,应通知其按航空公司规定时间抵达机场办理有关手续(身份高的客人,可由接待人员提前前往代办手续)。

参加迎送的我方人员应按时到达集合地点,切不要迟到、早退。因故不能参加时,应及早通知接待单位,以便另行安排,以免失礼。

到机场(或车站、码头)迎送时,要听从有关人员的指挥和调动,不得擅自拥挤争看外宾。

如要拍照片,动作要迅速,不可让外宾等待过久。

欢送外宾时,要挥手告别,待飞机(或火车、轮船)启航后,直到外宾看不见我方欢送人员时方可散去。

(三)献花

如安排献花,须用鲜花,并注意保持花束整洁、鲜艳,忌用菊花、杜鹃花、石竹花、黄色花朵。有的国家习惯送花环,或者送一二枝名贵的兰花、玫瑰花等。通常由儿童或女青年在参加迎送的主要领导人与客人握手之后,将花献上。有的国家由女主人向女宾献花。

(四)介绍

客人与迎送人员见面时，互相介绍。通常先将前来欢迎的人员介绍给来宾，可由礼宾交际工作人员或其他接待人员介绍，也可以由欢迎人员中身份最高者介绍。客人初到，一般较拘谨，主人应主动与客人寒暄。

(五)陪车

客人抵达后从机场到住地，或访问结束由住地到机场，有的安排主人陪同乘车，也有不陪同乘车的。如果主人陪车，应请客人坐在主人的右侧。如是三排座的轿车，译员坐在主人前面的加座上；如是二排座，译员坐在司机旁边。上车时，最好客人从右侧门上车，主人从左侧门上车，避免从客人座前穿过。如遇客人先上车，坐到了主人的位置上，则不必请客人挪动位置。

(六)对一般客人的迎接

迎接一般客人，无官方正式仪式，主要是做好各项安排。如果客人是熟人，则可不必介绍，仅上前握手，互致问候；如果客人是首次前来，又不认识，接待人员应主动打听，主动自我介绍；如果迎接大批客人，也可以事先准备特定的标志，如小旗或牌子等，让客人从远处就能看到，以便客人主动前来接洽。

(七)迎送工作中的几项具体事务

(1)迎送身份高的客人，事先在机场(车站、码头)安排贵宾休息室，准备饮料。

(2)安排汽车，预定住房。如有条件，在客人到达之前将住房和乘车号码通知客人。如果做不到，可印好住房号、乘车表，或打好卡片，在客人刚到达时，及时发到每个人手中，或通过对方联络秘书转达。这既可避免混乱，又可以使客人心中有数，主动配合。

(3)指派专人协助办理出入境手续及机票(车、船票)和行李提取或托运手续等事宜。重要代表团，人数众多，行李也多，应将主要客人的行李先取出(最好请对方派人配合)，及时送往住地，以便更衣。

(4)客人抵达住处后，一般不要马上安排活动，应稍待休息，起码给对方留下更衣时间。

二、会见、会谈

会见，国际上一般称接见或拜见。凡身份高的人士会见身份低的，或是主人会见客人，这种会见，一般称为接见或召见。凡身份低的人士会见身份高的，或是客人会见主人，这种会见，一般称为拜会或拜见。拜见君主，又称谒见、觐见。我国不作上述区分，统称会见。接见和拜会后的回访，称回拜。

会见就其内容来说，有礼节性的、政治性的和事务性的，或兼而有之。礼节性的会见时间较短，话题较为广泛。政治性会见一般涉及双边关系、国际局势等重大问题。事务性会见则有一般外交交涉、业务商谈，等等。

会谈是指双方或多方就某些重大的政治、经济、文化、军事问题，以及其他共同关心的问题交换意见。会谈也可以是指洽谈公务，或就具体业务进行谈判。会谈，一般说来内容较为正式，政治性或专业性较强。

东道国对来访者(包括外国常驻外交使节到任和离任)，从礼节及两国关系上考虑，一般均根据对方身份及来访目的，安排相应领导人和部门负责人会见。来访者及外交使节，也可以根据国家关系和本人身份以及业务性质，主动提出拜会东道国某些领导人和部门负责人。一般说来，礼节性拜会是身份低者往见身份高者，来访者往见东道主。如是正式访问或专业访问，则应考虑安排相应的会谈。外交使节到任后和离任前，还应对与本国有外交关系的国家驻当地使节作礼节性拜会。外交团间对同等级别者之间的到任礼节性拜会，按惯例均应回拜，身份高者对身份低者可以回拜，也可以不回拜。

(一)会见座位的安排

会见通常安排在会客室或办公室。有时宾主各坐一边，有的穿插坐在一起。某些国家元首会见还有其独特礼仪程序，如双方简短致辞、赠礼、合影等。我国习惯在会客室会见，客人坐在主人的右边，译员、记录员安排坐在主人和主宾的后面。其他客人按礼宾顺序在主宾一侧就座，主方陪见人在主人一侧就座(见下图)。座位不够可在后排加座。

会见座位图：

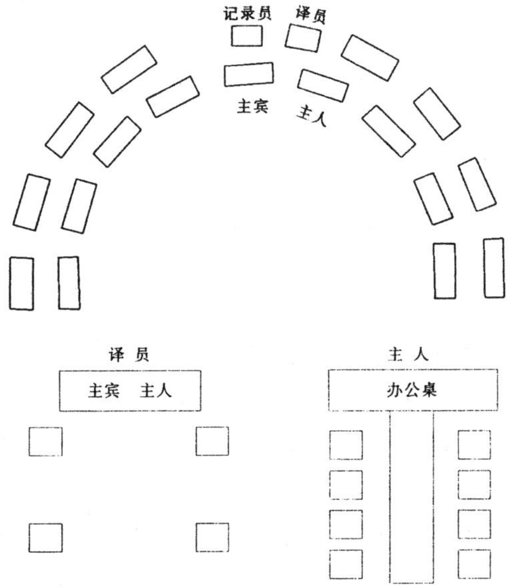

注：左方为其他客人，右方为主方陪见人。

(二)会谈座位的安排

双边会谈通常用长方形、椭圆形或圆形桌子,宾主相对而坐,以正门为准,主人占背门一侧,客人面向正门。主谈人居中。我国习惯把译员安排在主谈人右侧,但有的国家亦让译员坐在后面,一般应尊重主人的安排。其他人按礼宾顺序左右排列。记录员可安排在后面,如参加会谈人数少,也可安排在会谈桌就座。

如会谈长桌一端向正门,则以入门的方向为准,右为客方,左为主方,如下图所示。

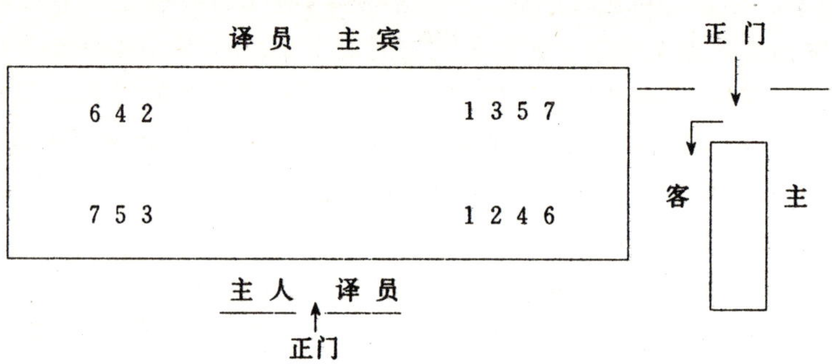

多边会谈,座位可摆成圆形、方形等,如下图所示。

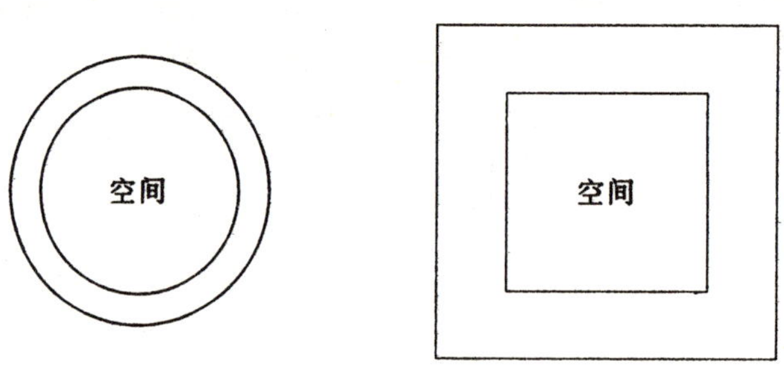

小范围的会谈,也有不用长桌,只设沙发,双方座位按会见座位安排。

(三)会见和会谈中的几项具体工作和注意事项

(1)提出会见要求,应将要求会见人的姓名、职务以及会见什么人、会见的目的告知对方。接见一方应尽早给予回复,约妥时间。如因故不能接见,应婉言解释。

(2)作为接见一方的安排者,应主动将会见(会谈)时间、地点、主方出席人、具体安排及有关注意事项通知对方。作为前往会见一方的安排者,则应主动向对方了解上述情况,并通知有关的出席人员。

(3)准确掌握会见、会谈的时间、地点和双方参加人员的名单，及早通知有关人员和有关单位做好必要安排。主人应提前到达。

(4)会见、会谈场所应安排足够的座位。如双方人数较多，厅室面积大，主谈人说话声音低，宜安装扩音器。会谈如用长桌，事先排好座位图，现场放置中外文座位卡，卡片上的字体应工整清晰。

(5)如有合影，事先排好合影图，人数众多应准备架子。合影图一般由主人居中，按礼宾次序，以主人右手为上，主客双方间隔排列。第一排人员既要考虑人员身份，也要考虑场地大小，即能否都摄入镜头，一般来说，两端均由主方人员把边。

第三排

第二排

9　7　5　3　1　主　人　2　4　6　8　10

摄影师位置

(6)客人到达时，主人在门口迎候。可以在大楼正门迎候，也可以在会客厅门口。如果主人不到大楼门口迎候，则应由工作人员在大楼门口迎接，引入会客厅。如有合影，宜安排在宾主握手之后进行。合影后再入座。会见结束时，主人应送至车前或门口握别，目送客人离去后再退回室内。

(7)领导人之间的会见或会谈，除陪见人员和必要的译员、记录员外，其他工作人员安排就绪后均应退出。如允许记者采访，也只是在正式谈话开始前采访几分钟，然后离开。谈话过程中，不允许无关人员随意进出。

(8)会见时招待用的饮料，各国不一。我国内一般只备茶水。夏天加冷饮。会谈如时间过长，可适当加上咖啡或红茶。

一般官员、民间人士的会见，安排大体与上相同，也要事先申明来意，约妥时间、地点，通知来人身份和人数，准时赴约。礼节性会见，一般不要逗留过久，半小时左右即可告辞，除非主人特意挽留。日常交往，客人来访，相隔一段时间后，应予回访。如果客人为祝贺节日、生日等喜庆日来访，则可不必回访，而在对方节日、生日时前往拜望，表示祝贺。

(四)外宾来华会见时介绍的方式

介绍时，一般由引见人先将外宾向我方人员介绍，随即将我方人员向外宾介绍。如果外宾是大家都熟知的人物(如国家元首等)，就只将我方人员向外宾介绍。介绍时，应把双方姓名、职务介绍出来，称呼可酌情而定。

有关会见、见面的具体礼节可参照下述。

三、会见、见面时的礼节

(一)介绍

除正式会见、见面时一般都有第三者介绍外，在一般交际场合结识新朋友，可通过第三者介绍，也可经过自我介绍相识。自我介绍一般适用于人多、分散活动而又无人介绍的时候。

无论为他人介绍或自我介绍，作法都要自然，不要贸然行事。例如，在社交场合，有你所熟识的，便可趋前打招呼，将熟人顺便介绍给其他客人。为他人介绍时还可说明与自己的关系，便于新结识的人相互了解与信任。介绍具体人时，要有礼貌地以手示意，而不要用手指指点。在这些场合亦可主动自我介绍，讲清姓名、身份、单位(国家)，对方则会随后自行介绍。

介绍也有先后之别，应把身份低、年纪轻的介绍给身份高、年纪大的，把男子介绍给妇女。介绍时，除妇女和年长者外，一般应起立；但在宴会桌上、会谈桌上可不必起立，被介绍者只要微笑点头有所表示即可。

(二)握手

握手是大多数国家相互见面和离别时的礼节。在交际场合中，握手是司空见惯的事情。一般在相互介绍和会面时握手。遇见朋友先打招呼，然后相互握手，寒暄致意。关系亲近的则边握手边问候，甚至两人双手长时间地握在一起。在一般情况下，握一下即可，不必用力。但年轻者对年长者，身份低者对身份高者则应稍稍欠身，双手握住对方的手，以示尊敬。男子与妇女握手时，往往只握一下妇女的手指部分。老朋友可以例外。除因重病和其他原因不能站立者外，不要坐着与人握手。不过，如果两人都是坐着，可以微曲前身握手。

握手也有先后顺序，应由主人、年长者、身份高者、妇女先伸手，客人、年轻者、身份低者见面先问候，待对方伸手再握。多人同时握手注意不要交叉，待别人握完后再伸手。男子在握手前应先脱下手套、摘下帽子。握手时双目注视对方，微笑致意，不要看着第三者握手。另外，据西方传统，地位高的人和妇女也可以戴手套握手。

主人主动、热情、适时的握手是很必要的，这样做会增加亲切感。

握手除了是见面的一个礼节外，还是一种祝贺、感谢或互相鼓励的表示。如对方取得某些成绩与进步时，对方赠送礼品时以及发放奖品、奖状时，发表祝词讲话后等，均可以握手来表示祝贺、感讨、鼓励等。

军人戴军帽与对方握手时，应先行举手礼，然后再握手。

(三)合十

即把两个手掌在胸前对合,通行于印度和东南亚信奉佛教的国家。在国际交往中,当对方用这种礼节向我们致礼时,我们也应以合十还礼。一般我们不主动使用这种礼节。

此外,有些国家还有一些传统的见面礼节,日本人是行鞠躬礼,我国旧时传统有抱拳。对这些礼节应有所了解,在一定场合也可使用。

(四)亲吻

在西方、东欧、阿拉伯国家,亲人、熟人之间见面多是拥抱,亲脸、贴面颊等。夫妻之间是拥抱亲吻,父母子女之间是亲脸、亲额头,兄弟姐妹平辈的亲友都是贴面颊。一般在公共场合,关系亲近的妇女之间是亲脸,男子之间是抱肩拥抱,男女之间是贴面颊,晚辈对长辈一般亲额头,男子对尊贵的女宾往往亲一下手背(手指)以示尊敬。

在一些欢迎宾客的场合,或祝贺、感谢的隆重场合,在官方或民间的仪式中,也有拥抱的礼节,有时是热情友好的拥抱,有时则纯属礼节性的。这种礼节,一般是两人相对而立,右臂偏上,左臂偏下,右手扶在对方左后肩,左手扶在对方右后腰,按各自的方位,两人头部及上身都向左相互拥抱,然后头部及上身向右拥抱,再次向左拥抱后,礼毕。

(五)致意

公共场合远距离遇到相识的人,一般举右手打招呼并点头致意。在西方男子戴礼帽时,还可施脱帽礼,即两人相遇可摘帽点头致意,离别时再戴上帽子。有时与相遇者侧身而过,从礼节上讲,也应回身说声“你好”,手将帽子掀一下即可。

与相识者在同一场合多次见面,只点头致意即可。对一面之交的朋友或不相识者在社交场合均可点头或微笑致意。但经过主人介绍的,要逐一握手致意。

在外交场合遇见身份高的领导人,应有礼貌地点头致意或表示欢迎,不要主动上前握手问候。只是在领导人主动伸手时,才向前握手问候。如遇到身份高的熟人,一般也不要径直去问候,而是在对方应酬活动告一段落之后,再前去问候致意。

(六)吻手礼、屈膝礼

这是欧洲较古老礼节,现在少用。我们不“随俗”,欧洲主人也不会介意。但对方用这种礼节(多见于外交场合),我们也不要见怪。

四、谈话时的礼节

(一)一般礼节

谈话的表情要自然,语言和气亲切,表达得体。说话时可适当做些手势,但动作不要过大,更不要手舞足蹈,不要用手指指人。与人谈话时,不宜与对方离得太远,但也不要离得过近,不要拉拉扯扯,拍拍打打。谈话时不要唾沫四溅。

参加别人谈话要先打招呼,别人个别交谈时不要凑前旁听。若有事需与某人说话,应待别人说完。有人与自己主动说话,应乐于交谈。第三者参与谈话,应以握手、点头或微笑表示欢迎。发现有人欲与自己谈话,可主动询问。谈话中遇有急事需要处理或需要离开,应向谈话对方打招呼,表示歉意。

谈话现场超过三人时,应不时地与在场的所有人攀谈几句。不要只与一两个人说话,不理会在场的其他人;也不要与个别人只谈两个人知道的事而冷落第三者。如所谈问题不便让旁人知道,则应另找场合。

在交际场合,自己讲话要给别人发表意见的机会;别人说话,也应适时发表个人看法。要善于聆听对方谈话,不轻易打断别人的发言。一般不提与谈话内容无关的问题。如对方谈到一些不便谈论的问题,不对此轻易表态,可转移话题。在相互交谈时,应目光注视对方,以示专心。对方发言时,不左顾右盼,心不在焉,或注视别处,显出不耐烦的样子;也不要老看手表,或做出伸懒腰、玩东西等漫不经心的动作。

谈话的内容一般不要涉及疾病、死亡等不愉快的事情,不谈一些荒诞离奇、耸人听闻、黄色淫秽的事情。一般不询问妇女的年龄、婚姻情况,不径直询问对方履历、工资收入、家庭财产、衣饰价格等私人生活方面问题。与妇女谈话时不说妇女长得胖、身体壮、保养得好等语。对方不愿回答的问题不要追问,不究根问底。对方反感的问题应表示歉意,或立即转移话题。一般谈话不批评长辈、身份高的人员,不议论当事国的内政。不讥笑、讽刺他人,也不要随便议论宗教问题。

男子一般不参与妇女圈内的议论,也不要与妇女无休止地攀谈而引起旁人的反感侧目。与妇女谈话更要谦让、谨慎,不与之开玩笑,争论问题要有节制。

谈话中要使用礼貌性语言,如:“你好”、“请”、“谢谢”、“对不起”、“打搅了”、“再见”……“好吗”,等等。在我国,人们相见习惯说“你吃饭了吗”、“你到哪里去”,等等。有些国家不用这些话,甚至习惯上认为这样说不礼貌。在西方,一般见面时先说“早安”、“晚安”、“你好”、“身体好吗”、“最近如何”、“一切都顺利吗”、“好久不见了,你好吗”、“夫人(先生)好吗”、“孩子们都好吗”、“最近休假去了吗”等问候语。对新结识的人常问“你这是第一次来我国吗”、“到我国来多久了”、“这是你在国外第一次任职吗”、“你喜欢这里的气候吗”、“你喜欢我们的城市吗”，等等。分别时常说“很高兴与你相识，希望再有见面的机会”、“再见，祝你周末愉快”、“晚安，请向朋友们致意”、“请代问全家好”，等等。

在社交场合，还可谈论涉及天气、新闻、工作、业务等事情。

在社交场合中谈话，一般不过多纠缠，不高声辩论，更不能恶语伤人，出言不逊。即使争吵起来，也不要斥责，更不要讥讽辱骂，最后还要握手而别。

(二)与外宾谈话时应注意的事项

同外宾谈话要落落大方、诚恳且自然。要严守国家机密。注意内外有别，防止大国沙文主义、强加于人、自吹自擂。

称赞对方不宜过分，自己谦虚也要适当。不可翻来复去让人家给自己提问题，更不要在外宾没有提意见的情况下，主动指点不足之处；当外宾提出意见时，可点头表示歉意，但不要称赞外宾提的意见很宝贵。

外宾谈话时要注意倾听。我们谈话时要面向外宾，不要只和翻译小声嘀咕，也不要左顾右盼或闭目养神等。谈话声音高低应适当。

谈话时，不要打听外宾私事，更不要议论人家的生理特点。当外宾与外宾交谈时，不要随意插话，更不要趋前旁听。如有事需和外宾说话，应先打招呼，说完就离开。

与外宾谈话要实事求是，涉及对外事项和外宾的各种要求，不得擅自表态。我方的各种安排，未经许可，不得向外宾透露。自己不知道或不清楚的事，不要随便答复。没有把握的事，不要允诺，答应人家的事情一定要做到。

谈话时，要给外宾充分表达自己思想的机会，不要只顾自己讲，也不要只是我方人员互相长谈。当外宾说话时，不要轻易打断，但我方也应相机主动谈话，不可只是外宾讲，而我方人员一声不吭。

外宾谈话时，如果没有听明白，不妨再问一遍。同样，如发觉外宾对我方谈话有未领会的神情，应经过译员解释清楚。

五、宴请

宴请是国际交往中最常见的交际活动形式之一。各国宴请都有自己国家或民族的特点与习惯。国际上通用的宴请形式有宴会、招待会、茶会、工作进餐等。举办宴请活动采用何种形式，通常根据活动目的、邀请对象以及经费开支等各种因素而定。

(一)常见的几种宴请形式

1. 宴会

宴会(英文称 Banquet 或 Dinner)为正餐，坐下进食，由招待员顺次上菜。宴会有国宴、正式宴会、便宴之分。按举行的时间，又有早宴(早餐)、午宴、晚宴之分。其隆重程度、出席规格以及菜肴的品种与质量等均有区别。一般来说，晚上举行的宴会较之白天举行的更为隆重。

国宴(State Banquet)是国家元首或政府首脑为国家的庆典，或为外国元首、政府首脑来访问而举行的正式宴会，因而规格最高。宴会厅内悬挂国旗，安排乐队演奏国歌及席间乐。席间致辞或祝酒。

正式宴会(Banquet，Dinner)除不挂国旗、不奏国歌以及出席规格不同外，其余安排大体与国宴相同。有时亦安排乐队奏席间乐。宾主均按身份排位就座。许多国家正式宴会十分讲究排场，在请柬上注明客人服饰的要求。外国人对宴会服饰比较讲究，往往从服饰规定体现宴会的隆重程度。对餐具、酒水、菜肴道数、陈设，以及服务员的装束、仪态都要求很严格。通常菜肴包括汤和几道热菜(中餐一般用四道，西餐用二三道)，另有冷盘、甜食、水果。外国宴会餐前上开胃酒。常用的开胃酒有雪梨酒、白葡萄酒、马丁尼酒、金酒加汽水(冰块)、苏格兰威士忌加冰水(苏打水)，另上啤酒、水果汁、番茄汁、矿泉水等。席间佐餐用酒，一般多用红、白葡萄酒，很少用烈性酒，尤其是白酒。餐后在休息室上一小杯烈性酒，通常为白兰地。我国在这方面做法较简单，餐前如有条件，在休息室稍事叙谈，通常上茶和汽水、啤酒等饮料。如无休息室也可直接入席，席间一般用两种酒，一种甜酒，一种低度酒。餐后不再回休息室座谈，亦不再上饭后酒。

便宴。即非正式宴会，常见的有午宴(Luncheon)、晚宴(Supper)，有时亦有早上举行的早餐(Breakfast)。这类宴会形式简便，可以不排席位，不作正式讲话，菜肴道数亦可酌减。西方人的午宴有时不上汤，不上烈性酒。便宴较随便、亲切，宜用于日常友好交往。

家宴。即在家中设便宴招待客人。西方人喜欢采用这种形式，以示亲切友好。家宴往往由主妇亲自下厨烹调，家人共同招待。

2.招待会

招待会(Reception)是指各种不备正餐、较为灵活的宴请形式，备有食品、酒水饮料，通常都不排席位，可以自由活动。常见的有：

冷餐会(自助餐)(Buffet Buffet-dinner)。这种宴请形式的特点，是不排席位，菜肴以冷食为主，也可用热菜，连同餐具陈设在菜桌上，供客人自取。客人可自由活动，可以多次取食。酒水可陈放在桌上，也可由招待员端送。冷餐会在室内或在院子里、花园里举行，可设小桌、椅子，自由入座，也可以不设座椅，站立进餐。根据主、客双方身份，招待会规格隆重程度可高可低，举办时间一般在中午十二时至下午二时、下午五时至七时左右。这种形式常用于官方正式活动，以宴请人数众多的宾客。

我国国内举行的大型冷餐招待会，往往用大圆桌，设座椅，主宾席排座位，其余各席不固定座位，食品与饮料均事先放置桌上，招待会开始后，自动进餐。

酒会（又称鸡尾酒会，Cocktail）。这种招待会形式较活泼，便于广泛接触交谈。招待品以酒水为主，略备小吃。酒会布置简单，为了便于客人随意走动，不设座椅，仅置小桌（或茶几），桌上除放些盆花外，可放些点心、下酒食品、刀叉等。只在近出入口处设一主台。台后布置些花木、盆景，周围适当放几套沙发、椅子供来宾休息。酒会举行的时间和方式亦较灵活机动，不像其他宴会须宾客到齐才开席。请柬上往往注明整个活动延续的时间，客人可在其间任何时候到达和退席，来去自由，不受约束。

酒会上不一定都用鸡尾酒。通常用的酒类品种较多，并配以各种果汁，不用或少用烈性酒。食品多为三明治、面包托、小香肠、炸春卷等各种小吃，以牙签取食。饮料和食品由招待员用托盘端送，或部分放置小桌上。近年国际上举办大型活动采用酒会形式渐趋普遍。庆祝各种节日、欢迎代表团访问，以及各种开幕、闭幕典礼，文艺、体育招待演出前后往往举行酒会。

鸡尾酒是一种合成酒，外文名叫 Cocktail，译成汉语是雄鸡尾的意思。这个名称的由来，传说纷纭，莫衷一是。有的说，12 世纪英国有位国王的公主，无意中把几种名贵的酒混合以后，献给父王饮用。国王大加赞赏，并用公主的名字给酒命名。公主名字的读音又与鸡尾羽的读音相似，因此鸡尾酒之名一直沿用至今。有的说，是一个国王的驸马会配这种酒，因为大受欢迎，他忙乱得把调羹丢了，就拔下帽饰上的鸡毛来调制，人们也就称这种酒为鸡尾酒。有的说，在 18 世纪美国独立战争时，有队士兵打了个胜仗。当地一家酒店的老板，特地配制了各种色香味俱佳的混合酒，为士兵庆功，而这家酒店是以公鸡尾羽作为酒品商标的，于是鸡尾酒的名称，逐渐风行世界各地。有的说，西欧某个国家，猎户们去山林打猎，各人都带着酒。到进餐时，有人提议把大家的酒倒在一起混合着喝，结果其味特佳。又因这酒的色彩像雄鸡尾那样美丽，于是就出现了鸡尾酒的名称。总之，有关这种酒的传说是很多的。

鸡尾酒是餐前酒，在亲友互访或大小宴会之前饮用，有如我们习惯用清茶接待来客一样。鸡尾酒会举行的时间，一般在两小时左右，多数在下午五时至七时，美国就把下午五时叫作鸡尾酒时间。但也有少数在上午十时至十二时举行的。鸡尾酒的特点是冷，不论冬季夏季，差不多都用碎冰块来调节温度。不过夏季冰溶化快，搅拌的时间不可太长，否则水分增多，会冲淡酒味。鸡尾酒配制的种类很多，有三十多个品种，色彩、口味各不相同，可谓五彩缤纷，香气四溢，使人垂涎欲滴。

鸡尾酒都是现饮现配、不能贮藏。配制所需的酒类有金酒、威士忌、白兰地、味美思、伏特加、薄荷酒、葡萄酒、香槟酒等。果汁有橘子汁、柠檬汁、姜汁、桃汁等。水果有青果、樱桃、杨梅等，也有加入苏打水、汽水和糖的。因为配有水果、果汁和冰块等，所以鸡尾酒的含酒度很低，一般在十几度至二十几度之间。

世界十大传统鸡尾酒配制方法如下：

亚历山大酒。将适量冰块、二厘升的可可糊、鲜奶油和法国白兰地酒，搅拌好后过滤即可饮用。

阿美里卡诺酒。将两块冰块、康巴丽苦酒和意大利苦艾酒各半放入一个大玻璃杯里，兑上苏打水，再配上一片柠檬即可饮用。

血玛丽酒。将适量冰块、三分之二汤匙酒吧专用辣椒汁、五分之四汤匙酒吧专用英国酱油汁、少许盐和胡椒粉、半个柠檬的汁、四厘升伏特加酒和适量蕃茄汁一起放入一个杯子里即可饮用。用得几拉酒代替伏特加酒的血玛丽鸡尾酒饮用时不放冰块。

菲斯杜松子酒。亦称金气鸡尾酒，将一匙糖咖啡、一定量的杜松子酒、一个柠檬的汁放在鸡尾酒调合器中搅拌后，兑上苏打水即可饮用。

牙买加甜鸡尾酒。将适量冰块、二匙糖浆、五厘升香朗姆酒、一个柠檬的汁、一个青柠檬的汁放入鸡尾酒调合器中搅拌后，兑入苏打水即可饮用。

曼哈顿酒。在一大杯里放适量冰块，倒入三分之二的布尔崩威士忌酒或黑麦威士忌，再加三分之一的意大利苦艾酒和一滴安高斯图拉苦酒，然后放一个意大利野樱桃果子酒中的甜酸樱桃，即可饮用。

内格罗尼酒。在一个杯子里放入适量冰块，四厘升的康巴丽苦酒、四厘升的意大利红苦艾酒、三厘升的杜松子酒，再配以一片柠檬即可饮用。

波尔图香鸡尾酒。将冰块、一匙糖咖啡、一个鸡蛋黄、一杯波尔图酒、一滴法国白兰地搅拌过滤后，再放一点肉豆蔻即可饮用。

玫瑰鸡尾酒。在一个大混合杯中放入适量冰块、六分之四的干白苦艾酒、各六分之一的吉尔斯酒和樱桃白兰地，混合后即可，饮用时杯中要留有冰块。

白小姐酒。将适量冰块，二厘升的薄荷糊，二厘升的观图酒，二厘升的柠檬露放入鸡尾酒调合器中搅拌，过滤后即可饮用。

另外，常见的配方还有：

①白兰地（二两）、苦酒（一滴）、柠檬汁、糖。

②威士忌（二两）、茴香酒（一两）、汽水。

③味美思（二两）、金酒（一两）、香槟酒（二两）、柠檬片、糖。

④香槟酒（一杯）、薄荷酒（半两）、新鲜樱桃。

⑤金酒（二两）、味美思（一两）、苦酒（一滴）、小葱头。

盛鸡尾酒的杯子，习惯上必须用容量较大的精白高脚玻璃杯。

3. 茶会

茶会(Tea Party)是一种更为简便的招待形式。举行的时间一般在下午四时左右(亦有上午十时举行)。茶会通常设在客厅,不用餐厅。厅内设茶几、座椅。不排座位,但如是为某贵宾举行的活动,入座时,有意识地将主宾同主人安排坐到一起,其他人随意就座。茶会顾名思义是请客人品茶。因此,对茶叶、茶具的选择比较讲究,或具有地方特色。一般用陶瓷器皿,不用玻璃杯,也不用热水瓶代替茶壶。外国人一般用红茶,略备点心和地方风味小吃。亦有不用茶而用咖啡者,其组织安排与茶会相同。

4. 工作进餐

工作进餐按用餐时间分为工作早餐(Working Breakfast)、工作午餐(Working Lunch)、工作晚餐(Working Dinner),是现代国际交往中经常采用的一种非正式宴请形式(有的时候由参加者各自付费),利用进餐时间,边吃边谈问题。在代表团访问中,往往因日程安排不开而采用这种形式。此类活动一般只请与工作有关的人员,不请配偶。双方工作进餐往往排席位,尤以用长桌更便于谈话。如用长桌,其座位排法与会谈桌席位安排相仿。

(二)有关宴请活动的几项组织工作

1. 确定宴请目的、名义、对象、范围与形式

宴请的目的是多种多样的,可以是为某一个人,也可以是为某一件事。如:为代表团来访(作为驻外机构,可以为本国代表团前来访问,也可以为驻在国的代表团前往自己的国家访问),为庆祝某一节日、纪念日,为外交使节或外交官员的到、离任,为展览会的开幕,某项目工程动工、竣工,等等。在国际交往中,还根据需要举办一些日常的宴请活动。

确定邀请名义和对象的主要依据是主、客双方的身份,也就是说主客身份应该对等。例如,作为东道国宴请来访的外国代表团,出面主人的职务和专业一般同代表团团长对口、对等,身份低使人感到冷淡,规格过高亦无必要。又如外国使馆宴请驻在国部长级以上官员,一般由大使(临时代办)出面邀请,低级官员请对方高级人士,就不礼貌。通常如请主宾携夫人出席,主人若已婚,一般以夫妇名义发出邀请。我国大型正式活动以一人名义发出邀请,日常交往小型宴请则根据具体情况以个人名义或夫妇名义出面邀请。

邀请范围是指请哪些方面人士,请到哪一级别,请多少人,主人一方请什么人出来作陪。这就要考虑多方因素,如宴请的性质、主宾的身份、国际惯例、对方对我方的做法,以至当时政治气候,等等。各方面都要想到,不能只顾一面。

邀请范围与规模确定之后,即可草拟具体邀请名单。被邀请人的姓名、职务、称呼,以至对方是否有配偶,都要准确。多边活动尤其要考虑政治关系,对政

治上相互对立的国家要否邀请其人员出席同一活动，要慎重考虑。

宴请采取何种形式，在很大程度上取决于当地的习惯做法。一般来说，正式、规格高、人数少的以宴会为宜，人数多则以冷餐会或酒会更为合适。妇女界活动多用茶会。

目前各国礼宾工作都在简化，宴请范围趋向缩小，形式也更为简便。酒会、冷餐会被广泛采用，而且中午举行的酒会往往不请配偶。不少国家招待国宾宴会只请身份较高的陪同人员，不请随行人员，我国也在进行改革，提倡多举办冷餐会和酒会以代替宴会。

2.确定宴请时间、地点

宴请的时间应对主、客双方都合适。驻外机构举行较大规模的活动，应与驻在国主管部门商定时间。注意不要选择对方的重大节假日、有重要活动或有禁忌的日子和时间。例如，对信奉基督教的人士不要选十三号，更不要选十三号星期五。伊斯兰教在斋月内白天禁食，宴请宜在日落后举行。小型宴请应首先征询主宾意见，最好相机口头当面约请，也可用电话联系。主宾同意后，时间即被认为最后确定，可以按此约请其他宾客。

宴请地点的选择。官方正式隆重的活动，一般安排在政府、议会大厦或宾馆内举行，其余则按活动性质、规模大小、形式、主人意愿及实际可能而定。选择的场所要能容纳全体人员。举行小型正式宴会，在可能条件下，宴会厅外另设休息厅（又称等候厅），供宴会前简短交谈用，待主宾到达后一起进宴会厅入席。

3.发出邀请和请柬格式

各种宴请活动，一般均发请柬，这既是礼貌，亦对客人起提醒、备忘之用。便宴经约妥后，可发亦可不发请柬。工作进餐一般不发请柬。有些国家，邀请最高领导人作为主宾参加活动，需单独发邀请信，其他宾客发请柬。

请柬一般提前一周至二周发出（有的地方须提前一个月），以便被邀请人及早安排。已经口头约妥的活动，仍应补送请柬，在请柬右上方注上“To remind”（备忘）字样。需安排座位的宴请活动，为确切掌握出席情况，往往要求被邀者答复能否出席。遇此，请柬上一般用法文缩写注上“R. S. V. P”（请答复）字样，如只需不出席者答复，则可注上“Regrets Only”（因故不能出席请答复），并注明电话号码。也可以在请柬发出后，用电话询问能否出席。

请柬内容包括活动形式、举行的时间及地点、主人的姓名（如以单位名义邀请，则用单位名称）。请柬行文不用标点符号，所提到的人名、单位名、节日名称都应用全称。中文请柬行文中不提被邀请人姓名（其姓名写在请柬信封上），主人姓名放在落款处。请柬格式与行文，中外文本差异较大，注意不能生硬照译。请柬可以印刷也可以手写，但手写字迹要美观、清晰。

请柬信封上被邀请人的姓名、职务书写要准确。国际上习惯对夫妇两人发一张请柬，我国内遇需凭请柬入场的场合每人一张。正式宴会，最好能在发请柬之前排好席次，并在信封下角注上席次号（Table No.）。请柬发出后，应及时落实出席情况，准确记载，以安排并调整席位。即使是不安排席位的活动，也应对出席率有所估计。请柬实例如下：

Formal Invitations to Meals or Parties

邀请参加正式宴会或聚会

Formal Invitation Cardst 式请帖

Model　实例

Mr. Zhang Guohua requests the pleasure of the company of *Mr.* & M *rs* L. Y *Jones* at dinner at 7.45 p.m. on Monday, 12th June at 112 Westcerabe Park Road, Blackheath, London SE3 R.S.V.P.　　　　Tel. 01.858 6901 Dress: Informal

琼斯先生和夫人

谨订于 6 月 12 日（星期一）下午 7 时 45 分在伦敦东南三部区布莱克希思区威斯特寇姆公园路 112 号举行晚宴。

敬请光临

张国华

Informal Invitations to Meals and parties
邀请参加非正式宴会或聚会

Model　实例

The Chinese Students
request the pleasure of the company of
Mr. L. Y. *Jones*
at a tea party
in the Staff Restaurant of
The Anglo-Continental School of English
on Monday, September 24th, 1973
from 20：00 to 21：00

琼斯先生

中国留学生订于1973年9月24日(星期一)下午8时至9时在盎格鲁—大陆英语补习学校教工餐厅举行茶会。

敬请光临

4.订菜

宴请的酒菜根据活动形式和规格，在规定的预算标准以内安排。选菜不以主人的爱好为准，主要考虑主宾的喜好与禁忌，例如，伊斯兰教徒用清真席，不用酒，甚至不用任何带酒精的饮料；印度教徒不能用牛肉；佛教僧侣和一些教徒吃素；也有因身体原因不能吃某种食品的。如果宴会上个别人有特殊需要，也可以单独为其上菜。大型宴请，则应照顾到各个方面。菜肴道数和份量都要适宜，不要简单地认为海味是名贵菜而泛用，其实不少外国人并不喜欢，特别是海参。在地方上，宜用有地方特色的食品招待。无论哪一种宴请，事先均应开列菜单，并征求主管负责人的同意。获准后，如是宴会，即可印制菜单。菜单一桌两三份，至少一份，讲究的也可每人一份。

5.席位安排

正式宴会一般均排席位，也可只排部分客人的席位，其他人只排桌次或自由入座。无论采用哪种做法，都要在入席前通知到每一个出席者，使大家心中有数，现场还要有人引导。大型的宴会，最好是排席位，以免混乱。

国际上的习惯，桌次高低以离主桌位置远近而定，右高左低。桌数较多时，要摆桌次牌。同一桌上，席位高低以离主人的座位远近而定。外国习惯，男女穿插安排，以女主人为准，主宾在女主人右上方，主宾夫人在男主人右上方。我国习惯按各人本身职务排列，以便于谈话。如果夫人出席，通常把女方排在一起，即主宾坐男主人右上方，其夫人坐女主人右上方。两桌以上的宴会，其他各桌第一主人的位置可以与主桌主人的位置同向，也可以以面对主桌的位置为主位。

礼宾次序是排席位的主要依据。在排席位之前，要把经落实出席的主客双方出席名单分别按礼宾次序开列出来。除了礼宾顺序之外，在具体安排席位时，还需要考虑其他一些因素。多边的活动需要注意客人之间的政治关系：政见分歧大、两国关系紧张者，尽量避免排到一起。此外，适当照顾各种实际情况，例如，身份大体相同，使用同一语言者，或属同一专业者，可以排在一起。译员一般安排在主宾的右侧。在以长桌作主宾席时，译员也可以考虑安排在对面，便于交谈。但一些国家忌讳以背向人，译员的座位则不能作此安排。在他们那里用长桌作主宾席时，主宾席背向群众的一边和下面第一排桌子背向主宾席的座位均不安排坐人。在许多国家，译员不上席，为便于交谈，译员坐在主人和主宾背后。

以上是国际上安排席位的一些常规。遇特殊情况，可灵活处理。如遇主宾身份高于主人，为表示对他的尊重，可以把主宾摆在主人的位置上，而主人则坐在主宾的位置上；第二主人坐在主宾的左侧。但也可按常规安排。如果本国出席人员中有身份高于主人者，譬如部长请客，总理或副总理出席，可以由身份高者坐主位，主人坐身份高者左侧，但少数国家亦有将身份高者安排到其他席位上。主宾有夫人，而主人的夫人又不能出席，通常可以请其他身份相当的妇女作第二主人。如无适当身份的妇女出席，也可以把主宾夫妇安排在主人的左右两侧。

席位排妥后着手写座位卡。我方举行的宴会，中文写在上面，外文写在下面。卡片用钢笔或毛笔书写，字应尽量写得大些，以便于辨认。便宴、家宴可以不放座位卡，但主人对客人的座位也要有大致安排。

6.现场布置

宴会厅和休息厅的布置取决于活动的性质和形式。官方正式活动场所的布置应该严肃、庄重、大方。不要用红绿灯、霓虹灯装饰，可以少量点缀鲜花、刻花等。

宴会可以用圆桌，也可以用长桌或方桌。一桌以上的宴会，桌子之间的距离要适当，各个座位之间也要距离相等。如安排有乐队演奏席间乐，不要离得太近，乐声宜轻。宴会休息厅通常放小茶几或小圆桌，与酒会布置类同，如人数少，也可按客厅布置。

冷餐会的菜台用长方桌，通常靠四周陈设，也可根据宴会厅情况，摆在房间的中间。如坐下用餐，可摆四五人一桌的方桌或圆桌。座位要略多于全体宾客人数，以便客人自由就座。

酒会一般摆小圆桌或茶几，以便放花瓶、烟缸、干果、小吃等。也可在四周放些椅子，供妇女和年老体弱者就坐。

几种常见席位排法

例一：

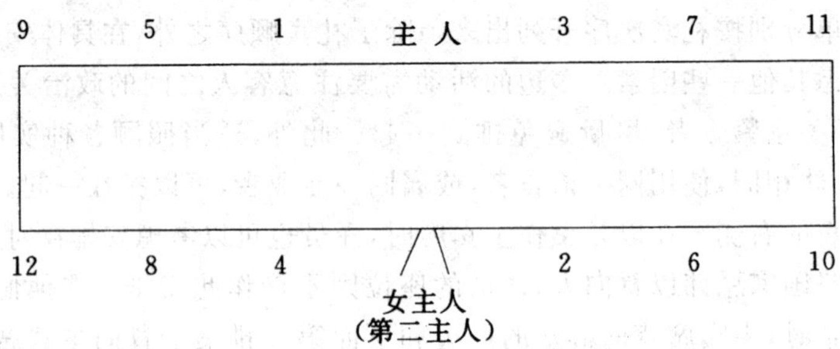

注：此种摆法谈话集中，但一般不能把客人排在末端，由陪同人员坐在末端。

例二：

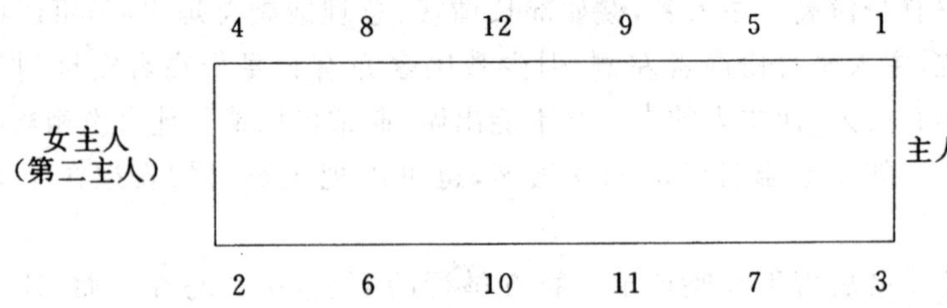

注：这种摆法可避免客人坐在末端，同时提供两个谈话中心。

例三：

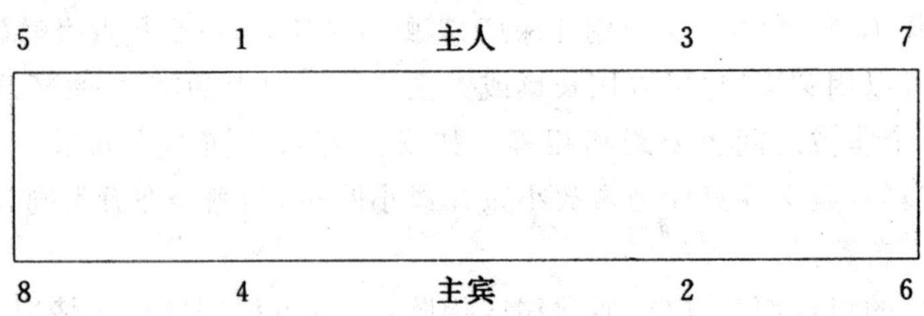

例四：

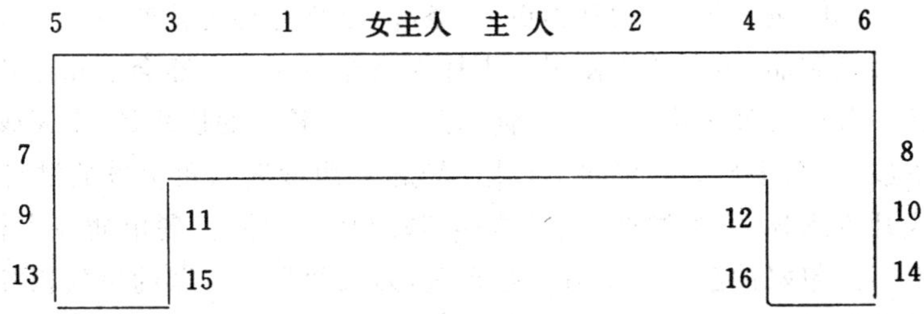

例五：

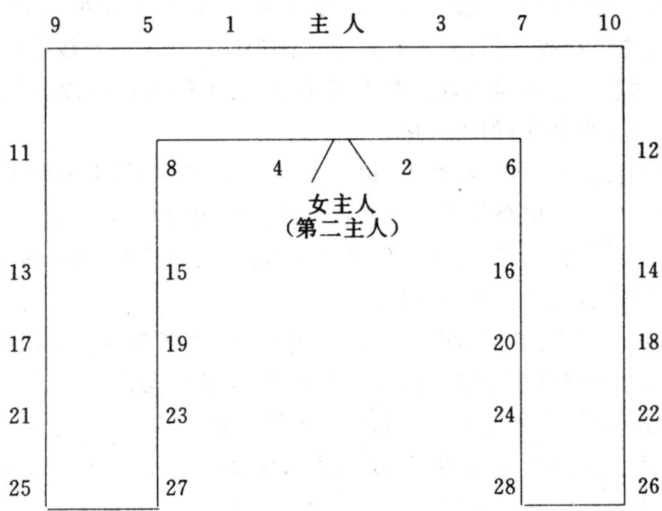

7. 餐具的准备

根据宴请人数和酒、菜的道数准备足够的餐具。餐桌上的一切用品都要十分清洁卫生。桌布、餐巾都应浆洗洁白、熨平，玻璃杯、酒杯、筷子、刀叉、碗碟，在宴会之前都应洗净擦亮。如果是宴会，应该准备每道菜撤换用的菜盘。

中餐用筷子、盘、碗、匙、小碟、酱油碟等。水杯放在菜盘上方，右上方放酒杯，酒杯数目和种类应与所上酒的品种相同。餐巾叠成花插在水杯中，或平放在菜盘上。我国宴请外国宾客，除筷子外，还摆上刀叉。酱油、醋、辣油等佐料，通常一桌数份，公筷、公勺应备有筷、勺座。其中一套摆在主人面前。餐桌上应备有烟灰缸、牙签。

西餐具的摆设与中餐不同。西餐具有刀、叉、匙、盘、杯等。刀分食用刀、鱼刀、肉刀(刀口有锯齿,用以切牛排、猪排)、奶油刀、水果刀;叉分食用叉、鱼叉、龙虾叉;匙有汤匙、茶匙等;杯的种类更多,茶杯、咖啡杯均为瓷器,并配小碟,水杯、酒杯多为玻璃制品,不同的酒使用的酒杯规格亦不相同。宴会上几道酒,就配有几种酒杯。公用刀叉规格一般大于食用刀叉。西餐具的摆法是:正面放食盘(汤盘),左手放叉,右手放刀。食盘上放匙(汤匙及甜食匙),再上方放酒杯,右起烈性酒杯或开胃酒杯、葡萄酒杯、香槟酒杯、啤酒杯(水杯)。餐巾插在水杯内或摆在食盘上。面包奶油盘在左上方。吃正餐,刀叉数目应与菜的道数相等,按上菜顺序由外至里排列,刀口向内。用餐时应按此顺序取用。撤盘时,一并撤去使用过的刀叉。

8.宴请程序及现场工作

(1)主人一般在门口迎接客人。官方活动,除男女主人外,还有少数其他主要官员,陪同主人排列成行迎宾,此处通常称为迎宾线。迎宾线宜在客人进门存衣以后进入休息厅之间的位置。客人握手后,由工作人员引进休息厅。如无休息厅则直接进入宴会厅,但不入座。

有些国家官方隆重场合,客人(包括本国客人)到达时,有专职人员唱名。

休息厅内由有相应身份的人员照料客人。由招待员送饮料。

主宾到达后,由主人陪同进入休息厅与其他客人见面。其他客人后至者,由迎宾线上其他官员代表主人在门口迎接。

主人陪同主宾进入宴会厅,全体客人就座,宴会即开始。如休息厅较小,或宴会规模大,也可以请主桌以外的客人先入座,贵宾席最后入座。

如有正式讲话,各国安排讲话的时间不尽一致。我国按一般习惯,正式宴会在热菜之后甜食之前由主人讲话,接着由客人讲。也有一入席双方即讲话的。冷餐会和酒会讲话时间较灵活。

吃完水果,主人与主宾起立,宴会即告结束。

主宾告辞,主人送至门口,主宾离去后,原迎宾人员顺序排列,与其他客人握别。

(2)工作人员应提前到现场检查准备工作。如是宴会,事先将座位卡及菜单摆上。座位卡置于酒杯前或平摆于餐具上方,勿置于餐盘内。菜单一般放在餐具右侧。

席位的通知,除请柬上注明外,现场还可有如下安排:①在宴会厅前陈列宴会简图,图上注明每人的位置;②用卡片写上出席者姓名和席次,发给本人;③印出全场席位示意图,标出出席者位置,发给本人;④印出全场席位图,包括全体出席者位置,每人发给一张。这些做法各有特点,人多的宴会宜采用后者,便于通知。各种通知卡片，可利用客人在休息厅时分发。有的国家是在客人从衣帽间出来时，由服务员用托盘将其卡片递上。如果是口头通知，则由交际工作人员在休息厅通知每位客人。

如有讲话，要落实讲稿。通常双方事先交换讲话稿，举办宴会的一方先提供。代表团访问，欢迎宴会东道国先提供。答谢宴会则由代表团先提供。双方讲话由何人翻译，一般事先谈妥。

(三)服务员的工作

服务员的工作直接关系到宴请活动的顺利进行。因此，国际上对服务人员的礼节、服务水平以及服饰要求都很高，隆重的官方活动，要求尤为严格。服务人员都受过正规训练。

宴请中，服务员大体应注意以下几个方面：

服装整洁、熨平，头发梳理平整，指甲修剪清洁。

讲礼貌，待人和气谦逊，面带笑容。说话声音要轻，语言要亲切，用词要得当，多带“请”、“您”、“谢谢”、“对不起”、“请原谅”等词句。

熟悉宴请礼节。客人入座，协助挪动椅子。

熟悉菜单，掌握上菜速度。正餐上菜，先客人，后主人；先女宾，后男宾；先主要客人，后其他客人。如一人上菜，也可以从主人右侧的客人开始，按顺序上菜。隆重的宴会，也有要求严格按礼宾顺序上菜的。上菜时，左手托盘，右手夹菜，从客人左边上。倒酒水则应右手持瓶，从客人右侧倒。每道菜上完第一轮后，待一些客人吃完，再上第二轮，先问问客人“是否给您添一点”，不要勉强。如不上第二轮，可将余下的菜稍作整理放置桌上，供客人自取，待上下道菜后再撤下，往桌中上菜与撤盘，宜选在两位主方陪客之间进行，并先打招呼，以免不慎碰洒菜汁。

客人吃完，应从右侧撤换餐具。但撤前一定要注意客人是否已吃完(西餐可看刀叉是否已合拢并列，如八字或交叉摆开，则表示尚未吃完，不能撤)。如无把握，可轻声询问。切忌当客人正吃时撤换，这是很不礼貌的。撤换餐具，动作要轻，还需用的餐具如正好放在盘上，可轻轻拿开，再把盘子取走。

工作时不吃东西，不抽烟，不饮酒，工作前不吃葱蒜。在一旁侍立时，姿势要端正，不要歪身倚在墙上或服务台上，更不要互相聊天、谈笑。多人侍立，应排列成行。正式宴请，主人或客人发表讲话，应立即肃静，停止上菜、斟酒，在附近备餐间亦应安静，不要发出声音。演奏国歌时应肃立，停止走动。

在宴会厅内走动，脚步要轻快，动作要敏捷，轻拿轻放。

遇招待人员或客人不慎打翻酒水，应马上处理，撤去杯子，用干净餐巾临时垫上。如溅在客人身上，要协助递送毛巾或餐巾，帮助擦干(如对方是妇女，男招待员不要动手帮助擦)，表示歉意。

（四）参加家庭便宴和外国人的日常宴请

家庭便宴较随便，没有迎宾线。客人到达，主人主动趋前握手。如主人正与其他客人周旋，未发觉客人到来，则客人应前去握手问好。饭后如无余兴，即可陆续告辞。通常男宾先与男主人告别，女宾与女主人告别，然后交叉，再与家庭其他成员握别。

外国人的日常宴请在女主人为第一主人时，往往以她的行动为准。入席时女主人先坐下，并由女主人招呼客人开始就餐。餐毕，女主人起立，邀请全体女宾与之共同退出宴会厅，然后男宾起立，尾随进入休息厅或留下抽烟（吃饭过程中一般是不能抽烟的）。男女宾客在休息厅会齐，即上茶（咖啡）。

宾客告辞，主人送至门口握别。

（五）参加宴请的礼节

应邀。接到宴会邀请（无论是请柬或邀请信），能否出席要尽早答复对方，以便主人安排。一般来说，对注有“R. S. V. P.”（请答复）字样的，无论出席与否，均应迅速答复。注有“Regrets Only”（因故不能出席请答复）字样的，则不能出席时才回复，但也应及时回复。经口头约妥再发来的请柬，上面一般注有“To remind”（备忘）字样，只起提醒作用，可不必答复。答复对方，可打电话或复以便函，以便主人了解有无不能出席的宾客，及时调整。

出席。出席宴请活动，抵达时间迟早，逗留时间长短，在一定程度上反映对主人的尊重。应根据活动的性质和当地的习惯掌握。迟到、早退、逗留时间过短被视为失礼或有意冷落。身份高者可略晚到达，一般客人宜略早到达，主宾退席后再陆续告辞。出席宴会，根据各地习惯，正点或晚一两分钟抵达；在我国则正点或提前二三分钟或按主人的要求到达。出席酒会，可在请柬上注明的时间内到达。确实有事需提前退席，应向主人说明后悄悄离去。也可事前打招呼，届时离席。

抵达。抵达宴请地点，先到衣帽间脱下大衣和帽子，然后前往主人迎宾处，主动向主人问好。如是节庆活动，应表示祝贺。

赠花。参加他国庆祝活动，可以按当地习惯以及两国关系，赠送花束或花篮。参加家庭宴会，可酌情给女主人赠少量鲜花。

入座。应邀出席宴请活动，应听从主人安排。如是宴会，进入宴会厅之前，先了解自己的桌次和座位，入座时注意桌上座位卡是否写着自己的名字。不要随意乱坐。如邻座是妇女或年长者，应主动协助他们先坐下。坐的姿势要端正，不可以手托腮或将臂肘架在餐桌上。

进餐。入座后用餐前应先将放在酒杯中的餐巾取出打开，铺在膝上，餐后叠好放在盘子右边。席上不玩弄酒杯、盘碗、刀叉、筷子等餐具。在主人招呼后即开始进餐。

取菜时，不要盛得过多。盘中食物吃完后，如不够，可以再取。如由招待员分菜，需增添时，待招待员送上时再取。如遇本人不能吃或不爱吃的菜肴，当招待员上菜或主人夹菜时，不要拒绝，可取少量放在盘内，并表示"谢谢，够了"，对不合口味的菜，勿显露出难堪的表情。

吃东西要文雅。闭嘴咀嚼，喝汤不要啜，要用汤匙舀着喝。吃东西不要发出声音。如汤、菜太热，可稍待凉后再吃，切勿用嘴吹。嘴内的鱼刺、骨头不要直接外吐，用餐巾掩嘴，用手（吃中餐可用筷子）取出，或轻轻吐在叉上，放在菜盘内。进餐时要以食物就口，不要以口就食。

吃剩的菜，用过的餐具、牙签，都应放在盘内，勿置桌上。席间不要高声谈话。嘴内有食物时，切勿说话。不要说引起人家不愉快或反感的话。

剔牙时，用手或餐巾遮口。

交谈。无论是作主人、陪客或宾客，都应与同桌的人交谈，特别是左右邻座。不要只同几个熟人或只同一两人说话。邻座如不相识，可先作自我介绍。

祝酒。作为主宾参加外国举行的宴请，应了解对方祝酒习惯，即为何人祝酒，何时祝酒等，以便作必要的准备。

大型正式宴会，主人可在宴会开始后五分钟讲话。一般宴会，主人可在上热菜前讲话。奏国歌时应肃立。在主人和主宾致辞、祝酒时，或暂停进餐，停止交谈，注意倾听，但不要借此机会抽烟。主人和主宾讲完话与贵宾席人员碰杯时，主人和主宾先碰，人多可同时举杯示意，不一定碰杯。祝酒时注意不要交叉碰杯。碰杯后，主人和主宾往往到其他各桌敬酒，遇此情况应起立举杯。碰杯时，要目视对方致意。

宴会上相互敬酒表示友好，活跃气氛，但切忌喝酒过量。喝酒过量容易失言，甚至失态，因此必须控制在本人酒量的三分之一以内。劝宾客喝酒时适可而止，要掌握主、客都不要喝醉。

在由我方举行的宴会上还应注意以下几条：

(1)主人在席上不必说"招待不周"、"酒菜不好"等话。介绍酒菜时，对来华时间较长或曾经来华的外宾，不要说"这是中国名酒、名菜"这类话。

(2)席上的餐具，我方人员在使用时不要用餐巾或口纸去擦，以免引起不必要的误会。

(3)我方人员在席上要主动给外宾让菜。取菜时应该用公用餐具，不要用自己已用过的餐具去取。

(4)我方参加宴会人员不可随意离开席位，如有事可通过服务员传达，但不要过多地交头接耳。

(5)外宾向我服务人员、厨师敬酒时,服务人员应热情感谢,并酌情饮酒。

宽衣。在宴会上或其他社交场合,无论天气如何炎热,不能当众解开钮扣、脱下衣服。小型便宴,如主人请客人宽衣,男宾可脱下外衣搭在椅背上。

喝茶(或咖啡)。喝茶、喝咖啡,通常牛奶、白糖均用单独器皿盛放,如愿加牛奶、白糖,可自取加入杯中,用小茶匙搅拌后,茶匙仍放回小碟内。喝时右手拿杯把,左手端小碟。

水果。吃梨、苹果,不要整个拿着咬,应先用水果刀切成若干瓣,再用刀去皮、核,然后用手拿着吃,削皮时刀口朝内,从外往里削。香蕉先剥皮,用刀切成小块吃。橙子用刀切成块吃。橘子、荔枝、龙眼等则可剥了皮吃。其余如西瓜、菠萝等,通常都去皮切成块,吃时可用水果刀切成小块用叉取食。

水盂。在筵席上,上鸡、龙虾、水果时,有时送上一小水盂(铜盆、瓷碗或水晶玻璃缸),水上飘有玫瑰花瓣或柠檬片,供洗手用(曾有人误为饮料,以致成为笑话)。洗时两手轮流沾湿指头,轻轻涮洗,然后用餐巾或小毛巾擦干。

纪念物品。有的主人为每位出席者备有小纪念品或一朵鲜花。宴会结束时,主人招呼客人带上。遇此,可说一两句赞扬这小礼品的话,但不必郑重表示感谢。有时,外国访问者往往把宴会菜单作为纪念品带走,有时还请同席者在菜单上签名留念。除主人特别示意作为纪念品的东西外,各种招待用品,包括糖果、水果、香烟等,都不要拿走。

致谢。有时在出席私人宴请活动之后,往往致以便函或名片表示感谢。

冷餐会、酒会取菜。冷餐、酒会,招待员上菜时,不要抢着去取,待送至本人面前再拿。周围的人未拿到第一份时,自己不要急于去取第二份。勿围在菜桌旁边,取完后即退开,以便让别人去取。

餐具的使用。中餐的餐具主要是碗、筷,西餐则是刀、叉、盘子。通常宴请外国人吃中餐,亦以中餐西吃为多,既摆碗筷,又设刀叉。刀叉的使用是右手持刀,左手持叉,将食物切成小块,然后用叉送入嘴内。欧洲人使用时不换手,即从切割到送食均以左手持叉。美国人则切割后,把刀放下,右手持叉送食入口。就餐时按刀叉顺序由外往里取用。每道菜吃完后,将刀叉并拢平排放盘内,以示吃完。如未吃完,则摆成八字或交叉摆,刀口应向内。吃鸡、龙虾时,经主人示意,可以用手撕开吃,或者可用刀叉把肉割下,切成小块吃。切带骨头或硬壳的肉食,叉子一定要把肉叉牢,刀紧贴叉边下切,以免滑开。切菜时,注意不要用力过猛撞击盘子而发出声音。不容易叉的食品,或不易上叉的食品,可用刀把它轻轻推上叉。除喝汤外,不用匙进食。汤用深盘或小碗盛放,喝时用汤匙由内往外舀起送入嘴,即将喝尽。可将盘向外略托起。吃带有腥味或怪味的食品,如鱼、虾、野味等均配有柠檬,可用手将汁挤出滴在食品上,以去腥味。

遇到意外情况。宴会进行中，由于不慎，发生意外情况，例如用力过猛使刀叉撞击盘子，发出声响，或餐具摔落地上，或打翻酒水等，应沉着，不必着急。餐具碰出声音，可轻轻向邻座（或向主人）说一声“对不起”。餐具掉落可由招待员另送一付。酒水打翻溅到邻座身上，应表示歉意，协助擦干；如对方是妇女，只要把干净餐巾或手帕递送上即可，由她自己擦干。

六、礼宾上的两个重要做法

（一）礼宾次序

礼宾次序就是指国际交往中对出席活动的国家、团体、各国人士的位次按某些规则和惯例进行排列的先后次序（在某些出版物中也有排列次序的问题）。一般说，礼宾次序体现东道主对各国宾客给予的礼遇；在一些国际性的集会上则表示各国主权平等的地位。礼宾次序安排不当或不符合国际惯例，则会引起不必要的争执与交涉，甚至影响国家关系。因此在组织涉外活动时，对礼宾次序应给予一定的重视。

礼宾次序的排列，尽管国际上已有一些惯例，但各国有各国的具体做法。有些排列顺序和做法已由国际法或国内法加以肯定，如外交代表位次的排列，在《维也纳外交关系公约》中就有专门的规定。很多国家对本国各级官员的排列常用法律形式固定下来，如法国 1907 年 7 月 16 日公布的《关于位次排列的命令》明确规定中央与地方的官方机构、团体和个人参加公共活动的排列顺序。

现仅就对外工作中礼宾次序的几种排列方法作一简介。

1. 按身份与职务的高低排列

这是礼宾次序排列的主要根据。一般的官方活动，经常是按身份与职务的高低安排礼宾次序。如按国家元首、副元首、政府总理（首相）、副总理（副首相）、部长、副部长等顺序排列。各国提供的正式名单或正式通知是确定职务的依据。由于各国的国家体制不同，部门之间的职务高低不尽一致，则要根据各国的规定，按相当的级别和官衔进行安排。在多边活动中，有时按其他方法排列，但无论何种方法排列，都要考虑身份与职务的高低问题。

2. 按字母顺序排列

多边活动中的礼宾次序有时按参加国国名字母顺序排列，一般以英文字母排列居多，少数情况也有按其他语种的字母顺序排列。这种排列方法多见于国际会议、体育比赛等。在国际会议上，公布与会者名单，悬挂与会国国旗，座位安排等均按各国国名的英文拼写字母的顺序排列。在联合国召开联合国大会，各专门机构的会议和悬挂会员国国旗等均按此法。联合国大会的席次也按英文字母排列，但为了避免一些国家总是占据前排席位，因此每年抽签一次，决定本年度大会席位以哪一个字母打头，以便让各国都有机会排在前列。

在国际体育比赛中，体育代表队名称的排列，开幕式出场的顺序一般也按国名字母顺序排列（东道国一般排在最后），代表团观礼或召开理事会、委员会等，则按出席代表团的团长的身份高低排列。

3.按通知代表团组成日期的先后排列

在一些国家举行的多边活动中，按通知代表团组成日期的先后排列礼宾次序是经常采用的办法之一。东道国对同等身份的外国代表团，按派遣国通知代表团组成的日期排列，或按代表团抵达活动地点的时间先后排列；或按派遣国决定应邀派遣代表团参加该活动的答复时间先后排列。采取何种排列方法，东道国在致各国的邀请书中，都加以明确注明。如秘鲁 1980 年 7 月举行共和国总统权力移交仪式，在邀请各国派遣代表团的注意事项中指出："在级别相同的情况下，代表团团长的礼宾次序将按通知代表团组成的日期先后确定。如果同时接到两个或两个以上的代表团的组成通知，将按其字母顺序确定先后。"

在实际工作中，遇到的情况往往是复杂的，如有的国家不管以上种种惯例，而把关系密切国家的代表排在最前列。所以礼宾次序的排列常常不能按一种排列方法，而是几种方法的交叉，并考虑其他的因素。如在某一多边国际活动中，对与会代表团礼宾次序的排列，首先是按正式代表团的规格，即代表团团长的身份高低来确定，这是最基本的；在同级代表团中则按派遣国通知代表团组成日期先后来确定，对同级和同时收到通知的代表团则按国名英文字母顺序排列。

在安排礼宾次序时所考虑的其他因素包括国家之间的关系、地区所在、活动的性质、内容和对于活动的贡献大小，以及参加活动人的威望、资历，等等。诸如，常把同一国家集团的、同一地区的、同一宗教信仰的或关系特殊的国家的代表团排在前面或排在一起。对同一级别的人员，常把威望高、资历深、年龄大者排在前面。有时还考虑业务性质、相互关系、语言交流等因素。如在观礼、观看演出、比赛，特别是在大型宴请时，在考虑身份、职务的前提下，将业务性质对口的、语言相通的、宗教信仰一致的、风俗习惯相近的安排在一起。

总之，在具体工作中，要耐心、细致、反复考虑研究，设想多种方案，以避免因礼宾次序方面的问题引起一些不愉快。

（二）国旗的悬挂

国旗是国家的一种标志，是国家的象征。人们往往通过悬挂国旗，表示对本国的热爱或对他国的尊重。但是，在一个主权国家领土上，一般不得随意悬挂他国国旗。不少国家对悬挂外国国旗都有专门的规定。在国际交往中，还形成了悬挂国旗的一些惯例，为各国所公认。

按国际关系准则，一国元首、政府首脑在他国领土上访问，在其住所及交通工具上悬挂国旗(有的是元首旗)是一种外交特权。东道国接待来访的外国元首、政府首脑时,在隆重的场合,在贵宾下榻的宾馆、乘坐的汽车上悬挂对方(或双方)的国旗(或元首旗),这是一种礼遇。此外国际上公认,一个国家的外交代表在接受国境内有权在其办公处和官邸,以及交通工具上悬挂本国国旗。

下面介绍几种挂旗的方法。

1. 两面国旗并挂(图 1)

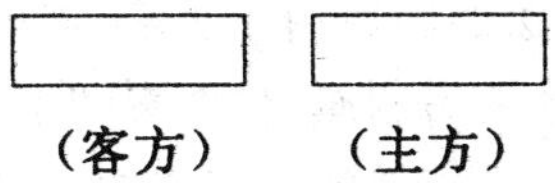

图 1

2. 三面以上国旗并挂(图 2)

图 2

注:多面并列,主方在最后。如系国际会议,无主客之分,则按会议规定之礼宾顺序排列。

3. 竖挂之一(图 3:客方为反面,主方为正面)

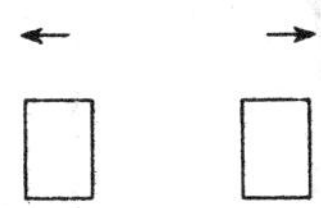

图 3

4. 竖挂之二(图 4:双方均为正面)

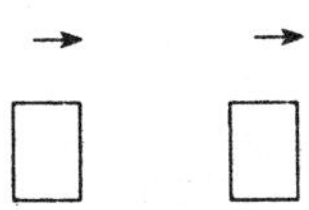

图 4

在国际会议上,除会场悬挂与会国国旗外,各国政府代表团团长亦按会议组织者有关规定在一些场所或车辆上悬挂本国国旗(也有不挂国旗的)。有些展览会、体育比赛等国际性活动,也往往悬挂有关国家的国旗。

在建筑物上,或在室外悬挂国旗,一般应日出升旗,日落降旗。遇需悬旗志哀,通常的做法是降半旗,即先将旗升至杆顶,再下降至离杆顶相当于杆长三分之一的地方。也有的国家不降半旗,而是在国旗上方挂黑纱志哀。升降国旗时,服装要整齐,要立正脱帽行注目礼,不能使用破损和污损的国旗。国旗一定要升至杆顶。

悬挂双方国旗,按国际惯例,以右为上,左为下。两国国旗并挂,以旗本身面向为准,右挂客方国旗,左挂主方国旗。汽车上挂旗,则以汽车行进方向为准,驾驶员左手为主方,右手为客方。所谓主客,不以活动举行所在国为依据,而以举办活动的主人为依据。例如,外国代表团来访,东道国举行的欢迎宴会,东道国为主人。答谢宴会来访者是主人。也有个别国家把本国国旗挂在上手。

国旗不能倒挂。一些国家的国旗由于文字和图案的原因,也不能竖挂或反挂。有的国家明确规定,竖挂需另制旗,将图案转正。例如朝鲜民主主义人民共和国国旗竖挂时,五角星的星尖依然朝上。有的国家则无明确规定。因此,正式场合悬挂国旗宜以正面(即旗套在旗的右方)面向观众,不用反面。如果旗是挂在墙壁上,避免交叉挂法(图 7)和竖挂(图 3)。如果悬空挂旗,则不成问题。

各国国旗图案、式样、颜色、比例均由本国宪法规定。不同国家的国旗,如果比例不同,用同样尺寸制作,两面旗帜放在一起,就会显得大小不一。例如,同样六尺宽的旗,三比二的就显得较二比一的大。因此,并排悬挂不同比例的国旗,应将其中一面略放大或缩小,以使旗的面积大致相同。

5. 并列悬挂(图 5)

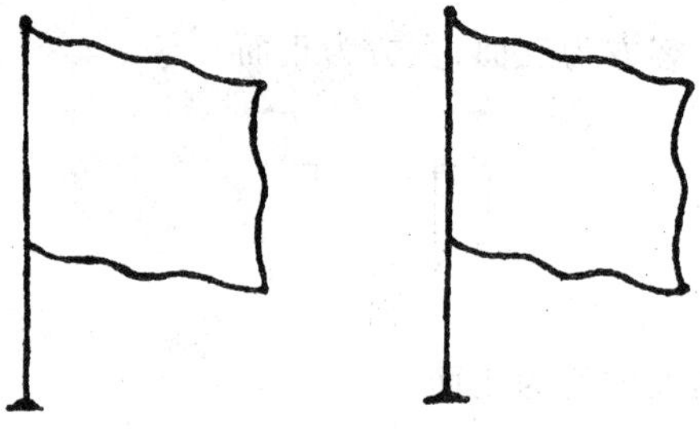

图 5

6. 交叉悬挂 (图 6)

图 6

7.交叉挂（图 7）

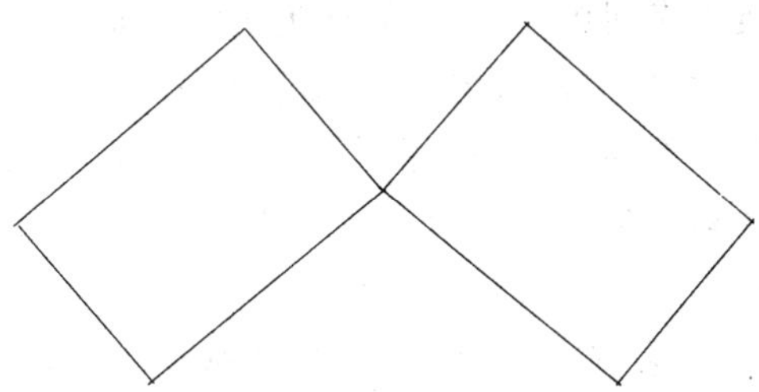

图 7

七、日常交往中的礼节

礼貌是人与人之间在接触交往中，相互表示敬重和友好的行为规范，它体现时代的风格与道德品质。礼节则是人们在日常生活中，特别是在交际场合中，相互问候、致意、祝愿、慰问以及给予必要的协助与照料的惯用形式。礼节是礼貌的具体表现。

在国际交往中，除应发扬我国礼仪之邦的优良传统，注意礼貌、礼节之外，还应尊重各国、各民族的风俗习惯，了解它们不同的礼节、礼貌和作法，从而使我们在对外活动中真正做到不卑不亢，以礼相待。

（一）交往中的一般礼节

遵守时间，不得失约。这是日常国际交往中极为重要的礼貌。参加各种活动，应按约定时间到达。过早抵达，会使主人因准备未毕而难堪；迟迟不到，则让主人和其他客人等候过久而失礼。因故迟到，要向主人和其他客人表示歉意。万一因故不能应邀赴约，要有礼貌地尽早通知主人，并以适当方式表示歉意。失约是很失礼的行为。

尊重老人和妇女。这是一种美德。在很多国家的社交场合，经常会看到这样的情景：上下楼梯、车辆，进出电梯，让老人、妇女先行，主动予以照顾。对同行老人妇女，男子帮助提拿较重物品。进出大门主动帮助老人、妇女开门、关门，帮助他们穿脱大衣外套。同桌用餐，两旁若是老人或妇女，男子应主动照顾，帮助他们入、离座位等。

尊重各国风俗习惯。不同的国家、民族，由于不同的历史、宗教等因素，各有特殊的风俗习惯和礼节。如伊斯兰教不吃猪肉，也忌谈猪，在斋月里日出之后、日落之前不能吃喝；有些佛教徒不吃荤，印度教教徒不吃牛肉；某些国家如印度、印度尼西亚、马里以及阿拉伯国家等，不能用左手与他人接触或用左手传递东西；在佛教国家不能随便摸小孩头顶；天主教徒忌讳“十三”这个数字，尤其是“十三日星期五”，遇上这种日子，一般不举行宴请活动；使用筷子进食的东方国家，用餐时不可用一双筷子来回传递，也不能把筷子插在饭碗中间；东南亚一些国家忌讳坐着跷大腿，伊朗称好不伸大姆指；保加利亚、尼泊尔等一些国家，摇头表示赞赏，点头表示不同意，等等。这些风俗习惯若不注意，会使人误会为对他们不尊重或闹出笑话。新到一个国家或初次参加活动，应多了解，多观察，不懂或不会做的事，可仿效别人。

举止。举止落落大方，端庄稳重，表情自然诚恳，蔼然可亲。站立时身子不要歪靠在一旁，不半坐在桌子或椅背上。坐时，腿不摇，脚不跷。坐在沙发上不要摆出懒散的姿态。在公共场所不要趴在桌子上，躺在沙发上。走路脚步要轻，遇急事可加快步伐，不可慌张奔跑。两人行走不搭肩膀，多人行路不要有意无意排成队形。谈话时，手势不要过多，不要放声大笑或高声喊人。在图书馆、博物馆、医院、教堂等公共场所，都应保持安静。在隆重的场合，如举行仪式、听讲演、看演出等，要保持肃静。

吸烟。在一些地方和场合是不允许吸烟的。例如在剧场、商店、教堂、博物馆、会议厅等地不得吸烟。在火车、轮船、飞机上往往分吸烟与不吸烟的座位、车厢等。在工作、参观、谈判和进餐中，一般不吸烟或很少吸烟。不要边走边吸烟。进入会客室或餐厅前，应把烟掐灭。新到一个地方，遇到新的场合或是私人住宅、办公室等，不知道是否允许吸烟时，可询问一下主人“允许吸烟吗”、“我可以吸烟吗”。在允许吸烟的地方，应先敬左右的人。如有妇女在座，应征得她的同意。主人不吸烟，又未请吸烟，则最好不吸烟。在场的人多或同座身份高的人士都不吸烟时，则一般不吸烟。

（二）进入外国人的办公室或住所的礼节

到外国人办公室或住所，均应预先约定、通知，并按时抵达。如无人迎候，进门先按铃或敲门，经主人应允后方得进入。如无人应声，可再次按铃或敲门（但按铃时间不要过长）。无人或未经主人允许，则不得擅自进入。

因事急或事先并无约定，但又须前往时，则应尽量避免在深夜打搅对方。如万不得已，非得在休息时间约见对方时，则应见到约见人后立即先致歉意，说“对不起，打搅了”，并说明打搅的原因。

经主人允许或应主人邀请，可进入室内。尽管有时洽淡的事情所需时间很短，也应进入室内，不要站在门口进行谈话。有时，主人未邀请进入室内，则可退到门外，在室外进行谈话。

进入室内，如说话所需时间较短，则可不必坐下，事毕也不要逗留；如所需时间较长，则要在主人邀请之下方可入座。在预先并没有约定的情况下，谈话的时间尽量不要过长。

应邀到外国人家里拜访、作客，应按主人提议或同意的时间抵达，早到或迟到都是不礼貌的。如发生迟到的情况，应致歉意。进行拜访，一般安排在上午十时或下午四时左右。西方习惯备有小吃和饮料招待，客人不要拒绝，应品尝一下，接受的饮料应喝掉(但实在不习惯时，也不必勉强)。

不经主人的邀请或没有获得主人的同意，不得要求参观主人的庭院和住房。在主人的带领下可参观住宅，但即使是较熟悉的朋友也不要去触动除书籍、花草以外的个人物品和室内的陈设。

对主人家中的人都应问候，尤其应问候夫人(丈夫)和子女。有小孩在场，应主动与孩子握手、亲抱表示喜欢。家中养有猫狗的，不应表示出害怕、讨厌，不要去踢它轰它。

离开时，应有礼貌地向主人告别，感谢主人的接待。

八、国际交往中的称呼

由于各国、各民族语言不同，风俗习惯各异，社会制度不一，因而在称呼与姓名上差别很大。如果称呼错了，姓名不对，不但会使对方不高兴，引起反感，甚至还会闹出笑话，出现误会。

在国际交往中，一般对男子称先生，对女子称夫人、女士、小姐。已婚女子称夫人，未婚女子统称小姐，不了解婚姻情况的女子可称小姐，对戴结婚戒指的年纪稍大的可称夫人。这些称呼均可冠以姓名、职称、衔称等。如“布莱克先生”、“议员先生”、“市长先生”、“上校先生”、“玛丽小姐”、“秘书小姐”、“护士小姐”、“怀特夫人”等。

对地位高的官方人士，一般为部长以上的高级官员，按国家情况称“阁下”，前加职衔或先生。如“部长阁下”、“总统阁下”、“主席先生阁下”、“总理阁下”、“总理先生阁下”、“大使先生阁下”等。但美国、墨西哥等国没有称“阁下”的习惯，因此，在这些国家可称先生。对有地位的女士可称夫人，对有高级官衔的妇女，也可称“阁下”。

君主制国家，按习惯称国王、皇后为“陛下”，称王子、公主、亲王等为“殿下”。

九、对外活动中的服饰要求

参加对外活动时(无论在国内或国外)要注意服装穿着和仪容。朴素、大方、整洁的服装不仅体现了社会主义中国人民的精神面貌，同时也是对外国宾客(或主人)表示礼貌与尊重。

服装的种类、样式、花式千差万别，因场合、季节、个人爱好和民族特点的不同，在穿着上差异较大。

在国际社交场合，人们穿着的服装大致分为便服和礼服两种。从原则上讲，正式的、隆重的、严肃的场合多着深色礼服，一般场合则可着便服。

(一)参加外事活动我方人员穿着服饰及其注意事项

我方人员参加外事活动穿着服饰总的要求是朴素、大方、整洁。我国没有礼服和便服之分，但一般来说，男同志的上下同色同质的毛料西服为礼服，配黑色皮鞋。各种式样的外衣与长西服裤则为便服，配颜色相宜的皮鞋。

在国内参加外事活动时，男同志除穿西服或民族服装外，也可穿中山服，参加正式活动着西装应系领带。

夏季出席庆典仪式(包括吊唁活动)、正式宴会、领导人会见国宾等隆重的外交活动，除穿中山装、民族服装、西装外，还可穿两用衫。参观游览时可穿便服，如穿西装可不系领带。

女同志按季节与活动性质的不同可穿西装(下身为西裤或裙)、民族服装、中式上衣配长裙或长裤、旗袍和连衣裙等。夏季也可穿长、短袖衫配裙子或长裤。

军人参加对外活动，按总参谋部有关规定穿戴。

我出国人员基本上按在国内服装穿着，但也应尊重当地的习惯和东道主的要求，如请柬要求穿礼服，则男同志应穿西装、中山装或民族服装，女同志最好穿旗袍或长裙。

1.几种特殊场合的服装

最隆重场合应穿着严肃、大方的礼服，如国家庆典仪式、国宴、国家最高领导人接见、国王登基、国家元首任职、元旦国家领导人团拜、大使递交国书、授勋，等等。这些场合，男同志一般着深色西装，女同志着西装或长裙(最好是单色连衣长裙)。

在国外名剧院看剧，听音乐会，一般穿礼服。男同志可穿深色西装，女同志着西装或长裙。

参加葬礼和吊唁活动，男同志一般可着黑色或深色西装，女同志着深色服装，内穿白色或暗色衬衣，不用花手帕、不抹口红、不戴装饰品。

参加婚礼，到朋友家做客，参加联欢会等，则尽可能穿得美观大方一些，女同志应适当装饰打扮。

郊游、远足，可穿上下装不同颜色的便装。

乘汽车、火车、轮船、飞机旅行，可穿便装。但如在登机、上车前，或下飞机、下车以后，有迎送仪式，则应考虑更换服装，迎送仪式应着礼服。

平整洁净的布衣、布鞋，可作便装穿着。

2.有关穿着方面应注意的事项

任何服装均应注意清洁、整齐、挺直。衣服应熨平整，裤子熨出裤线。衣领袖口要干净，皮鞋要上油擦亮。穿中山装要扣好领扣、领钩、裤扣。穿长袖衬衣要将前后摆塞在裤内，袖口不要卷起。穿短袖衫(港衫)，下摆不要塞在裤内。长裤不要卷起。任何情况下不应穿短裤参加涉外活动。女同志除军人、学生外，衣着尽量不要千篇一律，样式花色应有所差别。女同志夏天可光脚穿凉鞋。穿袜子时，袜口不能露在衣、裙之外。

参加各种活动，进入室内场所均应摘帽，脱掉大衣、风雨衣、套鞋等，并送存衣处。男同志任何时候在室内不得戴帽子、手套。西方妇女的纱手套、纱面罩、帽子、披肩、短外套等，作为服装的一部分则允许在室内穿戴。

在室内一般不要戴黑色眼镜。就是在室外，遇有隆重仪式或迎送等礼节性场合，也不应戴黑色眼镜。有眼疾须戴有色眼镜时，应向客人或主人说明，或在握手、说话时将眼镜摘下，离别时再戴上。

在家中或旅馆房间内接待临时来访的外国客人时，如来不及更衣，应请客人稍坐，立即换上服装、穿上鞋袜。不得赤脚或穿着内衣、睡衣、短裤接待客人。

(二)西方国家的服装

各国人士日常穿着的服装，如各式外衣、衬衣、港衫和各式西装等均为便服。参加各种隆重的典礼仪式则应穿礼服或深色西服。西方传统的礼服有：

晨礼服(Morning coat or Cutaway)：上装为灰、黑色，后摆为圆尾形，下衣为深灰色底、黑条子裤，系灰领带，黑皮鞋，黑礼帽等。这种礼服在白天参加典礼，星期日教堂礼拜，以及参加婚礼等场合穿用。

小礼服，也称晚餐礼服或便服(Tuxedo, Smoking dinner jacket or Black Tie)：为全白色或全黑色西装上衣，衣领镶有缎面，腰间仅一钮扣，下衣为配有缎带或丝腰带的黑裤，系黑色领结，穿黑皮鞋。穿这种礼服一般为参加晚六时以后举行的晚宴、音乐会、剧院演出等活动。

大礼服，或称燕尾服(Full evening dress or Tail coat)：黑色或深蓝色上装，前摆齐腰剪平，后摆剪成燕尾样子，翻领上镶有缎面；下着黑色或蓝色配有缎带、裤腿外面有黑丝带的长裤；系白色领结，配黑皮鞋黑丝袜、白色手套。

妇女的服装种类、样式花色繁多。日常均穿着便服。礼服也可分为常礼服、小礼服和大礼服等。常礼服为质料、颜色相同的上衣与裙子，可带帽子与手套。小礼服为长至脚背而不拖地的露背式单色连衣裙式服装。大礼服则为一种袒胸露背的单色拖地或不拖地的连衣裙式服装，并配戴颜色相同的帽子、长纱手套及各种头饰、耳环、项链等首饰。

事实上，除极少数国家在个别场合还有些规定(如隆重的典礼活动中，禁止妇女穿长裤和超短裙)外，大多数国家在穿着方面均趋于简化。很少有人穿着上述传统的男士礼服参加涉外活动，而穿着燕尾服的人更是微乎其微。目前着装除样式花色繁多的便服外，很多隆重场合只是穿着深色质料好的西装。

相当数量的国家规定民族服装为礼服，在国庆、民族节日等重大庆典和最隆重场合穿着，其他正式场合着西装。

十、涉外人员的仪容和日常卫生要求

(1)适时理发，经常梳理，胡须要刮净，指甲要修剪，鼻毛应剪短，头皮屑太多应洗干净。内衣、外衣经常保持整洁，特别是衣领、袖口要干净，皮鞋要打油擦亮，布鞋要刷洗干净。参加涉外活动前应梳理打扮。总之，要保持外貌整洁美观。

(2)不要当着他人的面擤鼻涕、掏鼻孔、搓泥污、挖眼屎、打哈欠、修指甲、剔牙齿、挖耳朵等。咳嗽、打喷嚏时应用手帕捂口鼻，面向一旁，避免发出大声。

(3)不准随地吐痰，不得随地丢果皮纸屑。在国内外宾馆中，一定要注意保持地毯、地板的清洁。吸烟时，把烟灰摆入烟缸。保持桌椅、沙发的清洁，不要用脚蹬踏。进入地面干净的室内，应先在门口踏擦鞋底再进入。如是雨雪天，应把雨具放在门口或前厅，不要弄脏主人的家具、器皿等。

(4)在参加涉外活动前，不要吃葱、蒜、韭菜等辛辣食品，必要时可含上一点茶叶，以除口臭味。

(5)有病的人不要参加外事活动。如感冒、外露皮肤病等都会令人反感。口臭患者对外接触时，也应该注意口腔卫生。

附录三　风俗习惯、民族节日

一、日本的花道

“花道”同“茶道”并列，是日本民族传统文化中的艺术形式。

“花道”的产生和发展同日本文化发展的历史有着密切的关联。在古代，日本对花的认识有着浓厚的宗教色彩。据《日本书纪》记载，当时在祭神时就有“花时以花祭”的风俗。他们认为，鲜花具有“活灵”，和其他生物具有盛衰过程一样，鲜花也有自己含苞、盛开、衰败过程。所谓“花时”，即鲜花盛开，亦即鲜花“活灵”最旺之时。此刻用它来祭祀，花的“活灵”将能唤醒亡灵。今天，日本人看望病人时，依然习惯于带上一束鲜花，潜意识中也带有希望病人能像盛开的鲜花那样恢复生命力的意思。佛教传入日本后，花道更加盛行。人们十分重视“佛前供花”。

但是，随着时代的推移，插花逐步摆脱宗教色彩，作为一种室内装饰而发展成为一种独立的艺术。

日本的插花艺术究竟有多少流派，并无精确记载。据日本百科大事典的介绍，在江户时代前，只有以京都六角堂的池坊为中心的“立花”一家，但是。随着插花艺术从上层社会扩展到人民群众中，它逐步脱离了池坊，而创造出多种新的形式，并产生许多流派。据估计，目前流派达 2000～3000 个。各个流派人数不一，人数最多的“池坊流”约有百万人；“小原流”、“草月会”等则分别拥有 50～60 万人。各流派的创始人及其世袭者称作“家元”，在“家元”的下面设有“师范”，作为该流派的中枢机关。

插花，首先要决定花型，通常以三根枝叶为基础，多采用以长枝、中枝、短枝为主体的三角构成法，从天（宇宙）、地（地球）、人三方面来表达大自然的景象。花型的构成大致可分为直立体、倾斜体、横体、上垂体和水平体等。一般是根据花材、花器和摆设位置等条件来考虑花型的构成。在日本，摆设在室内的插花，要求和室内的建筑风格、布置和情调相协调，从而使人产生一种美感。日本古代的插花艺术受中国花草园艺和阴阳学的影响甚深。

第二次世界大战前，日本的插花艺术受“前卫美术”的刺激，插花界的部分人发表了“新兴插花宣言”，否定传统的观念和花型，主张使这种艺术从封建的意识形态中解放出来，但是，由于不久后发生了战争，许多艺术家也被征入伍，这个流派没有形成。第二次世界大战后，前卫派才正式发展起来。所谓“前卫花”的特点是放弃日本传统的插花观念，而追求新的造型。他们利用没有生命的玻璃、布、纸、陶瓷器、羽毛、铁片等材料来构成各种艺术形象，并赋予某种观念和生命感，从而为日本的插花艺术开拓了新的领域。

人们常常误认为，在日本，插花主要是妇女的艺术活动，实际上并非如此。在室町时期，插花艺术主要是上层社会的文人雅士的一种嗜好。直到江户后期，插花才作为妇女的活动而流行起来。应该说，随着插花艺术在妇女中的普及，进一步促进了它的群众化。

过去，学习插花艺术是妇女结婚之前的一种修养。而在今天，它作为一种室内装饰或生活乐趣而深深扎根于日本人民生活之中。

二、日本的茶道

日本人和中国人一样，对于“客来敬茶”是很注重的；但是，日本人更讲究饮茶的规矩和情趣。每逢庆贺、迎送或宾主之间叙事、叙景的场合，往往要举行茶道仪式。所谓茶道，就是日本人用来修养心神、学习礼仪和进行交际的特有的沏茶、饮茶规矩。

举行茶道的时候，宾主入席围坐，由主持仪式的茶师按一定的程式制茶，用竹制的小匙把“抹茶”放到茶碗中，经沸水冲沏后，依次递给宾客品茗。凡点茶、冲茶、递接、加水、品饮，都有一定的规矩。饮茶的形式有两种：一种是碗茶，由全体参加者轮流品饮，每人品尝一口；还有一种是客人各饮一碗。席间还常常备有甜食点心之类，供大家调剂口味。

现代的日本茶道，一般在面积不大的、叫做“茶室”的房间里举行。茶室中间放着用来烧水的陶炭炉（风炉）、茶锅（茶釜），炉前排列着茶碗等各种饮茶用具。日本人十分讲究茶具的精美。例如茶碗，就是选用古色古香的历史珍品或贵重的瓷器。有一种“天目茶碗”，据说源于中国宋代天目山径山寺，用它来敬茶就是给予客人以最高的荣誉。品茶的人往往在饮茶之前，用双手捧住茶碗细观碗的花纹和质地，加以赏玩。

茶室的布置，也是举行茶道时不可忽视的一个方面。茶室内摆设古玩名画，往往还放置青瓷插花瓶，四季插入不同的鲜花，以日本人擅长的插花技艺来助茶兴，足可令人陶醉。整个布局和环境的高雅，因流派、因人、因季节、因事的不同而有所不同。但参加者临此彬彬有礼、古色古香的境地，都能领略到名茶的色香味和欣赏其环境和茶具的美术美。所以，茶道不仅是通常解渴消乏的活动，而且还是一种讲究礼仪、陶冶情趣的民族习俗。

说起茶道，还有一段中日友好的史话。据说，日本的茶叶是由日本来唐朝学习的佛教人士传过去的。今天，日本茶道所用“抹茶”的制造方法，还保留了我国宋代蒸清"碾茶"的制作特色，就是用高级绿茶的鲜叶蒸熟后，稍加揉捻，直接烘干，再碾成粉末，拣去茶梗，便制成了保持茶叶本来的真香、真味、真色的"抹茶"。日本史书上还明确地说，茶道是"昭明由宋传入"的。公元1259年，日本的昭明(大广国师)到我国天目山径山寺拜师学佛。当时径山寺内盛行饮茶之风，寺院内专设"茶室"、"茶亭"，室内布置高雅，僧徒团团围坐，目睹全山胜景，边品茶，边论佛道，边议事，边叙景，这叫做"茶宴"；还进行品鉴各种优质茶叶的饮茶游戏，这叫做"斗茶"。把粉末茶用开水冲泡调制，他们又叫做"点茶法"。昭明回国时，不仅带走全套茶具和许多径山茶叶，而且把这些饮茶方式和方法也带回日本广为传播。两百多年后，日本千利休禅师又把茶道从社会上层进一步推广到日本民间，日本人因而誉千利休为"茶道匠祖"。茶道仪式代代相传，至今不衰。

三、泰国的风俗

泰国人的禁忌多。凡是初到泰国的人，必须注意遵守泰国的风俗礼节，不然就很容易发生误会。

泰国人非常重视头部，而轻视两脚，认为头是神圣不可侵犯的。如果用手触摸泰国人的头部，则被认为是一种极大的侮辱。又如长辈在座，晚辈必须坐在地下，或者蹲跪，以免高于长辈的头部，否则就是对长辈极大的不尊敬。某人坐着的时候，也忌他人拿着东西从头上掠过。就是住宅门口上边也禁忌悬挂衣物，特别是内裤更是绝对禁止的。小孩的头也不可侵犯，如果用手打了小孩的头，认为一定会生病。泰国人睡觉时不能头朝西，因为日落西方象征死亡。泰国人死后才将尸体的头部朝西停放。因此，泰国人盖房子时习惯把正面朝向北边，这样睡觉时头向南边就很适合了。

在泰国人面前盘足而坐或以脚底对着人都是不礼貌的。脚除走路之外，不可作其他用途，如用脚踢门，会受到当地人的指责。用脚给人指东西，也是失礼行为。

初到泰国，要注意当地人所行的合掌见面礼，外人也可以照样还礼。但要注意，双掌合起应在额至胸之间，地位较低或年纪较轻者应首先向对方致合掌礼。地位或年纪较高者还礼时，手部不应高过前胸。双掌举得越高，表示尊敬程度越深。

学生走过老师面前，须合十躬身而过。在乡村地方，一个孩子走过成人面前，有时须手足落地爬行而过，以表示对长辈的尊敬。

和尚可不受约束，不必向任何人还合十礼，即使面见泰王与泰后，也不用还礼，只是微笑致意。

泰国人也绝不用红笔签名，因为人死后是用红笔把他的姓名写在棺木上的。

四、尼泊尔的抛红节

抛红节是尼泊尔每年一度的盛大节日。

相传抛红节是因焚烧女魔荷丽加而得名。它是印度教的一种风俗，每年公历3月，尼泊尔人都要隆重庆祝这个传统节日。

尼泊尔的抛红节与我国傣族的泼水节有点相似。不过他们洒的不是清水，而是五颜六色的水。这天，人们一大早就起床，带上竹子做的或铜制的喷筒，里面装上红色粉末或其他颜料，然后灌上清水。先是自家人相互喷洒，而后是邻居间互相喷洒，最后走上街头，不分男女老少，亲疏远近，都相互喷洒，以示吉祥之意。这是一个欢乐的节日，也是增进友谊的节日，据说即使过去吵过架、不搭话的人们，也会通过抛红节的相互喷洒而解除隔阂，重归于好。抛红节的活动一直持续到下午。之后人们洗刷身上的斑斑"痕迹"，换上节日盛装，出外访亲会友，互相道贺庆祝，直至尽欢而散。

五、缅甸泼水节

缅甸以一年一度的泼水节来欢度新年。

四月中旬，整整三天，缅甸人都在进行传统的泼水活动，人们用一桶桶的水互相泼洒。

泼水虽然是一种狂欢，但却象征着冲刷过去一年的过错和忧虑。

这一节日使人们极为兴奋，以致当局不得不提醒大家，防止过分的行为。夜幕降临之后不能泼水，也不提倡用消防水龙头喷水。即使这样也要泼掉很多水。在仰光，当局在节前的几天就设法节省用水，为泼水节作准备。三天过后，仰光水库的水已比节前少了许多。

这一节日并非完全限于泼水活动。黄昏，泼水的人渐渐减少，娱乐变得活跃起来，人们组织街头演出，经常通宵达旦。

三天的欢乐过去之后，节日变得比较有节制了。缅甸人庆贺新年时，常去佛塔和寺院，用传统的方式来表示对长辈的尊敬。

六、欧美人为何忌讳"13"

常在国外出差的人，乘坐欧美国家航空公司的飞机时，你常常会发现大多数航空公司的飞机的座舱里(但非全部)都无"13"号这排座，有的是把14排直接连在12排后面，有的编排成"12A"、"12B"。

在西方国家，旅馆无13号房间，电梯也没有13层，而用"12"来代替。在法国城市的门牌号上，尤其难见到一个是13号的。人们常常用"12A"来代替。

欧美一些国家非常忌讳“13”,认为这是个不吉利的数字。缘由传说甚多,较普遍的说法是最初源于北欧神话。据说,在天国为款待阵亡将士英灵而举行的一次宴会上,在座的共 12 人,席间,突然闯入一位不速之客……一凶神罗基,凑成 13 人。在座的最高之神奥丁之子、光神鲍尔德因此罹难。从此,众天神一蹶不振。后来,在《圣经》关于“最后的晚餐”的故事中,餐桌上有耶稣及其门徒共 13 人,后因叛徒犹大(第 13 者)出卖,耶稣被钉死十字架上。还有一种说法是耶稣遇害的那天恰是 13 号。由于这两次灾难发生都是“13”人,所以后来人们认为“13”这个数字是不吉利的,特别是在基督教徒中间。因而在一些国家海员们不愿在 13 号启航。一些学生在考场拒绝坐 13 号座位。

英国文学家爱迪生说,他曾出席一次聚会,正当大家兴致勃勃时,一位女宾突然发现席间共 13 人。这使大家惊恐万状,有的甚至要马上退席,然而有位友人却发现在女宾中有一位孕妇。于是他断言席间共有 14 人。他说这并不是意味着有一位客人要死去的凶兆,而恰恰相反,这预示着有一位客人应当出生。由于这位友人的辩解,这次聚会才没有半途不欢而散。

七、和英国人攀谈的方式

英国人一向以冷淡和保守著称。尽管这种情况现在有所改变,但它仍不失为英国人的一个主要性格特征。其主要表现为:不愿意跟陌生人交谈,不喜欢表露自己的感情,不爱讲自己的个人情况和私事。比如多大年纪、挣多少钱,等等。有时候两个人在一起工作或认识了好几年,也许还不知道对方住在哪儿,甚至叫不出对方的名字,左邻右舍之间也是“老死不相往来”。可见要了解一个英国人是件很不容易的事情。

既然同事和邻居之间是这样,那么陌生人之间就更不用说了。英国人一登上公共汽车或火车,总是尽量找个旁边没人的座位坐下。如果旁边有人,对不起,就立刻用手里的报纸筑起一道“围墙”来。偶尔两个互不相识的旅伴有幸攀谈起来,那也是天气、新闻等,很少涉及个人的事情。

当然,这并不是说同一个陌生的英国人交谈根本就不可能。如果我们掌握一些“规律”,也就是了解他们的习惯,攀谈起来也是可能的。天气是英国人最爱谈的一个话题,用谈天气的方法最容易打开对方的话匣子。至于说为什么英国人喜欢谈天气,那恐怕是由于英国的气候变化无常,使得人人关心的缘故。人们常说,在英国可以在同一天里经受到春夏秋冬四季的气候。

由于英国天气经常不好,抱怨天气在英国人生活中是常事。在天气不好时,人们常常盼望天气好转,这也是个普遍现象。因好天气不多,英国人在天好时一方面感到高兴,另一方面也怕好景不常而时刻担心。雨下多了,英国人不像中国人那样常为农民的收成担心，而是为度假的人担忧和表示同情。不管是旱是雨，中国人常为田里的庄稼着想，而英国人往往是想到自己花园里的事情。

“新闻”是英国人谈论的另一话题，熟人之间是这样，生人之间也是这样。要想同英国人攀谈，这也是一条途径。也许谈论报纸上的事情可不涉及个人的缘故吧。

总之，我们想和英国人攀谈，应入乡随俗，先采用上述的方式较为合适。

附录四　色彩、图案禁忌

世界各国、地区人民对色彩图案喜爱/忌用参考资料

国家和地区	喜　爱	忌　用
马来西亚和新加坡	绿色(象征宗教,亦用于商业)	黄色(王室使用,一般不穿黄色服装)
日本	黑色(象征男子)和红色	绿色(不祥之色)
比利时		蓝色(不祥之色)
法国	粉红色(少女服) 蓝色(男孩服),一般人爱高雅灰色	墨绿色(为纳粹军服色)
德国	南方喜爱鲜明色彩	茶色、红色、深蓝色
爱尔兰	绿色	红、白、蓝色组(英国国旗)
西班牙	黑色	
意大利	绿色	
瑞典		蓝、黄色组(国家色)
奥地利	绿色	
保加利亚	深绿色	浅绿色、鲜明色彩
荷兰	橙色、蓝色(代表国家,多用于节日)	
挪威	红色、蓝色、绿色等鲜明色彩(与当地冬季长有关)	
瑞士	红色、黄色、蓝色、橙色、绿色、紫色,红白相间、浓淡相间色组	
墨西哥	红、白、绿色组(国旗色)	
古巴	鲜明色彩	
委内瑞拉	黄色(医务标志)	红色、绿色、茶色、黑色、白色(表示五大党,不用于商业)
埃塞俄比亚		淡黄色(哀悼时用)
巴西		棕色
厄瓜多尔	凉爽高原喜暗色、炎热沿海喜白色、明暗间色	

续表

国家和地区	喜　爱	忌　用
秘　鲁		紫色(平素禁用,只在十月份宗教仪式上使用)
巴拉圭	明朗色鲜	红、深绿色组(三大政党,商业不用)
巴基斯坦	翠绿色、鲜明色彩、国旗色	黄色(僧侣服色)
叙利亚	青蓝色、绿色、红色	黄色(表示死亡)
伊拉克	蓝色、红色	橄榄绿、黑色(不用于商业)
土耳其	绿色、白色、绯红色	
埃　及	绿色	蓝色(恶魔)
伊斯兰地区		猪　熊猫
欧　洲		象
东南亚	象	
北非国家		狗
新加坡	双喜	
意大利		菊花
法　国	马	核桃　孔雀
伊　朗	狮子	
日　本	鸭子	荷花

附录五　国旗、国花和花语

一、国旗颜色象征

世界上各国国旗的颜色主要用红、绿、蓝、黄、白、黑等色，这些颜色各有一定含义。非洲国家喜欢用红、绿、黄色，这三种颜色通常被称为泛非色。阿拉伯国家多用红、白、黑色，这三种颜色被称为泛阿拉伯色。

在各种颜色中，红色被用得最多。中、美、法、英、苏、日等国国旗上都有红色。红色大都象征先驱者的鲜血，象征人们为国家独立和民族解放而斗争的精神，以及象征国家的兴旺发达。

绿色也为不少国家所采用。多数伊斯兰国家喜欢用绿色，认为它是吉祥的标志。一些国家地处沙漠或半沙漠地带，人们常向往绿洲，就把绿洲当做美好的象征，因而把绿色放在国旗上。

蓝色用来表示海洋、河流、湖泊、港口和天空等。哥伦比亚国旗上的蓝色象征海洋、河流和天空。毛里求斯国旗上的蓝色表示这个国家位于蓝色的印度洋中。冈比亚国旗上的蓝色则表示这个国家因之得名的冈比亚河。

黄色一般象征阳光、黄金、矿藏、资源和财富等。有些美洲国家国旗上的黄色表示处在金色的美洲中。

白色一般象征和平、纯洁、公正。

二、各国国花和花语

（一）各国国花

世界上许多国家都有自己的国花，下面介绍一些国家的国花：

国名	花名	国名	花名
中国	牡丹	新加坡	兰花
印度	罂粟花	马来西亚	扶桑（象征热情和爽朗）
巴基斯坦	素馨花	土耳其	康乃馨
斯里兰卡	星兰花	埃及	睡莲（象征悠远和灵慧）
缅甸	东亚兰	伊朗	郁金香
日本	樱花（象征勤劳、智慧、勇敢）		

巴　　西——兰　花
秘　　鲁——向日葵
苏 格 兰——蓟
芬　　兰——绣球花
美　　国——山　杞
墨 西 哥——仙人掌(象征顽强勇敢)
智　　利——红　兰
乌 拉 圭——女神之花
巴 拿 马——巴拿马草
哥伦比亚——洋　兰
利比里亚——龙　葵
法　　国——蓟菊与百合(象征自由乐观和光明磊落)
德　　国——矢车菊
英　　国——蔷　薇
意 大 利——雏　菊(表达君子风度)
葡 萄 牙——雁来红
瑞　　典——白菊与睡莲
奥 地 利——椿　花
希　　腊——橄　榄
加 拿 大——枫　叶
爱 尔 兰——白金莱
委内瑞拉——五月兰

(二)花语

花语就是用花来表达人们的语言,在欧洲各国十分盛行用一种特定的花来表达某种感情或愿望。如为了向自己钟情的恋人表示爱情,就送上一束红蔷薇花,若错送了一枝康乃馨,那恰好表示谢绝,便出大纰漏了。因此,我们在国际交往中,是应当知道一些这方面的知识的。

一般说,在西欧,如母亲送给子女,常以苕(凌霄)、僧鞋菊、樱草、金钱花、冬青组成一束。这里,苕表示慈母之爱,僧鞋菊表示保护,樱草表示青春,金钱花表示天真烂漫,冬青表示喜悦。这一束花组合起来,就表示着母亲的爱,护育着子女的青春、快乐和天真烂漫。

结婚时,可选五爪龙(羁绊)、长春藤(结婚)、麦藁(结合在一起)组成花束相赠。它的意思是同心结爱情,你俩共一生。

分别时,常用杉枝(分别)、香罗勒(祝愿)、胭脂花(勿忘)组成花束相赠。这束花表示别了,祝君美好,请勿忘我。

勉励或奖勉友人时,常用鸟不宿(慎重)、红丁香(勤勉)、菟丝子(战胜困难)组成花束相赠。这束花的花语是:君如努力,必能成功,我祝愿你!

探望病人时,多用红罂粟(安慰)和野百合(幸福又将回来)组成花束相赠。这束花告诉病人:放心吧,你会健康的!

除了用数种花扎成花束赠人来表达自己的情意外,也有用单种花送人的,这在表达意思和选择花卉时,就容易多了。

下面择要介绍一下常见花草的花语。

刺玫瑰——优美
红茶花——天生丽质
白茶花——真美
红菊——我爱
白菊——真实
黄菊——微爱
翠菊——追念
鸡冠花——爱情
白百合花——纯洁
黑桑——生死与共
蓝紫罗兰——诚实
野葡萄——慈善
紫藤——欢迎
薄荷——有德
杜鹃花——节制
大丽花——不坚实
红郁金香——宣布爱恋
紫丁香——初恋
白丁香——念我
四叶丁香——属于我
豆蔻——别离
红康乃馨——伤心
黄康乃馨——轻蔑
条纹康乃馨——拒绝
杏花——疑惑
榉——繁荣
榛——和解
桂——光荣
蓟——严肃
黄郁金香——爱的绝望
万寿菊——妒忌、悲哀
松——哀怜
垂柳——悲哀
野丁香——谦逊
柠檬——挚爱
水仙——尊敬
白桑——智慧
黄毛茛(老虎脚爪草)——忘恩
橄榄——和平
白栎树——独立
枳——希望

(以上资料摘自《外事外贸工作实用手册》,有些地方编者作了删改)

主要参考书目

1. 车尔尼雪夫斯基:《生活与美学》中译本,人民文学出版社 1989 年版。
2.《黄宾虹画语录》,上海人民美术出版社 1961 年版。
3.《莎士比亚全集》第 9 卷,人民文学出版社 1978 年版。
4. 朱光潜:《谈美书简》,上海文艺出版社 1980 年版。
5.《西方美学家论美和美感》,商务印书馆 1980 年版。
6. 王朝文:《美学概论》,人民出版社 1981 年版。
7.《中国名胜词典》,上海辞书出版社 1981 年版。
8. 葛路:《中国古代绘画理论发展史》,上海人民美术出版社 1982 年版。
9.《李泽厚哲学美文选》,湖南人民出版社 1985 年版。
10. 刘纲纪:《书法美学简论》,湖北教育出版社 1985 年版。
11. 伍蠡甫:《山水美与美学》,上海文艺出版社 1985 年版。
12. 滕明道:《中国古代建筑》,中国青年出版社 1985 年版。
13. 腾寄尧:《审美心理描述》,中国社会科学院出版社 1985 年版。
14. 乌丙安:《中国民俗学》,辽宁大学出版社 1985 年版。
15.《国内旅游必读》,上海社会科学院出版 1986 年版。
16. 威廉·荷加斯:《美的分析》中译本,人民美术出版社 1988 年版。
17. 赫伯特·里德:《艺术的真谛》,辽宁人民出版社 1988 年版。
18. 王柯平:《旅游审美活动论》,旅游教育出版社 1990 年版。
19. 陈传席:《中国山水画史》(修订本),天津人民美术出版社 2001 年版。
20. 秦明:《旅游心理学》,北京大学出版社 2005 年版。
21. 马莹:《新编旅游美学》,中国旅游出版社 2005 年版。
22. 刘合心:《历史的星空》,人民文学出版社 2006 年版。
23. 成竹:《新编旅游美学》,南开大学出版社 2006 年版。
24. 陈来生:《中国旅游文化》,南开大学出版社 2008 年版。
25. 宗白华:《美学与意境》,人民出版社 2009 年版。